C a t h e r i n e
the Great

エカチェリーナ大帝

ある女の肖像

上

ロバート・K・マッシー

北代美和子◆訳

P o r t r a i t o f a W o m a n

白水社

エカチェリーナのためにデザインされた皇帝戴冠用の冠。
この冠はエカチェリーナに続くロマノフ家皇帝六代すべての戴冠式に使用された。
［RIA Novosti］

アンハルト＝
ツェルプスト公
クリスティアン・
アウグスト。
公女ゾフィー、
のちの
エカチェリーナ大帝の父。

ホルシュタイン＝ゴットルプ
公女ヨハンナ・エリーザベト。
ゾフィーの母。

女帝エリザヴェータ。ピョートル大帝の娘。

14歳のゾフィーをロシアに呼び寄せ、エカチェリーナと改名させた。

女帝はそのあと娘を自分の甥のピョートルと結婚させ、
王朝の安泰をはかるために、ただちに子どもを作らせようとした。

〔Photograph © The State Hermitage Museum; photo by Vladimir Terebenin, Leonard Kheifets, Yuri Molodkovets〕

ロシア宮廷のエカチェリーナ。16歳。
［ゲオルク・クリストフ・グロート（1716-49）
『大公女エカチェリーナ・アレクセーヴナ、のちのエカチェリーナ二世の肖像』1745年頃。
Hermitage, St.Petersburg, Russia/The Bridgeman Art Library］

エカチェリーナとその若い夫、
のちのロシア皇帝ピョートル三世。
［ゲオルク・クリストフ・グロート（1716-49）
『エカチェリーナ大帝（1729-96）と
ピョートル・フョードロヴィチ公（1728-62）の
肖像』1740-45年（キャンバスに油彩）。
©Odessa Fine Arts Museum,
Ukraine/The Bridgeman Art Library］

ピョートル三世の肖像。

スタニスワフ・ポニャトフスキ。
エカチェリーナ二番目の愛人、
のちにエカチェリーナに強要されて
ポーランド国王の地位に就く。
[マルチェッロ・バッチャレッリ
『ポーランド国王スタニスワフ二世
アウグスト』1790年頃(キャンバスに油彩)。

セルゲイ・サルトゥイコフ。
エカチェリーナの最初の愛人で、
おそらくは息子パーヴェルの父親。
エカチェリーナは『回想録』で
サルトゥイコフを
「曙のように美しく」と形容している。
この肖像画で完全に裏づけられるとは
言いがたい見解である。

グリゴリー・ポチョムキン。
エカチェリーナから情熱的に愛され、
勲章、称号、領地、宮殿、責任を
山のようにあたえられた。
［Photograph ©
The State Hermitage Museum;
photo by Vladimir Terebenin,
Leonard Kheifets, Yuri Molodkovets］

グリゴリー・オルロフ。
エカチェリーナ三番目の愛人。
11年間をともに過ごし、
エカチェリーナの皇帝即位を助けた。

ピョートル三世に退位を促すため、ペテルゴーフ行軍の準備をするエカチェリーナ。
［ヴィジルウス・エリクセン（1722-82）『ロシアの大帝エカチェリーナ二世騎馬像』（キャンバスに油彩）
Musée des Beaux-Arts, Chartres, France/The Bridgeman Art Library］

エカチェリーナ大帝——ある女の肖像◆上

カバー図版：The Bridgeman Art Library/アフロ

デボラに

そしてボブ・ルーミスに
二四年の歳月、四冊の本
ありがとう

おそらくあのかたをもっともよく言い表しているのは、
皇帝であると同時にひとりの女であるということだろう。

駐ロシア英国大使　一七六二－六五
バッキンガムシャー伯爵

エカチェリーナ大帝――ある女の肖像◆上

目次

第1部 ドイツの公女◆13
第1章 ゾフィーの幼少期◆15
第2章 ロシアに呼ばれる◆30
第3章 フリードリヒ二世、そしてロシアへの旅◆38
第4章 女帝エリザヴェータ◆50
第5章 大公を作る◆65
第6章 エリザヴェータとピョートルに会う◆78
第7章 肺炎◆82
第8章 盗み読みされた手紙◆89
第9章 改宗と婚約◆96
第10章 キエフ巡礼と仮装舞踏会◆101
第11章 天然痘◆110
第12章 結婚◆121
第13章 ヨハンナ、家に帰る◆133

第2部 辛い結婚生活◆139
第14章 ジューコワ事件◆141
第15章 のぞき穴◆148
第16章 番犬◆157
第17章 国王ではなかった◆164
第18章 寝室で◆168
第19章 家屋崩壊◆174
第20章 夏の愉しみ◆179
第21章 宮廷追放◆184
第22章 モスクワと田園◆189
第23章 チョグローコフは敵を作り、ピョートルは陰謀を生き延びる◆195
第24章 復活祭前の沐浴と御者の鞭◆200
第25章 牡蠣と俳優◆206
第26章 読書、ダンス、そして裏切り◆211
第3部 誘惑、母性、対決◆217
第27章 サルトゥィコフ◆219
第28章 後継ぎの誕生◆236

第29章 報復◆247
第30章 英国大使◆252
第31章 外交上の激震◆259
第32章 ポニャトフスキ◆264
第33章 死んだ鼠、不在の愛人、危険な提案◆269
第34章 エカチェリーナ、ブロックドルフに挑む。夜会を開催する◆278
第35章 アプラークシンの撤退◆287
第36章 エカチェリーナの娘◆292
第37章 ベストゥージェフの失墜◆297
第38章 賭け◆302
第39章 対決◆310
第40章 四角関係◆316
第4部 「時は来たれり!」◆325
第41章 パーニン、オルロフ、そしてエリザヴェータの死◆327
第42章 ピョートル三世の短い治世◆345
第43章 「ドゥラーク!」◆360
第44章 「わたしたち自身、自分たちがなにをしたのかわからないのです」◆380

サンクトペテルブルク周辺
0 マイル 40
0 キロ 40
フィンランド
（スウェーデン領）
ケクスホルム
ラドガ湖
ヴィボルグ
フィンランド湾
クロンシュタット
サンクトペテルブルク
オラニエンバウム
ペテルゴーフ
ネヴァ河
シュリュッセルブルク
ツァールスコエ・セロー
ガッチナ
ナルヴァ
ロシア

プガチョフの乱
0
マイル
200
0
キロ
200
ヴォルガ河
ニズニー・
ノヴゴロド
モスクワ
カザン
エカチェリンブルグ
チェリャビンスク
ウファ
サランスク
シンビルスク
サマラ
ペンザ
ヴォロネジ
ベルダ
オレンブルグ
サラトフ
ヤイツク
ヤイク河
ヴォルガ河
ドン河
ツァリーツィン
サレプタ
アストラハン
カスピ海

南部におけるポチョムキンの征服と帝国
戦場
ポチョムキンによって征服された土地
0 マイル 200
0 キロ 200
ポーランド
ロシア
オーストリア
キエフ
ドニエプル河
ブーク河
ドニエストル河
プルト河
エカチェリノスラフ
ヤシ
モルダヴィア
ベンダー
ニコラエフ
オチャーコフ
ヘルソン
オデッサ
キンブルン
リマン
アッケルマン
イズマイル
タガンログ
アゾフ
ドン河
アゾフ海
クリミア半島
ケルチ
バフチサライ
セバストーポリ
ワラキア
ドナウ河
シリストラ
キュチュク・カイナルジャ
黒海
オスマン帝国
コンスタンチノープル

ヨーロッパ・ロシアと三次にわたるポーランド分割
0 マイル 200
0 キロ 200
白海
スウェーデン
フィンランド
(スウェーデン領)
ヴィボルグ
ラドガ湖
フィンランド湾
レヴァル
(現タリン)
サンクトペテルブルク
バルト海
エストニア
ノヴゴロド
ロシア
リヴォニア
クールラント
プスコフ
リガ
ミタウ
第一次分割
(1772年)により
ロシアへ
ヴォルガ河
ヤロスラヴリ
トヴェーリ
ウラジーミル
モスクワ
東プロイセン
ヴィリナ
(現ヴィリニュス)
ミンスク
スモレンスク
(プロイセンへ)
モギリョフ
トゥーラ
ワルシャワ
ポーランド
〔第一次分割(1772年)以前〕
オリョル
第二次分割
(1793年)により
ロシアへ
クルスク
ヴォロネジ
(オーストリアへ)
キエフ
第三次分割
(1795年)により
ロシアへ
ドニエプル河
ドニエストル河
ブーク河
エカチェリノスラフ
オーストリア
プルス河
ドン河
オチャーコフ
ヘルソン
キンブルン
アゾフ海
オスマン帝国
クリミア
半島
黒海
ドナウ河
セバストーポリ

凡例

出典は本文中の該当箇所に(1)(2)と番号を振り、巻末にまとめた。
原著者による注は、本文中の［　］内に記した。
原著者による脚注は、本文中の該当箇所に＊で示し、各章末に記した。
訳者による注は、本文中の〔　〕内に割注で記した。
本書では、度量衡は原書のまま表記した。

一マイル＝約一・六キロメートル
一フィート＝約三〇センチメートル
一インチ＝約二・五センチメートル
一ヤード＝約九一センチメートル
一エーカー＝約四〇四七平方メートル
一ヴェルスタ＝約一・〇六六八キロメートル
一オンス＝約三〇ミリリットル
一パイント＝約〇・四七三リットル
一ポンド＝約四五四グラム

第1部

ドイツの公女

第1章
ゾフィーの幼少期

アンハルト＝ツェルプスト公国のクリスティアン・アウグスト公は、政治的に四分五裂していた十八世紀ドイツの風景と社会に蝟集する、名も知れぬ貧乏貴族の群れのなかで一頭地を抜く存在とは言いがたかった。これと言った美徳も呆れるような悪徳ももたず、ユンカーの血統にふさわしい堅実な道徳心を標榜する。秩序、規律、正直、倹約、信仰を厳しく意識し、噂話や陰謀、文学、そしてより広い世界全般には断固として無関心だった。生まれは一六九〇年、プロイセン国王フリードリヒ・ヴィルヘルム一世の軍隊で職業軍人として経歴を積む。スウェーデン、フランス、オーストリア相手の戦役では、ひとつひとつまじめに軍務を果たしたが、戦場における功績は平凡で、出世を早めたり遅らせたりする出来事はなにもなかった。配下のこの忠実な士官をかつて「ツェルプスト、あの阿呆」(1)と呼んだプロイセン国王は、平和が訪れると、クリスティアン公をスウェーデンから手に入れたばかりのシュテッティンに駐屯する歩兵連隊の指揮官に任命した。一七二七年、三十七歳でいまだに独身だったクリスティアン公は、ポメラニアのバルト海に面する港町シュテッティンで家族の懇願に屈し、後継者作りにとりかかる。一張羅の青い軍服を着て、ぴかぴか輝く儀式用の剣を腰に下げ、ホルシュタイン＝ゴットルプ家のヨハンナ・エリーザベト公女十五歳と結婚。新妻のことはほとんど知らなかった。ヨハンナの家との縁組をまとめたアンハルト＝ツェルプスト一族は、歓びで有頂天になっていた。一族の血統継承が保証されたように見えただけではない。新妻の家系は位階のはしご段でアンハルト＝ツェルプスト家よりもひとつ上に位置していた。

それは不釣り合いな結婚だった。年齢差の問題があった。思春期の娘と中年男性の縁談は、たいていの場合、目的と期待を混同するところから始まる。血筋はよろしいが金のない一族に生まれたヨハンナが思春期に達したとき、両親は本人の意見を聞きもせずに、年齢は倍をはるかに超えているが、そこそこ見苦しくない男性との縁談をまとめた。ヨハンナには同意するしかなかった。年齢差以上に結婚の行く末に暗雲を投げかけたのは、ふたりの性格と気質がほぼ正反対だったことである。クリスティアン・アウグストは単純、正直、重厚で、隠遁を好む倹約家だった。ヨハンナ・エリーザベトは複雑、活発、遊び好きで派手、美人と思われていた。弓形の眉と美しい巻き毛、好かれたいというあふれんばかりの熱意、ヨハンナはたやすく人を惹きつけた。社交の場では、蠱惑的に振舞わずにはいられなかったが、大人になるにつれて、やりすぎるようになる。まもなく他の欠点も見えてくる。陽気にしゃべりすぎては浅はかさを露呈した。邪魔をされると、魅力はいらだちへと変わり、突然、激しい癇癪を起こした。このような態度の根底にあったのは、ヨハンナには最初からわかっていたとおり、この結婚が恐ろしい——そしていまとなっては逃れられない——過ちだったという事実である。

最初にそれを確認したのは、新郎に案内されてシュテッティンの家を見たときだった。ヨハンナは娘時代を並はずれて雅やかな環境で過ごしてきた。ホルシュタイン家の傍系を構成する一家の子ども一二人のうちのひとりだったので、リューベックのルター派主教である父親は、その養育をヨハンナの代母で子どものいないブラウンシュヴァイク公女に託した。北ドイツ随一の贅を凝らした壮麗なブラウンシュヴァイクの宮廷で、ヨハンナは美しい衣装、洗練された人びととの交際、舞踏会、オペラ、コンサート、花火、狩り遊び、忍び笑いとともに絶え間なく交わされる噂話の生活に慣れ親しんでいた。

新郎のクリスティアン・アウグスト、軍からの乏しい給料で生活している職業軍人にはそのどれも提供できない。絶えず雨風に晒されている石畳の道に面した、慎ましい灰色の石造りの家が精一杯だ。城壁に囲まれた要塞都市シュテッティンは荒涼たる北の海を見おろし、堅苦しい軍隊の雰囲気に支配されて、陽気な気分や優雅な振舞い、社会的洗練のひとつも花咲きうる土地ではなかった。駐屯地の妻たちの生活は退屈だった。町に住む妻たちの生活はなおいっそう退屈でさえあった。そんな町で、贅沢とお楽しみに満ちたブラウンシュヴァイクの宮廷からきたばかりの活発な若い娘に対して、禁欲的な夫とともに、わずかな収入で暮らすことが要求されたのである。夫は軍隊生活に身を捧げ、厳しい倹約が身についていて、命令はできるが会話術は学んでいない。妻が結婚の目的である大仕事、つまり後継者の出産に成功することを切望していた。この点については、ヨハンナはできるだけの努力をした——不幸ではあっても、義務は果たす妻だった。だが、心の底では絶えず自由に憧れていた。退屈な夫からの自由。相対的な貧しさからの自由。シュテッティンの狭い、地方暮らしからの自由。ずっと固く信じていた。自分はなにかもっとましなものに値するのだ、と。一八か月後、ヨハンナは赤ん坊を産んだ。

十六歳のヨハンナには母親業の現実に向き合う用意はできていなかった。ヨハンナはみずからを夢でくるむことによって、妊娠に対処した。子どもたちは成長して、ヨハンナ自身の分身になるだろう。ヨハンナは、やがて子どもたちの人生が提供してくれる広い大通りを歩き、最後には自分自身の野心を達成するのだ。夢のなかで、お腹の赤ん坊——最初の子——は当然、男の子だと思いこんでいた。父親の後継者。だが、もっと大切なのは、ハンサムで類い希なる少年であること。その輝かしい経歴をヨハンナが導き、最後にはともに分かち合う。

一七二九年五月二日午前二時三〇分、バルト海夜明けの灰色の冷気のなか、ヨハンナの子どもが生まれた。残念ながら、女の子だった。ヨハンナ、そしてより大きな許容力をもつクリスティアン・アウグストは赤ん坊になんとかゾフィー・アウグステ・フリデリーケと名前はつけたものの、ヨハンナには最初から母親らしい気持ちを見出すことも表すこともできなかった。小さな娘に乳もやらず、愛撫もせず、揺りかごにかがみこんでじっと見つめたり、腕に抱いて時間を過ごしもしなかった。子どもをただぽいと召使いと乳母の手に渡しただけだった。

分娩の途中でヨハンナがほとんど死にかけたことが、ひとつの説明となるだろう。ゾフィー誕生の一九週間後になっても、十代の母親はベッドから立ちあがれなかった。ふたつ目の説明は、ヨハンナがまだとても若く、人生における自分自身の輝かしい野心の実現とは、ほど遠いところにいたことである。だが、基底にある真の理由は、子どもが男の子ではなく女の子だったことだった。当時のヨハンナ本人には知るよしもなかったが、皮肉にも、この娘の誕生こそがヨハンナの生涯最高の業績となる。赤ん坊があれほど熱心に望んでいた息子であり、成年に達するまで生きたとしたら、父親のあとを継いでアンハルト＝ツェルプスト公国の領主にはなっただろう。そうしたらロシアの歴史は変わっていたし、ヨハンナ・エリーザベトが独力で手に入れた歴史上の小さな隙間は決して存在しなかっただろう。

第一子誕生の一八か月後、ヨハンナは息子を産み、その子に望みをかける。第二子ヴィルヘルム・クリスティアンに対するヨハンナの愛情は、この子の健康になにか重大な不具合があると気づいたときに、さらにいっそう深まった。くる病を患っていたようだが、息子のことはヨハンナの頭から片時も離れなかった。かわいがり、甘やかし、めったに目を離さず、娘には拒否した愛情のすべてを惜しみなく注いだ。ゾフィーは、自分自身の誕生が母親にとっては落胆だったことを、弟の誕生以前すでに敏感に感じとっており、弟を包みこむヨハンナの愛情をじっと観察していた。優しいキス、ささやかれる愛の言葉、愛情のこもった抱擁。すべてが――ゾフィーが見守るなかで――少年にあたえられた。もちろん母親が障害や慢性病をもつ子どもとより多くの時間を過ごすのは、よく見られる事象ではある。この不釣り合いに大きな心遣いに他の兄弟が腹を立てるのも自然なことだ。しかしヨハンナはヴィルヘルムの誕生以前からゾフィーを拒否していた。誕生後、それはさらに悪化した形で継続した。この母親の依怙贔屓はひとつの傷を永遠に残す結果となった。自分以外の兄弟のために、親から拒否されたり、放棄されたりした子どものほとんどが、多かれ少なかれゾフィーと同じような行動をとる。つまりさらに傷つくのを避けるために、自分の感情に封をするのである。ゾフィーにはなにもあたえられず、なにも期待されない。小さなヴィルヘルムは母親の愛情を当然のものとしてただ受け容れただけであり、どんな罪にも責任はなかったが、それでもゾフィーはヴィルヘルムを憎んだ。四〇年後に『回想録』を書いたときも、その憤りはまだぐつぐつと湯気を立てていた。

私には、おまえは大よろこびして迎えられたわけではありません、と告げられた……父は私を天使だと思っていた。母は私には大して注意を払わなかった。一年半後、母は息子を産み、この子を偶像のように崇めた。私はただ容認されていたにすぎず、しばしば不相応に激しく、また大きな怒りをこめて叱りつけられた。私はこのことを、その理由を完全には把握しないままに、心のなかで感じていた。(2)

このあと『回想録』のなかでは、一七四二年、十二歳のときのその死まで、ヴィルヘルム・クリスティアンについては一切、触れられていない。死の記述は短く、感情に欠け、きわめて臨床的だ。

弟は十二歳までしか生きられず、猩紅熱で死亡した。病気のため松葉杖を使わなければ歩けなかったが、病気の原因がようやくわかったのは死後になってからだった。弟の病気に対して絶えずおこなわれた治療は役に立たず、ドイツでもっとも高名な医師たちの診断も受けた。医師たちはバーデンやカルルスバートの温泉にやるよう忠告したが、そのたびに弟は出かける前と同じまま、杖をついて帰ってきた。背が高くなるにつれて、脚は相対的に短くなっていった。死後、遺体は解剖され、腰骨が脱臼していて、どうも幼いときからそうだったらしいとわかった……弟の死のとき、母は慰めようもなく、母が悲しみに耐えるのを助けるために、家族全員がそばにいる必要があった。(3)

この辛辣な口調は、母親に対するゾフィーの巨大な憤りをほのめかすにすぎない。ヨハンナのあからさまな依怙贔屓が幼い娘にあたえた害毒は、ゾフィーの性格に深い傷痕を残した。子どもとしての自分を拒否されたことが、自分が失ったものを、のちに女として絶えず求めた理由を説明する一助となるだろう。女帝エカチェリーナとして独裁権力の絶頂にあってもなお、ゾフィーはその類い希なる精神を称讃され、女帝として服従されることだけでなく、母親が——自分にではなく——弟にあたえた人間生来の温かさを見出すことも望んだのである。

十八世紀には、たとえ零細貴族の家庭であっても、位階を象徴する外側の装飾と伝統にはこだわった。貴族の子どもには、乳母、養育係、家庭教師、音楽やダンス、乗馬、宗教の先生がつけられ、ヨーロッパ宮廷の外交儀礼、礼儀作法、信仰を教えこまれた。いの一番は礼儀作法。幼い生徒たちは会釈の仕方やカーツィ〔ひざを曲げて、左足をうしろに引き、身を低くするお辞儀〕を、考えなくても完璧にできるようになるまで何百回も練習した。外国語のレッスンは最優先された。幼い公子や公女たちはヨーロッパ知識人階級の言葉であるフランス語を話し、書けなければならなかった。ドイツ貴族の家庭で、ドイツ語は下賤な言葉と見なされていた。

　ゾフィーの人生でこの時期、家庭教師エリザベット（ババ）・カルデルがあたえた影響はきわめて重要である。ゾフィーの教育の監督は、カトリックのフランスよりもプロテスタントのドイツに安住の地を見出したフランス人のユグノー教徒〔フランスのカルヴァン派プロテスタント。カトリックと対立。多くが国外に流出した〕、ババに任された。ババはすぐに、生徒が喧嘩早いのは、孤独で、励ましと温かさを渇望しているからだと理解した。ババはそれをあたえた。またゾフィーが生涯を通してフランス語を愛し続けるきっかけを作った。論理と微妙なニュアンス、機智、生き生きとした書き言葉と会話など、フランス語のもつさまざまな可能性のすべて。レッスンはラ・フォンテーヌの『寓話』から始まり、そのあと、コルネイユ、ラシーヌ、モリエールへと進む。ゾフィーはのちに、自分の教育には、単なる暗記が大きな部分を占めすぎていたと考察している。「ごく早いうちに、人は私の記憶力がよいのに気づいた。そのために、私はなにもかもを暗記する苦しみに四六時中悩まされることになった。いまでもドイツ語の聖書をもっているが、暗記しなければならなかった節にはすべて赤インクで下線が引かれている」[4]

　ババの教え方は、ヴァーグナー牧師のそれと較べれば優しかった。ヴァーグナー師は、熱心なルター派信徒であるクリスティアン公が娘に宗教、地理、歴史を教えさせるために選んだペダンティックな軍隊付の牧師である。ババさえもが「天の邪鬼」と呼ぶ生徒が相手では、師の堅苦しい教育法――暗記し、繰り返す――は大した成果を挙げなかった。生徒は困った質問をしてくる。マルクス・アウレリウスのような古代の偉人が、キリストの救済を知らなかったために永遠に地獄に落とされ、救われないのはなぜか？　師は、それは神のご意志だと答えた。天地創造以前の宇宙の本質はなにか？　師は、それは混沌の状態にあったと答えた。ゾフィーはこの始源の混沌はどんなだったのかと尋ねた。師には答えられなかった。ヴァーグナーが使った「割礼[5]」という単語は、当然ながら、質問の引き金になった。それはどういう意味？　師は自分のおかれた立場にぎょっとして回答を拒否した。ヴァーグナーは最後の審判の恐ろしさ、救われることの難しさを詳しく述べ立て、生徒を怯えさせたので、「私は毎晩、黄昏どきに窓のそばにいって泣いた[6]」。しかし、翌日には仇をとる。果てしなき神の善が最後の審判の恐ろしさとどう両立しうるのか？　ヴァーグナーは、そのような質問に合理的回答はない、自分が教えたことは信仰として受け容れなければならないと怒鳴り、生徒を杖で脅した。バベがあいだにはいった。のちにゾフィーは「私は魂の奥底で、ヴァーグナー氏はまぬけであると確信した[7]」と書き、こう続けている。「私は、優しさと理性にのみ頭を下げ——すべての圧力に抵抗するという、この性格を一生のあいだもち続けてきた[8]」

しかしながら、優しさも圧力も音楽教師ルェリヒの助けにはならなかった。「先生はバスで歌をがなり立てる人物をひとり必ず同道してきました」とのちに友人のフリートリヒ・メルヒオール・グリムに書いている。「その男に私の部屋で歌わせるのです。私は歌を聴き、心のなかで思いました。『まるで雄牛のように吠えている[9]』。でも、このバスの喉が活動しているときはいつも、ルェリヒ先生は歓びでわれを忘れるのです」。ゾフィーは決してハーモニーを味わう能力を身につけられなかった。「私は音楽を聴き、楽しむことに憧れた」とゾフィー＝エカチェリーナは『回想録』に書いている。「けれども努力しても無駄だった。音楽は私の耳には騒音であり、それでおしまいだった[10]」

バベ・カルデルの児童教育法は女帝エカチェリーナのなかに生き続け、何年もあとになってからも、エカチェリーナはバベに感謝の言葉を浴びせかけている。「バベは気高い魂、教養ある精神、黄金の心の持ち主だった。忍耐強く、優しく、陽気で、公正、言行一致——ひとことで言えば、人がすべての子どもがもてるようにと望むような家庭教師だった[11]」。ヴォルテールに宛てて、自分は「マドモワゼル・カルデルの生徒でした[12]」と書き、一七七六年、四十七歳のときには、グリムにこう書いた。

幼い子どもがなにを考えているのか、人はいつも知ることができるとはかぎりません。子どもというのは理解するのが難しい、子どもが注意深い訓練によって恭順へと習慣づけられ、経験から教師相手の会話には用心深くなっているときには、とくにそうです。このことからは、子どもがその愚かさを大人の目から隠さないように、叱りすぎるべきではなく、大人を信頼させるべきであるという優れた箴言が引き出されるのではないでしょうか[13]？

ゾフィーが独立心を見せれば見せるほど、母親はますます心配になった。ヨハンナは、この子は高慢で反抗的だと考えた。娘を縁談に差し出せるようになる前に、こういった性格は踏みつぶしておかなければならない。結婚は貧乏貴族の娘ただひとつの運命なのだから、ヨハンナは「娘のなかから自負心という悪魔を追い出す」と決め、繰り返し言い聞かせた。おまえは生意気だし、醜い。ゾフィーは話しかけられないかぎり、自分から口をきいてはならず、大人に自分の意見を申し述べるのもご法度だった。身分の高い婦人が訪れたときには、ひざまずいて、そのスカートの裾に口づけをさせられた。ゾフィーは従った。愛されずほめられず、それでも母親には敬意をもって接し続け、口をつぐみ、ヨハンナの命令に従い、自分自身の意見は隠した。自負心を謙遜で包み隠すことは、のちにゾフィー——エカチェリーナと改名された——が、危難に直面したときに、意図的な、そして有効な戦術として認識されるようになる。脅かされれば、従順、敬意、一時的な屈服のマントでわが身を覆う。ここでも、ババ・カルデルがひとつの模範となった。上流階級に生まれながら、家庭教師という身分の低い地位を受け容れ、それでもなお自尊心と尊厳、誇りを保ち続けた女性。だからこそゾフィーの目には、ババが自分の母親よりも高貴に映ったのである。

この時期、ゾフィーは外面的には元気のいい子どもだった。この活力は一方では、心に煮えたぎる好奇心から、もう一方では、純然たる肉体的なエネルギーから湧き出していた。大いに身体を動かす必要があった。ババ・カルデルと庭園を散歩するだけでは足りない。両親は町の子どもたちと遊ぶのを許した。ゾフィーは少年少女の小さな一団の指揮権をやすやすと手にした。公女だからというだけではない。生まれついての指導者であり、想像力を発揮して、だれもがよろこぶゲームを考え出すからだった。

最終的に、クリスティアン・アウグスト公はシュテッティンの要塞司令官から町の総督に出世した。昇進のおかげで、家族を町の中央広場に面した花崗岩造りの城の一翼に移す資格を得る。城への引っ越しもヨハンナにはなんの助けにもならない。相変わらず不満を抱え、相変わらず人生の手によっておかれた状況と折合いをつけられずにいた。自分よりも身分の低い者と結婚した。夢に見ていた華やかな人生の代わりに、いまでは要塞の町の田舎婦人にすぎない。上のふたりの子に続いて、さらにふたり——息子と娘——が生まれるが、この子どもたちも新たな歓びをもたらしはしない。

現在の生活からの脱出に憧れて、ヨハンナはいまだに維持していた高位の人びととの縁故に目を向けた。ヨハンナはその出自から、ドイツ大家のひとつホルシュタイン゠ゴットルプ公爵家に属し、自分の家柄、賢さ、魅力と活力を使えば、世界のなかに自分のためのよりよい場所を創出できると、固く信じ続けていた。まめに手紙を書き、定期的に訪問をすることで、親戚との関係を深めるのに時間をかけ始める。少女時代の華やかな宮廷、壁にレンブラントやファン・ダイクがかかるブラウンシュヴァイクをたびたび訪れた。毎年二月、謝肉祭の時期には、プロイセン国王表敬のためベルリンに出かける。ヨハンナは権謀術策が大好きで、零細なドイツ宮廷の噂まじりの陰謀でさえ、シュテッティンから見れば魅力的だった。ヨハンナの頭のなかでは、自分は宮廷で光り輝いているはずだった。だが、どういうわけか、いく先々どこでも、自分は貧しい親戚、未来のない結婚をした良家の娘にすぎないことに気づかされた。

ゾフィーが八歳になると、ヨハンナは旅に娘を同道するようになる。縁談をまとめることはヨハンナが果たすべき義務であり、入手可能な幼い公女がひとり、シュテッティンで育ちつつあることを、たとえ早い段階であっても、世間に知らしめることにはなんの害もない。実際に、母と娘の旅まわりで、結婚は最初に持ち出される話題だった。十歳になるころには、夫候補のあの人この人の話が、親戚の大人たちのあいだのありふれた話題になる。ゾフィーは母との旅を嫌がったことは一度もなかった。いやむしろ、それを楽しんだ。大きくなるにつれて、訪問の目的をよく理解しただけでなく、心の底から賛同もした。結婚は母親と家族から逃れる最良の手段を提供するだけではない。別の恐ろしい選択肢があることも知った。結婚適齢期を過ぎたおばたち、北ドイツの零細貴族の余計な娘たちの状況である。一族の居城のいちばん端の翼に打ち捨てられるか、遠くのプロテスタント修道院に永遠に閉じこめられる。ゾフィーは母の不幸な姉のひとりを訪ねたことを覚えていた。伯母は一六匹のパグ犬を飼い、どの犬も飼い主と同じ部屋で眠り、食べ、自然の欲求を満たした。「同じ部屋には、そのほかにもたくさんの鸚鵡が住んでいた」と書いている。「そこに立ちこめていたにおいがどんなものだったか、想像はつくだろう」[14]

ゾフィー自身、結婚願望を抱いていたにもかかわらず、申し分のない結婚相手を見つけられるチャンスはごくわずかしかないように見えた。毎年毎年、花嫁候補になりうるヨーロッパの公女たちが新たに登場し、そのほとんどが取るに足らない極小のツェルプスト家との縁組よりもはるかに大きな財産を、支配者である王家や貴族に提供した。さらにゾフィーは肉体的に取り立てて魅力のある子どもでもなかった。十歳のころは、顔立ちは不器量で、顎が細くとがっていたので、バベ・カルデルは注意深くうしろに引いておくよう忠告した。ゾフィーは自分の容姿に問題があることを理解していた。のちに書いている。

子どものとき、本当に醜かったのかどうかはわからない。だが、おまえは醜い、だから内面の美徳と知性を見せるよう努力しなさいと繰り返し言われたのは覚えている。十四歳か十五歳のころまでは、自分の醜さをはっきりと自覚しており、そのために外見を気にするよりは内面的な教養を身につけるほうに関心があった。十歳のときに描かれた肖像画を見たが、たしかにとても醜い。もしそれが本当に私に似ていたのなら、大人たちの言うことにはなんの嘘いつわりもなかった。⑮

つまり平凡な見通しと十人並みの容姿にもかかわらず、ゾフィーは母のあとについて北ドイツをまわったのである。旅のあいだに、自分の教育にひとつ新たな科目を加えた。大人の噂話を聞きながら、ヨーロッパ王家ほとんどの家系図を学んだ。ある訪問はとくに興味深かった。一七三九年、ヨハンナの兄リューベック主教のアドルフ・フリートリヒ公が、孤児になったばかりの幼いホルシュタイン公爵、十一歳になるカール・ペーター・ウルリヒの後見人に指定された。ペーター・ウルリヒは並はずれて立派な縁戚関係をもつ少年で、おそらくは将来、高い地位に就く運命にあった。ロシアのピョートル大帝の孫のなかでただひとりの生存者であり、またスウェーデン王位継承の最前線に立つ。ゾフィーより一歳年上で、母方のはとこにあたる。少年が兄の保護下におかれると、ヨハンナは時間を無駄にせず、ゾフィーを連れて兄の主教公を訪問した。『回想録』のなかで、ゾフィー＝エカチェリーナは、ペーター・ウルリヒについて「感じがよく、育ちもいいが、酒好きがすでに目についた」(16)と書いている。ゾフィーによるこの十一歳の孤児の描写は完全とは言いがたい。実際には、ペーター・ウルリヒは小柄で虚弱、病気がちで、目は飛び出し、顎がなく、細い金髪が肩にかかっていた。情緒的にも肉体的にも発達が遅れ、恥ずかしがり屋でひとりぼっち、家庭教師や訓練教官に囲まれて暮らし、同年齢の子どもとの接触はなかった。読書はせず、食卓では意地汚かった。だが、花嫁候補となりうる娘をもつ他の母親すべてと同様に、ヨハンナはペーター・ウルリヒの一挙手一投足を観察し、十歳になる自分の娘ゾフィーがペーターに話しかけるのを見るとき、その心は高鳴った。そのあと、ゾフィーは母やおばたちがささやき交わすのを見た。わずか十歳という年齢でも、母たちが自分とこの奇妙な少年との縁談の可能性を話し合っていることはわかった。気にはしない。すでにもう、自分自身の想像力を自由にさまよわせていた。

私は、この少年がいつの日にかスウェーデン王となるのを知っていた。まだ子どもだったが、私の耳に王妃の称号は甘く響いた。このとき以降、周囲の人びとはペーターのことで私をからかい始め、私は自分がその妻となるように運命づけられているという考えにだんだんと慣れていった(17)。

その間に、ゾフィーの容姿は美しくなっていった。十三歳のときには、ほっそりとして、絹のような髪は暗い栗色、額は秀で、瞳は暗青色に輝き、弧を描く唇は薔薇の蕾。とがった顎はそれほど目立たなくなった。他の長所はすでに目を引き始めていた。頭がよく、当意即妙の機智に富む。みんながみんなゾフィーを取るに足らない娘と思っていたわけではない。ハンブルクの祖母宅で顔を合わせたスウェーデンの外交官ヘニング・アドルフ・イレンボリ伯爵は、娘の知性に感銘を受け、その目の前でヨハンナに言った。「マダム、あなたはこの子のことをわかっていらっしゃらない。わたくしが保証いたします。お嬢さまはあなたがお考えになっている以上の知性と気骨とをおもちです。ですからお嬢さまのことをもっとお心におかけになるようお願いいたします。お嬢さまはあらゆる点で、それに値するからです」[18]。ヨハンナは感銘を受けなかったが、ゾフィーはこの言葉を決して忘れなかった。

ゾフィーは人びとから好かれる方法を見つけつつあり、一度その術を学んでしまうと、それをみごとに使いこなした。蠱惑的に振舞うのではない。ゾフィー――のちのエカチェリーナ――は媚びを売ることは決してなかった。相手のなかにかき立てようとしたのは性的な関心ではなく、イレンボリ伯爵が見せたような温かく、共感のこもった理解だった。他人からこういった反応を得るために、きわめて一般的で慎ましい手段を用いたので、それはほとんど崇高にさえ見える。ゾフィーは気づいた。人間というのは、話を聞くよりは話すのを好み、しかもほかのなによりも自分自身の話をするのを好むものなのだ。重要人物と見なされることを痛ましいほどに気にかけていた母親は、この点に関して、まさにやってはいけない振舞い方の模範として役に立った。

ゾフィーの内部では、そのほかの感情も渦巻いていた。官能に目覚めつつあった。十三歳か十四歳のころには、夜、寝室にはいっても、神経の興奮が治まらないことが多かった。なにかエネルギーのはけ口を見つけようと、ベッドに起きあがり、固い枕を脚のあいだにはさんで想像の馬にまたがり、「くたくたになるまで全速力で走らせた」[19]。部屋の外にいた小間使いたちがなんの音かと寝室にはいってくると、静かに横になり、寝たふりをした。「現場を押さえられたことはなかった」[20]。人前では自分を厳しく律しておくだけの理由がある。ゾフィーにはただひとつ、圧倒的な欲求があった。母親から逃れること、である。逃亡の唯一の道は結婚だとわかっていた。逃亡に成功するためには、結婚しなければならない——しかも、どんな夫でもよいわけではない。自分をヨハンナよりも可能なかぎり高い地位に引きあげてくれる夫でなければならない。

しかし、わずかのあいだ、青春の火遊びに身を任せる。十四歳のとき、ハンサムな若い叔父、母の弟ゲオルク・ルートヴィヒと短期間、戯れの恋をした。髪をポマードで固めたこの騎兵隊中尉は十歳年上で、花開きつつある姪の無垢なみずみずしさに惹かれ、言い寄り始める。ゾフィーはこの小さなロマンスの進捗状況を記述するが、それはゲオルク叔父が突然、結婚を申し込むところで終わっている。ゾフィーは言葉もないほど驚いた。「私は愛についてはなにも知らず、愛を叔父と結びつけたことは一度もなかった」[21]。自尊心をくすぐられ、ゾフィーは迷う。この人は母の弟である。「両親が望まないでしょう」[22]。ゲオルク・ルートヴィヒは指摘する。血縁関係は障害にはならない。ヨーロッパの貴族の家庭では、この種の結婚はよくあることだ。ゾフィーは混乱し、ゲオルク叔父が求婚を続けるのを許す。「あのころの叔父は見目麗しく、瞳は美しく、私の性格を知っていた。私は叔父に慣れ親しんでいた。叔父に惹かれていると感じ始め、避けることはしなかった」[23]。最後には、一時的に叔父の求婚を受け容れる。条件は「父と母が同意すること」。この時点で、叔父は激しい情熱に完全に身を任せた。あらゆる機会をとらえて私を抱擁し、またそういう機会を作るのに長けていた。だが、一、三回のキスを別にすれば、すべてとても無邪気なものだった」。

ゾフィーは自分自身の母親の義妹となるために、王妃になる野心をわきにおくつもりだったのだろうか？　一瞬のあいだ、よろめきはした。もしかしたら降参し、ゲオルク・ルートヴィヒが思いどおりにするのを許し、結婚したかもしれない。しかし、なにかあともどりのできないことが起きる前に、サンクトペテルブルクから一通の手紙が届いた。

第2章 ロシアに呼ばれる

ロシアからの手紙は驚きではあったが、その内容はヨハンナが夢に見て、期待してきたとおりのものだった。母親としての大望を抱いて北ドイツあちらこちらの弱小宮廷に娘を連れ歩いているときでさえ、ヨハンナはより高位の人びととの縁故を利用しようと努めていた。一族の歴史のなかには、ヨハンナのホルシュタイン公爵家側の近親者と帝政ロシアのロマノフ王朝とを関係づけるエピソードがあった。一七四一年、ゾフィー十二歳のとき、ピョートル大帝の下の娘エリザヴェータが真夜中のクーデタでロシアの帝位を掌握した。新しい女帝はホルシュタイン家といくつかの強い絆で結ばれていた。最初のひとつはエリザヴェータの愛する姉アンナ、ピョートル大帝の長女を通しての絆である。アンナはヨハンナの従兄弟、ホルシュタイン公爵カール・フリートリヒと結婚していた。この結婚から生まれたのが、哀れなペーター・ウルリヒである。この子の誕生から三か月後、アンナは死亡する。

エリザヴェータ本人には、ホルシュタイン家とさらに緊密な個人的絆があった。十七歳のとき、ヨハンナの兄カール・アウグストと婚約。一七二六年、ホルシュタイン家の公子は結婚のためサンクトペテルブルクにやってくる。だが、挙式の数週間前、花婿となるはずのカール・アウグストはロシアの首都で天然痘にかかり、世を去った。残されたエリザヴェータは深く悲しみ、その悲しみを完全には乗り越えられず、その後はホルシュタイン家を自分の家族同然に考えた。

この同じエリザヴェータが突然、ロシアの帝位に昇ったという知らせが届くと、ヨハンナはすぐさま、新女帝にお祝いの手紙を書いた。一時はほとんど自分の義姉となりかけたのである。エリザヴェータからの返信は好意的で愛情がこもっていた。ふたりの関係は続き、ますますうまくいくようになる。ヨハンナは、エリザヴェータの亡き姉アンナの肖像画を所有しており、女帝はそれを欲しがった。エリザヴェータが「愛しい姪」に手紙を書き、肖像画をロシアにもどしてもらえるだろうかと頼んだとき、ヨハンナは女帝のお役に立てるのを大げさによろこんだ。その直後、ベルリンのロシア大使館書記がシュテッティンを訪れ、女帝の小さな肖像画をヨハンナに届けてきた。絵は、一万八〇〇〇ルーブルの価値のあるダイヤモンドを散りばめた豪華な額にはいっていた。

この前途有望な縁故関係を固めようと決意して、ヨハンナは娘をベルリンに連れていき、女帝に贈物として送るために、プロイセンの宮廷画家アントワーヌ・ペーヌに肖像画を描かせた。この肖像画にはこれといった特徴はない。ペーヌの作品のモデルはキャンバス上で最後には、どれもほとんど同じように見えてくる。ペーヌによるゾフィーの肖像は、十八世紀の感じのよい若い娘だれのものと言ってもよかった。それにもかかわらず、肖像画がサンクトペテルブルクに急ぎ送られると、望んでいたとおりの回答がもどってくる。「女帝陛下は、若きご公女の豊かな表情に魅了されておられます[1]」

その後、この家族の鎖に新しい輪を結びつける機会をヨハンナはひとつも逃さなかった。一七四二年末には、二人目の女の子、ゾフィーただひとりの妹を出産。子どもの性別が判明するとすぐに、女帝に手紙を書き、子どもにはエリーザベト〔ロシア語読みで「エリザヴェータ」〕と名前をつけると伝え、代母となっていただけないかとおうかがいを立てる。エリザヴェータは同意し、前回同様にダイヤの額にはいった女帝の肖像画がもう一枚、まもなくシュテッティンに到着する。

その間続けざまに、ヨハンナにとっては有利な出来事が起きた。一七四二年一月、ホルシュタイン家の若きペーター・ウルリヒ、ゾフィーが三年前に出会った孤児の少年が、突然、キールから姿を消し、サンクトペテルブルクに現れる。ペーターは叔母であるエリザヴェータの養子となり、ロシア大公ピョートルとして、ロシア帝位継承者に指名された。いまや未来のロシア皇帝となったこの少年は、ヨハンナの（そして、その延長でゾフィーの）近親者だった。一七四三年、ヨハンナにとってもうひとつ、うれしい驚きがあった。若きホルシュタイン家の公子ペーター・ウルリヒはロシア帝位継承者となる条件として、スウェーデン王位の請求権を放棄した。ロシアとスウェーデンのあいだで締結された条約の条項により、ペーターに代わるスウェーデン王位継承者はエリザヴェータ帝が指名した。エリザヴェータはヨハンナの兄、ペーターの後見人だったリューベック主教アドルフ・フリートリヒ公を選ぶ。以上のような指名、変更、交代すべてがあるべき場所におさまったとき、ヨハンナは驚くほど幸運な運命の輪の中心に立つことになった。新ロシア女帝の夫となったはずの兄を天然痘で亡くしはしたが、いまではいつの日かロシア皇帝になる血続きの少年とスウェーデン王になる兄とがいた。

妻がサンクトペテルブルクのご機嫌をとり、娘に付き添って北ドイツをまわっているあいだ、夫であり父であるクリスティアン・アウグスト公は家にとどまっていた。すでに齢《よわい》五十を超え、規律正しく質素な生活様式を変えず、脳卒中による一時的な麻痺を乗り越えて回復し、生き永らえて自分の地位と身分とがあがるのを見た。一七四二年七月、プロイセンの新王フリートリヒ二世によりプロイセン軍陸軍元帥の地位に取り立てられる。十一月には、兄とともに小公国アンハルト＝ツェルプスト――ベルリン南西に位置する中世の城壁と塔、堀、そして切妻屋根の家々が立ち並ぶ町――の共同統治権を引き継いだ。クリスティアンは軍を辞職し、シュテッティンを離れて、家族をツェルプストに移し、臣下二万人の福利に身を捧げた。ヨハンナは歓びも半ばというところ。いまやドイツの小さな――ごく小さな――一君主国に君臨する公妃だった。小さな――ごく小さな――バロック様式の宮殿で暮らした。ひとりの女帝と文通し、高位の親類を訪問しているにもかかわらず、人生が自分の横を通り過ぎてしまうのではないかと、相変わらず不安な思いを抱いていた。

一七四四年一月一日、城内の礼拝堂での礼拝のあと、一家が新年の正餐のテーブルについたとき、使者が封印を押した書翰をヨハンナに届けてきた。ヨハンナはその場で開封する。発信地はサンクトペテルブルク。差出人はオットー・ブリュマー。若きホルシュタイン公爵、いまやロシア帝位の推定相続人となったピョートルの宮廷大元帥である。

陛下［女帝エリザヴェータ］おんみずからのご命令により、わが義務として以下のとおり、お知らせを申しあげます。陛下は公妃殿下が、ご長女のご公女をご同道のうえ、可及的速やかにご来露になり、時を無駄にせず、帝国宮廷開廷中の都市におもむかれるようお望みであります。公妃殿下はご聡明にあらせられますれば、公妃殿下、ならびにご令嬢に当地にてお目にかかりたいという陛下のご切望の真意を必ずや理解されることと拝察いたします。ご令嬢のご公女につきましては、見目麗しいとの報告を受けております。同時に、比類なきわれらが君主は、公妃殿下に対し、ツェルプスト公殿下はいかなる状況下においてもこの旅に加わってはならぬむねお伝えするよう、おんみずから拙にお申しつけになりました。陛下にはそう望まれるだけの重要な理由がおありです。われらが神聖なる女帝陛下のご意志実現に必要でありますのは、公妃殿下のおひとことのみと信じております。(2)

ブリュマーの書翰には他の要求も含まれていた。ロシア国境のリガまではお忍びで旅をし、可能であれば目的地は秘密にしておくように。万一、目的地が知れてしまった場合は、ホルシュタイン家に対する女帝のご厚情に対し、義務と礼儀に従って、じきじきにお目通りをしてお礼を申しあげる必要があると説明すること。ヨハンナの費用をまかなうために、ブリュマーはベルリンの銀行で換金可能な一万ルーブルの為替手形を同封していた。この書翰には呼び出しの最終的な目的は明示されていなかったが、それは数時間後に、別の使者が届けてきた二通目の手紙によって明らかになった。差出人はプロイセンのフリートリヒ二世。こちらもヨハンナひとりに宛てられていた。

私が公妃殿下ならびにご令嬢のご公女に対して育んできた敬意に加えて、ご令嬢に対し、なにか特別な幸運を授けたいとつねに望んできたという事実をこれ以上、隠してはおきません。ご令嬢とご近親のロシア大公ピョートルとの縁談をまとめえるのではないかという考えが頭に浮かびました。(3)

ブリュマーがクリスティアン・アウグスト公を女帝の招待からはっきりと除外したことは、フリートリヒがヨハンナひとりに宛てて手紙を書いたという事実によってさらに強調され、名目上の家長にとってはもちろん屈辱だった。両方の書翰の言葉遣いが明らかにしているように、関係者のだれもが、鈍感な夫が、招待からのけ者にされたことだけでなく、この縁談の他の側面についても唱えてくる可能性のある異議のすべてを、妻が乗り越えられると確信していたようである。関係者は、クリスティアン公が、未来のロシア皇帝の妻となるべきドイツの公女に対して成される要求——プロテスタントの信仰を放棄し、ロシア正教に改宗せよ——をとりあげて、反対するのを恐れた。クリスティアン公のルター主義に対する深い信仰心はよく知られており、関係者全員が公は娘がそれを捨てるのには反対するだろうと考えていた。

ヨハンナにとって、これは栄光の一日だった。一五年間にわたる気の滅入る結婚生活のあとで、ひとりの女帝とひとりの国王がヨハンナの目の前に、興奮と冒険に満ちた夢のすべてが実現するという見通しを示した。自分は重要人物、世界という舞台の上の演技者になるだろう。これまでに無駄にされてきた自分という人間の才能のすべてが使われるはずだ。ヨハンナは天にも昇らん心持ちだった。くる日もくる日も、急げというメッセージがロシアとベルリンからツェルプストに届き続けた。サンクトペテルブルクでは、いらいらと待ちきれない思いの女帝から絶えずせかされているブリュマーが、エリザヴェータに報告していた。ヨハンナは「足りないのは翼だけでございます。翼がありましたらロシアに飛んでまいります(4)」と書いてまいりました。これはほぼ真実だった。ヨハンナは旅の準備に一〇日しかかけない。

ゾフィーの母親が最高の瞬間を味わっている一方で、父親は書斎に引きこもった。老兵は戦場での振舞い方はつねに心得ていたが、いまはどう振舞うべきかわからなかった。招待から除外されたことに腹を立てたが、娘を支えてやりたかった。娘が改宗を迫られるという予測を忌み嫌い、家から遠く、政治的に不安定なロシアのような国に送るのには不安を覚えた。こういった不安や留保のすべてにもかかわらず、善良な老兵は最終的には選択の余地はないと感じた。妻の言うことを聞き、フリートリヒ二世の命令に従わなければならない。書斎の扉に鍵をかけ、ロシア宮廷でどう振舞うべきか、心すべき点について娘にあたえる忠告を綴り始める。

女帝陛下に次いで、大公［未来の夫ピョートル］を、おまえの主君、父、君主として敬わなければならない。そのうえに、あらゆる機会をとらえて、心遣いと優しさによって、大公の信頼と愛とを勝ちえなければならない。おまえの主君とそのご意志は、すべての歓びと財宝に優先されなければならず、主君が嫌うことはなにもしてはならない。(5)

ヨハンナは三日間で、フリートリヒに報告できた。「わが夫は同意いたしました。一年のこの時期、旅はきわめて危険ではありますが、わたくしはまったく恐れてはおりません。心を決め、万事が神の摂理最良の利益において実現しつつあるものと確信いたしております(6)」

この重大な企てにおいて、その役割が間違いなく傍らに追いやられたのは、ツェルプスト家のなかでクリスティアン公ひとりではなかった。ヨハンナが手紙を読み、書き、命令し、衣装を試着しているあいだ、ゾフィーは無視されていた。手にはいる金はすべて母親の衣装箱を調えるために使われた。娘にはなにも残されなかった。ゾフィーの衣装——嫁入り衣装一式と考えられるべきもの——は、古いドレス三着、下着一ダース、長靴下数足、ハンカチーフ二、三枚で構成されていた。嫁入り道具のリネンは母の使い古したシーツ数枚だった。こういった布製品はすべて、土地の娘が隣村に嫁ぐときに持参するような大きさのトランク半分に収まってしまった。

なにが起きているのか、ゾフィーにはすでにわかっていた。ブリュマーの書翰をちらりとのぞき、それがロシアからきたのを見てとった。母が開封したとき、「ご長女のご公女をご同道のうえ」という言葉が読めた。さらにそのあと、母が息を呑み、両親が急いでわきに引っこんでささやき交わすようすから、書翰が自分の未来に関することだという確信を強めた。結婚の重要性はわかっていた。四年前、自分が幼いペーター・ウルリヒ公爵と会ったとき、母が見せた興奮を覚えていた。自分の肖像画がロシアに送られたのを知っていた。最終的には好奇心を抑えきれず、母を問いただす。ヨハンナは手紙の内容を認め、それが意味することを確認した。のちにエカチェリーナは書いている。「母は私に言った。あの国の不安定さを考えればかなりの危険が含まれます。私は答えた。それが神のご意志であれば、神が安定をおあたえになるでしょう。私には危険に立ち向かうのに充分な勇気がありますし、私の心は私にすべてがうまくいくと告げております」[7]。父が気をもんでいる問題――改宗問題――にも悩みはしない。ヴァーグナー牧師がすでに知っていたとおり、宗教に対するゾフィーの姿勢は実際的だった。

この週はバベ・カルデルとともに過ごす最後の週となるはずだったが、ゾフィーは間近の出発については教えなかった。両親はその話をするのを禁じ、自分たちと娘とは毎年恒例のベルリン訪問のためにツェルプストを離れるにすぎないと触れまわった。バベは生徒の気持ちを鋭く読みとり、だれひとり率直ではないことに気づいた。だが、愛する先生に涙ながらに別れを告げるとき、それでも生徒は真実を明かさなかった。先生と生徒が顔を合わせることは二度とない。

一七四四年一月十日、母親、父親、そして娘はベルリンに向かう馬車に乗りこむ。ベルリンでは国王フリードリヒにお目にかかる予定だ。いまや母親同様にゾフィーも夢中になっていた。これは夢に見ていた脱出、より高い運命に昇るための第一歩だ。プロイセンの首都に向けてツェルプストを出発するとき、心痛む光景が繰り広げられたりはしなかった。ゾフィーは九歳の弟フリードリヒ（大嫌いだった弟ヴィルヘルムはすでに死亡していた）と幼い妹エリーザベトにキスをした。キスをして結婚の約束をした叔父ゲオルク・ルートヴィヒはすでに忘れ去られていた。馬車が市の門から街道に出るとき、ゾフィーは一度もうしろを振り向かなかった。そして目の前にある五〇年以上の生涯で、ここには一度も帰らなかった。

第3章 フリートリヒ二世、そしてロシアへの旅

ゾフィーと両親がベルリンを訪問する三年半前、二十八歳のフリートリヒ二世がプロイセンの王位に昇ったとき、ヨーロッパは興味をそそる矛盾の塊の前に立つことになった。新しい統治者は啓蒙の精神、休みを知らぬ活力、政治的狡猾、そして驚くべき――いまだ明らかにされずにはいたが――軍事の才能をもっていた。哲学、文学、芸術を愛する内省的な人物はまた、マキャベリ的政治手腕を容赦なく発揮した。王位に就いたとき、その小王国はすでに軍事的な活力で脈打ち、拡張してヨーロッパ史上に足跡を残す準備を整えていた。フリートリヒは進軍の命令を下しさえすればよかったのである。

ヨーロッパにとってもプロイセンにとっても、フリートリヒの進軍命令は予想外だった。子ども時代のフリートリヒは繊細で夢見がちの少年で、父親のフリートリヒ・ヴィルヘルム一世王からは、男らしくないやつだと言われてよく殴られた。青春時代には、長い髪をカールさせて腰まで垂らし、刺繍をしたヴェルヴェットの衣装を身につけた。フランス人作家を読み、フランス語で詩を書き、ヴァイオリン、ハープシコード、フルートで室内楽を演奏した（フルートは一生の道楽だった。一〇〇曲以上のフルート・ソナタと協奏曲を作曲している）。二十五歳になると、王侯としての宿命を受け容れて、歩兵連隊の指揮を執った。一七四〇年五月三十一日、フリートリヒ二世としてプロイセン国王

に即位。容姿は平凡――背の高さは五フィート七インチ、顔は細く、額は秀で、大きな青い目はわずかに飛び出していた――だが、だれもそんなことは気にしなかった。そのころにはもちろん、フリードリヒも、である。美しい服やつまらない戯言に費やす時間はない。公式の戴冠式は挙行されなかった。六か月後、フリードリヒは突然、自分の王国を戦争に引きずりこむ。

フリードリヒが継承したプロイセンは人口と天然資源の乏しい小国であり、ライン河とバルト海のあいだに、たがいに分断された小片となって散らばっていた。中央はブランデンブルク選帝侯領、首都はベルリンである。東側には東プロイセンが広がるが、ブランデンブルク選帝侯領からは、ポーランド王国の領地である回廊によって分断されていた。西側のライン河沿岸、ウェストファリア、東フリジア、北海沿岸には、孤立した飛び地が多数あった。だが領土の不統一が国としての弱点だったとしても、フリードリヒは力を振るうための重要な機関を所有していた。プロイセン軍は、兵士と兵士を較べた場合、ヨーロッパで最高の軍隊だった。八万三〇〇〇人のよく訓練された職業軍人、優秀な将校団、近代兵器多数を保管する兵器庫。フリードリヒの意図は、プロイセンの優れた軍事力を使って、国の地理的弱点を是正することにあった。

すぐに好機が向こうから訪れる。フリードリヒがプロイセン国王に即位した五か月後の一七四〇年十月二十日、神聖ローマ帝国皇帝、オーストリアのカール六世が急死。ハプスブルク家最後の男子だったカールはふたりの娘を残し、姉娘のマリア・テレジア二十三歳がオーストリアの王座に就いた。好機と見てとったフリードリヒはただちに将軍たちに召集をかけ、十月二十八日、ハプスブルク家領地のうちでももっとも豊かな土地のひとつ、シュレージエン奪取を決定する。その論旨は実際的だった。自軍は準備ができているのに対し、オーストリアは指導者を欠き、疲弊し、弱体化しているようである。考慮すべき他の事実は無視した。たとえばフリードリヒは、ハプスブルク家全領地に対するマリア・テレジアの法的権利を承認すると重々しく誓っていたが、その事実にも自制を促されはしなかった。のちに『わが治世の歴史』のなかで、「野心、利益を得る好機、自分の評価を確立したいという望み――これらは決定的であり、こうして戦争は確実となった[1]」と率直に認めている。シュレージエンを選んだのは、それがとなりにあり、その農業と工業資源と、大多数をプロテスタントが占める人口が、自分の小王国を充分に補強するだろうと考えたからだった。

十二月十六日、冷たい雨にぐっしょりと濡れながら、フリードリヒは三万二〇〇〇の兵を率いて国境を越え、シュレージエンにはいった。オーストリア側はほとんど無抵抗。作戦は侵略というよりは占領だった。一月末にはベルリンにもどる。だが、戦争前にじっくりと計画を立てたとき、若い王の手には重要な情報がひとつ欠けていた。王は敵にした女性の性格を知らなかった。オーストリア皇女・ハンガリー女王マリア・テレジアは、青い目と金髪で人形のようにかわいらしかった。だが、その容姿は人を欺いた。重圧下にあっても、異常な落ち着きを見せたので、一部の観察者は、マリア・テレジアは頭が悪いと結論した。それは間違いだった。この女性は聡明で勇敢で粘り強かった。フリードリヒがシュレージエンを攻撃し、奪取したとき、ウィーンでは――マリア・テレジアを除いて――だれもが金縛りにあったように動けなくなった。マリア・テレジアは出産を間近に控えていたにもかかわらず、激怒を活力に変えて対応した。資金を集め、軍隊を動員し、臣下を鼓舞し、そのあいだに将来、皇帝となるヨーゼフ二世を産む。フリードリヒは驚いた。この経験のない若い女が、盗まれた自分の領地の明け渡しを頑固に拒否するとは。四月、オーストリア軍がボヘミアの山脈を越え、シュレージエンにふたたびはいったときには、なおいっそう驚いた。プロイセンはこのときもオーストリアに勝ち、そのあとに続いた一時的な平和のあいだ、フリードリヒはシュレージエンを、一万四〇〇〇平方マイルの肥沃な農地、豊かな石炭の鉱脈、繁栄する諸都市と、ほとんどがドイツ系プロテスタントの人口一五〇〇万ごと保持した。これを父親から受け継いだ臣下の数に加えると、プロイセンの人口はいまや四〇〇万まで増加。しかし、戦利品は高くついた。マリア・テレジアはハプスブルク家の遺産を神聖な信託財産と見なしていた。フリードリヒの侵略戦争が生み出したのは、フリードリヒに対するマリア・テレジアの生涯にわたる憎しみと、一世紀にわたって続くことになるプロイセンとオーストリア間の敵対関係だった。

シュレージエンの勝利にもかかわらず、フリードリヒは危うい位置に立っていた。プロイセンは小国のままであり、その領土は分断され続け、増大するその戦力は強力な近隣諸国を不安にした。プロイセンよりも大きく、より強い潜在力を秘めたふたつの帝国は潜在的な敵だった。ひとつは憤懣やるかたないマリア・テレジアをいただくオーストリア。もうひとつは、北と東を接する広大無辺の帝国ロシア。統治するのは戴冠したばかりの女帝エリザヴェータである。この状況下で、フリードリヒにとってはロシアの友情、少なくともその中立ほど重要なものはなかった。父が死の床で言い残した警告を思い出す。いわく、ロシアとの戦争はつねに利益よりも損失が大きい。この時点で、フリードリヒはエリザヴェータの出方に確信がもてずにいた。

エリザヴェータは即位後すぐに、プロイセンを憎む男、新副宰相のアレクセイ・ベストゥージェフ＝リューミン伯爵を政治問題のトップに据えた。ベストゥージェフが生涯、念願し続けたのは、ロシアをイギリスとオランダの両海洋大国、そして大陸の強国である中欧の二国——オーストリアと、ザクセン選帝侯の治めるポーランド——と結ぶ同盟の創出だった。ベストゥージェフの意図に気づいたフリードリヒは、副宰相だけが女帝との外交的取決めの前に立ちはだかっているのだと考えた。したがってこの障害を取り除くことが絶対に必要と思われた。

フリートリヒは計算した。ロシアの女帝は、十五歳になる世継ぎの甥のために、花嫁を探している。もし自分がこの花嫁探しに加われば、こういった外交上のもつれをほどけるのではないか。サンクトペテルブルク駐在のプロイセン大使から一年以上前に受けた報告によれば、ベストゥージェフが、ザクセン選帝侯でありポーランド国王のアウグスト三世の娘を選ぶよう、女帝に圧力をかけているとのことである。この結婚が実現すれば、副宰相の唱える対プロイセン同盟結成政策にきわめて重要な鍵を提供する。フリートリヒはこのザクセンとの結婚を阻止しようと考えた。そのためには、ドイツの公爵家で、それ相応の名家の公女が必要だ。エリザヴェータが手頃な小さな人質として、アンハルト＝ツェルプスト家からゾフィーを選んだのは、フリートリヒには願ったりかなったりだった。

一七四四年一月一日には、交渉のタイミングが重要となっていた。ヨハンナに宛てたブリュマーの一通目の書翰で秘密裡の迅速な行動が強く求められ、フリートリヒの書翰で再度、念を押されたのは、ベストゥージェフが、ポーランド国王であるザクセン選帝侯の息女マリアンネの側に立って、女帝に圧力をかけ続けていたという事実に基因する。エリザヴェータがゾフィーを選択したいま、エリザヴェータもフリートリヒも、ホルシュタイン家のふたりの公女が可及的速やかにサンクトペテルブルク入りすることを望んでいた。フリートリヒにとっては、女帝に心変わりの時間をあたえないのが重要だった。

フリートリヒ二世は、ツェルプストからくるうら若き公女がサンクトペテルブルクでどう迎えられるかを判断するために、その姿を一刻も早く見たいと思っていた。しかし、ヨハンナは、ゾフィーが国王の期待を裏切ることを恐れたのか、あるいはフリートリヒの興味はヨハンナ自身よりも娘にあることをただ思いつかなかったのか、ベルリンに到着後ただちに宮廷に——単身で——参上した。フリートリヒがゾフィーについて尋ねると、娘は病気だと答えた。翌日も同じ言い訳をする。さらに強く尋ねられて、娘が参上できないのは宮廷用の衣装を持参してこなかったからだと言った。フリートリヒは堪忍袋の緒を切らし、姉妹のひとりのドレスを用意させて、ゾフィーをすぐに寄こすよう命じた。

ようやくゾフィーが目の前に現れたとき、フリートリヒが見たのは、美人でも不美人でもなく、身体に合わないドレスを着て、宝石も飾らず、髪に粉も振っていない娘だった。ゾフィーのはにかみは——母でもなく父でもなく——自分が国王のテーブルに着席すると知ったとき、驚きに変わった。驚きは、ほかでもない自分が君主その人の隣席にすわっているのに気づいたとき、衝撃に変わった。フリートリヒは娘の緊張を和らげようと努力して、ゾフィーがのちに書いたところでは、「オペラ、お芝居、詩、ダンス、それからなんだかわからないが、いずれにしても十四歳の少女を楽しませるためには、ふつう話さないようなこと(2)」について話しかけた。だんだんと自信が出てきて、ゾフィーは聡明に答えることができた。のちに得意げに語っている。「同席者全員が、国王が子どもと会話を始めたのを見て目を丸くしていた(3)」。フリートリヒはゾフィーが気に入った。国王は別の招待客にジャムの皿をまわすようゾフィーに頼みながら、微笑を浮かべてその客に言った。「愛と美の女神の手からこの贈物を受けとりなさい(4)」。ゾフィーにとって、勝利の一夜だった。フリートリヒは、若き食事相手のご機嫌をとったわけではない。女帝エリザヴェータに書いている。「ツェルプスト家の若い公女は年齢にふさわしい陽気さとのびのびしたところに、これほど若い人物のものとしては驚くべき知性と機智とを結びつけています(5)」。このとき、ゾフィーは政治的な人質にすぎなかった。だが、フリートリヒにはわかった。いつの日か、この娘はより大きな役割を演じるだろう。ゾフィー十四歳、フリートリヒ三十二歳。これはふたりの特筆すべき絶対君主初めての、そしてただ一度の邂逅だった。どちらもが将来、「偉大なる」の称号をあたえられる。そして、中欧と東欧の歴史は数十年間にわたって、このふたりのあいだで決定され続けるのである。

フリートリヒは公の場ではゾフィーを丁重に扱いはしたが、秘密の用件についてはその母親を相手にした。フリートリヒの計画では、ヨハンナをサンクトペテルブルクにおける非公式のプロイセン外交代表とする。ゾフィーをロシア帝位の後継者と結婚させるという長期的利益とはまったく別に、ヨハンナはロシア女帝の近くにいるのだから、プロイセンの代理として女帝に影響力を行使できるだろう。フリートリヒはベストゥージェフとその政策についてヨハンナに説明し、副宰相がプロイセン公然の敵として、ゾフィーの結婚を阻止するためなら、みずからの権限内にあることはすべて実行するだろうと強調した。国王は念を押した。このほかには理由がなくても、ベストゥージェフの地位を危うくするためにできることはすべてやるのがヨハンナの利益になるだろう。

ヨハンナの熱意に火をつけるのは簡単だった。秘密任務を託されて、ヨハンナは舞いあがった。これからはわき役、娘のお目付役としてロシアに旅をするのではない。帝国の副宰相を引きずりおろすという重要な外交的企ての中心人物としていくのである。張り切りすぎたヨハンナは、自分のいるべき場所を見失った。みずからしばしば公言したエリザヴェータへの感謝と献身を忘れた。誠実で田舎者の夫の「政治に関わってはいけない」という忠告を忘れた。そして旅の本当の目的は娘をロシアに送り届けることであるのを忘れた。

一月十六日金曜、ゾフィーは両親とともに馬車四台の短い行列を仕立てて、ベルリンを出発。ブリュマーの指示に従って、ロシア行きの人員は数が制限されていた。ふたりの公女ゾフィーとヨハンナ、士官一名、女官一名、小間使い二名、従者一名、料理人一名である。手配どおり、ヨハンナはラインベック伯爵夫人の偽名で旅をする。ベルリンの東五〇マイル、オーデル河畔のシュヴェットで、クリスティアン・アウグスト公は娘に別れを告げた。別れ際、父と娘どちらもがすすり泣いていた。父も娘も、永遠の別れになろうとは気づいていない。父に対するゾフィーの感情は、形式ばった言いまわしではあるものの、二週間後にケーニヒスベルクから書いた手紙のなかに生き生きと表れている。ゾフィーは父がよろこぶとわかっている約束をひとつした。つまり娘がルター派の信徒にとどまるという父の望みをかなえるために努力をすること、である。

殿下、聖なる信仰の種がわが魂にとどまり続けるのと同じように、殿下のご忠告とご訓戒はわが心に永遠に刻みこまれ続けておりますことを、固くお信じくださいますようお願いを申しあげます。わたくしはこれからさまざまな誘惑に晒されるであろうと予測いたしますが、その誘惑のあいだを抜けて、わたくしを支えるのに必要となるすべての力をお貸しくださいますよう、神に祈ります……神のお支えにふさわしくあるという慰め、同様にわたくしの大切なお父さまからよき便りを受けとり続けるという慰めを手にできますよう希望いたしております。そして、殿下、わたくしは生きているかぎり、そして犯すべからざる敬意において、殿下のもっとも慎ましく、もっとも従順な娘であり僕《しもべ》、ゾフィーでおります。(6)

うら若き娘は大冒険に乗り出した。女帝の感傷と母親の野心、プロイセン王の陰謀に背中を押され、見知らぬ国に向かって旅立つ。父と別れる悲しみをひとたび乗り越えてしまうと、ゾフィーは興奮で満たされた。長い旅も、あるいは四年前にちょっと会っただけの青年と結婚するという複雑な問題もまったく恐れなかった。未来の夫が無知で強情と言われていても、身体が弱くても、ロシアで惨めな思いをしていても、ゾフィーにはどうでもよかった。ペーター・ウルリヒはロシア旅行の理由ではない。理由はロシアそのもの、そしてピョートル大帝の帝位に近づくことだった。

ベルリンからサンクトペテルブルクに向かう街道はあまりにも原始的なので、夏、ほとんどの旅行者は海路を選んだ。冬は、外交官と緊急の飛脚のほか、だれも道路は使わなかった。急げという女帝の要求に拍車をかけられていたヨハンナには、選択の余地はない。すでに一月半ばだったにもかかわらず、降雪がなかったので、固められた雪道の上を滑るように造られた橇は使えなかった。そのかわりに旅人たちは毎日毎日、重い馬車にがたがたと揺られ、凍った轍に車輪をとられた。バルト海から吹きつける風が、床や車体の割れ目からぴゅうぴゅうと吹きこんできた。一台の車内では、母と娘が重いコートにくるまり、頬と鼻をウールのマスクで覆って身を寄せ合っていた。ゾフィーの足は寒さのためにたびたび感覚を失い、馬車を止めて休むときは、抱きかかえて運んでもらわなければならなかった。

フリートリヒは「ラインベック伯爵夫人」と令嬢の旅を楽にするために、力をつくすよう指示していた。ドイツの都市ダンツィヒとケーニヒスベルクでは、プロイセン国王の命令のおかげで、かなり快適な思いができた。車輪のきしむ音と馬の背をぴしっと打つ鞭の音を一日中聞かされたあと、旅人は暖かな部屋、熱いココアのカップ、ローストした鶏の夜食で迎えられた。凍った道をさらに東に進むと、粗末な郵便の中継駅しかなくなる。どの駅にも中央の共同部屋に巨大なストーブがひとつあるだけだった。「寝室には暖房がなく、氷のように冷えきっています」とヨハンナは夫に報告した。「わたくしたちは駅長自身の部屋に避難しなければなりませんでした。豚小屋と大して変わりはありませんん……駅長、その妻、番犬、二、三人の子どもが、キャベツか蕪のようにたがいに重なり合って寝ていました……わたくしは自分のためにベンチを運ばせ、部屋の中央で横になりました」(7)。ゾフィーがどこで寝たのか、ヨハンナは告げていない。

事実、健康で好奇心旺盛なゾフィーは、すべてを自分の大冒険の一部と見なしていた。クールラント（現在のラトヴィア領）を通過中、一七四四年の巨大彗星が赤く燃えながら暗い夜空を通過するのを見る。「あれほどすごいものはなにも見たことがなかった。それは地上のすぐ近くにあるように見えた」(8)と『回想録』に書いている。旅の途中で、一度、具合が悪くなった。「この旅の最後で、わたくしはちょっと消化不良をおこしました。手にはいるビールをすべて飲んだからです」と父親に宛てて書く。「お母さまがそれをやめさせたので、また元気になりました」(9)

寒さはますます厳しくなったが、相変わらず雪は降らなかった。夜明けから黄昏まで、一行は凍った轍の上をがたがたと揺れていった。メメルの先にはもはや郵便の中継駅もなく、替え馬は農民から借りなければならない。二月六日、ポーランド領リトアニアとロシア帝国国境の町ミタウに到着。国境駐屯地司令官のロシア大佐に出迎えられる。街道をさらに進み、宮廷侍従の元ロンドン駐在ロシア大使セミョーン・ナルイシキン公に会う。ナルイシキンは一行を女帝の名で正式に歓迎し、ヨハンナにブリュマーの手紙を手渡した。ブリュマーは、女帝にお目通りを許されたときには、君主の手にロづけをして「並々ならぬ敬意」を表明するのを忘れないようにと念を押していた。凍りついた西ドヴィナ河のほとり、リガ市の対岸で、市の副知事と市民代表団が、旅行者の使用に供される国賓用公式馬車とともに、一行を待ち受けていた。ヨハンナの報告では、車内には「わたくしたちふたりをくるむように用意された二枚の黒貂の毛皮がありました。カバーは金色のブロケードです……同じ毛皮の襟巻二枚、別の毛皮ですが、同じように美しい上がけ一枚」(10)。母と娘は要塞の大砲が礼砲を轟かせるなか、氷上を渡って市内にはいった。無名のラインベック伯爵夫人がアンハルト＝ツェルプスト家の公女ヨハンナ、未来のロシア皇帝許嫁の母親に変身した瞬間だった。

リガで、旅人たちは暦を一一日遅らせた。ロシアはユリウス暦を使用しており、これは西ヨーロッパで使用されるグレゴリオ暦よりも一一日遅れている〔以下、ロシア国内の出来事については、原則としてユリウス暦で記述する〕。リガでは、ようやく雪も降り始めた。一月二十九日（ベルリンとツェルプストでは二月九日）、ふたりの公女はサンクトペテルブルクに向けてリガを出発。今度は皇室の壮麗な橇──実際には、一〇頭の馬に牽かれる滑走部にのった木造の小屋──で旅をする。内部には金と銀のリボンで縁どられた深紅のカーテンが下がり、とても広いので乗客は羽毛を詰めたキルトのベッドに完全に横になることができた。ベッドには絹とサテンのクッションがのっていた。馬を走らせる騎兵の一隊を両脇に従え、この快適な乗物でサンクトペテルブルクに向かって進む。二月三日正午、冬宮に到着。凍りついたネヴァ河に面するペトロパヴロフスク要塞の大砲の轟音が一行の到着を知らせた。宮殿の外では儀仗兵が捧げ銃をした。宮殿のなかでは、鮮やかな色の制服、絹とヴェルヴェットをまとった人びとの大群が微笑みながらお辞儀をした。

女帝エリザヴェータはそこにはいない。二週間前、先にモスクワに移っていた。だが、宮廷や外交団の多くがあとに残った。エリザヴェータは訪問者が皇族にふさわしく歓迎されるよう命じていた。ヨハンナは夫に書く。

当地ではすべてが壮麗で、敬意をこめた形でおこなわれますので、わたくしには……まるで夢にすぎないかのように思われます……わたくしは、女帝陛下がわたくしにつけてくださいました女官や侍従の方がたを従えて、ひとりで正餐をいただきます。女王のように遇されております……わたくしが正餐に向かうときには、建物のなかではラッパが、外では守備隊が太鼓で敬意を表してくれます……これが哀れなわたくしの身に起こりうるなどとは、現実とは思えません。これまで哀れなわたくしのために太鼓が打ち鳴らされたのは、ほんのわずかの場所でのことでしたのに。[11]

もちろんこのすべてが「哀れなわたくし」のためだったわけではない。だが、母親がこういった栄誉で自分の身を飾っているあいだ、ゾフィーはそばで観察していた。実のところ、ペルシャのシャーから女帝に贈られた一四頭の象が、冬宮の中庭で芸をする滑稽な仕草のほうがおもしろかった。

ヨハンナはベルリンのフリートリヒ宛には、異なった口調で手紙を書き、自分を国王のために働くその従順な臣下として描き出している。モスクワに向かう前、ロシア風の衣装一式をあつらえているあいだ、ヨハンナはフリートリヒから指南役に指名されたふたりの男と話し合った。ひとりはフリートリヒ自身の大使マルデフェルト男爵、もうひとりはフランス公使ラ・シェタルディ侯爵。ふたりの外交官は繰り返した。副宰相のベストゥージェフが、ゾフィーを帝位継承者の花嫁に選ぶことに強く反対している。だから、ベストゥージェフはぜひとも排除しなければならない。あなたの助力をあてにしています。その一方で、女帝との関係をできるかぎり友好的にするために、あなたとお嬢さまは二月十日、新大公ピョートルの十六歳の誕生日を祝うのに間に合うようモスクワへお急ぎください。

この忠告のままに、ふたりの旅人は二月五日夜、橇三〇台の行列を組んでモスクワに出発した。今回は、女帝が使用する冬期の本街道、四〇〇マイルにわたってロシアでもっともよく整備補修されている道路の、しっかりと固められた雪上をすいすいと進む。馬を替えるために停止すれば、村人たちがじっと見つめて、たがいに言い合った。「大公の花嫁だ[12]」

四日目の四時——一七四四年二月九日午後——行列はモスクワから四五マイルの休憩所に到着。エリザヴェータからの要請が届いていた。モスクワ入市を暗くなるまで遅らせるように。待機のあいだ、魚のスープとコーヒーを飲み、唯一絶対の支配者にお目通りをするにふさわしく衣装を整える。ゾフィーは銀の縁どりをした薔薇色のドレスを身につけた。そのあいだに、橇の速度を増すために、ここまで牽いてきた一〇頭の馬を、一六頭の元気のいい馬と取り替える。橇にもどり、まっしぐらにずんずん進み、モスクワの城壁に八時前に到着。ゴロヴィン宮殿までの市内は暗かった。宮殿の中庭を炎をあげるたいまつが照らす。旅は終わった。エリザヴェータの呼び出し状を書いたオットー・ブリュマーがふたりを迎えるために、玄関の間《ま》の広い階段の下に立っていた。話をしたり、毛皮を脱いでドレスを整える時間はほとんどない。数分後、十四歳のゾフィーはこのあとの一八年間、自分の人生を支配するふたりの人物、女帝エリザヴェータとその甥のピョートル大公の前に立っていた。

第4章 女帝エリザヴェータ

エリザヴェータはドラマティックな星のもとに生まれついた。一七〇九年十二月十八日、先立つ夏、ポルタヴァの地で強敵スウェーデン王カール一二世を相手に驚くべき勝利を挙げた父親のピョートル大帝は、戦勝パレードの先頭に立ち、雪に覆われたモスクワの市街に繰り出した。ツァーリ〔ロシア君主を指す。一七二一年、ピョートル大帝がインペラトール（皇帝）を君主の正式の称号とするが「ツァーリ」も使用され続けた。女性は「ツァリーツァ」〕のあとにロシア帝国近衛連隊、続いて他のロシア軍兵士たちが雪のなかを分捕り品のスウェーデン軍旗三〇〇本を引きずっていき、さらにそのあとを敗北したスウェーデン軍将校の列が行進した。最後尾には、二年前にロシアに侵入したかつての無敵軍の生き残り、一万七〇〇〇以上のスウェーデン人捕虜の長い列。

突然、ひとりの将校が馬でツァーリに駆けより、知らせを伝える。ピョートルの片手が挙がった。行列は停止。ツァーリは二こと三こと言い残して、走り去る。あっと言う間に、モスクワ郊外コローメンスコエの大きな木造の宮殿前に到着。口から泡を吹く馬の手綱を引いて足を止めさせ、扉を押し開いてなかに飛びこんだ。一室に、出産を終えたばかりの妻がいた。寝台の妻のわきに、女の赤ん坊が寝ている。この子はエリザヴェータと名づけられ、三二年後にロシアの女帝となる。

エリザヴェータは、ピョートルとその妻となった農民の女とのあいだに生まれた一二人のうちの五番目の子――男六人、女六人の五番目だった。一二人のなかで七歳を超えて生き延びたのはたったふたりである。もうひとりはエリザヴェータより一歳年上の姉アンナ。世間が知るかぎりでは、エリザヴェータもアンナも非嫡出子だった。父親はエリザヴェータの母親、健康で快活なリヴォニアの農婦、エカチェリーナと改名されたマルタ・スカヴロンスカヤと正式に結婚する「暇がなかった」と語っている。実際には、ピョートルは一七〇七年十一月にエカチェリーナと秘密結婚をしていた。だが国家的理由により、秘密は守られた。ピョートルはとても若いときに一度、結婚している。最初の妻エウドキヤとは痛ましいほどにうまが合わず、離婚して、修道院送りにした。一七〇七年、スウェーデン軍が前進中というこの時を選んで、ツァーリが読み書きのできない外国人の農婦と結婚すれば、伝統主義者のロシア人の多くは衝撃を受けるだろう。五年後、ポルタヴァに勝利したピョートルは考えを変えた。一七一二年二月九日、エカチェリーナともう一度、今回は公式のファンファーレつきで結婚。この二度目の結婚式で、当時四歳と二歳だったアンナとエリザヴェータは髪に宝石を飾り、母親の介添役を務めた。

ピョートルはいつも「娘のどちらをも自分自身の魂のように愛している[1]」と言っていた。一七二二年一月二十八日、ピョートルが十三歳になるエリザヴェータの成年を宣言したとき、美しい髪、青い瞳の娘は活力と健康とで輝き、だれもがその笑いと機嫌のよさとを好もしく思った。この点はより物静かなアンナとは対照的だったが、エリザヴェータはアンナを崇拝した。アンナもエリザヴェータもヨーロッパの王侯息女としての教育を受けた。語学、礼儀作法、ダンス。ロシア語同様にフランス語も身につけ、できのよかったアンナはイタリア語とスウェーデン語も学んだ。何年もあと、女帝エリザヴェータは父親が娘たちの教育に熱心だったと回想している。娘たちの顔を見るために、その居室を足繁く訪れ、その日、なにを勉強したのかと尋ねることも多かった。満足すると、娘たちをほめ、キスをして、ときにはそれぞれに贈物をあたえた。エリザヴェータはまた、ピョートルが自分自身の正式な教育がないがしろにされたのを、ひじょうに残念がっていたことを覚えていた。「父はよく繰り返していました。もし自分の教育がないがしろにされずにすんだのであれば、指の一本も差し出しただろう、と。父がこの欠陥を感じずに過ごすことは一日たりとてありませんでした(2)」

十五歳になったとき、エリザヴェータは姉アンナほどの背丈はなく、また押し出しも劣ったが、堂々たる褐色の髪のアンナの優美さと威厳よりも、金髪のエリザヴェータの生き生きとした輝きを好む人は多かった。スペイン大使リリア公爵はエリザヴェータを最上級の言葉遣いで描き出している。「これまでに見たこともないほどの美人だ。みごとな肌、輝く瞳、完璧な唇、めったにないほど白い喉と胸元。背が高く、気だては活発。どちらかの足はいつも宙に浮かんでいる。内面には大きな知性と優しさ、だがまたある種の野心も感じられる(3)」。ザクセン公使レフォルトは、青く輝く大きな目をほめ、その機嫌のよさと快活な性格には抵抗しがたいと感じた。

十五歳で、エリザヴェータは結婚適齢期に達したと考えられた。偉大なツァーリは一七一七年にパリを訪問して以来、エリザヴェータを二か月年下の若きルイ一五世と結婚させたいと考えていた。エリザヴェータには、この結婚を念頭においた教育があたえられ、フランス語とフランス宮廷の礼儀作法に加えて、フランスの歴史と文学が教えられた。サンクトペテルブルク駐在フランス大使カンプルドンはツァーリの計画を心から後押しした。「エリザヴェータ皇女のお人柄には快いものしかありません」とパリに宛てて書いている。「その容姿、肌、目、手において、皇女は美そのものと言えるでしょう。欠陥があるとすれば、教育と礼儀作法ですが、とても賢い方ですので、縁談がまとまった場合、だれか巧みで経験のある人間をおそばにつけ、その監督によって欠けているものをたやすく正せるでしょう」。しかし、この推薦状とエリザヴェータ本人の明らかな魅力にもかかわらず、ヴェルサイユでは、娘の信任状には汚点がついていると見なされた。母親は農民であり、娘は婚外子として生まれた。フランスは王座、あるいは王座の近くに私生児がいることを望まない。

ピョートルがエリザヴェータのために抱いた期待は打ち砕かれたが、ふたりの娘のどちらかは結婚しなければならない。アンナが十三歳、エリザヴェータが十二歳になるかならないかの一七二一年、ピョートル大帝不倶戴天の敵であるスウェーデン王カール一二世ただひとりの甥、ホルシュタイン公爵家のカール・フリートリヒがサンクトペテルブルクにきていた。カール一二世が死去したとき、カール・フリートリヒはストックホルムで、亡き叔父の王位継承者の地位を追われたのである。

ピョートルはこの青年に年金と名誉ある地位とをあたえて、ロシアに歓迎した。公爵は自分の目標に向かって前進するために、エリザヴェータの姉アンナに言い寄り始める。四年後、アンナ十七歳のとき——アンナ本人は乗り気ではなかったにもかかわらず——カール・フリートリヒとアンナは婚約した。婚約式では皇帝みずからがふたりのそれぞれから指輪を受けとり、交換した。そのあと、一七二五年一月二十五日、ピョートル大帝が五十二歳で急死。アンナの結婚が延期される一方で、母親がエカチェリーナ一世として皇帝の位に昇る。五月二十一日、父の死から四か月後、アンナはカール・フリードリヒと結婚。十五歳の妹エリザヴェータが花嫁の介添役を務めた。

ピョートル大帝の死とその娘の結婚は、すでに複雑なロシアの帝位継承問題をなおいっそう混乱させた。歴代のモスクワ大公、そしてそののちのロシアのツァーリは、古くから連綿と続く長男相続制によって帝位を父から長男へと伝えてきた。この長男相続制をピョートルは一七二二年二月の勅令で、聖書に根拠のない危険な慣習であると非難し、これ以降は、現君主がみずからの後継者を指名する権限をもつと布告した。ピョートルは妻エカチェリーナの頭に冠をのせ、女帝の称号をあたえた。

父の早すぎる死はエリザヴェータの未来を根底から変えた。輝かしい縁談の見通しは遠ざかった。母親はいまだにフランス王家との結婚を望んでいたが、ルイ一五世はポーランドの王女と結婚してしまった。このころサンクトペテルブルクでは、エリザヴェータの新しい義兄ホルシュタイン家のカール・フリードリヒが、二十歳になる従兄弟のカール・アウグスト（たまたまアンハルト＝ツェルプスト家のヨハンナ公女の兄だった）の長所をほめ始めた。義理の息子をかわいがっていたエカチェリーナ一世は、このホルシュタイン公爵家二人目の公子のロシア招聘に同意した。

カール・アウグストは一七二六年十月十六日、サンクトペテルブルクに到着、好印象をあたえた。エリザヴェータはカール・アウグストを、崇拝する姉の夫の縁続きとして見たがゆえに、簡単に恋に落ちた。婚約は一七二七年一月六日に発表と決められるが、女帝エカチェリーナ一世が続けざまに悪寒と発熱に襲われる。儀式は女帝の回復まで延期された。だが、女帝は回復しなかった。それどころか病状は悪化し、四月、二七か月の短い治世のあと、逝去する。母の死からわずか一か月後の五月、エリザヴェータは結婚の話を進めることに決めた。そのあと五月二十七日、婚約発表の前夜、夫となるはずのカール・アウグストは突然、病魔に襲われる。数時間後、医師団は天然痘と診断。四日後、カール・アウグストもまた世を去った。十七歳で幸福を粉々に打ち砕かれたエリザヴェータは、残りの人生のあいだずっと、カール・アウグストの思い出を大切にし続けた——もっとも慣例に従った型どおりの結婚をする希望が失われたからといって、その悲しみが他の男たちに慰めを求める邪魔になることはなかったのだが。

エカチェリーナ一世が逝去すると、帝位は十一歳になるピョートル大帝の孫〔最初の妻エウドキヤとのあいだの子アレクセイ（一七一八年没）の遺児〕の手に渡った。この子がピョートル二世となる。一七二七年七月、エカチェリーナの死の直後、ホルシュタイン公爵は、ロシアにいるのはもう充分だと考えた。子ども時代をスウェーデンで、そして青春の六年間をロシアで過ごしたあと、遅ればせながら、公爵は世襲によって継承したドイツの公爵領に統治者として迎えられた。妻のアンナを連れ、ロシアからの気前のいい年金を手に、ホルシュタインの首都キールに向けて出発する。

あとに残されたエリザヴェータは悲しみに沈んだ。六か月のあいだに、母親、将来の夫、愛する姉全員がエリザヴェータのもとを去った。母の遺言によって、ピョートル二世に次いで帝位継承権の第二位にいたにもかかわらず、幼いツァーリになんの政治的脅威もあたえようとはしなかった。むしろ甥である皇帝の友情を求め、すぐにその遊び友だちとなる。ピョートルは美少年で、強靭な肉体をもち、年のわりには背が高かった。叔母の美貌と泡立つような陽気な性格を好み、叔母をそばにおきたがった。一七二八年三月、宮廷がモスクワに移動するとき、エリザヴェータは皇帝に同行。幼い皇帝と狩りの情熱を分かち合い、モスクワ田園地帯の山野を馬で駆け抜けた。夏は船遊びに出かけ、冬は大型小型の橇で遊ぶ。ピョートルがそばにいないとき、エリザヴェータはほかに男性の仲間を求めた。「恋をしているときでなければ、満足していられない」と告白し、エリザヴェータが幼い皇帝に気前よく快楽をあたえているという噂が立った。

世間の目にエリザヴェータはお転婆に映ったかもしれない。だが、軽薄だったにもかかわらず、エリザヴェータにはもうひとつ別の側面もあった。宗教をまじめに信仰し、性急に快楽を求める気分になったかと思うと、そのあと長い時間、引きこもって祈りを捧げた。敬虔な気分のときには教会や修道院で、ひざまずいて何時間も過ごした。そのあと、人生はもう一度、にこやかな近衛士官の姿でエリザヴェータに手を差し出してくる。エリザヴェータは衝動的な父親の激しい性格を受け継ぎ、自分の欲求を満足させることを決してためらわなかった。二十歳になる前に、六人の青年に身体をあたえたという報告がある。エリザヴェータは恥じなかった。自分に言い聞かせた。自分はひとつの理由のために美しく生まれてきたのであり、運命は自分が本当に愛したただひとりの男を奪ってしまったのだ。

権力と責任には無関心なままだった。自分の将来にもっと関心をもてと言う友人たちは遠ざけられた。そのあと、一瞬、帝位そのものが目の前に差し出されたように見えたことがあった。一七三〇年一月十一日夜、十四歳のピョートル二世は危篤となり、天然痘で死亡。当時二十歳のエリザヴェータは近くで眠っていた。エリザヴェータのフランス人侍医アルマン・レストックが寝室に飛びこんできて言った。いま起きあがり、近衛連隊の前に立ち、民衆に姿を見せ、元老院に急行し、みずから女帝を宣言すれば、成功は必至である。エリザヴェータはレストックを追い払い、ふたたび眠りこんだ。朝までには、好機は消え去っていた。帝国会議はエリザヴェータの従姉妹、三十六歳になるクールラントのアンナを女帝に選出。エリザヴェータが動かなかったのは、ひとつにはもし行動を起こして失敗すれば、新女帝の不興を買う恐れがあると懸念したからだった。場合によっては投獄の可能性さえある。より大きな理由は、まだ準備ができていなかったことだ。権力や外交儀礼はまっぴら。自由のほうがいい。エリザヴェータはその夜の決定を決して後悔しなかった。のちに語っている。「あのときわたくしはあまりにも若すぎました。帝位に対する権利をもっと早くに主張しなくて、本当によかったと思っています。わたくしは若すぎました。わが国民は決してわたくしを我慢してはくれなかったでしょう(4)」

帝国会議がその夜、クールラントのアンナを押したのは、アンナのほうがピョートル大帝の娘よりも脆弱で、御しやすい君主となると信じたからだ。アンナは「ふたりのツァーリ」体制でピョートルと並んで帝位に就いた異母兄、温和で頭の弱いイワン五世の娘で、十七歳の未亡人として二〇年前にロシアを離れ、再婚はせず、子どももいなかった。ピョートルはイワンが好きで、不運の兄が死んだとき、その妻と幼い娘三人の面倒を見ると誓った。ピョートルは約束を守った。一七一〇年、ポルタヴァの勝利のあと、十七歳になる姪のアンナとクールラント公フリートリヒ・ヴィルヘルム十九歳との縁談をまとめる。しかし結婚生活は短かった。ピョートル自身がガルガンテュア風の披露宴を準備し、その席で新郎は人事不省になるまで酔っぱらった。数日後、ロシアを去るにあたって、新郎は激しい腹痛に見舞われ、痙攣を起こして道中で死亡する。若き未亡人は母とともにサンクトペテルブルクに残ることを許してほしいと懇願するが、ピョートルはクールラントで自分の地位に就けと言って譲らなかった。アンナはピョートルに従い、ロシアの資金と軍事力に支えられて、公爵領の支配者となる。二〇年後も相変わらずクールラントで、ドイツ人の腹心で愛人のエルンスト・ヨハン・ビロン伯爵〔のちのクールラント公〕の助けを得て政《まつりごと》をおこなっていた。ロシアの帝国会議が帝位を差し出したとき、会議側の安全を図るために、その申し出にはさまざまな条件がつけられていた。アンナは結婚をしてはいけない。後継者を指名してはいけない。会議は戦争開始と和平の締結、徴税、支出、領地の授与、大佐以上の士官の任命承認について権利を保持する。アンナは条件を受け容れ、一七三〇年春、モスクワで戴冠。そのあと、近衛連隊の支持を得て、自分が署名した文書を破り、独裁権を回復した。二十一歳の皇帝の冠をかぶっていたにもかかわらず、アンナはつねにエリザヴェータを警戒した。

従姉妹が脅威となるのを懸念し、年下のエリザヴェータが表敬に訪れたとき、わきに呼んで言った。「妹よ。皇室にはごくわずかの皇女しか残っていません。ですからわたくしたちが、離れようのない統一と調和のなかで、ともに生きていくことが必要なのであり、わたくしは全力を挙げてそれに貢献するつもりです」。エリザヴェータの快活で開けっぴろげの返答に、女帝は自分の懸念は大げさだったのかと、いくぶん胸をなでおろす。

二十歳から三十一歳までの一一年間、エリザヴェータは女帝アンナの治世下で暮らした。当初は、公式行事には宮廷に参内し、女帝のそばに慎ましやかにすわっていることが期待されていた。エリザヴェータはできるかぎりのことはした。だが、なにをしても従姉妹よりも光彩を放たずにはいられなかった。エリザヴェータはピョートル大帝の子どものなかで、ただひとりの生き残りであるだけではなく、帝国の宮廷で並ぶ者なき美貌を誇る。結局は、宮廷生活の拘束にうんざりし、田園の領地に引っこんで、独立の生活を再開。その行動と道徳とは宮廷の監視の目から解放された。馬をみごとに乗りこなし、乗馬をするときはしばしば男装した。目的は脚を見せびらかすこと。形のよい脚をめでてもらうには男性用の半ズボンをはくのがいちばんだ。エリザヴェータは、原始の森と広い牧草地が広がるロシアの田園を愛した。農民の暮らしに加わり、ダンスや歌、夏はキノコ狩り、冬は橇やスケート、火の前に腰をおろして煎った木の実やバターケーキを食べ、農民と楽しみを分かち合った。

未婚の若い女性であり、その私生活はいかなる規則や権威にも従属していなかったので、エリザヴェータは宮廷の噂話の種になり——必然的に女帝の注意を引いた。アンナはエリザヴェータが軽薄なことに腹を立て、男性を魅了することに嫉妬し、人気があることに神経質になり、その忠誠心を疑った。あるときには、エリザヴェータの行動を聞かされて激怒したあまり、修道院に閉じこめてしまうと脅す。エリザヴェータのほうは、一年間の皇族費が一度削減され、さらにまた削減されたとき、自分の立場が変化しつつあることを理解した。最初は隠されていたアンナの敵意は個人的な嫌がらせになった。エリザヴェータがアレクセイ・シュービンという若い軍曹にのぼせあがったとき、女帝は青年を五〇〇〇マイル離れた太平洋岸のカムチャッカに追放した。エリザヴェータ自身はただちにサンクトペテルブルクにもどるよう命じられた。

エリザヴェータは命令に従い、首都に家をもった。首都では近衛連隊の兵士たちと知り合うのが重要だと考えた。エリザヴェータの父親のもとで軍務に就き、エリザヴェータを幼いときから知っていた将校たちは、自分たちの英雄の子ども最後の生き残りと会うことをよろこんだ。エリザヴェータは宿営を訪れて時間を過ごし、将校ばかりでなく兵卒たちの言葉遣いや習慣をよく知るようになり、そのご機嫌をとり、ともに思い出を語り、カードで負けて金をすり、兵士の子どもたち大勢の代母となり、すぐに兵士たちの目を眩ませてとりこにした。その美貌と気前のよさと同様に、兵士たちはエリザヴェータがロシア人であるという事実を称讃し、信頼した。この段階で、エリザヴェータに隠れた動機、計画があったとしても、だれも知らなかった。女帝アンナが玉座にすわっていた。アンナを引きずりおろすという考えは、たとえ存在したとしても、遠く離れたところにあったのだろう。おそらくは、目に見えたとおりが事実なのだろう。エリザヴェータは気どりがなく、気前がよくて、人を温かく受け容れた。民衆を愛し、自分を称讃する民衆に取り囲まれていたかった。いずれにしても、絶えず首都の街路をぶらついた。そして姿を見られれば見られるほど、ますます人気が高まった。

皮肉なことに、この美しく、大いに称讃された若い女性がいまや、結婚のできない状況におかれていた。ピョートル大帝の娘であり潜在的な後継者であることは、結婚相手の目に対して輝くような魅力をエリザヴェータにあたえるはずだった。だが、クールラントのアンナが帝位にいるために、エリザヴェータは乗り越えがたい障害に直面した。ヨーロッパのどの王室も、アンナ帝に対する敵対行為と解釈されるのを恐れて、息子がエリザヴェータに言い寄るのを許すことはできなかった。ロシア貴族の息子との結婚の可能性には別の障害があった。潜在的に君主となりえる女性がより位の低い同国人と結婚すれば、将来、帝位の請求権を危うくする可能性があった。

エリザヴェータは、結婚の考えをすべて捨て、代わりに自由を選ぶことで応えた。王家の夫、あるいは貴族の夫をもてなくても、近衛連隊の兵士、御者、ハンサムな従者がいた。実際にひとりの男が登場し、エリザヴェータはその男に献身的な愛を捧げ、その愛情は一生続くことになる。父親が農民出身の妻のもとで幸福を見出したように、エリザヴェータも慎ましい出自の伴侶を見つけ出した。ある朝、よく響く声、宮廷礼拝堂の合唱隊で歌う深く豊かなバスの声を初めて耳にする。声の主は背の高い若者。黒い瞳と黒い髪、魅力的な笑顔。ウクライナの農民の息子で、エリザヴェータと同じ年の生まれ。名前はアレクセイ・ラズモフスキー。エリザヴェータは青年をただちに自分の個人礼拝堂の聖歌隊に入れる。まもなく青年はエリザヴェータのアパルトマン〔宮殿内で貴人が生活する続き部屋〕近くに一室をもった。

ラズモフスキーはエリザヴェータにとって理想的な寵臣だった。類い希なる美貌のみならず、真底、慎みのある誠実な男で、親切心、善良、如才のなさでだれからも好かれたからでもある。教育による悪しき影響を受けていないのが幸いして、野心は皆無。政治には絶対に口を出さなかった。のちにエカチェリーナ大帝はアレクセイ・ラズモフスキーとその弟キリルについて、「ここまで君主の寵愛を受けながら、これほど多くの人によってこれほど愛された一族を、私はほかに知らない[5]」と書いている。エリザヴェータはアレクセイの美しい顔立ち、やわらかな物腰、すばらしい声を愛した。アレクセイはエリザヴェータの愛人となり、おそらく秘密結婚後には貴賤相婚の夫となった。宮廷人のあいだでは「夜の皇帝」と呼ばれた。エリザヴェータは帝位に昇ったあと、アレクセイを伯爵、公、陸軍元帥にした。しかし、君主が次々と称号をあたえる一方で、ラズモフスキーは君主に言った。「陛下はわたしを陸軍元師に任じられるかもしれませんが、相手が陛下だろうとだれだろうと、わたしは言いますよ。わたしをまあまあの大尉にでもできたら大したものだ、と」(6)

厳格で近づきがたい女帝アンナと較べると、エリザヴェータは二十代半ばになっても、身軽で、元気いっぱいに見えた。別の局面では、両者の対照はなおいっそう衝撃的だった。アンナはドイツ人に囲まれていた。エリザヴェータは身も心もロシア人であり、ロシア語、ロシアの民衆、習慣を愛した。帝位の権利を主張したがっているような兆候はなかったが、外側の落ち着きの下に、なにか別のものが見えると思う人もいた。「公の場では、見せかけではない陽気さと、一種の軽薄な雰囲気をもち、それが心のすべてを支配しているように見えます」とイギリス大使夫人は書いた。「けれども私的な場では、良識としっかりとした論証をもってじゅんじゅんと話すのを聞いたので、もう一方の振舞い方は見せかけだと確信しました」(7)

子どものいない未亡人である女帝アンナが、ドイツ人の姪、自分の姉であるメクレンブルクのエカチェリーナの娘をサンクトペテルブルクに連れてきて、アンナ・レオポルドヴナの名でロシア正教に改宗させたとき、エリザヴェータの未来に新たな暗雲がたちこめた。女帝は次にアンナ・レオポルドヴナとドイツのブラウンシュヴァイク゠ヴォルフェンビュッテル公アントン・ウルリヒとの結婚を提案。ほかに愛する人がいたアンナ・レオポルドヴナは拒否するが、女帝は聞き入れず、一七三八年春、婚約が発表された。結婚前の数か月で、アンナ・レオポルドヴナは愛らしく感じのよい娘から、平凡で無口で不幸せな未来の花嫁に変身し、叔母の決定にひどく腹を立てていた。これと対照的に、エリザヴェータは自信たっぷりで魅力的に見え続け、その美しさは一〇年前ほどみずみずしくはなかったにしても、相変わらず女帝をいらだたせるのには充分なほどの感銘をあたえた。

一七三九年七月、アンナ・レオポルドヴナはアントン・ウルリヒと結婚。一七四〇年八月十二日、息子を産む。アンナ帝は欣喜雀躍し、子どもに自分の父の名をとってイワンと名づけろと言ってきかない。一か月も経たないうちに、女帝は脳卒中に襲われる。一時的に回復し、大急ぎでばたばたと宣言した。みずからの後継者は姪の幼い息子である。子どもが成年に達しないうちに帝位に就いた場合、その母親のアンナ・レオポルドヴナが摂政に任命される。十月十六日、アンナ帝は二度目の発作に見舞われた。今回、医師団は望みなきを告げる。アンナは四十七歳で逝去。翌日、女帝の遺言が公式に読みあげられた。生後二か月の赤ん坊が皇帝イワン六世と宣言される。三十歳のエリザヴェータ、そして赤ん坊の両親は、義務にしたがって新君主に忠誠を誓った。

混乱が続いた。乳児の母親アンナ・レオポルドヴナは、自分自身が帝冠で報われなかった無念を呑みこみ、摂政の職務に就いた。ドイツ人の夫、ブラウンシュヴァイク公アントン・ウルリヒをロシア陸軍最高司令官に任命。そのあと愛人であるザクセン大使のリナール伯爵とともに、責務を果たす。夫はおおっぴらに辱められた。妻が愛人といるときはいつも、夫が妻のアパルトマンにはいるのを阻むために、あからさまにそれとわかる兵隊が歩哨に立った。

血統から言ってピョートル大帝のもっとも近い子孫であるエリザヴェータが無視されるのはこれで三度目だったが、本人は相変わらず気にしていないように見えた。新摂政の権威に挑戦はしなかった。自分の生活態度も変えなかった。その姿はサンクトペテルブルクの街なかでよく見かけられた。エリザヴェータは自分の宮殿近くのプレオブラジェンスキー近衛連隊宿営の練兵場まで、毎日、歩いていった。外交官や外国の首都は憶測でざわめいた。イギリス大使はロンドンに報告した。エリザヴェータは「とても親切で思いやりがあり、結果として個人的にとても愛されているし、きわめて人気が高い。加えて、ピョートル大帝の娘であるという利点がある。大帝は、この世紀これまでのいかなる王侯よりも恐れられていたにもかかわらず、同時にだれよりも愛されていた……この愛はたしかにその後継者に引き継がれており、一般大衆と軍人の心に広く見られる傾向を醸成してもいる」[8]。

最初、アンナ・レオポルドヴナとエリザヴェータの関係は正常だった。エリザヴェータはしばしば冬宮に招かれた。だが、まもなくエリザヴェータはより他人行儀になり、どうしても避けられない儀式にしか出かけなくなる。一七四一年二月、摂政はエリザヴェータの監視を命じた。こういった拘束を宮廷や外交団が見逃すはずはない。一七四一年夏、関係はいっそう悪化した。アンナ・レオポルドヴナは自分のまわりを外国人だけで固めるようになっていた。リナール伯爵はエリザヴェータを逮捕するように絶えず圧力をかけた。エリザヴェータにはさらに厳しい制限がかけられる。七月、皇族費が減額された。初秋、摂政が、エリザヴェータに帝位継承権の放棄を無理やり書面にさせる計画を立てているという噂を聞く。話が広まる。アンナ・レオポルドヴナがエリザヴェータに修道女になり、修道院にはいるよう強要しようとしているらしい。十一月二十四日朝、レストック医師が寝室にはいり、エリザヴェータを起こし、一枚の紙を渡した。医師は片面に、女帝として玉座にすわっているエリザヴェータの姿を、裏側には修道女姿のエリザヴェータ、そのうしろに拷問台と絞首台を描いていた。「マダム」とレストックは言った。「いまこそ選ばなければなりません。女帝となるか、あるいは修道院に追放され、あなたの僕《しもべ》たちが拷問を受けて命を落とすのを見るのか、どちらかを」[9]。エリザヴェータは行動を決意。真夜中、プレオブラジェンスキー近衛連隊宿営に向かう。エリザヴェータは言った。「みなさんはわたくしがだれの娘かご存じですね。わたくしについていらっしゃい！」

「準備は整っています」と兵隊たちは叫んだ。「やつら全員、殺してやります」

「いいえ。ロシアの血は一滴たりと流してはなりません」

三〇〇名の男たちを従え、エリザヴェータは凍るように寒い夜のなか、冬宮に到着。無抵抗の宮廷衛兵のわきを通り、先頭に立ってアンナ・レオポルドヴナの寝室に向かい、眠っている摂政の肩に触れて言った。「妹よ、起きる時間です」。アンナ・レオポルドヴナはすべてが失われたことに気づき、自分と息子のために慈悲を乞うた。エリザヴェータは、ブラウンシュヴァイク一族のだれにも危害は加えないと言って安心させる。国民に対し、自分が父の玉座に昇り、帝位簒奪者は逮捕され、エリザヴェータからその相続権を奪った罪で告発されると発表。一七四一年十一月二十五日午後三時、エリザヴェータはふたたび冬宮にはいった。ピョートル大帝の娘は三十二歳でロシアの女帝となった。

君主としての最初の行動は、長い待機の歳月、自分を支援してくれた人びとに感謝の雨を降らせることだった。昇進、称号、宝石その他の報奨が、豊かな流れとなってあふれ出した。冬宮までエリザヴェータとともに行進したプレオブラジェンスキー近衛連隊のひとりひとりが昇進した。レストックはダイヤモンドの額にはいった女帝の肖像画とたっぷりの年金に加えて、君主の私的顧問、侍医団長に任命された。ラズモフスキーは伯爵、宮廷侍従、狩猟官頭となった。ほかにも私的顧問が任命され、伯爵が作られ、さらに多くの宝石をはめこんだ肖像画、かぎ煙草入れ、指輪が熱望する手にのせられた。

だが、エリザヴェータにとってもっとも差し迫った問題は、気前のよさでは解決できなかった。皇帝イワン六世は生きてサンクトペテルブルクにとどまっている。イワンは生後二か月で帝位を継承し、一五か月で玉座から引きずりおろされ、自分が皇帝だとは知らなかった。だが、皇帝として成聖され、その似姿は貨幣に刻まれて帝国中にばらまかれ、ロシアの全教会でイワンのために祈りが捧げられていた。イワンは最初から、エリザヴェータに取り憑いていた。初めは両親とともに国外追放にするつもりで、そのためにブラウンシュヴァイク一族全員を、西方への旅の第一段階として急ぎリガに送り出した。しかし一行がリガに到着したとき、エリザヴェータは考えを変えた。危険な幼い囚人をエリザヴェータ自身の国のなかで、確実な監視のもとにおいておくほうが、おそらくは安全だろう。子どもは両親から離され、秘密の国事犯とされ、残り二二年の人生のあいだ、この身分を保ち続ける。ひとつの牢獄から別の牢獄に移送され、それでもエリザヴェータは、イワンを解放し、帝位に復帰させる企てが、いつかなされるのかどうかを知りえなかった。解決策はほとんどすぐにひとりでに浮かびあがってきた。イワンが生き続けながらも永遠に無害化されるためには、新しい帝位継承者を見つけなければならない。エリザヴェータの王朝の未来を安定化し、ロシアの国民と世界から承認されるような継承者。それまでにエリザヴェータはこのような後継ぎが自分自身の肉体からは決して生まれ出ないことを悟っていた。夫と承認された者はいない。いまでは遅すぎる。ふさわしい夫は決して見つからないだろう。さらに、何年ものあいだ、気ままな官能生活に溺れながら、一度も妊娠しなかった。したがって世継ぎは他の女の子どもでなければならない。そしてぴったりの子どもがいた。愛する姉アンナの息子。崇敬する父ピョートル大帝の孫。エリザヴェータがロシアに連れてきて、育て、後継ぎと宣言するのは、ホルシュタインで暮らす十四歳の少年だった。

第5章 大公を作る

エリザヴェータはだれよりも姉のアンナを愛した。ふたり姉妹の妹のほうが、その美貌と陽気な性格とをほめそやされたように、姉にもまた熱烈な称讃者がいた。「現在のヨーロッパには、堂々たる美貌という点でアンナ皇女に並び立ちうる姫君はひとりもいないと思う」とサンクトペテルブルク駐在のプロイセン大使マルデフェルト男爵は書いた。「髪は褐色だが、肌は白く輝き、化粧っ気はまったくない。面立ちは完璧に美しく整っているので、練達の画家が厳格きわまる古典的基準で秤にかけても、これ以上のものは望みえない。黙っているときでさえ、その大きな美しい瞳のなかには人柄のよさと雅量とが読みとれる。物腰には気どりがなく、気分にはむらがなく、陽気というよりはまじめである。若いときから、精神の修養に努めてきた……フランス語とドイツ語を完璧に話す[1]」

アンナの生涯はエリザヴェータの生涯よりも短かった。十七歳で、ホルシュタイン公爵カール・フリードリヒと結婚。カール・フリードリヒは将来、高位に昇る可能性はあるが、能力は平凡な青年で、伝説のスウェーデン王カール一二世の姉ヘドヴィグ・ソフィアと、カール一二世の軍隊で戦死したホルシュタイン公爵フリードリヒ四世のあいだに生まれたただひとりの息子だった。スウェーデンで教育を受けたので、子どものいない叔父カール一二世が自分を後継者にするつもりだと信じきっていたのも当然と言える。カール王が逝去したとき、スウェーデン王位はヘッセン公フリードリヒにあたえられた。排斥された十九歳のカール・フリードリヒはピョートル大帝の保護を頼って、サンクトペテルブルクに撤退。スウェーデンの王冠をうかがう公爵は、政治上の有効な武器として使いうる。ツァーリは公爵を迎え入れた。

客人となった公爵はその能力に比して大きすぎる野心を抱いていた。ロシア宮廷にきてまもなく、皇帝のご息女どちらかの手を求めて画策を始める。ピョートルはこの結婚に反対したが、妻のエカチェリーナは公爵が好きで、いい縁組だからと娘アンナを説得した。アンナは母の説得に折れ、婚約がまとめられた。

一七二五年一月、ピョートル大帝が突然、死病に倒れる。死の床で、意識の混濁から目覚めた大帝は、大声をあげた。「アーネチカ〔アンナの愛称〕はどこにいる。アーネチカに会わなくては」。娘は呼ばれるが、到着する前に大帝の意識はふたたび混濁し、二度と正気にはもどらなかった。婚約と結婚は延期されるものの、わずかの期間にすぎない。一七二五年五月二十一日、アンナは公爵と結婚する。

母の短い治世のあいだ、アンナと夫はサンクトペテルブルクで暮らした。一七二七年にエカチェリーナが逝去すると、公爵夫妻はロシアを離れて、ホルシュタインに移る。アンナは妹エリザヴェータを残していくのを悲しんだが、自分の妊娠に気づいてよろこんだ。ホルシュタイン到着の六か月後、一七二八年二月二十一日〔グレゴリオ暦〕に息子を出産。子どもには翌日、キールのルター派教会で洗礼が授けられた。赤児の名、カール・ペーター・ウルリヒはその輝かしい血統を声高に主張していた。「カール」は父の名だが、大叔父カール一二世にもちなむ。「ペーター」は祖父のピョートル大帝から。「ウルリヒ」はスウェーデンを君主として統治したウルリカ女王〔カール一二世の妹。兄の死後、一七一八年からスウェーデンを統治。一七二〇年、夫のヘッセン＝カッセル方伯に王位を譲る〕に由来した。

アンナが産褥の床にあるあいだに、新しい公子のための舞踏会が開催された。二月だった。湿って凍えるように寒かったにもかかわらず、十九歳の幸せな母親は、開いた窓辺に立って、舞踏会後の花火を見ると言い張った。女官たちが反対すると、笑って言った。「いいですか、わたくしはロシア人です。わたくしの身体はこれよりも厳しい気候に慣れています」[2]。アンナは風邪をひき、それは肺結核の状態にまで重症化した。息子の誕生から三か月後、アンナは父のとなりに埋葬してほしいと言い残して、この世を去る。ロシアのフリゲート艦が到着し、バルト海を北上して遺体をサンクトペテルブルクまで運んだ。

アンナが死んだとき、カール・フリートリヒは若い妻を失ったことだけではなく、サンクトペテルブルクの帝国国庫からキールにいたる黄金の流れが停止したことも嘆くはめになった。公爵の出費は大きかった。大勢の召使いと華麗な制服を着た親衛隊を維持。すべては、公爵がいまだに自分をスウェーデン王位の継承者と見なしているという事実によって正当化された。こういったさまざまな懸念に心を奪われ、カール・フリートリヒは幼い息子にほとんど関心を示さなかった。子どもは乳母たちに渡され、そのあと七歳までは養育係のフランス人女性たちの手に託された。養育係からはまあまあ使えるだけのフランス語を教わったものの、つねに母語であるドイツ語で話すほうが気が楽だった。七歳で、軍事教練を開始、警護所で直立不動の姿勢を保つこと、小さな剣とマスケット銃を見せびらかすことを学んだ。まもなく軍事教練の形式と雰囲気とを愛するようになる。家庭教師といても、授業中にぴょんと立ちあがって窓に駆けより、中庭で訓練する兵隊たちを見物した。自分自身も兵隊の制服を着て、練兵場にいるときがいちばん幸せだった。だが持久力がほとんどなかった。たびたび病気になり、実際の練兵場での教練の代わりに、自室でおもちゃの兵隊を整列させたり、動かしたりした。父親はようやく息子がいるのに気づく。九歳のある日、軍曹の位まで達したペーターは、公爵が将校たちと食事をしている部屋の戸口で歩哨に立っていた。食事が始まると、お腹を空かせた少年は、料理の皿が次々と自分の前を通り過ぎて、食卓に運ばれるのをただじっと見つめているしかなかった。そのあと、第二のコースのあいだに父親が立ちあがり、息子を食卓まで連れてきて重々しく中尉の位に昇進させ、将校たちのあいだに腰をおろしなさいと言った。何年もあとロシアで、ペーターはこれが「生涯でいちばん幸せな日だった」(3)と語っている。

ペーターの教育には計画性がなかった。フランス語同様にスウェーデン語を身につけ、スウェーデン語からドイツ語に訳すことを学んだ。音楽を愛したけれど、音楽への関心が伸ばされることはなかった。ヴァイオリンの演奏を楽しんだ。だが、正しい演奏法は教わらなかった。そのかわりに自分ひとりで練習し、お気に入りの曲を自己流に弾いて、聞こえる範囲にいるすべての人を苦しめた。

ひとりの子どもとしてのペーターは、多くの方面とつながりをもっていた。ホルシュタイン公爵領については父親に次ぐ継承者である。父が死ねば、スウェーデン王位の請求権も継承する。母方からは、ピョートル大帝の男子の子孫ただひとりの生存者であり、したがってロシア帝位継承の可能性も保ち続けた。しかし従兄弟のツァーリ、ピョートル二世が死亡し、ロシアの帝国会議が幼いホルシュタイン公子の請求権を、ピョートルの娘エリザヴェータの請求権ともども無視して、クールラントのアンナをロシアの帝位に選んだとき、幼いペーターのロシアとの関係から利益を期待していたホルシュタイン宮廷は、この決定に敵意で応えた。これ以降キールでは、ロシアは野蛮人の国として、少年の面前で笑いものにされた。

このように将来にさまざまな可能性があったために、ペーターにはあまりにも多くが要求された。だが、自然はペーターを裏切ったかのように見えた。大北方戦争にそびえ立つふたりの敵どうし、その両方のもっとも近い血筋である子ども――あの人間エネルギーのダイナモ、ピョートル大帝の孫であり、その時代のもっとも輝かしい軍人、無敵のカールを大叔父にもつ少年――は、飛び出した目と細い顎とわずかの活力しかもたない病弱な少年だった。無理やり送らされた生活、無理やり担わされた巨大な遺産は、背負うにはあまりにも重すぎた。従属的立場におかれれば、どんなものであろうと義務を断固として果たしただろう。よろこび勇んで連隊を指揮しただろう。だが、ひとつの帝国、いやひとつの王国でさえ、その手にはあまったのである。

一七三九年、ペーター十一歳のとき、父親が死亡。少年は、少なくとも名目上はホルシュタイン公爵となる。公爵領に加えて、父親のスウェーデン王位請求権が息子の手に渡った。父の従兄弟にあたるホルシュタイン家のアドルフ・フリートリヒ公、オイティン〔を含むリューベック〕のルター派主教が後見人に指定された。王位と帝位を相続する可能性のある少年の養育に主教が特別な心遣いを払うべきだったのは明らかである。だが、アドルフは善良なる怠け者であり、この義務を回避した。任務は、公爵宮廷大元帥オットー・ブリュマー率いる将校と家庭教師の集団に丸投げされた。ブリュマーという男は元騎兵隊将校で、粗野で癇癪持ち、規律にやかましい軍人であり、幼い君主を情け容赦なく虐待した。少年公爵のフランス人教師は、ブリュマーを「公子よりも馬の訓練に向いている」と評している。厳罰、嘲り、人前での侮辱、食事の制限を武器にして、わが手に託された少年に襲いかかった。よくあったことだが、幼い公爵が授業でへまをすると、ブリュマーが食堂に現れて、食事が終わりしだい罰をあたえると言って脅す。怯えた少年は食事を続けられず、吐きながら食卓を離れる。そうすると、ブリュマーは、翌日、食事をあたえてはならないと命令するのだった。その日一日、お腹を空かせた子どもは、食事時間、ロバの絵を首からぶら下げて扉の横に立ち、自分自身の臣下である宮廷人たちが食べているのを見ていなければならなかった。ブリュマーは少年を毎日のように棒か鞭でたたき、固く乾いた豆の上に、膝が赤くはれあがるまで何時間でもひざまずかせた。ブリュマーが絶えず振るった暴力は、悲壮でひねくれた子どもを作り出した。少年は怯えがちで、嘘をつき、敵意をもち、高慢で、臆病で、裏表があり、残酷だった。殴ってもよいとされている最下位の召使いとしか友だちになれなかった。ペットの動物を虐待した。

ブリュマーの非常識な管理体制、いつの日かスウェーデン国王、あるいはロシア皇帝となるかもしれない子どもを苦しめるのに、この男が歓びを見出した理由は解明されていない。虐待をすることで少年の性格を強靭にしようとしたのであれば、結果は正反対となった。ペーターにとって、人生はあまりにも過酷だった。その精神は、打擲や侮辱によってその頭に知識や従順をたたきこもうとするすべての試みに反撥した。ペーターの不幸な人生すべての章のなかで、立ち向かわなければならなかった最悪の怪物はオットー・ブリュマーだった。ブリュマーがあたえた損害は将来、明るみに出されることになる。

十四歳の誕生日直前に、ペーターの人生は一変した。グレゴリオ暦の一七四一年十二月六日未明、叔母のエリザヴェータが幼い皇帝イワン六世の治世とイワンの母アンナ・レオポルドヴナの摂政政治を終わらせた。新女帝が帝位に就いて最初にとった行動のひとつが、甥のペーター、ただひとり生き残っている血縁の男子を呼び寄せることだった。エリザヴェータはペーターを養子にし、自分の後継者だと宣言するつもりである。女帝の命令は実行され、甥は急遽、秘密のうちに、キールからサンクトペテルブルクに向けて送り出された。エリザヴェータは少年を保護下におくまで、だれかに自分の意図を明かしたり、それについて意見を求めたりはしなかった。外交官たちは本国の宮廷に女帝の行動を説明しなければならず、その理由をさまざまに推測した。イワン六世の脅威。姉アンナへの傾倒。さらにもうひとつ、それほど気高いとは言えない動機にも触れた。自己保存、である。イワンを監視下においてしまえば、エリザヴェータと帝位を争うのはペーターひとりだ。もしペーターがホルシュタインにとどまり、外国勢力がロシア帝位に対するその請求権を後押しすれば、エリザヴェータには脅威となりうる。だが、ペーターがロシア大公となり、エリザヴェータの目の届くところにいれば、ペーターの未来を左右するのはエリザヴェータである。

エリザヴェータのクーデタはペーター自身の人生を一八〇度転換させた。まもなく十四歳になるところでキールの城と、相変わらず名目上は自分がその統治者である生まれ故郷のホルシュタインをあとにし、自分の虐待者ブリュマーに付き添われて、サンクトペテルブルクに旅立つ。ホルシュタインからの出発は唐突で、人目を忍び、ほとんど退位したかのように見えた。ペーターが国境を越えた三日後まで、臣下たちには出発が知らされなかった。一七四二年一月初めにサンクトペテルブルクに到着。冬宮での感動的な歓迎式典で、エリザヴェータは両腕を差し出し、涙を流し、姉ただひとりの子どもを自分自身の子どものように慈しむと約束した。

エリザヴェータはこのときまで一度もペーターと会ったことがなかった。少年をじっくりと観察したとき、目にしたのは、ゾフィーが四年前に見たのと同じものだった。ペーターは相変わらず奇妙な姿をしたチビ、年のわりには小柄で、顔色は青く、痩せて、動きは鈍い。ほつれた金髪がまっすぐ肩まで垂れていた。敬意を見せようとして、弱々しい身体を木の兵隊のようにぴんとつっぱらせ、話しかけられると、声変わり前のかん高い声でドイツ語とフランス語をちゃんぽんにして答えた。

目の前に立つ少年の外観に驚き、がっかりしたエリザヴェータは、その無知になおいっそう唖然とさせられた。エリザヴェータ自身、学識があるというのとはほど遠く、読書のしすぎは身体に悪いとさえ考えていた。それが姉アンナの早すぎる死の原因ではないかと疑っていたのである。科学アカデミーのシュテーリン教授、感じのいいザクセン人をペーターの教育の第一の責任者に指名。少年にこちらのシュテーリンを紹介しながら言った。「殿下にはまだ学ぶべき事柄がいろいろとおありのようですね。シュテーリン先生はとても楽しいやり方で教えてくださいますから、殿下にはほんの気晴らしとしか思えないでしょう(4)」。シュテーリンは新しい生徒を試験し始めたが、少年がほとんどすべての分野の知識に欠けることはすぐに明らかになった。シュテーリンはまた、生徒が年のわりには驚くほど子どもで、落ち着きがないために、なにかに注意を集中させておくのが難しいのに気づいた。それでも兵隊と戦争に関することすべてには夢中になった。到着したとき、エリザヴェータは少年をプレオブラジェンスキー近衛連隊の副隊長に任じた。これはロシア帝国近衛連隊の上級連隊にあたる。ペーターは感銘を受けず、ロシア兵のゆったりした暗緑色の制服を鼻でせせら笑った。それは、ホルシュタインとプロイセンのぴったりした青の制服とは似ても似つかなかった。

シュテーリンはできるかぎりの工夫をし、すべてを可能なかぎり簡略化した。ロシアの歴史を説明するのに、地図や挿絵が満載された本を使い、美術室から借りてきた古いコインやメダルのコレクションを見せた。リガからトルコと中国国境にいたるまでの要塞すべてを示す巨大な図版を見せて、少年がいつの日か統治することになる国の地理について概観を示した。生徒の視野を広げるために、外交通信や外国の官報から最新の記事を読み、地図や地球儀を使って、こういった事件が起きた場所を指し示した。縮尺模型を作ることで幾何や工学を教えた。植物学については、ペーターと宮殿の庭園をゆっくりと歩き、植物や樹木、花々の種類を指し示した。建築については宮殿のなかを連れ歩き、それがどう設計され、建てられているかを説明した。先生が話しているあいだ、少年は静かにすわって傾聴していることができなかったので、勉強のほとんどは、教師と生徒が並んで、右から左、左から右へといったりきたりしながらおこなわれた。ダンスを教えるのはシュテーリンの責任外とされたが、女帝がとくに心にかけていた計画だった。これはみごとに失敗した。熟練の踊り手エリザヴェータは甥に、カドリールやメヌエットの集中レッスンを受けさせた。週に四回、ダンス教師とヴァイオリニストが自室にやってくると、ペーターはなにをしていようとも、それを無理やり中断させられた。結果は最悪。生涯を通じて、ペーターのダンスは滑稽だった。

三年のあいだ、シュテーリンは職務を果たした。ほとんど成功しなかったのはシュテーリンのせいではない。損害はもっと前、生徒の精神と学問への興味がねじ曲げられ、破壊されたときにあたえられていた。ペーターにとって、人生は、自分にはどうでもよいことについての過酷な教育の連続に見えた。シュテーリンは日記に、生徒が「完全に浅はかで」「まったく御しがたい」(5)と書いている。それでも、この男はペーターの若い人生で、少年を理解し、知性と共感をもって扱おうと試みた唯一の人物だった。ペーターはほとんど学びはしなかったものの、残りの人生のあいだ、この教師と友好的な関係を保ち続ける。

ロシアでの最初の年、ペーターの教育はその脆弱な健康に左右された。シュテーリンの記録によれば、一七四三年十月、ペーターは「ひじょうに弱り、自分を楽しませるものすべて、音楽に対する好みさえも失った(6)」。ある土曜、少年公爵の控えの間で音楽が演奏され、カストラートがお気に入りの曲を歌っていたとき、目を閉じて横たわっていた少年は、ようやく聞きとれるほどのささやき声で言った。「もうすぐ歌うのをやめてくれるのかな?」エリザヴェータは甥の枕元に駆けつけ、涙に暮れた。

病気でないときでも、他の問題がペーターを悩ませた。友だちがひとりもいなかった。実際に同じ年ごろの人間をひとりも知らなかった。エリザヴェータがブリュマーの真の性格を見抜かなかった、あるいは理解しなかったので、この男がいつもそばにいた。病気のために弱った少年の精神は絶えずブリュマーの乱暴な態度に脅かされていた。シュテーリンの報告によると、ある日、ブリュマーの乱暴な態度に脅かされていた。シュテーリンがあいだにはいると、ペーターは窓辺に駆けより、中庭の近衛兵に助けを求めた。それから自分の部屋に飛んでいき、剣を手にもどってきて、ブリュマーに向かって怒鳴った。「貴様が無礼を働くのもこれが最後だ。今度、わたしに手をあげたら、この剣で突き刺してやる(7)」。それでも女帝はブリュマーがとどまるのを許した。ペーターはロシアにきても、虐待からは逃れえないことを悟った。なにか変化したことがあるとすれば、状況がいっそう悪化したことだけだ。キールにいるときは、ブリュマー相手にどんなに不幸な思いをしていようとも、とにかく故郷にはいたのである。

エリザヴェータは、甥が目に見える進歩をまったくしないことに困り果てた。忍耐強い女ではない。よい結果を望んでいたし、イワン六世の存在をめぐって、自分につきまとって離れない不安にかられて、ペーターと教師たちにさらに圧力をかけた。エリザヴェータは自問した。自分の甥は、どうしてこんなに手に負えず、将来の見込みのない少年なのだろう？　すぐに変わるはずだ、絶対に。ときき、不安を鎮め、自分に万事順調と思いこませるために、甥の進歩を大げさにほめた。「殿下がご自分の時間をこれほど有効にお使いになっているのを見るときに、わたくしが感じる歓びは言葉では言い表せません」(8)。だが、何か月経っても、まったく向上が見られなかったので、エリザヴェータの期待はだんだんとしぼんでいった。

第一の不満の種は、甥がロシアのものすべてをあからさまに嫌うことだった。女帝は、ロシア語とロシア正教を教えるために教師を任命し、ペーターが学んだかを見るために、家庭教師や聖職者を時間外まで働かせた。ペーターは一日二時間、神学を勉強し、ちんぷんかんぷんの正教の教義を少々学んだが、このなじみのない宗教を毛嫌いし、髭を生やした聖職者には軽蔑しか感じなかった。オーストリアとプロイセンの大使に皮肉っぽく語っている。「自分では実行できないほどたくさんのことを、司祭たちに約束しました」(9)。ロシア語についても同じ態度で接した。レッスンを受けさせられたが、ロシア語を嫌い、文法的に正しく話す努力をしなかった。できるときには、可能なかぎり大勢のホルシュタイン将校をまわりに集め、ドイツ語だけで会話をした。

ペーターの学習の障害は、嫌悪と皮肉癖よりも深いところに原因があった。ただ単にロシア語を身につけるというだけの問題ではなかった。充分な時間があたえられれば、ロシア語を操れるようになったかもしれない。だが、教師が課すすべての学業の背後には、より大きな障害が潜んでいた。つまりロシア帝位を継承するという予測である。ペーターはこの未来に反抗していた。広大で――自分の目には――原始的な外国の帝国を統治することには、ほんのわずかの興味も湧かなかった。ドイツとホルシュタインが懐かしかった。キールの宿営での単純で率直な生活に憧れた。そこでは人生は軍服と太鼓、命令と服従しか要求しない。地上最大の帝国の未来の統治者に選ばれながら、ペーターの心はホルシュタインの小さな一兵卒のままだった。そのヒーローは自分自身の堂々たる祖父、ロシアのピョートル大帝ではなく、ドイツ全兵士のアイドル、プロイセンのフリードリヒだった。

それでも最後にはエリザヴェータが自分の意志を押し通した。一七四二年十一月十八日、クレムリンの宮廷礼拝堂で、カール・ペーター・ウルリヒは、ピョートル・フョードロヴィチのロシア名で厳粛に洗礼を受け、ロシア正教会に迎えられた——このロマノフゆかりの名前は、ルター派として生まれたペーターの穢れをぬぐい去ることを意図していた。そのあと女帝エリザヴェータはピョートルを正式にロシア帝位の継承者と宣言、帝国皇族の位にあげ、大公の称号を授けた。ピョートルは暗記したロシア語でロシア正教会の教えに反する教義はすべて捨て去ると約束し、それを受けて、集まった宮廷人は儀式の最後にピョートルに対し忠誠の誓いを立てた。儀式のあいだ、そしてそのあとの公式の謁見で、ピョートルは見るからにふくれ面をしていた。新大公のご機嫌に気づいた諸外国の大使は言った。「大公がいつもの拗ねたようすで誓いを立てられたので、熱狂的信者にはおなりにならないと結論するのが妥当であろう[10]」。少なくともその日、エリザヴェータはこういった否定的な兆候を見るのを単純に拒否、ペーターに聖膏〔聖油〕が塗布されたときには、すすり泣いた。そのあと、なりたてほやほやの大公がアパルトマンにもどると、そこには三〇万ルーブルの手形が待っていた。

激しい感動を見せたにもかかわらず、エリザヴェータはいまだに甥を信頼してはいなかった。ロシアとの関わりを取り消し不能にし、ロシアから逃げ去る可能性を断つために、ロシアとスウェーデン間の条約に条件を設けて、スウェーデン王位に対する甥の請求権をピョートルの元後見人、ホルシュタイン家のアドルフ・フリードリヒに移譲させる。これによってピョートルの請求権は抹消され、ヨハンナの兄であるリューベック主教が、ピョートルに代わってスウェーデン王位の継承者となった。

ピョートルがロシアで惨めな思いをしているのが明らかになるにつれて、エリザヴェータの不安はますます大きくなった。自分の家系のなかで、ドイツとのつながりゆえに憎まれていた一分家を排除したというのに、結局は自分が選んだ新しい後継ぎがなおいっそうドイツ人であることを発見しただけだ。ピョートルをロシアに感化するために、考えうるかぎりの影響力が行使された。それでもピョートルの考え方、嗜好、偏見、身なりは頑固にドイツ人のままだった。エリザヴェータはひどく落胆したが、ピョートルを受け容れなければならなかった。ホルシュタインに送り返すことはできない。この子は生存しているなかでもっとも近い身内である。新しくロシア正教徒となり、新しく後継者と宣言され、いまやロマノフ王朝の未来の希望の星だ。一七四三年十月、ピョートルが重い病に倒れたとき――十一月半ばまで床を離れられなかった――エリザヴェータは、自分がこの子をどんなに必要としているかを思い知らされた。

実際にピョートルの脆弱な健康状態は、エリザヴェータをさらなる行動へと駆り立てた。ピョートルはいつも病気だ。もし死んでしまったら？　そうしたら、どうなる？　解決策――最善の、おそらくは唯一の解決策――は、妻を見つけてやることだ。ピョートルは十五歳。しかるべき若い妻の存在は、少年が大人になるのを助けるだけでなく、新たな幼い後継者を提供することによって、より大きな目的にも役立つだろう。継承を確実にするために、父親よりもよりよい素養を積ませることのできる子ども。エリザヴェータはこの道を進むことに決めた。急いで妻を見つけ、後継者をもうける。だからこそ、女帝はピョートルの花嫁選びを急いだのだ。だからこそ、女帝の命令を受けて、ブリュマーがツェルプストのヨハンナに緊急の手紙を書いたのだ。ロシアにきなさい！　娘を連れて！　急げ！　急げ！　急げ！

第6章 エリザヴェータとピョートルに会う

ゾフィーと母親が待機していたとき、ピョートルが突然、飛びこんできて、ドイツ語で言った。「もう、待ちきれなかったよ(1)」。笑顔はわざとらしかったが、熱意は本物に見え、ゾフィーも母親もうれしく思った。ピョートルがふたりの前に、そわそわと落ち着きなく立っているあいだ、ゾフィーは以前にただ一度、十一歳の少年のときに会ったきりの未来の夫を注意深く観察した。十五歳になったいまも異常に背が低く、痩せており、面立ち——青白い顔、大きな口、ぐっと引っこんだ顎——は、五年前と大して変わらなかった。ピョートルの温かな出迎えは、ゾフィーがほぼ同い年のはとこであり、ドイツ語を話し、自分が育ったのと同じ環境を共有し、したがってそれを理解できる人間であるという事実によって説明がつくだろう。ロシア側がしてきている要求に逆らうとき、この小さなはとこが味方になってくれると考えたのかもしれない。ピョートルは絶えずしゃべりながら、いったりきたり歩きまわり、レストック医師がきて、女帝におかれては謁見のご準備が整いましたと告げたとき、ようやく立ち止まった。ピョートルがヨハンナに腕を貸し、ひとりの侍女がゾフィーに腕を貸して、蠟燭に照らされた大広間を次々と通り抜ける。居並ぶ人びとが頭を下げ、腰をかがめてお辞儀をする。ようやく女帝のアパルトマンの大扉に到着。扉がぱたんと左右に開かれる。目の前に、ロシアの女帝エリザヴェータが立っていた。

ゾフィーと母親は眩惑された。エリザヴェータは背が高く、ふっくらとして肉づきがよかった。青く輝く大きな瞳、広い額、歯並びのよい口元、赤い唇と白い歯、しみひとつない薔薇色の肌。もともとの金髪は華麗な黒色に染められていた。身につけた銀色のドレスはスカートに巨大な輪骨がはいり、縁を金色のレースが飾る。髪、首筋、豊かな胸はダイヤモンドで覆われていた。銀と金の刺繍と宝石の輝きに包まれて目の前に立つこの女性は、圧倒的な印象をあたえた。それでもゾフィーには特別な頭飾りに目をとめるだけの余裕があり、それをずっと覚えていた。頭の片側の髪のあいだから、一本の黒い羽根がまっすぐに立ちあがり、カーブを描いて顔の一部を隠す。

ヨハンナはブリュマーの忠告を思い出し、エリザヴェータの手にキスをして、自分と娘の上に雨のように注がれた好誼に対して、感謝の言葉をおどおどと口にした。エリザヴェータはヨハンナを抱擁し、言った。「これまでわたくしがあなたのためにしてきたことは、わたくしが今後、あなたのご家族のためにすることに較べれば、無にも等しいのです。わたくしにとっては、自分自身の血よりも、あなたがたの血のほうが大切なのです[2]」。エリザヴェータがゾフィーのほうに向いたとき、十四歳の娘は身体をふたつに折って、膝を曲げ、深々とお辞儀をした。エリザヴェータは微笑みながら、娘のみずみずしさ、知性、慎ましく従順な物腰を目にとめた。そのあいだにゾフィーもエリザヴェータを自分なりに評価した。三〇年後に書いている。「初めて会ったとき、この女性の美貌と威厳ある身のこなしとに驚かされずにいるのは不可能だった[3]」。宝石とにじみ出す権力の輝きに覆われたこの女性のなかに、ゾフィーはいつの日か自分がなりたいと思っているものの体現を見た。

翌日はピョートル十六歳の誕生日。女帝は、銀糸の刺繍をした茶色のドレスで登場、「頭、首、胸に宝石をところ狭しとつけ」、母と娘の両方に聖エカチェリーナ勲章を授与した。狩猟官頭の制服を着たアレクセイ・ラズモフスキーが、勲章の綬章と記章をのせた金の盆を捧げもっていた。ラズモフスキーが近づいたとき、ゾフィーはもうひとつの評価を下した。公認の愛人、「夜の皇帝[4]」ラズモフスキーは、ゾフィーの言葉を借りれば「生涯で目にしたなかでもっとも美しい男性のひとり」だった。

この日もエリザヴェータは上機嫌。にこやかに微笑みながら、ゾフィーとヨハンナを手招きし、ふたりの首に勲章のリボンをかけた。

女帝がヨハンナとゾフィーに見せた温かさは、近いうちに前途有望な政略結婚が実現する見通しが立ったことに対する満足感よりも、もっと深いところから生まれていた。エリザヴェータには子どもがいない。二年前、姉の息子ピョートルに手を伸ばし、ロシアに連れてきて、自分の後継者とした。だが、ピョートルはエリザヴェータがあたえようとした種類の母性愛に応えなかった。今回、ピョートルのために選んだ花嫁は、エリザヴェータ自身が愛した男の姪だった。皇帝の玉座でひとり孤独なロシアの女帝は、自分のまわりにひとつの家族を創造したいと思っていた。

ヨハンナは女帝からの歓迎を、自分自身の政治的勝利の一部と受けとった。自分はきらめく宮廷の中心にいて、唯一絶対の主権者の寵を得ている。女帝の気前のよさは伝説的ともなっていた。母と娘には独自の所帯があたえられ、侍従、侍女、近習、さらに身分の低い召使いたちの一群がつけられた。「わたくしたちは女王のように暮らしております」とヨハンナは夫に書いた。「すべては飾り立てられ、金が象眼されており、すばらしいものです。わたくしたちは洒落た格好をして、馬車で外出いたします」(5)

ヨハンナが自分自身と自分の娘のために抱いた野心は、実現に近づこうとしていた。来るべき結婚の秘めやかなる側面について、そして娘に有益な忠告をあたえる義務について、この三十二歳の母親はほとんど考えなかった。結局のところ、何年も前に年齢が倍をはるかに超える男と結婚したときにも、だれもヨハンナの気持ちなど気にかけなかったのだ。ヨハンナは、娘の花婿となる男の真の人格についてはほとんど知らなかった。花婿が皇帝になるという事実だけで充分だった。もしヨハンナがみずからに、ふたりの若者がおたがいにロマンティックな情熱を育み合うだろうかと問いかけたとしても、率直な答えは肩をすくめることだっただろう。王侯の結婚をまとめるとき、こういった問いかけにはなんの意味もなかった。ヨハンナはそれを知っていた。ゾフィーはそれを感じとっていた。ただひとり、エリザヴェータだけが相変わらず愛を信じ、政治と同様に愛情もがこの若者たちをしっかりと結びつけるよう願っていた。

のちにゾフィーは大公ピョートルのことをこう回想している。「最初の一〇日間は母と私と会うのがうれしいようすだった……その短いあいだに、私は大公が、自分が統治する宿命にある国をほとんど気にかけておらず、相変わらずルター派の教義を深く信じており、まわりの人びとを嫌っていて、とても子どもっぽいことに気づいた。私は口をつぐみ、耳を傾けた。それが相手の信頼を買うのに役立った」(6)

ピョートルはゾフィーのこと、そして近づきつつあるふたりの婚約をどう思っていたのだろうか？ゾフィー到着の晩、感じのよい言葉をかけたのは事実である。続く数日間は、同じ年ごろの親戚がいて、自由に話のできるうれしさを繰り返し口にした。だが、ゾフィーがピョートルに儀礼的な関心を示したのに調子づいて、ピョートルはすぐに自由に、あまりにも自由に話し出す。最初の機会をとらえて、本当は別のだれか、エリザヴェータの元侍女の娘を愛しているのだと告げた。自分はいまでもこの娘と結婚したいのだが、悲しいことに、娘の母親は最近、女帝の不興を買ってシベリア送りになった。いまとなっては、叔母である女帝はこの娘との結婚を許してはくれないだろう。ピョートルは続けて言った。だからあきらめてゾフィーと結婚する。「だって叔母上が望んでいらっしゃるのだから」(7)

ピョートルは相変わらずゾフィーを未来の妻というよりは遊び友だちとして見ており、傷つけるつもりはなかった。ピョートルはピョートルなりに、ただ正直だったのである。「私はこの告白を聞いて、顔を赤らめた」とゾフィーは『回想録』に書いている。「そして、私を信頼してくれたことに感謝した。だが、心のなかでは、大公の軽率さと判断力の欠如に驚いていた」[8]。ピョートルの考えなしの無神経な言葉に傷ついたとしても、ゾフィーはそれを表には出さなかった。愛の不在にどう対処するかは自分自身の家族のなかで学んできたのであり、この新たな状況下でもそれに対応する心構えはできていた。加えて、父からは別れ際に、大公を「おまえの主君、父、君主として」敬い、その愛を「心遣いと優しさによって」勝ちえることを求めよ、と命じられていたのである。

ゾフィーはわずか十四歳だった。だが賢く、実際的だった。とりあえずはピョートルのやり方に合わせて、友人兼遊び相手という役割を受け容れた。だが、そこにはわずかの愛情の影、ゲオルク叔父相手に経験した、手探りの愛さえもなかった。

第7章 肺炎

自分がロシアでおかれている立場について、ゾフィーがふたつの基本的事実を理解するまでに長くはかからない。第一は、気に入ってもらわなければならない相手はピョートルではなくエリザヴェータであること。第二は、この新しい国で成功したいと望むのであれば、その国の言葉を学び、その国の宗教を実践しなければならないこと。モスクワ到着から一週間もしないうちに、ゾフィーの教育が開始された。ロシア語の読解と会話を教えるために教授がひとりつけられ、ロシア正教の教義と典礼の教育には学識豊かな聖職者が指名された。ピョートルは教師が教えようとすることすべてに抵抗し、反撥した。これとは対照的に、ゾフィーはよろこんで勉強に励んだ。

女帝の頭のなかで喫緊の課題はロシア正教への改宗であり、教師役に選ばれた聖職者は、ルター派の信仰を捨てよと命じられた若いプロテスタントの不安を鎮めるのに適した特別な素養を身につけていた。プスコフの主教、シモン・トドルスキーは教養のある心の寛い男で、四年間をドイツのハーレ大学において勉学に費やしたおかげで、ドイツ語を流暢に操った。ハーレで、宗教で大切なのは宗派間の差異ではなく、キリスト教に内在する基本的な教えであると考えるようになり、ゾフィーにこう助言した。ロシア正教の信仰はルター派の信仰とそう大きくは違わない、たとえ改宗してもお父上との約束を破ることにはなりません。ゾフィーは心を動かされ、父に宛てて書いた。ルター派と正教会は、「外面的な典礼はきわめて異なっておりますが、こちらの教会がそういった典礼を採用せざるをえませんのは、人びとが洗練されていないがゆえのこと」(1)にすぎないと気づきました。クリスティアン・アウグストは、プロテスタントの教義に対する娘の信仰心がどんどんと失われていくらしいのに危機感を抱き、次のように返事を書いた。

自分自身の心のなかを注意深く探りなさい。本当に宗教的な気持ちからそう思っているのか、あるいはもしかしたら自分でも気づかぬうちに、女帝がお示しになった寵愛のしるしによって……そちらの方向に向かうよう影響されたのか。われわれ人間はしばしば自分の目の前のことしか見ない。だが、果てしなき正義のうちにあらせられる神は、心とわれわれの密かな動機をお探しになり、それに従ってその慈悲を表明される。(2)

ゾフィーは敬い、尊重しているふたりの男それぞれの対立し合う信仰を融和させるのに苦闘し、なかなか自分の道を見つけられなかった。「改宗は公女に果てしのないお苦しみをあたえています」とプロイセン大使マルデフェルトはフリードリヒ王に書いた。「涙がたっぷりと流されております(3)」

トドルスキーと勉強する一方で、ゾフィーはロシア語の学習にも邁進した。ゾフィーにとって一日はあまりにも短く、授業時間の延長を申し出る。夜、寝床から起きあがるようになり、本と蠟燭を手に冷たい石の床を裸足で歩きながら、単語を繰り返して暗記した。三月初めのモスクワである。驚くには値しないが、風邪をひいた。娘が病弱だと非難されるのを恐れたヨハンナは、最初、病気を隠そうとした。ゾフィーは高熱を発し、歯をかちかち言わせ始め、ぐっしょりと汗をかいて――ついには意識を失った。遅ればせながら呼ばれた医師団は急性肺炎と診断。意識のない患者に瀉血させていただきたいと申し出る。ヨハンナは、兄カールが若きエリザヴェータとの婚約寸前に死んだ原因は瀉血のしすぎだ、医者たちが娘を殺すのを許しはしないと言い張り、断固として拒否した。「私は言い争う母と医者たちのあいだで、高熱を発して横たわっていた」とのちにゾフィーは書いた。「うめき声をあげずにはいられなかったが、そのために母から叱責された。母は私が病にじっと耐えることを望んでいた(4)」

ゾフィー危篤の知らせが、四〇マイル離れた十三世紀創建のトロイツェ・セルギエフ大修道院に引きこもっていた女帝の耳に届いた。女帝は急ぎモスクワにもどり、病室に駆けつけて、ヨハンナと医師団のあいだで相変わらず続いていた激しい議論のまっただなかに飛びこむ。エリザヴェータはすぐにあいだに割ってはいり、医師団が必要と考えることはなんであろうとすべて実行するよう命じた。厚かましくも女帝ご自身の医師団に刃向かったことでヨハンナを叱りつけ、すぐに瀉血をするよう言いつける。ヨハンナがなおも抵抗すると、女帝は娘の母親を病室から追い出した。それから、医師が病人の足の血管を開き、血を二オンス抜きとるあいだ、女帝はゾフィーの頭を膝に抱いていた。その日から四週間、エリザヴェータは自分でゾフィーの看病をした。熱がなかなか下がらなかったので、たびたび瀉血を指示する――十四歳の少女は二七日間で一六回、血を抜かれた。

患者が生死のあいだをさまよっているあいだ、エリザヴェータはその枕元に詰めていた。医者たちが頭を振ると、エリザヴェータはすすり泣いた。子どものいない女は、ほとんど見知らぬこの若い娘、自分が失いかけていると思った娘に対する一種の母性愛に満たされていた。ゾフィーが目を覚ますのはエリザヴェータの腕のなかだった。ゾフィーはこの触れ合いの瞬間をいつまでも覚えていた。エリザヴェータの手のなかで何年にもわたって享受し、耐え忍ぶことになるすべて――気前のよさと親切、それと交互に繰り返されるさもしさと荒々しい非難――を通して、この命の瀬戸際の日々、自分の上にかがみこみ、髪を撫で、額にキスをした女を、ゾフィーは決して忘れなかった。

ゾフィーの病気を悲しむのではなく、よろこんだ者もいた。副宰相アレクセイ・ベストゥージェフ、そしてピョートルとザクセン公女の結婚のほうをよしとしていた人びとは欣喜雀躍した。もっともエリザヴェータは、なにが起ころうとも――たとえ不幸にもゾフィーを失おうとも――「自分がだれかザクセンの公女を得る前に、悪魔が自分を連れ去るだろう(5)」と宣言して、副宰相派のよろこびにすぐに水を差した。ベルリンではプロイセン国王フリートリヒが代わりの候補を検討し始め、ゾフィーが死亡した場合、令嬢を提供できるかどうか、ヘッセン＝ダルムシュタット方伯に問い合わせた。

そのあいだに、若い病人は――その事実に気づかないまま――人びとの心を勝ちとりつつあった。おつきの侍女たちはゾフィーが病気になった理由を知っていた。侍女たちが部屋係の小間使いに話し、小間使いたちが従僕たちに話し、従僕たちはそれを宮殿中、そして外の街に広めた。外国人の小公女はロシアを愛するあまり、いま、死の扉の前に横たわっている。ロシア語を早く身につけようとして、毎晩、ベッドから起きあがったからだ！　大公ピョートルのよそよそしく否定的な態度を嫌悪した多くの人びとの愛情を、ゾフィーはこの話のおかげで、わずか二、三週間のあいだに勝ちえたのである。

病室で起きたもうひとつの出来事が大いに吹聴され、ゾフィーの評判をさらにあげることになった。最悪の事態が恐れられていたとき、ヨハンナは娘を慰めるためにルター派の牧師を連れてこようと言った。熱と瀉血とでいまだに弱りきっていたゾフィーは、それでもささやくような声でなんとか答えた。「それがなんの役に立つのでしょう？　代わりにシモン・トドルスキーを呼んでください。トドルスキーとなら話しましょう」(6)。これを聞いたエリザヴェータはわっと泣き出した。ゾフィーの頼みはすぐに宮廷と街の話題となり、プロテスタントのドイツ娘の到着を不安の思いで見ていた人びとの心を同情で満たした。

ゾフィーが自分がなにをしているのか、自分の発言の効果を理解していたのかどうか、それは知るよしもない。ロシア到着後、二、三週間で本心から正教の信仰に改宗したというのはありそうにもない。それでも死の間際にありながら、類い希なる幸運——あるいは類い希なる平静さ——によって、将来の同胞の共感を得るもっとも効果的な方法を使ったという事実は残る。「シモン・トドルスキーを呼んでください」

エカチェリーナは『回想録』のなかで過去を振り返り、十四歳の娘が、自分の頼みがおよぼす波及効果を実際に理解していたとほのめかしているように見える。病気のあいだ、ときには人を欺いたと認めているからだ。ときどき目を閉じて眠ったふりをし、枕元の宮廷婦人たちの話に聞き耳を立てた。ロシア宮廷で日常的に使用されていたのはフランス語である。ゾフィーはフランス語を理解した。「婦人たちは自分の心にあることを話し、そこから私は多くのことを知った(7)」

おそらく説明はもっと簡単につくだろう。枕元に見知らぬルター派の聖職者がいるからといって、ゾフィーの気持ちが上向いたり、あるいは健康を回復したりする明白な理由はない。トドルスキーが説明したように、ルター派と正教が基本的に同じならば、自分が好いていて、話を交わすのを楽しみにしていた人物、トドルスキーその人に見舞いにきて励ましてくれと頼むのは当然ではないか？

四月第一週、熱が下がった。力を回復するにつれて、ゾフィーは周囲の人びとの態度が変化したことに気づいた。病室の婦人たちが以前よりも親切になっただけではない。「私が病気のあいだにとった行動によって、母がみんなの敬意を失った(8)」ことにも気づいた。残念ながら、ヨハンナはまさにこの時を選んで、自分をいっそう難しい立場に追いこんだ。心から娘の命を心配していたのだろう。だが、少女がほめ言葉と称讃者とを静かに勝ちとっているあいだ、病室への立入りを禁じられたヨハンナは不平たらたらだった。ゾフィーが予後を養っていたある日、ヨハンナは小間使いをやって、青と銀のブロケード地を寄こすように命じた。それは父の兄である伯父からの餞別の品だった。ゾフィーは布地を譲った。だが、それを大切に思っているのは、伯父がくれた品だからだけではなく、ロシアに持参した唯一の美しい品だからだと言い、見るからに残念がったので、病室の婦人たちは憤慨し、事件をエリザヴェータに報告した。エリザヴェータはすぐにたくさんの美しい布をゾフィーのもとに送ってきた。そのなかにはもとの布地と似ているけれど、ずっと高級な、銀糸で花を織りこんだ豪華な青の生地もあった。

ユリウス暦の四月二十一日、十五歳の誕生日に、ゾフィーは病後初めて宮廷に姿を見せた。のちに書いている。「だれもが私の姿に大いに感心したわけではないと思う。私は骸骨のように痩せていた。背は伸びたが、顔もその造作もすべてげっそりとやつれていた。髪は抜け、死人のように真っ青だった。わが目にも恐ろしいほど醜く見えた。自分でさえ、自分の顔がわからなかった。その日、女帝は紅の壺を送ってよこし、使うように命じられた(9)」。ゾフィーの勇気に報い、回復を祝うために、エリザヴェータは二万ルーブルの価値のあるダイヤモンドのネックレスとイヤリングをあたえた。ピョートル大公はルビーをはめこんだ時計を送ってきた。

あの誕生日の夜、人前に姿を見せたとき、ゾフィーは若さあふれる美の化身ではなかったかもしれない。だが、宮廷の大広間にはいったとき、なにかが変化しているのに気づいた。どの顔の表情にも、触れる手ひとつひとつの温かな握り方にも、ゾフィーは自分が勝ちとった共感と敬意とを感じた。もはや外国人、好奇と疑惑の対象ではない。人びとの同胞、人びとのもとにもどり、その帰還を歓迎されているひとりの同国人だった。この苦しみの数週間のあいだに、ロシアはゾフィーをロシア人と考え始めていた。

翌朝からシモン・トドルスキーとの勉強を再開。正教会入信に同意する。改宗について父親の正式な承諾を得るために、モスクワとツェルプストのあいだで盛んに手紙が交わされた。クリスティアン・アウグストが深く悲しむことはわかっていた。だが、ツェルプストは遠い。そしてゾフィーはいまや、ロシアにしっかりと絡めとられていた。五月初め、父に宛てて書く。

　殿下。わたくしに関する女帝陛下のご意志について殿下にご承諾をいただきたく、厚かましくもお手紙を差しあげる次第でございます。殿下のご意志はつねにわたくし自身の意志であり、殿下に対するわたくしの義務を怠らせることはだれにもできませぬことをお約束いたします。正教の信仰とルター派の信仰のあいだに、ほとんど違いを見出すことはできませんでしたので、わたくしは(殿下のお優しいご忠告に対し、当然の敬意を払いながら)改宗を決め、第一日に殿下に信仰告白をお送りいたす所存でございます。殿下にはご満足いただけるものと自負いたしております。わたくしは一生のあいだ、深い敬意とともに、殿下の従順かつ卑しい娘であり僕《しもべ》にとどま

り続けております。ゾフィー[10]

クリスティアン・アウグストはなかなか同意をあたえなかった。ピョートルとゾフィーの結婚が自分の利益に大きく関わっていたプロイセンのフリードリヒは、この状況をヘッセン゠ダルムシュタット方伯に書き送っている。「われらが善良なるツェルプスト公は、この点についてはまったく頑固です。その宗教上のためらいを克服するためには、終わりのない困難に立ち向かわなければなりません。私の説得に対する回答は『わが娘が正教会に入信することはございません』です[11]」。フリードリヒはしまいに、協力的なルター派の牧師を見つけ出し、クリスティアン・アウグストを説得させた。ルター派の信仰と正教の信仰のあいだには「基本的な違いはない」。クリスティアン・アウグストは承諾した。フリードリヒはのちに書いている。「この件に片をつけるのには、世界でもっとも重要な問題を相手にするよりも多くの困難があった[12]」

第8章 盗み読みされた手紙

プロイセンのフリードリヒがようやくクリスティアン・アウグストを懐柔し、その宗教上のためらいを片づけたかと思ったら、今度はゾフィーのもうひとりの親、ヨハンナが一枚嚙んで、プロイセン国王のより大局的な外交戦略を台無しにした。ヨハンナは、自分はロシアにおけるフリードリヒ第一のスパイだと信じきっていた。フリートリヒはヨハンナを引き入れ、ベストゥージェフ失墜のきっかけ作りを手伝わせようとして、こう告げていた。ロシアの副宰相はプロイセンに――したがってゾフィーの結婚に――敵対的であり、結婚を阻止するためにできるかぎりのことをするだろう。ヨハンナはロシア到着後、フランスとプロイセン両大使の反ベストゥージェフ計画に加担した。この謀略が明るみに出されたとき、ふたりの大使には惨めな結果となり、ヨハンナのイメージは大きく損なわれた。

ゾフィーが病気のあいだにエリザヴェータが見せた態度は、若い公女に女帝が注ぐ愛情を万人の目に明らかにしていた。婚約式が挙行されようとしているときに、ベストゥージェフが結婚のどんな邪魔になりうるか、ヨハンナはそれを自分に問うべきだった。ちょっと考えれば、危険はほとんどないことがわかっただろう。どんなに反対しようとも、ベストゥージェフにはこの時点で、女帝にドイツ公女との結婚をとりやめさせるだけの力はなかった。したがってヨハンナは、敗北した敵を丁重に扱うべきだった。事実、知恵があれば、娘を支援するようベストゥージェフを説得しただろう。だが、ヨハンナには、このような方向転換はできなかった。サンクトペテルブルクに到着した瞬間から、ベストゥージェフの敵であるマルデフェルトとラ・シェタルディが、ヨハンナの腹心の友となっていた。秘密の会合がもたれ、計画が立てられ、パリとベルリンに宛てて暗号の手紙が送られた。ヨハンナは陰謀のもたらす陶酔感に顔をそむけていられる女ではない。いずれにしても、方針変更には遅すぎた。ヨハンナはすでに罠にとらえられていた。

アレクセイ・ベストゥージェフ＝リューミンはこのとき、ほぼ五十一歳。当時のロシアでもっとも才能ある男のひとりだった。その外交の才は高く評価され、国内政策と宮廷における権謀術策の渦巻のなかを生き延びていくその政治の能力は、なおいっそう高く評価された。少年時代には語学に傑出した才能を見せた。ピョートル大帝の命によって、十五歳のとき、教育のために外国に送り出され、長い外交官修業を開始する。一七二〇年、二十七歳で、ピョートルからコペンハーゲン駐在のロシア大使に任命される。五年後に大帝が逝去したあとは、つまらないハンブルク駐在外交員の地位に追いやられ、そこに一五年間とどまった。女帝と摂政、ふたりのドイツ女のあとを襲ったエリザヴェータは、父親の外交政策を復活させようとし、その指揮を執らせるために、父親の秘蔵っ子ベストゥージェフを、ハンブルクの水たまりからすくいあげ、副宰相として外交の責任者の地位に就けた。

ベストゥージェフは大きな鼻、とがった顎、傾斜した広い額をもつ唇の薄い男で、美食家、素人化学者、心気症患者だった。生来、むすっとして人に打ち解けず、気短で無慈悲。陰謀をよくし、権力の座にもどるころには、力を静かに、そして効率的に行使したので、愛されるというよりは恐れられた。だが、敵に対しては慈悲を知らない一方で、祖国とエリザヴェータには一身を捧げていた。ゾフィーが女帝エカチェリーナになる以前、初めは敵対し、その後は味方となる。エカチェリーナはベストゥージェフのふたつの側面を理解するようになった。無慈悲、頑固、独裁的でさえある。だが、また優れた心理学者、人間に対する洞察力をもち、無私無欲で献身的な働き者、ロシアを情熱的に愛する愛国主義者、専制君主の忠実な僕《しもべ》だった。

エリザヴェータの治世下においては、女帝の意見のみが考慮に値した。女帝は副宰相を男性としては好かなかったかもしれない。だが、第一の助言者として頼りにし、ベストゥージェフに対するエリザヴェータの信頼を崩そうとするフリードリヒの大使やスパイたちの試みをすべて遠ざけた。多くのことをベストゥージェフの好きにさせたが、ときには自分の意見を押し通した。たとえば、甥をロシアに連れてきて、後継者にしたとき、ベストゥージェフには相談しなかった。その忠告に反して、ゾフィーをピョートルの花嫁に選んだ。どちらの場合も、エリザヴェータは自分自身の本能によって、みずから衝動的に行動した。一方で、豪華絢爛たる宮廷の中央にいるただの美しい女、絶えず楽しませてもらうこと以上は要求しない女でいることを、長期間にわたって選ぶ場合もあった。そういう気分のときには、ベストゥージェフは重要な書類に署名をもらうのに何週間も、ときには何か月も待たなければならなかった。一度、オーストリアの外交官にこう語っている。「マリア・テレジアが政務に捧げる時間の一〇〇〇分の一でも、女帝が政務に使ってくだされば、わたしはこの世で最高に幸せな男になるでしょう(1)」

ベルリンでフリートリヒはヨハンナに対し、プロイセン大使が副宰相を厄介払いするのに手を貸すよう指示をあたえた。だが、謀略加担者のだれも、自分たちの敵を本当には知らなかった。凡庸な才能と多くの欠点をもつ男、賭事を好み、酒飲みで、へまをしがちな策謀家だと思っていた。それゆえに、ベストゥージェフを崖から落とすには、うまくタイミングを見計らって、ひと押しするだけで充分だと考えていたのである。ベストゥージェフが、自分たちの秘密会合のことを知り、その目的を推測するだけの抜け目なさを備え、巧みに見張り、そして自分たちではなく、相手が先に攻撃をしかけてくるとは想像だにしなかった。

ベストゥージェフがとった警戒策は単純だった。敵の手紙を入手し、暗号を解読させて目を通し、そのあと写しをとらせる。解読作業は外務省のドイツ人専門家がおこない、解読し、書き写し、読まれたあとがまったく残らないように巧みにもう一度、封をしなおした。このようにして数えきれないほどの手紙が、差出人も受取人もベストゥージェフが一語一語すべてを読み、記録しているなどとはみじんも疑わずにいるあいだに、モスクワとヨーロッパを行き来した。

ベストゥージェフはこういった手紙で、なにか自分のことが暴かれるのを恐れる必要はなかった。

手紙のなかでもっとも目についたのは、ラ・シェタルディが女帝について次々と書き送った悪口、無礼な攻撃である。侯爵は本国政府に報告した。エリザヴェータは怠惰で派手で不道徳である。一日に四回も五回もお召替えをする。読んでもいない手紙に署名する。「軽薄で怠け者で太りつつあり」「もはや国を治めるだけの活力をもっていない」(2)。ヴェルサイユのルイ一五世とその大臣たちをおもしろがらせるために、傲慢な敵意をこめて書かれた手紙は、ピョートル大帝の娘よりもはるかに感受性が劣り、怒りっぽくもない君主でさえも激怒させただろう。

ラ・シェタルディの書翰はまた、個人攻撃を超えて、ベストゥージェフとその親オーストリア政策を転覆させるための政略をも白日のもとに晒していた。この点との関連で、アンハルト=ツェルプスト公女の密かな加担が明るみに出される。ラ・シェタルディは、自分の意見を支持する公女の言葉を引用し、公女とベルリンのフリートリヒとの文通に触れることによって、プロイセンのスパイとしてのヨハンナの役割を暴露した。

ベストゥージェフは急がなかった。敵がみずから有罪の証拠を積み重ねるまでたっぷりと時間をあたえた。ほとんどがラ・シェタルディの筆になる毒を含んだ手紙を五〇通ほど集めるまでは、証拠を女帝に提出しなかった。一七四四年六月一日、エリザヴェータはピョートルとゾフィー、ヨハンナを連れて、トロイツェ・セルギエフ大修道院に引きこもる。ベストゥージェフは、エリザヴェータが宗教的な場所に隔絶されて、手紙を読むのにより多くの時間を割けるだろうと計算し、集めた証拠を女帝の目の前に並べた。エリザヴェータが目にしたのは、自分の副宰相を転覆させるための奮闘に加えて、ゾフィーの母親が女帝の気前のよさと贅沢とに圧倒されながらも、外国勢力の利益のためにロシアに対して陰謀を目論んでいたという事実だった。

六月三日、ゾフィーとピョートル、ヨハンナが昼の正餐を終えたばかりのとき、エリザヴェータがレストックを従えてはいってきて、ヨハンナに自分についてくるよう命じた。ふたりきりで残されたゾフィーとピョートルは窓枠によじのぼり、並んで腰をおろして脚をぶらぶらさせながら、おしゃべりをしたり、冗談を言い合ったりしていた。なにかピョートルが言ったことでゾフィーが笑い声をあげたとき、扉がばたんと開き、レストックが姿を見せた。「お楽しみはすぐに終わりですよ！」[3]とレストックは怒鳴り、ゾフィーのほうを向いて言った。「荷物をまとめなさい。すぐに家に帰ることになりますからね」。ふたりの若者は呆然とした。

「どういうことだ?」とピョートルが尋ねた。

「あとでわかりますよ」とレストックは冷たく言い放ち、威張った足どりで出ていった。

なにが起きたのか、ピョートルにもゾフィーにも想像がつかなかった。たとえ高位の宮廷人であっても、帝位の継承者とその未来の妻に対して、これほど無礼な口をきくことは考えられないように思えたからだ。説明を探しながら、ピョートルは言った。[4]「母上がなにか間違ったことをされたとしても、それはあなたが間違ったという意味にはなりませんよ」

ゾフィーはどきりとして答えた。「わたくしの義務は母のあとを追い、母の言いつけに従うことです」。ツェルプストに送り返されようとしているのだと感じたゾフィーは、ピョートルのほうを見た。もしそうなったら、この人はどう感じるだろうか? 何年もあと、ゾフィーは書いている。「私ははっきりと見てとった。大公はなんの未練もなく、私と別れるだろう」

ふたりが当惑し、震えながらまだそこにすわっていると、女帝が青い目を異様に光らせ、顔を怒りで深紅に染めて、アパルトマンから姿を現した。そのうしろに目を赤く泣きはらしたヨハンナ。天井の低い部屋で、女帝が目の前に仁王立ちになったとき、ふたりの子どもは窓の縁からぴょんと飛び降り、頭を下げてお辞儀をした。この仕草がエリザヴェータの怒りを鎮めたようだ。エリザヴェータはついにっこりと微笑み、衝動的にふたりにキスをした。ゾフィーには、母がなにをやらかしたのであっても、自分がその責任を負わされることはないとわかった。

しかし、女帝を侮辱し、裏切った者たちに許しはなかった。エリザヴェータはまずラ・シェタルディを攻撃した。フランス大使にはモスクワを二四時間以内に離れ、サンクトペテルブルクを通過せず、国境のリガに向かうよう命じられた。この元友人に対するエリザヴェータの怒りはあまりにも大きく、かつてあたえたダイヤモンドの枠入りの肖像画を返却するよう命じた。ラ・シェタルディは肖像画を返し、ダイヤモンドはとっておいた。プロイセン大使マルデフェルトは居残りを容認されたが、一年ほどあとに本国に送り返された。ヨハンナはとどまることを許された。だが、ただゾフィーの母親であるという理由からだけであり、しかも娘が大公と結婚するまでだ。

政敵が倒され、ばらばらにされた一方で、ベストゥージェフは昇進した。副宰相から宰相に出世し、ほうびに新しい宮殿と領地があたえられた。外交上の敵の没落は、ベストゥージェフの親オーストリア・反プロイセン政策の成功を意味した。新たな権力を確保したベストゥージェフは、もはやピョートルとゾフィーの結婚に反対する必要を感じなかった。女帝がこの計画の実行を決意していることをよく理解していた。阻止しようとするのは危険だろう。さらに、結婚後も、娘の母親は害をあたえないだろう。

外交におけるヨハンナ公女の短い経歴は破滅のうちに終了した。フランス大使はあっさりと姿を消した。ロシア宮廷に二〇年の経験がある老練のプロイセン大使は影響力をそがれた。ベストゥージェフは宰相に昇進した。そしてヨハンナ自身は身を滅ぼすことになった。自分が愛した男の妹に対するエリザヴェータの友情は、いまやゾフィーの母親をできるだけ早くドイツに追い返したいという強い欲求に取って代わられた。

第9章 改宗と婚約

女帝はことを急がせようと、ゾフィーとピョートルの婚約式を六月二十九日に決めた。それに対応して、うら若きドイツ公女は、前日の一七四四年六月二十八日に公の場で、正式にルター派の信仰を否認し、正教会に入信を許されることになった。いま踏み出そうとしているあともどりのできない一歩について、ゾフィーはほとんど最後の瞬間まで不安を抱き続けた。そのあと儀式前夜には、ためいは消え去ったようである。ヨハンナは夫に書いている。「ゾフィーはひと晩中、安らかに眠りました。心が平静である確かなしるしです(1)」

翌朝、女帝はゾフィーを呼び、自分が監督をして身なりを整えさせた。エリザヴェータは若い娘に自分のものと似たドレスを着るように命じた。どちらもが紅色の重い絹のタフタ地で、縁に沿って銀糸で刺繡が施されている。違いはエリザヴェータのドレスがたくさんのダイヤモンドで輝いていたのに対し、ゾフィーがつけていた宝石は、肺炎のあとに女帝があたえたネックレスとイヤリングだけだったことだ。ゾフィーは儀式前の三日間に要求される断食のために青ざめていた。髪には粉を振らず、白いリボンだけを飾る。だが、ヨハンナはこう書いた。「かわいらしいと思ったと言わなければなりません(2)」。たしかに、茶色の髪、青白い肌、青い目、紅のドレスのほっそりした優美な姿に、その日、多くの人が目を奪われた。

エリザヴェータがゾフィーの手をとり、ふたりで先頭に立って、いくつもの大広間を抜け、人でいっぱいの宮廷礼拝堂まで進む。ゾフィーが正方形のクッションにひざまずくと、長い儀式が始まった。ヨハンナはその一部を、列席しなかった夫に書き送っている。「額、目、首、胸、手のひらと手の甲に油が塗られました。塗られるとすぐに木綿の布で拭きとられました(3)」

ゾフィーはクッションにひざまずき、自分の役をみごとに演じた。はっきりした声でしっかりと話し、新しい信仰の教義を暗唱した。「私はそれをロシア語で丸暗記した。鸚鵡のように」とのちに認めている。エリザヴェータは泣いたが、若き改宗者は「私は自分をしっかりと抑えておくことができ、そのことでたいそうほめそやされた(4)」。ゾフィーにとって、この儀式はもうひとつの挑戦しがいのある学科、得意とする種類の実技だった。ヨハンナは娘のことを得意に思った。「その身のこなしは……儀式全体を通して気高さと威厳に満ちておりましたので、［たとえ］ゾフィーがわたくしにとっては、これまでずっと本日のゾフィーではなかったとしても、わたくしはこの子を称讃しなければなりません(5)」

こうしてアンハルト＝ツェルプスト家のゾフィー・アウグステ・フリデリーケはエカチェリーナとなった。ゾフィー、ロシア風には「ソフィヤ」は、ロシアでもよくある名前だから、本名で洗礼を受けることもできた。だが、エリザヴェータはそれを拒否した。なぜならばソフィヤはエリザヴェータ自身の伯母、ピョートル大帝の異母姉にしてライバル、五五年前に若いツァーリと帝位を争った伯母の名前だからだ。そのかわりにエリザヴェータは自分自身の母の名前、エカチェリーナを選んだ。

礼拝堂をあとにした新改宗者には、女帝からダイヤモンドのネックレスとブローチが贈られた。感謝の気持ちにもかかわらず、新エカチェリーナは疲労困憊のあまり、翌日の力を蓄えておくために、儀式後の宴会を失礼させていただきたいと申し出た。その夜遅く、女帝、大公、母とともに翌日、婚約式が執りおこなわれるクレムリンに向かって馬車を走らせる。

翌朝、目を開いたエカチェリーナの手に、一枚はエリザヴェータ、もう一枚はピョートルの小さな肖像画二枚が渡された。どちらもダイヤモンドの枠にはめこまれ、どちらも女帝からの贈物だった。まもなくピョートル本人がエカチェリーナを女帝のもとまでエスコートするために姿を見せる。女帝は皇帝冠をかぶり、肩には皇帝のマントをかけていた。エリザヴェータはクレムリン宮殿を出発。あまりにも重いので運ぶのに八人の将軍が必要な銀製の天蓋の下を歩く。女帝のあとにエカチェリーナとピョートル、さらにそのうしろにヨハンナ、宮廷人、宗務院、元老院が続いた。行列は有名な赤の階段を降り、近衛連隊がずらりと並ぶ広場を横切って、ロシア皇帝の戴冠式が挙行されるウスペンスキー大聖堂にはいる。一度なかにはいると、エリザヴェータは若いふたりの手をとり、聖堂中央の巨大な柱のあいだにしつらえられた壇まで導いた。壇にはヴェルヴェットの絨毯が敷かれていた。ノヴゴロドの大主教が儀式を執りおこない、許婚どうしが交換する婚約指輪は女帝がみずから手渡した。ヨハンナは目利きの目で、指輪は「本物の小さな怪物でした。どちらもが、です」[6]と観察している。娘ははっきりと記している。「大公が私にくれた指輪は一万二〇〇〇ルーブルの価値があり、私から受けとった指輪は一万四〇〇〇の価値があった」。儀式の最後で、宮廷官がエカチェリーナに大公女の位と「帝国皇族」の称号を認める女帝の勅令を読みあげた。

婚約式を報告するヨハンナは不平不満をくどくどと繰り返している。

儀式は四時間続き、そのあいだ一瞬たりとも腰をおろすことはできませんでした。数限りない貴婦人たちと抱擁を交わすときに、いちいちお辞儀をしなければならず、背中はがちがちに固まり、何度も口づけをされた右手にはドイツのフローリン金貨ほどの赤いあざができたと言っても大げさではありません。[7]

いまやこの華麗なる儀式の中心人物となったわが娘に対するヨハンナの複雑な心境は、エリザヴェータが大嫌いな女にことさら優しく接したとき、和らげられたにちがいない。大聖堂のなかで、女帝はヨハンナが自分の前にひざまずくのを押しとどめながら言った。「わたくしたちは同じ立場に立っています。わたくしたちは同じ誓いを立てます」[8]。しかし、儀式が大砲の轟きとともに終了し、教会の鐘が響き渡り、宮廷が婚約の宴会のために隣接するグラノヴィータヤ宮殿に移動したとき、ヨハンナの不満が爆発した。花嫁の母親はその身分ゆえに、女帝、大公、そして新たに大公女と宣言されたわが娘と並んで皇族の食卓につくことはできない。こう説明を受けたとき、ヨハンナは自分の席がただの宮廷婦人たちのあいだではありえないと言って、抗議した。儀典長は途方に暮れ、エカチェリーナは母の態度を目撃し、黙って心を痛めた。エリザヴェータは、この感謝を知らない欺瞞的な客の厚かましさにあらためて腹を立て、ヨハンナひとりのために奥まった小部屋に別のテーブルをしつらえるよう命じた。ヨハンナはそこから窓越しに見物できる。

その夜の舞踏会はグラノヴィータヤ宮殿の「多角形の柱の間」、部屋の中央にどんと立つ一本の柱が低い天井を支えるように設計された部屋で開かれた。「暑さと人いきれとでほとんど窒息しかけた」[9]とエカチェリーナは語っている。そのあと、皇室専用のアパルトマンにもどるとき、序列に関して、もうひとつ新たな規則が適用される。エカチェリーナはいまや皇族の一員、ロシアの大公女、帝位継承者の未来の妻である。したがってヨハンナは娘のあとを歩かなければならない。エカチェリーナはこういった状況を回避しようとし、ヨハンナはエカチェリーナの骨折りに気づいた。「娘は新たな状況で、とても賢く振舞っております」と夫に書いている。「わたくしの前を歩かざるをえなくなるたびに、顔を赤く染めます[10]」

エリザヴェータは相変わらず気前がよかった。エカチェリーナはのちに語っている。「女帝からの贈物が届かない日は一日とてなかった。銀製品、宝石、衣類など、実際、人が想像できうるかぎりすべてのもの。そのなかでいちばんつまらない品でも一万から一万五〇〇〇ルーブルはした。女帝は私にかぎりない愛情をお示しになった[11]」。その直後、女帝はエカチェリーナの個人支出用として三万ルーブルを下賜した。お小遣いというものを一度ももったことのないエカチェリーナはこの金額に畏れを覚える。すぐに、弟の教育と医療費の足しにするようにと、父に送金をした。「殿下がわたくしの弟をハンブルクに送られ、それが重い出費につながったことは存じております。弟が健康を回復するのに必要なだけ、ハンブルクに滞在させるようお願いをいたします。弟の出費はすべて、わたくしが負担いたします[12]」

エリザヴェータはまた、なりたての大公女に専用の小宮廷をあたえ、若い侍従や侍女をつけてやった。ピョートルはすでに自分自身の宮廷をもっていた。大公と大公女のアパルトマンでは、若者たちが目隠し鬼などのゲームに興じ、笑い、飛び跳ね、踊り、走りまわり——大きなハープシコードの蓋をはずして、枕にのせ、橇がわりにして床を滑ることまでした。こういった浮かれ騒ぎに加わることで、エカチェリーナは未来の夫を楽しませようとした。ピョートルは、率先して遊んでくれるこの遊び仲間には友好的に接したし、許嫁にちょっとでも愛情を見せると女帝がよろこぶことはわかるぐらいの知恵はあった。ブリュマーでさえ、ふたりが一緒にいるようすに目をとめ、反抗的な生徒を相手にするとき、エカチェリーナが役に立つだろうと考えて、「大公を矯正し、叱責するのに私の影響力を使うよう」頼んできた。エカチェリーナは断った。「私はブリュマーに言った。それは不可能です。そんなことをしたら、大公のまわりにいるわたくし以外の人がすでに憎まれているように、わたくしも憎むべきものとなるでしょうから」(13)。エカチェリーナは理解していた。ピョートルになにか影響をおよぼすためには、ピョートルを「矯正」しようとする者とは正反対の存在でなければならない。ピョートルが友情を求めてエカチェリーナのもとにやってきたのに、番犬をもう一匹見出しただけだった、というわけにはいかないのだ。

ヨハンナはより遠い存在になった。娘と会いたいときには、取次を頼まなければならず、それが嫌で、エカチェリーナを取り巻く若い宮廷〔エリザヴェータの「皇帝宮廷」に対し、エカチェリーナとピョートルの宮廷は「若い宮廷」と呼ばれた〕はあまりにも荒っぽくて騒がしすぎると言って近づかなかった。そのあいだにヨハンナ自身は新しい友だちを作り、女帝やほとんどの宮廷人からよく思われていない人びとの輪に加わった。侍従のイワン・ベツコイ伯爵との仲のよさが噂話の種になるまでに長い時間はかからなかった。しまいには、ベツコイと一緒にいることがあまりにも多くなったので、宮廷人のなかにはふたりが関係している――三十二歳のアンハルト＝ツェルプスト公女は妊娠しているとささやき始める人まで出てきた。

第10章 キエフ巡礼と仮装舞踏会

花嫁はロシアに到着した。花嫁は若い。健康を回復した。正教改宗にまつわる困難は乗り越えられた。ピョートルとの婚約が整ったいま、ただちに結婚することを邪魔しているのはなにか？ ひとつの障害、女帝さえも乗り越えがたい障害は、ピョートルについて医師団から発せられた強い警告だった。大公は十六歳だが、むしろ十四歳に見えた。そして医者たちは大公のなかに思春期を迎えたと確信できるような兆候をいまだに見とっておらず、子どもを作れるようになるまでに、少なくとも一年はかかるだろうと考えていた。たとえ妊娠したとしても、生まれるまでにはさらに九か月かかる。エリザヴェータにとってこの長い時間――二十一か月――は永遠とも思えた。結婚式を遅らせなければならないのだから、ヨハンナの出発も遅らせなければならない。

エリザヴェータはこういった期待はずれの数々をいやいやながら受け容れて、自分の新しい王朝をまた別の形で民衆の目に見せることにした。一七四四年七月、女帝はロシア諸都市のなかでもっとも古く、もっとも神聖な都キエフ巡礼に出発する。この地において紀元八〇〇年、大公ウラジーミルがキリスト教を初めて導入したのである。モスクワ―キエフ間ほぼ六〇〇マイルの旅は、ウクライナ生まれの愛人ラズモフスキーが提案した。一行にはピョートル、エカチェリーナ、ヨハンナとそれぞれの従者、二三〇名の宮廷人と召使い数百名が含まれた。四輪馬車と荷物を積んだ荷馬車の行列は果てしのない街道を、くる日もくる日もがたがたと揺れ続け、乗客を疲労と退屈、飢えと渇きで苦しめた。馬はたびたび交換された。すべての宿場で八〇〇頭の元気な馬が皇室の隊列を待っていた。

ロシア宮廷の貴人たちがヴェルヴェットのクッションを張った馬車に乗るなかで、あるひとりの人物は旅のほとんどを徒歩でおこなった。エリザヴェータは贖罪と巡礼とを真剣に考えていた。日陰のない灼熱のロシアの街道を祈りの言葉を唱えながら歩き、暑さで汗を流し、すべての村の教会と道端の祠《ほこら》で足を止めて祈りを捧げた。そのあいだ、地上における望みと同様に、天上における望みについても実際的で慎ましかったラズモフスキーは、女帝のあとを自分の快適な馬車でついていくほうをよしとした。

エカチェリーナとヨハンナは二名の侍女とともに一台の馬車で旅を始めた。ピョートルは別の馬車に、ブリュマーと教師のうちのふたりと乗った。ある午後、ピョートルはエカチェリーナ呼ぶところの「教育者たち」(1)にうんざりし、ふたりのドイツ人公女に加わることに決める。公女たちと同乗するほうが賑やかだろうと考えたのである。ピョートルは自分の馬車を降り、取巻きのなかの元気のよい青年をひとり連れて、「私たちの馬車に乗りこみ、降りるのを拒否した」(2)。ヨハンナはすぐに若者たちとの同乗にいらだち、組合せを入れ替える。寝台を積んでいた荷馬車の一台にベンチとクッションをとりつけさせ、最大一〇人が乗りこめるようにした。ピョートルとエカチェリーナは、荷馬車にほかの若者も乗せると言い張って、ヨハンナを閉口させた。エカチェリーナは語っている。「私たちは取巻きのなかで、いちばん愉快でおもしろい人たちだけに同乗を許した。朝から晩まで、私たちは笑い、遊び、ふざけることしかしなかった」(3)。ブリュマー、ピョートルの教師たち、ヨハンナ付の侍女たちは、宮廷の序列を無視したこの組替えを侮辱と感じた。「私たちが楽しんでいるあいだ、大人たちは四人とも一台の馬車に乗り、むっつりとして、小言を言い、非難し、毒づいていた。私たちの馬車では、それを知ってはいた。だが、ただ大人たちを笑いものにしただけだった」(4)

エカチェリーナ、ピョートル、その友人たちにとって、この旅は宗教的な巡礼ではなく、遠足、浮かれ騒ぎになった。急ぐ必要はない。エリザヴェータは一日に二、三時間しか歩かなかった。三週間目の終わり、馬車行列の主要部隊はアレクセイ・ラズモフスキーがコゼレーツィに所有する広大な邸宅に到着。女帝が姿を現すまでさらに三週間、そこで待機した。ようやく八月十五日、女帝が到着すると、宗教の衣をまとった巡礼は一時的に中断された。二週間のあいだ、「巡礼者」たちは次々と開かれる舞踏会や演奏会に出席し、朝から晩までカードに興じた。賭けは熱を帯びたあまり、ときにはテーブル上に四万から五万ルーブルがおかれることもあった。

コゼレーツィ滞在中にひとつ事件が起こり、それがヨハンナとピョートルのあいだに永遠に楔《くさび》を打ちこむことになる。事件はヨハンナが書き物をしている部屋に大公がはいってきたときに始まった。ヨハンナはそばの背の低いスツールに、手紙も含めて自分にとっては大切な細々とした品物がはいった宝石箱をのせていた。ピョートルはエカチェリーナを笑わせようとして、はしゃぎまわり、ふざけて、宝石箱のなかをかきまわし、手紙をわしづかみにするような仕草をした。ヨハンナは怒った声で、さわらないでと言った。大公は相変わらず飛び跳ねながら、部屋の反対側に逃げ去ったが、ヨハンナのそばからくるりと身をひるがえすときに、上着の裾が小さな宝石箱の開いた蓋に引っかかり、箱をひっくり返して、中身を床にばらまいてしまった。ヨハンナは大公がわざとやったと思い、かっとなった。最初、ピョートルはあやまろうとしたが、ヨハンナが偶然だと信じようとしなかったので、ピョートルもまた怒り出した。ふたりはたがいに怒鳴り始め、ピョートルはエカチェリーナのほうを向いて、自分の無実を証言してくれと頼んだ。

エカチェリーナは板ばさみになった。

「母がどれほど興奮しやすいか、そして母の最初の衝動はつねに荒々しいことを知っていたので、母に同意しなかったら、私を平手でぶつのではないかと恐かった。母には嘘をつきたくはなかったし、大公を怒らせたくもなかったので、私は黙っていた。それでも母には、大公が意図的にしたことではないと思うと言った(5)」

そこでヨハンナは矛先をエカチェリーナに向けた。

いらだっているとき、母にはだれか喧嘩をする相手を見つける必要があった。私は口を閉じていたが、そのあとわっと泣き出した。最初、私が口をつぐんでいたことはふたりの両方を怒らせた。それから大公は、私が大公の味方をしたために、母の怒りが今度は私に向けられ、私が泣いているのを見て、母を不公平で横暴で口やかましい女だと非難した。母は金切り声で「しつけの悪いおぼっちゃま」と言い返した。実際に殴り合いにならずに、これ以上激しく言い争うことはできなかっただろう。

その瞬間から、大公は母を大嫌いになり、この諍いのことを決して忘れなかった。母のほうも大公には執念深く恨みを抱き続けた。両者の傷ついた関係は、辛辣と疑いの関係となって悪化する一方であり、いついかなるときにも険悪になりかねなかった。ふたりのどちらもが、自分の気持ちを私に隠しておけなかった。そして、私が片方に従い、もう片方をよろこばせ——なんとかして和解させよう——とどんなに努力しても、成功は長続きしなかった。どちらもがつねに、なにか辛辣な、あるいはとげのある言葉を言い放とうと身構えていた。私自身の立場は一日ごとに辛いものになっていった(6)。

エカチェリーナはふたつに引き裂かれた。だが母の不機嫌と、大公に対するエカチェリーナ自身の共感はひとつの効果をあげた。「実際のところ、当時、大公はほかのだれよりも、私に心を開いていた。母が大公に過ちを見つけられないときには、私を攻撃し、叱りつけるのを見ていた。そのおかげで私を高く評価するようになった。私を頼りにできると考えたのである(7)」

巡礼の山場で、女帝と宮廷はキエフに一〇日間、滞在した。エカチェリーナは、華麗なる都市の全景を初めて目にした。黄金のドーム群がドニエプル河西岸の崖にそびえる。エリザヴェータ、ピョートル、エカチェリーナは、司祭や修道士とともに大きな十字架のあとから徒歩で市内にはいった。教会が莫大な財産を所有し、人びとが敬虔で信仰心篤い時代、ロシア諸都市のなかでもっとも聖なるこの都のいたるところで、女帝は華麗でにぎにぎしい歓迎を受けた。有名なペチェールスカ大修道院のウスペンスキー大聖堂で、エカチェリーナは荘厳な宗教行列、美しい宗教儀式、並ぶものなき壮麗な聖堂そのものに畏怖の念を抱いた。のちに書いている。「私の全人生で、この聖堂の類い希なる荘厳な雰囲気ほどに感銘を受けたことはない。すべてのイコンは金、銀、真珠で覆われ、貴石がはめこまれていた」[8]

この視覚的演出に感銘を受けながらも、エカチェリーナはその生涯において敬虔な信者であったことは一度もなかった。父親の厳格なルター派の信仰も女帝エリザヴェータの情熱的な正教信仰も、一度もその心をとらえはしなかった。ロシアの教会でエカチェリーナが目にし、称讃したのは、霊感を受けて――だが、それでも人間の手で――造られたひとつの美へと、渾然一体となって融合する建築と美術、そして音楽の荘厳さだった。

エリザヴェータと宮廷がキエフからもどるとすぐに、モスクワでも連夜、オペラ、舞踏会、仮面舞踏会が開かれ始めた。毎晩、エカチェリーナは新しいドレスで登場し、とてもきれいだと言われた。お追従は宮廷生活の潤滑油だと認識するだけの洞察力はもっていた。また一部の人びとはいまだに自分を評価してくれていないことにも気づいていた。ベストゥージェフとその支持者たち、上昇中の星を嫉む嫉妬深い宮廷婦人たち、ばらまかれる恩恵の数を注意深く数えている寄食者たち。エカチェリーナは批判者を武装解除しようと必死で努力した。「私は好かれないことを恐れ、これから人生をともに過ごすことになる人びとの心を勝ちえるために全力をつくした」[9]。なによりもまず、いの一番に忠誠をつくすべき相手がだれなのかを決して忘れなかった。「女帝に対する私の敬意と感謝の念には果てしがなかった。そして女帝はよく、私のことをほとんど大公よりも愛しているくらいだとおっしゃった[10]」

女帝をよろこばせる確実な方法はダンスだった。エカチェリーナにはおやすいご用。エリザヴェータ同様、ダンスに夢中だ。毎朝七時、宮廷のフランス人バレエ・マスター、ムッシュー・ランデがヴァイオリンを手に訪れ、二時間かけて、パリで最新流行のステップを教えた。ムッシュー・ランデは午後にもどってきて四時から六時まで、もう一度、レッスンをする。そのあと夜になると、エカチェリーナは優美な踊りで宮廷の目を奪った。

こういった夜の舞踏会のなかには奇妙なものもあった。毎週火曜日、女帝の勅令により、男性は女装で、女性は男装で出席した。当時十五歳のエカチェリーナは、この衣服の交換を大いに楽しんだ。「ほとんどの男性が女装しているのを見る以上にいやらしく、同時にこれ以上滑稽なものはなく、男装をした女性ほど惨めなものはなかったと言わなければならない[11]」。宮廷人のほとんどはこの夜会を露骨に嫌ったが、エリザヴェータのこの気まぐれには立派な理由があった。男装のエリザヴェータはすばらしかった。ほっそりというのとはほど遠かったが、その胸の豊かな身体を細く形のよい脚が引き立てていた。エリザヴェータの虚栄心は、自分の優美な脚が隠されずにいることを要求した。それを見せびらかす唯一の方法がぴったりとした男物のズボンだったというわけだ。

エカチェリーナは、こういった夜会のひとつで出くわした危うい場面を物語っている。

とても背の高いムッシュー・ジーヴェルスは、女帝から借りた輪骨入りのスカートをはいて私とポロネーズを踊っていた。ムッシュー・ジーヴェルスが私の手をとってぐるりとまわったとき、私のうしろで踊っていたゲンドリコワ伯爵夫人がジーヴェルスのスカートを踏んでしまった。夫人は転びながら私に激しくぶつかったので、私は横でぴんと突っ立っていたムッシュー・ジーヴェルスの輪骨入りスカートの下に倒れこんだ。ジーヴェルス自身はくしゃくしゃになった自分の長いスカートに絡まり、私たちは三人とも床にはいつくばり、私はジーヴェルスのスカートに完全に隠れた。私は死ぬほど笑いながら、立ちあがろうとしたが、だれかがきて、私たちが立つのを手伝ってくれなければならなかった。三人ともムッシュー・ジーヴェルスの服にすっかり絡まっていたために、ひとりが立ちあがろうとすると、他のふたりが転ぶことになったからだ。(12)

しかしその秋、エカチェリーナはエリザヴェータの人格の暗いほうの側面を目にし、感じとることになる。女帝の虚栄心は自分が帝国でもっとも強大な力をもつだけでなく、もっとも美しい女性であることを要求した。他の女性の美しさが称讃されるのを聞いているのには耐えられなかった。エカチェリーナの勝利に気づかぬはずはなく、その不快感ははけ口を見出した。ある晩、オペラ座で女帝はロイヤル・ボックスにレストックと腰をおろしていた。向かいの桟敷席にはエカチェリーナ、ヨハンナ、ピョートル。幕間、ピョートルと楽しげに話すエカチェリーナの姿が女帝の目にとまった。輝かしい健康と自信とを絵に描いたようなこの若い女、いまではすっかり宮廷の人気者になった女が、一年足らず前にロシアにきたあの恥ずかしがり屋の娘と同じ女なのか？　突然、女帝の嫉妬心に火がついた。若い女をにらみつけると、最初に頭に浮かんだ不満の種に飛びつく。まるでそれが一刻の猶予もならない案件であるかのように、レストックをエカチェリーナの桟敷にやり、女帝がご立腹ですと伝えさせる。エカチェリーナがとても見逃せないほどの借金を抱えているからだ。エリザヴェータはエカチェリーナに三万ルーブルを下賜した。その金はどこにいったのだ？　伝言を伝えるとき、レストックはピョートルその他、声の聞こえる範囲にいる人びとの耳にも届くように、わざと大声を出した。エカチェリーナの目から涙があふれた。泣いているあいだにも、さらなる屈辱が加えられた。ピョートルは慰めるかわりに、叔母に賛成だ、許嫁は叱責されるのが適切だと思うと言った。そのあと、ヨハンナがぴしゃりと言った。エカチェリーナはいまでは娘としての振舞い方をわたくしに尋ねないのだから、わたくしは「手を引きます[13]」。

転落は突然であり、坂道は急だった。なにが起きたのか？ みんなを、とくに女帝をよろこばせることだけを考えていた十五歳の娘が、どんな罪を犯したというのか？ エカチェリーナは調べ、二〇〇〇ルーブルの借金があることを発見した。エリザヴェータ自身の贅沢と気前のよさを考えれば、ばからしい金額である。叱責は明らかに他の不満を隠すための口実だった。エカチェリーナが金を自由に使ったのは事実である。弟にかかる出費の一助とするために父に送金した。自分自身のためにも使った。トランクにわずか数枚のドレスと一ダースの下着を入れただけでロシアに到着し、女性が日に三回、お召替えをする宮廷に場所を占めたのだから、手当ての一部を衣装をそろえるために使いはした。だが、大部分は母親や侍女たち、ピョートルその人にまで、贈物を雨あられと降らせることに費やされた。エカチェリーナは母の機嫌を和らげ、ヨハンナとピョートルのあいだの絶え間のない言い争いをやめさせるもっとも効果的な方法は、両方に贈物をすることなのを発見した。この宮廷では、贈物で友人を作れると実感した。自分の周囲のほとんどの人間が、贈物を受けとるのを断らないのにも気づいていた。したがって、好意を得ることを渇望していたエカチェリーナは、この単純で見え透いた方法を軽蔑してはねつけるだけの理由を見出さなかった。わずか数か月で、言葉だけでなく、ロシアの習慣も学んでいたのである。

エカチェリーナにとって、エリザヴェータからのこの突然の一撃を理解し、受け容れるのは難しかった。それはエカチェリーナの目に女帝のふたつの顔を暴き出した。なんの前触れもなく、魅了したり、威圧したりを交互に繰り返す女。その後、この夜のことを思い出すたびに、エカチェリーナはそれが教えてくれた教訓も思い出した。エリザヴェータのような巨大な自我を相手にするとき、宮廷の他の女性たちはだれもみな、成功しすぎないように注意しなければならない。エカチェリーナは自分の保護者との関係を再構築しようと懸命に努力した。嫉妬の発作がおさまったとき、エリザヴェータは心を和らげ、やがて事件は忘れ去られた。

第11章 天然痘

十一月、宮廷がまだモスクワにあったとき、ピョートルははしかに感染する。エカチェリーナはこの病気にかかったことがなかったので、ふたりのあいだの接触は一切禁じられた。エカチェリーナが聞いたところでは、病気のあいだ、ピョートルは「気まぐれと道楽とを抑制できずにいた(1)」。自室に閉じこめられ、教師たちからは放っておかれ、寝台のまわりで召使いやこびと、侍従たちに教練をさせ、前進やまわれ右前進を命じて時間を過ごした。六週間の療養のあと、エカチェリーナが再会したとき、「大公は私にその子どもっぽいお戯れを打ち明けた。大公を抑えるのは私の責任ではなかった。私は大公が好きなことを言うまま、するままにさせておいた(2)」。ピョートルはエカチェリーナの対応をよろこんだ。許嫁にロマンティックな魅力を感じはしなかった。だが、エカチェリーナは仲間であり、あえて自由に話のできるただひとりの人間だった。

一七四四年十二月末にかけて、ピョートルがはしかから回復すると、エリザヴェータは宮廷をモスクワからサンクトペテルブルクにもどすべきだと考えた。大雪が街を覆い、凍えるように寒かった。エカチェリーナとヨハンナは二名の侍女と旅をした。ピョートルは別の橇にブリュマーと教師一名と同乗する。女たちが橇に乗りこむと、別行動で旅をする女帝は身体をかがめ、エカチェリーナを毛皮でしっかりとくるみこんだ。それから、それでもまだ寒さを防ぎきれないのではと心配して、自分の豪華なアーミンのマントをエカチェリーナの肩にかけた。

四日後、エカチェリーナとピョートルの短い行列は、一夜を過ごすためにトヴェーリとノヴゴロドのあいだのホチロヴォ村で停止。その夜、ピョートルは悪寒を訴え始め、そのあと意識を失って寝台に横たえられた。翌日、エカチェリーナとヨハンナが会いにいくと、ブリュマーが戸口でふたりを押しとどめ、大公は夜のあいだに高熱を発し、顔に発疹——天然痘の兆候——が現れましたと告げた。ヨハンナは真っ青になった。兄の命を奪った病に震えあがり、すぐにエカチェリーナを扉から引き離し、橇の用意を命じて、ピョートルをブリュマーとふたりの侍女の手に任せたまま、ただちにサンクトペテルブルクに向けて出発。これに先んじて伝令が、すでに首都に到着していた女帝に知らせるために馬を走らせていた。エリザヴェータは話を聞くとすぐに、橇の用意を命じ、馬を鞭で駆って急ぎホチロヴォにもどった。二台の橇、エカチェリーナの橇とエリザヴェータの橇は雪のなかを反対方向に疾走し、真夜中に路上で鉢合わせをした。橇は停止し、ヨハンナは自分の知っていることをエリザヴェータに伝えた。女帝は話を聞き、うなずき、それから前進の合図をした。馬たちが蹄の音を立てて進んでいくあいだ、エリザヴェータは暗闇——外の闇夜だけではなく、ピョートルが死亡した場合、自分の王朝の未来にかかる闇も——をじっと見つめていた。

だが、ひとたびホチロヴォに到着してしまうと、エリザヴェータを行動へと突き動かしたのはおのれの利己心以上のものだった。到着後ただちに病人の枕元にすわり、甥の看病は自分ですると宣言。

ピョートルのそばに六週間とどまり、めったに横にならず、ほとんど着替えもしなかった。なににもまして自分の美しい容姿を保つことに心を配っているように見えたエリザヴェータが、看護の汚れ仕事をすべて引き受けた。天然痘に罹患し、その結果として容姿が損なわれる危険をはねのけて、甥が横たわる寝台にかがみこんだ。これは、ドイツの小公女が肺炎で倒れたときに、女帝をエカチェリーナの枕元に詰めているよう促したのと同じ温かな母性の衝動だった。ピョートルが眠っているあいだ、エリザヴェータは早馬に伝言をもたせて、自分の愛情と恐れとを完全に分かち合っていると信じていた、あるひとりの人物のもとに送り出した。

サンクトペテルブルクでは、エカチェリーナが心配しながら知らせを待っていた。はしかから回復したばかりの大公は、はしかよりもさらに不吉なこの病を乗り越えられるだろうか? エカチェリーナの心配に嘘いつわりはなかった。ピョートルのことを子どもっぽく、しばしば癪にさわると思いはしても、婚約者として受け容れていた。もちろん、それ以上のこともあった。エカチェリーナは自分の未来を心配した。ピョートルが死んでしまったら、自分の人生は変わるだろう。宮廷での立場、わが身に重ねられた栄誉のすべては、未来のツァーリの妻に授けられたのである。すでにサンクトペテルブルクでは、大公の死を予感した一部の宮廷人がエカチェリーナに背を向けつつあった。ほかにはなんの役にも立てないので、エカチェリーナはエリザヴェータに宛てて敬意と愛情に満ちた手紙を書き、ピョートルの容態を尋ねた。ロシア語の手紙は教師がまず下書きを作り、そのあとエカチェリーナが自分の手で筆写した。このことを知ってか知らずか、エリザヴェータは心を動かされた。

そのあいだにも、ヨハンナは問題を起こし続けていた。女帝は冬宮のなかの四室からなる続き部屋をエカチェリーナに割り当てた。この四室は母親に割り当てられた四室とは隔てられていた。ヨハンナの部屋は同じ広さで、同じ家具がおかれ、同じ青と赤の布地が使われている。唯一の違いはエカチェリーナの部屋が階段の右側、ヨハンナのは左側にあったことだ。それでも部屋割りを知ったとき、ヨハンナは文句を言った。娘の部屋のほうが自分のよりも広い。なぜエカチェリーナとわたくしは別々にされているの？　そんなことはお願いしていない。よいこととも思えない。エカチェリーナが母親に、別々になっているのは命令されたからで、部屋は女帝がお手ずから割り振られたのであり、女帝はエカチェリーナが母親と同居するのを望まれないのだと告げたとき、ヨハンナはいっそう腹を立てた。新しい部屋割りを、宮廷における自分の行動と、自分が娘にあたえる影響についての一種の批判と見なしたのである。怒りの矛先をエリザヴェータには向けられないので、ヨハンナはそれをエカチェリーナの上にぶちまけた。絶えず喧嘩をふっかけ、「みんなと仲が悪くなったので、もはや私たちの食事には加わらず、自分のアパルトマンに運ばせた(3)」。しかし、エカチェリーナは、この別々の部屋割りが「大変に気に入った」と告白している。「母の部屋ではまったくくつろげず、母がまわりに集めた親しい友人の輪についてはいい意見はなにももっていなかった(4)」

エカチェリーナが母親と離れ、母の友人たちを注意深く避けていたことは、ヨハンナの生活に娘がほとんど知らない領域があったことを意味する。ベッコイ伯爵とヨハンナの関係がどんな性格でどこまで深かったのかは、そういった領域のひとつである。エカチェリーナは母親がベッコイに好意を抱き、絶えず会っており、女帝も含めて宮廷の多くが、ふたりの関係はあまりにも親密になりすぎたと考えていることに気づいていた。ヨハンナがベッコイの子を宿しているという噂について、エカチェリーナは『回想録』ではなにも触れていない。しかしながら、次のような話を語っている。

ある朝、ヨハンナのドイツ人小間使いがエカチェリーナの部屋に飛びこんできて、お母上が気を失われましたと告げた。エカチェリーナは母の部屋に駆けつけ、顔面は蒼白だが意識のあるヨハンナが床に敷いたマットレスに横たわっているのを見た。エカチェリーナはどうしたのかと尋ねた。ヨハンナは、瀉血をしてもらおうとしたのだが、外科医がへただったのだと言った。「腕の血管二本で失敗し、それから足の血管二本で試みた」が、また失敗した。それで気絶したのだ。エカチェリーナはヨハンナが瀉血を恐れ、娘が肺炎にかかったときには、治療法とするのを激しく拒否したことを知っていた。母親がなぜ、いま瀉血をしてもらおうとしたのか——あるいはどんな病気の治療法としてか——を理解できなかった。ヨハンナはヒステリックになり、それ以上質問に答えようとはせず、金切り声をあげ始めた。おまえは母親になんの気遣いもしないと非難し、そのあと「出ていくように命じた」[5]。

エカチェリーナはなにが起きたのかをほのめかしながら、ここで話を終えている。ヨハンナは、突然、なんだかわからない病気にかかったと言い訳しているが、説得力はない。ヨハンナにかぎって、瀉血を要求するのはありえないように思える。大量出血を説明するために、無能な外科医が非難されている。高貴な身分の患者が寝台ではなく、床のマットレスに寝かされていたことは、ヨハンナが突然、よろめいて倒れたのではないかと思わせる。娘から尋ねられると、怒り出し、ヒステリーを起こした。さらに、外科医による瀉血で治療しようとした、あるいは症状を緩和しようとした病気のそれ以上の症状は、続く数日のあいだまったく出現していない。この一連の事実の説明として可能なのは、ヨハンナが流産したということだ。

この事件後、いくらも経たないうちに、ヨハンナは新たな一撃をこうむった。ツェルプストから知らせが届く。二歳半になる娘、エカチェリーナの妹エリーザベトが急逝した。ヨハンナが家を空けて一年以上が経つ。夫は手紙で繰り返し、家にもどるよう頼んできていた。ヨハンナはいつも、自分の第一の義務は、長女に差し出された輝かしい結婚の介添をし、目配りをすることであると答えた。

ようやくホチロヴォの女帝からエカチェリーナに知らせが届いた。

大公女殿下、わが大切な姪、わたくしは大公女殿下のお優しいお言葉にかぎりなき感謝を捧げます。お返事を遅らせておりましたのは、大公殿下のご容態について大公女殿下にご安心をいただくことができなかったからでございます。本日この日、悦ばしいことに、わたくしは大公女殿下に対し——神を讃えましょう——大公殿下のご快復を期待してもよろしいと確信をもって申しあげることができます。殿下はわたくしどものもとにもどっていらっしゃいました。(6)

この手紙を読んで、エカチェリーナは生来の陽気さをとりもどした。その晩は舞踏会に出かける。姿を現したとき、部屋にいた全員がまわりに集まってきた。知らせが広まっていた。危険は去り、大公は回復しつつある。安心したエカチェリーナは、モスクワと同じような日々が繰り返されるのに立ち会った。毎晩、舞踏会か仮面舞踏会があり、毎晩が新たな勝利だった。

このめまぐるしい日々のただなか、スウェーデンの外交官アドルフ・イレンボリ伯爵がサンクトペテルブルクに到着する。伯爵は公式の特使として、スウェーデンの新皇太子、ホルシュタイン家のアドルフ・フリートリヒ（ヨハンナの兄で、エカチェリーナの伯父）とプロイセンのフリートリヒ二世の妹ルイーゼ・ウルリーケとの結婚を知らせるためにやってきた。イレンボリと会うのはこれで二度目である。ふたりは五年前、エカチェリーナ十歳のときに、ハンブルクの祖母の家で顔を合わせていた。イレンボリがエカチェリーナの早熟な知性に深い感銘を受け、娘にもっと心をかけるようにと母親に忠告したのはこのときである。

エカチェリーナは二度目の邂逅を次のように描き出している。

イレンボリ伯爵はもはや若くはなかったが［このとき、三十二歳だった］、とても頭のいい方だった……伯爵は私が宮廷のあらゆる悪だくみや慣習を抵抗なく受け容れているのに気づかれ、私がサンクトペテルブルクでは、伯爵がハンブルクで私を称讃したときほどの知性を見せていないように思われた。ある日、伯爵はあなたのなかで起きている途方もない変化にびっくりしています、と言った。「ハンブルクではあれほど活力にあふれ、力強かったあなたの性格が、みずからに堕落を許すとはどういうわけでしょう。いまでは、うわべだけのこと、贅沢と遊びにふけっているだけです。あなたの精神本来の性格をとりもどさなければなりません。あなたの才能は偉大な功績に運命づけられているのに、あなたはそれをつまらないことに浪費しています。わたくしはあなたがロシアに着いてから、一冊の本も読んでいないほうに賭けます」

　私は伯爵に、自室で読書をして過ごす時間のことを話した。伯爵は言った。十五歳の哲学者は自分自身を知るには若すぎるし、あなたはたくさんの落とし穴に取り囲まれているのだから、魂が完全により優れた金属でできていないかぎり、つまずくでしょう。できるかぎり優れた本を読んで、魂を養わなければいけません。伯爵は、プルタルコスの『英雄伝』、キケロの伝記、モンテスキューの『ローマ人盛衰原因論』を推薦した。私はそれを読むと約束し、実際に探しもした。キケロの伝記はドイツ語で見つけ、二、三ページ読んだ。それからモンテスキューをもってこさせた。読み始めたとき、この本は私を考えさせはしたが、一気には読めなかった。読むとあくびが出るからで、私はわきに放り投げた……プルタルコスの『英雄伝』は見つからなかった。読んだのはようやく二年後である。[7]

自分は上っ面だけの人間ではないことをイレンボリに証明するために、エカチェリーナは「私が自分自身を知っているかいないか、伯爵にわかるように」、自分についてのエッセイをひとつ綴った。翌日、「十五歳のある哲学者の肖像」と題したエッセイを書き、イレンボリに渡す。伯爵は感銘を受け、ほとんどが好意的な意見を一二ページにわたってつけて返してきた。「私は伯爵の指摘を何度も何度も繰り返し読んだ。私はそれを自分の意識に刻みつけ、その忠告に従おうと決心した。加えて、ほかにも驚くべきことがあった。ある日、私と話しているとき、伯爵は思わずこう漏らした。『あなたが結婚してしまうなんて、なんて残念なのでしょう[8]！』私はどういう意味か聞き出そうとしたが、伯爵は教えてくれなかった[9]」

二月初め、ピョートルはようやく旅ができるまでに回復。女帝はピョートルをサンクトペテルブルクに連れ帰る。エカチェリーナはふたりに謁見するため、冬宮の大広間に出かけた。午後の四時、光は弱まりかけていた。私たちは「ほとんど闇のなかで[10]」会った、とエカチェリーナは語っている。その瞬間まで、不在と不安とが、エカチェリーナがこれから結婚する相手に抱く心象を和らげていた。ピョートルは美男子だったことは一度もないが、ある種の漠然とした人あたりのよさがあり、それは不快ではなかった。ときには無愛想ににやりと笑い、またときにはうつろな微笑をかすかに浮かべた。それは単なるはにかみだったのかもしれない。全体として外見はしごく不愉快というわけではなかった。

いま暗がりのなかで、目の前に立つ姿はまったく違っていた。それはエカチェリーナを「ほとんど恐怖で[11]」満たした。「……顔は実質的に、まったく見分けがつかなかった」。ピョートルの顔面は激しく損なわれ、膨れあがり、まだ治りきっていない痘痕《とうこん》がぽつぽつと穴を開けていた。深い傷痕が残るのは明らかだ。頭は剃られ、かぶっていた巨大なかつらが、ピョートルをなおいっそう不気味に見せる。暗かったにもかかわらず、エカチェリーナはぎょっとしたのを隠しておけなかった。のちに、未来の夫を「ぞっとするほど醜い」と形容している。そこに立ったままでいると、「大公は私のところまできて尋ねた。『わたしがわかりますか?』」[12] エカチェリーナは気力をかき集め、つかえながら回復のお祝いを言い、それからアパルトマンに逃げ帰って、その場にくずおれた。

エカチェリーナはただの夢見がちな若い娘ではなかった。それでも女帝は、甥の外見に対するエカチェリーナの反応を心配した。あまりにも恐ろしい姿をした未来の配偶者を衝動的にはねつけ、縁談の承諾を撤回するよう両親に頼むのを恐れて、エリザヴェータは以前にも増して愛情のしるしを見せようとした。二月十日、ピョートルの一七回目の誕生日、甥がまだ人前に出られる状態ではなかったので、女帝はエカチェリーナをふたりきりの食事に招待する。食事のあいだ、ロシア語で書かれたエカチェリーナの手紙をほめ、ロシア語で話しかけ、その発音を称讃し、あなたは美しい若い婦人になりつつあると言った。

エリザヴェータの心遣いはエカチェリーナをよろこばせたが、必要はなかった。婚約を破棄するつもりはみじんもない。許婚者の外見がどんなであろうとも、ドイツにもどることは一瞬たりとも考えなかった。エカチェリーナが生涯、忠実だったひとつの約束、決して取り消すことのないひとつの誓約があった。それはおのれ自身の野心との約束だった。それが美しかろうと醜かろうと、顔と結婚するためにきたのではない。ひとつの帝国の継承者と結婚するためにきたのである。

天然痘の後遺症によって、ピョートルはエカチェリーナにもまして、感情的心理的に傷ついた。だが、病が害をあたえてしまったとき、誤った態度をとったのはエカチェリーナだった。最初の反応はごく自然だった。ほとんどの若い娘は恐ろしく損なわれた顔を見てたじろぐだろうし、感情を隠しておけるだけの自制心をもつ者はほとんどいないだろう。しかし、この場合、関係が目前の難関を乗り越え、うまく続いていくために、再会の瞬間のエカチェリーナには、みずからがあたえうる以上のものが要求されていたのである。そして、それはエカチェリーナが呼び起こせないなにか、温かな、限りのない愛情、女帝エリザヴェータのなかにはひとりでに湧きあがってくるような自然な愛情だった。

自分が婚約者にとっては肉体的に嫌悪すべきものなのだと感じて、ピョートルは苦しんだ。薄暗い大広間で再会した瞬間、ピョートルはエカチェリーナの思いを、その目と声のなかに読みとることができた。それ以降、自分が「ぞっとするほど醜く」、したがって愛してはもらえないと思いこんだ。この新たな劣等感は、ピョートルを生涯にわたって苦しめてきた感情をなおいっそう強めた。索漠とした孤独な子ども時代を通じて、ピョートルには親しい友人はひとりもいなかった。無理やり結婚させられようとしているはとこがひとりの仲間になろうとしていたまさにこのとき、衝撃的なほどの醜さがピョートル側にとって不利な条件のリストに加えられた。「わたしがわかりますか？」と尋ねたとき、ピョートルは変わってしまった自分の容貌が許嫁にあたえる影響について抱いていた不安を明らかにした。まさにこの瞬間、エカチェリーナは知らず知らずのうちにピョートルを見捨てたのである。なんとか同情の微笑を浮かべ、愛情の言葉を口にできれば、ある種の友好的な未来を確実にできたかもしれない。微笑はあたえられず、言葉は口にされなかった。怯えた青年は、信頼していた遊び仲間が自分を見て身体を震わせるのを目にした。ピョートルは自分が、エカチェリーナの言葉を借りれば「ぞっとするほど醜い」ことを知っていた。

エカチェリーナはこういったことはなにも理解しなかった。まず最初は混乱した。自分の無意識の反応がピョートルを遠ざける原因となったと聞かされれば驚いただろう。ピョートルの反応がひとたび明らかになると、エカチェリーナは自分自身の自尊心に導かれて、ピョートルの冷淡さに対し、それ相応のよそよそしさで応えた。そのよそよそしい態度が今度は、ピョートルの自分は許嫁にとって厭うべきものとなったという考えをただいっそう強めた。落胆と孤独が悪意と恨みに変わるまでに長い時間はかからなかった。ピョートルはエカチェリーナが親切なとき、それはただ形式をつくろうためにすぎないと考えた。エカチェリーナが人びとのあいだで、より美しく、のびのびとして、陽気になればなるほど、ピョートルは自分がみずからの醜さのなかに孤立させられるように感じた。エカチェリーナはダンスを踊り、魅了し、一方、ピョートルは嘲り、退却した。どちらもが惨めだった。

しかし、エカチェリーナはふたりの私的な関係の悪化を隠しておきたかった。内面の資質にもエカチェリーナのもつような野心にも欠けるピョートルには、見せかけをつくろうことはできなかった。天然痘は、その肉体の健康と同様に心の健康にも壊滅的な打撃をあたえた。顔がひどく損なわれたことは、ピョートルの心の安定に悪影響をおよぼした。こういったプレッシャーの下で、青年は子ども時代の世界に撤退する。一七四五年春と夏、ピョートルはなにか口実を見つけては自室にこもった。そこでなら召使いたちに取り巻かれ、守られていられる。召使いたちに軍服を着せて、教練をさせるのがピョートルの歓びだった。子どものときでさえ、軍服と軍事教練、命令の言葉は、孤独を忘れるのを助けてくれた。いま、愛されず、孤独であることをさらに強く意識して、ピョートルは昔からの治療薬に慰めを求めた。軍服を着た召使いたちの一隊に室内を行進させるのは、本人が自分の人生だと考えていた牢獄と、そちらに向かって引きずられていこうとしている歓迎できない宿命に対するピョートルなりの反抗だった。

第12章

結婚

エリザヴェータの忍耐はつきた。ホチロヴァ急行の悪夢とピョートルの枕元で過ごした長い徹夜の看病が頭から離れなかった。甥はほとんど死にかけた。だが、生き延びた。十七歳だ。十六歳になる未来の花嫁は一年以上前からロシアにいる。だが、ふたりはまだ結婚していない。そしてお腹に赤ちゃんはいない。たしかに医師団はふたたび女帝に告げていた。大公はまだ若すぎる。未熟すぎる。病気の後遺症から回復していない。今回、女帝は医師団の主張を退けた。女帝の目には、王朝の継承がピョートルの健康と後継者を作る能力にかかっていることしか見えなかった。もう一年待ったら、また別の死病が大公の命を奪うかもしれない。だが、結婚に踏み切れば、一年という歳月は小さなロマノフの後継者、ピョートルよりも頑強で健康、エカチェリーナのように頑強で健康な後継者をロシアにもたらすかもしれない。それゆえに、結婚式は可及的速やかに挙行されなければならなかった。医師団は頭を下げ、女帝は日程を検討し始めた。一七四五年三月、皇帝の勅令が結婚式を七月一日と決定した。

歴史の浅いロシアの皇室は、皇族の結婚を一度も公に祝賀したことはなかったので、エリザヴェータは、自分自身の臣民と世界とが、ロシア君主制の力と恒久不滅とを確信するような壮麗な式にすべきだと考えた。それはヨーロッパ中の話題にならなければならない。それはフランス宮廷の大規模な式典を模範としなければならない。パリ駐在のロシア大使には、最近ヴェルサイユで挙行された王家の結婚式を、すべてこと細かに報告するよう指示があたえられた。模倣し、可能であれば凌駕するために、詳細な覚書と細かい説明が届いた。ヴェルヴェットやシルク、黄金のリボンの見本とともに、分厚いスケッチやデザイン帳が持ち帰られた。巨額の謝礼金がフランス人の職人、音楽家、画家、仕立屋、料理人、大工をロシアに引き寄せた。情報と人間の波がサンクトペテルブルクに押し寄せているあいだ、エリザヴェータは読み、見て、聞き、研究し、比較し、計算した。すべての細部を監督した。実のところ、春と初夏を通して、女帝は結婚式の準備に没頭するあまり、ほかのことをする時間がまったくなかったほどである。国務を怠り、大臣たちを無視し、通常の政府の活動はほとんど停止した。バルト海とネヴァ河の氷が溶けると、船がサンクトペテルブルクに到着し始め、シルクやヴェルヴェット、ブロケード、そしてエカチェリーナの結婚衣装を仕立てるための重い銀色の生地を積んできた。上級の宮廷官には、自分用の美しい衣装を用意させるために、一年分の給料が前払いされた。勅令が貴族たちに、六頭立ての馬車を用意するよう命じた。

宮廷が興奮で渦巻いているあいだ、花嫁と花婿は奇妙に放っておかれた。結婚に関わる実践的な知識はなにも教えられなかった。夫と妻の適切な関係については、ピョートルの召使いのひとり、ロンブリという名の元スウェーデン人龍騎兵が行き当たりばったりにピョートルに教えた。ロンブリ自身の妻はスウェーデンにおいてきぼりにされていた。ロンブリは言った。夫は主《あるじ》でなければなりません。夫の前では妻はその許しがないかぎり口を開くべきではなく、妻に自分自身の意見をもたせるのはまぬけだけです。問題が起きたら、時機を見計らって二、三発を頭にお見舞いすれば一件落着でしょう。ピョートルはこの種の話を聞くのが好きで――エカチェリーナに言わせれば「大砲の弾のように控え目」[1]だったので──自分が聞いたことを喜々としてエカチェリーナに繰り返した。

性に関しては、ピョートルには基本的な事項が二、三教えられたが、本人はその意味を部分的にしか理解していなかった。召使いたちが粗野な表現で情報を伝えた。しかし、その言葉はピョートルを教え導くかわりに、まごつかせ、怖じ気づかせただけだった。人間はしばしば性行為に歓びを見出すという重要な事実を、わざわざ教えてやる者はだれもいなかった。混乱し、当惑し、欲望を欠いて、ピョートルは義務感と、そしてこの義務がどう実行されるかについての初歩的で紋切り型の観念しかもたずに、新妻の床を訪れることになる。

結婚前の春と夏、アパルトマンが隣りどうしだったので、エカチェリーナは未来の夫とたびたび顔を合わせた。だが、ピョートルは決してエカチェリーナのそばに長時間とどまろうとはせず、召使いたちといられるように、エカチェリーナとの同席を避けていることは、日が経つにつれてますます明らかになっていった。五月、ピョートルは婚約者とその母をあとに残して、女帝とともに夏宮に移った。エカチェリーナはのちに書いている。

以前に大公が私に示していた関心は消え失せた。召使いを寄こして、私を訪問するにはあまりにも遠いところで暮らしていると言ってきた。私は大公の熱意と愛情の欠如をはっきりと感じとった。私の自尊心と虚栄心は傷ついた。だが、文句を言おうなどとは夢にも思わなかった。だれかが同情のしるしを見せれば、辱められたと感じただろう。同情は憐れみと受けとられかねない。だが、ひとりのときはたっぷりと涙を流し、そのあと涙をふいて侍女たちとふざけにいった。[2]

その夏、宮廷は首都から西に約二〇マイル、フィンランド湾に面したペテルゴーフの離宮に移動した。エカチェリーナは宮廷の活動のようすを描いている。

私たちは長い時間を、散歩、乗馬、あるいは馬車を走らせて過ごした。そのとき私は、大公の従者団、とくにその教師たちが大公に対する権威をすべて失ったことを、昼の光のようにはっきりと見てとった。大公が内緒にしていた軍隊ごっこは、いまや実質的に教師たちの目の前でおこなわれていた。ブリュマー伯爵は、いまでは公の場でしか大公に目を配ることができず、大公は残りの時間すべてを、その年齢の人間には考えられないような子どもっぽいお遊びをして召使いたちと過ごした。人形遊びまでした。私に軍事教練を教えこむのを大いに楽しみ、大公のおかげで私は鉄砲を、熟練の擲弾《てきだん》兵のように正確に扱うことができる。大公は私にマスケット銃をもたせて当番勤務に就け、自分の部屋と私の部屋のあいだの扉に立たせた。(3)

多くの点で、エカチェリーナもまた子どもだった。自分の小宮廷の若い娘たちと、本人いわく「ふざける」ことを好んだ。相変わらずいっしょに目隠し鬼をして遊んだ。しかし心の底では不安を抱きながら、結婚に向かって進んでいた。

挙式の日が近づくにつれて、私はしだいに憂鬱になり、しばしばわけもわからずにすすり泣いた。私の心はわずかの幸福しか予測しなかった。野心だけが私を支えていた。私の魂のもっとも深いところにあるなにかが、遅かれ早かれ私が自分自身の力で至高のロシア女帝となるのを疑うことを一瞬たりとも許さなかった。(4)

エカチェリーナが結婚前に抱いた不安は、結婚が要求する夜の肉体の交わりに対する恐れから生まれたのではなかった。そういったことについては、なにも知らなかった。実際、結婚前夜になっても、ふたつの性が肉体的にどう違うのかさえ知らないくらい無知だった。女が男と寝るときに、どんな神秘的な行為が演じられるのかについて、なんの考えもなかった。だれがなにをするのか？　どんなふうに？　若い侍女たちに尋ねたが、侍女たちもまた同じように無知だった。六月のある夜、エカチェリーナは寝室の床に、自分のも含めてマットレスを敷き詰め、即席の寝間着パーティーを開いた。眠りに就く前に、八人の興奮し、混乱した娘たちは、男とはどんなものか、その身体はどんなふうに作られているのか話し合った。だれも明確な情報はもっていなかった。実のところ、娘たちのおしゃべりはあまりにも情報不足で支離滅裂、なんの助けにもならなかったので、エカチェリーナは朝になったらお母さまに聞きましょうと言った。実際にそうしたが、ヨハンナ――自分自身も十五歳で結婚した――は答えるのを拒否。そのかわりに、娘の淫らな好奇心を「厳しく叱責」[5]した。

女帝エリザヴェータは、エカチェリーナとピョートルの関係がすべてうまくいっているわけではないことに気づいていた。だが、一時的な問題だろうと決めてかかった。大公は年のわりには未熟かもしれない。でも結婚が一人前の男にするだろう。この点については、エカチェリーナをあてにしていた。ひとたび若い娘がその寝台にはいれば、魅力とみずみずしい若さとを発揮して、ピョートルに召使いたちとの遊びを忘れさせてくれるだろう。いずれにしても、新郎新婦がおたがいに対して抱く感情は末梢的な問題にすぎない。現実には、若いふたりのどちらにも選択の余地はなかった。好むと好まざるとにかかわらず、ふたりは結婚しなければならない。もちろん婚約したふたりはこのことを知っていた。そしてその見通しに対して、それぞれ異なった向き合い方をした。ピョートルは深刻な鬱状態とつまらない抵抗とのあいだを揺れ動いた。ときにはロシアは呪われた国だと文句を言い、またときには、周囲の人間すべてに腹を立て激しく罵った。エカチェリーナの反応は違った。不安はあった。だが、あともどりはありえない。ロシアにきた。ロシア語を学んだ。父親に背いて正教に改宗した。女帝の気に入られようと必死で努力した。ピョートルの欠点にもかかわらず、結婚する覚悟はできていた。これほどの譲歩をし、犠牲を払ってきたのである。それをすべて投げ出し、家に帰り、ゲオルク叔父と身を落ち着けるつもりはなかった。

その間に、広範囲におよぶ込みいった結婚式の準備のために、さすがに短気なエリザヴェータでさえ、挙式を一度ならず二度までも延期しなければならなかった。最終的に挙式は八月二十一日と決められる。八月二十日夜、街には礼砲の一斉射撃と鐘の響きがこだました。エカチェリーナは母と腰をおろし、ふたりは一時、たがいの誤解と敵意とをわきにおいた。「私たちは長時間、親しく話し合った。母は私に、私の未来の義務について諫め、私たちはともに涙をちょっと流し、深い愛情を感じながら別れた(6)」

このとき、母と娘とはともにひとつの落胆を分かち合っていた。それは屈辱でもあった。ヨハンナはこれまでに女帝の怒りと軽蔑を買っていたために、宮廷にはかろうじて立入りを許されていたというところである。ヨハンナはこのことを知っていたし、娘の結婚から自分が得られるかもしれない利益についてはなんの幻想も抱いていなかった。最後の望みは自分の夫、花嫁の父親が婚礼に招かれることだった。この望みの背後には、クリスティアン・アウグストに対するあふれ出るような愛情があったわけではない。ただヨハンナ自身の自尊心があるだけだった。ヨハンナは、エリザヴェータがクリスティアン公の招待を拒否し続けているのは、夫と同時に自分に対する平手打ちであることをよく承知していた。女帝の拒否はヨハンナの立場を、ヨハンナ自身に——そして世間の目に——明らかにしていた。

これを夫に説明するのは簡単ではなかった。何か月ものあいだ、クリスティアン・アウグストはツェルプストから手紙を書き、自分が明らかに受けとる資格を有する招待状を、女帝からいただくよう、ヨハンナに頼んできていた。ヨハンナは招待への期待を長いあいだ引き延ばし、夫には、招待状はいまにも急送されようとしていますから、用意をしておくようにと告げていた。だが招待状は届かなかった。結局、クリスティアン・アウグストにはこう説明された。女帝は「ドイツ人貴公子」に強く反対するロシア世論を考慮して、クリスティアン公を招待する危険は冒さない――ヘッセンの公子やホルシュタイン公爵その他のドイツ人貴族が、当時、ロシア宮廷で生活していたという事実にもかかわらず、である。さらに招待客のなかにはどちらもドイツ人貴公子であるヨハンナのふたりの兄、現在はスウェーデン王位の継承者アドルフ・フリートリヒと、そのあとを継いでリューベックの主教となったアウグスト公が含まれていた。つまりエカチェリーナの伯父ふたりは式に列席したが、父親は出席しなかった。それは明らかな侮辱だった。しかし、ヨハンナにはなすすべもない。

エカチェリーナもまた父親が招かれることを望んでいた。父親とは一年半、顔を合わせていない。父親が自分のことを心にかけており、その単純で率直なやり方で、役に立つ忠告をあたえてくれるのはわかっている。だが、この件に関するエカチェリーナの望みと感情には、だれも関心を払わなかった。このことから、エカチェリーナの立場もそれなりに、母親の立場と同様に明らかだった。その称号とダイヤモンドの下で、エカチェリーナは家の息子に後継ぎを提供するというただひとつの目的のためだけに、ロシアに連れてこられた小さなドイツ娘にすぎなかった。

一七四五年八月二十一日、エカチェリーナは六時に起床。湯浴みをするあいだに、女帝が突然やってきて、みずからの王朝の期待を担う処女の一糸まとわぬ姿を調べた。そのあと、エカチェリーナが着付けをしている最中に、女帝と髪結い係が、花嫁がかぶる冠をしっかりとのせておくのに最適な髪型について議論した。エリザヴェータはすべてを監督し、同席を許されたヨハンナは、のちにその光景をドイツの親類たちにこう語っている。

銀色のブロケード地で仕立てた婚礼衣装は、わたくしがこれまで目にしたなかでもっとも輝きを放つ布地で、きらきらと光る銀色の薔薇が刺繍されておりました。スカートは幅広で、ウエストは一七インチ、ボディスはぴったりとして、短い袖がついています。すばらしい宝石［を身につけました］。ブレスレット、ドロップイヤリング、ブローチ、指輪……全身を覆う貴石は、その姿を魅力的に見せていました……肌がこれほど美しかったことはございませんでした……髪は明るく艶やかな黒色で、軽くカールされ、若々しさをいっそう引き立たせておりました。(7)

顔色が青ざめていたので、頰に軽く紅が塗られた。それから銀のレースのマントが肩にかけられた。マントは、ほとんど身動きができないほど重かった。最後に女帝がエカチェリーナの頭に、ロシア大公女のダイヤモンド冠をのせた。

正午、ピョートルが、エカチェリーナのドレスと裳裾《もすそ》と同じ銀色の布地で仕立てられたスーツで到着。こちらも全身宝石だらけ。ボタン、剣のつか、靴のバックルにはダイヤモンドがはめこまれていた。若いふたりはおそろいの銀色とダイヤモンドに身を包み、女帝の指示どおり手をつないで、式場に出発した。

大音響のラッパと打ち鳴らされる太鼓が婚礼行列の開始を告げた。二四台の優雅な馬車が冬宮からカザンの聖母大聖堂まで、ネフスキー・プロスペクト〔サンクトペテルブルクの幹線道路〕を下っていった。新郎新婦はエリザヴェータとともに、女帝の公式馬車に乗った。馬車はハーネスに銀色のバックルを飾った八頭の白馬に牽かれ、「まさに小さな城」。巨大な車輪は金メッキで輝き、車体と扉には神話の情景が描かれていた。「行列は私がこれまでに目にしたなにものをもはるかに凌駕していた」[8]とイギリス大使は報告している。大聖堂のなかで、エカチェリーナは宝石を飾ったイコン、灯された蠟燭、お香の煙、何列にも並ぶ顔の海に囲まれた。ノヴゴロドの主教が宰式。儀式は三時間続いた。

儀式文が朗誦され、賛美歌が荘厳なアカペラで歌われる。エカチェリーナにとって、結婚式は厳しい肉体的な試練だった。美しいドレスは「恐ろしく重かった」[9]。重い冠にこめかみを締めつけられて、ひどく頭痛がした。このあとまだ、宴会と舞踏会が残っている。大聖堂での結婚式が終了すると、エカチェリーナは冠をとる許しを求めたが、エリザヴェータはだめだと言った。冬宮の長いギャラリーでの宴会は耐えきったが、舞踏会直前、頭痛がひどくなったので、数分間だけ、冠をとることを願い出た。エリザヴェータはしぶしぶ許可をあたえる。

舞踏会では、十六歳の花嫁と踊る特権は、名誉と同様に年齢も背負った最高位の高官だけにあたえられた。花嫁にとってはありがたいことに、エリザヴェータは若い新郎新婦を早く床入りさせたくていてもたってもいられず、三〇分後、舞踏会は早々に切りあげられた。宮廷官と侍従、侍女の行列に先導され、エリザヴェータはふたたび手をつないだ十七歳の夫とその妻を婚礼の寝室に送り届けた。

アパルトマンは優美な家具がおかれた広い四室で構成されていた。三室には銀色の布地がかかり、寝室の壁には銀で縁どられた紅のヴェルヴェット地が張られ、部屋の中央に巨大な寝台がどんと鎮座する。寝台には金糸で刺繍をした紅のヴェルヴェットがかけられ、銀を打ち出した冠がのっていた。

ここで花嫁と花婿は別れ、新婚の夫も含めて男性は退室。女たちは残って、花嫁が服を脱ぐのを手伝った。女帝がエカチェリーナの冠をとり、重いドレスから自由になるのをヘッセン公女が助け、ひとりの侍女がパリ製の新しいピンクの寝間着を差し出した。花嫁は寝台に横たえられた。そのあと、最後のひとりが部屋を出ようとしたまさにそのとき、花嫁が声をあげた。「私はヘッセン公女に少しだけ一緒にいてくださいとお願いしたが、公女は拒否した[10]」。部屋は空っぽになった。ピンクの寝間着を着て、エカチェリーナはひとり、巨大な寝台で待った。

エカチェリーナは、新郎がはいってくるはずの扉に目を釘づけにしていた。数分経過。扉は閉じたままだ。エカチェリーナは待ち続けた。二時間経過。「私はなにをすべきかわからず、ひとりでとどまっていた。もう一度、起きあがるべきなのか？　寝台に横たわったままでいるべきなのか？　なにもわからなかった[11]」。エカチェリーナはなにもしなかった。真夜中近く、新しい侍女頭のマダム・クラウゼがはいってきて、大公はたったいま夜食を注文されたところで、食事が出てくるのをお待ちです、と「陽気に」告げた。エカチェリーナは待ち続けた。ようやくピョートルがアルコールと煙草のにおいをぷんぷんさせて到着。花嫁のとなりに横になり、神経質に笑いながら言った。「わたしたちがいっしょにベッドにいるのを見たら、わたしの召使いたちはさぞかしおもしろがるだろう[12]」。それから、眠りに落ち、ひと晩中眠り続けた。エカチェリーナはどうすべきなのかと悩みながら、目を覚ましていた。

翌朝、マダム・クラウゼがエカチェリーナに新婚初夜のことを尋ねた。エカチェリーナは答えなかった。なにかがうまくいっていないのはわかっていた。だが、なにが悪いのかわからなかった。続く日々、エカチェリーナは夜ごと、眠りこける夫のとなりで、手を触れられぬままに横たわり続け、マダム・クラウゼも答えられぬままに朝の質問を続けた。エカチェリーナは『回想録』に書いている。「そして続く九年間、ものごとはごくわずかの変化もないまま、この状態にとどまっていた[13]」

花嫁花婿が肉体的に結ばれず、結婚は完全なものにはならなかったにもかかわらず、続く一〇日間、舞踏会、カドリール、仮面舞踏会、オペラ、公式午餐会、晩餐会の形をとって、宮廷は歓びに沸いた。外では、民衆のために花火が打ちあげられ、宴会のテーブルが海軍省広場に設けられて、噴水がワインを吹きあげた。いつもはダンス好きのエカチェリーナが、こういった夜の過ごし方を嫌った。同世代の若者は除外されていたからだ。「ダンスのできる殿方はひとりもいなかった。全員が六十歳から八十歳のあいだで、ほとんどが足を引きずるか、痛風病みか、老いぼれているかだった[14]」

その間に、エカチェリーナを取り巻く婦人たちのあいだでは、悪い方向の変化が起きていた。新婚の夜、エカチェリーナは女帝が新しい侍女頭にマダム・クラウゼを任命したことを知った。「翌日」とエカチェリーナは語る。「私はこの婦人がすでに、他の侍女たち全員を震えあがらせているのに気づいた。なぜならば、いつもと同じように侍女のひとりに話しかけたところ、こう言われたからだ。『お願いです。わたくしに近づかないでください。わたくしどもは、大公女殿下にささやくことも禁止されているのです[15]』」

結婚はピョートルの態度を改善もしなかった。「親愛なるわが夫は、私にごくわずかの注意も払わなかった。だが、時間のすべてを、自分の部屋で召使いたちと兵隊ごっこをして、召使いたちに教練をさせたり、あるいは自分の軍服を日に二〇回も着替えたりして過ごした。私は話し相手もなく、退屈であくびを繰り返した[16]」。そのあと、結婚の二週間後、ピョートルはようやくエカチェリーナに語るべきことを見つけ出した。にやにやと笑いながら、自分は女帝の侍女のひとり、エカチェリーナ・カールと恋に落ちたと告げたのである。ピョートルはこの知らせを若い妻に伝えるだけでは満足せず、出かけていって、新たに燃えあがった恋心を自分の侍従ドゥヴィエ伯爵にも告白し、大公女は魅力的なマドモワゼル・カールとは較べものにならないと言った。ドゥヴィエが賛成しなかったとき、ピョートルはかっとなった。

マドモワゼル・カールに対するピョートルの情熱が本物だろうとなかろうと、あるいはピョートルがエカチェリーナに（そしておそらくは自分自身にも）妻に性的関心をもたないことを説明するためにでっちあげた話にすぎなかろうと、ピョートルは自分が妻を侮辱し、貶めていることに気づいていた。何年もあと、エカチェリーナは『回想録』で、自分がはまりこんだ状況と、それに対して選んだ対処法を次のように記述している。

夫が愛情をもつこと、あるいはその意志を少しでも見せることができたなら、私には夫を好きになる用意はできていた。だが、結婚のごく初めのころに、私は夫について悲しむべき結論に達した。私は自分に言った。「もしあなたが自分にあの男を愛することを許せば、あなたはこの地上でもっとも不幸な生き物となるだろう。あなたの気性では、なにか反応を得ることを期待するだろうが、この男はあなたにはほとんど見向きもしない。人形のことしか話さず、あなた以外ならどんな女に対してもより大きな注意を払う。あなたは文句を言うには気位が高すぎる。だからどうか注意しなさい。この殿方に感じうるいかなる愛情も鎖につないでおきなさい。親愛なるお嬢さん、あなたは自分自身のことを考えなければいけません」。私の感じやすい心につけられたこの最初の傷は永遠に残り、この固い決意は一度も私の頭を離れなかった。だが、愛を完全な形で返さないであろうこの男を、歯止めなく愛しはしないと決めたこと、私の心は私だけを愛する夫に包み隠すところなく属するという意志は、だれにも話さないようによく注意した。(17)

これは年齢を重ねて、より賢くなったエカチェリーナの声、何年も前、若い女だったときに出会った困難を振り返っての発言である。しかし、この記述が若いころの思いを正確に反映していようといまいと、少なくともエカチェリーナは母親よりは正直で、現実主義的だった。ヨハンナは自分の幻想世界を離れることも、人生を自分が望んでいるような形で描き出すのをやめることも決してできなかった。娘の結婚について夫に書き送りながら、これは「おそらくヨーロッパでこれまでに祝われたなかで、もっとも楽しい結婚でしょう(18)」と告げている。

第13章 ヨハンナ、家に帰る

結婚祝賀の終わりは、ロシアにおけるヨハンナの失敗の終わりを意味した。この国にくるとき、ヨハンナは自分のコネと魅力とを使って、ヨーロッパ外交の重要人物になるつもりだった。そのかわりに、ヨハンナの政治的な陰謀は女帝を激怒させ、娘に対する振舞いは宮廷を遠ざけ、噂になったイワン・ベツコイ伯爵との恋愛事件は、敵に醜聞の種を提供した。その評判は地に落ちたが、ヨハンナは決して学ばなかったようだ。出発直前になってもなおフリートリヒ二世に手紙を書き続けた。しかし、その手紙はもはや密かに差し押さえられて、読まれ、筆写され、ふたたび封をして、発送されたりはしなかった。そのかわりに、女帝の命令によって、ただ開封され、読まれ、書類ばさみにしまわれた。

ロシア到着直後に、エカチェリーナは母が間違いを犯していることに気づき始めた。ヨハンナの癇癪を恐れて、とがめの言葉は一度も口にしなかった。だが、結婚前夜の体験と、マドモワゼル・カールに対するピョートルの愛情「告白」は、エカチェリーナがヨハンナに抱く感情を温かなものにした。いまそばにいてほしい相手は母親だった。「結婚以来、母といることが私の最大の慰めとなった。私はあらゆる機会に飛びついて、母の部屋を訪れた。なにしろ私自身の部屋はほとんど歓びを提供しなかったのだから(1)」

結婚の二週間後、女帝はエカチェリーナ、ピョートル、ヨハンナをサンクトペテルブルク郊外ツァールスコエ・セローの離宮に送り出した。九月の天気はすばらしかった——濃い青の秋の空と黄金に色づく樺の葉——だが、エカチェリーナは惨めだった。母の出発が近づくにつれて、エカチェリーナ自身の野心は風前の灯火となったように見える。ヨハンナと思い出を分かち合うのが歓びとなり、ロシアにきて初めてドイツに望郷の念を抱いた。のちに書いている。「そのとき、もし母とこの国を離れることができたのなら、私は多くを差し出しただろう(2)」

出発前、ヨハンナは女帝に拝謁を求め、許された。ヨハンナはこの会見について、自分なりの報告を夫に書き送っている。

わたくしたちの別れはとても情愛深いものでした。わたくしには、女帝陛下のもとを去るのはほとんど不可能でした。そしてありがたくもこの偉大なる女帝陛下の側も、わたくしに対して深く心を動かされたので、居合わせた宮廷人たちは深く感動いたしました。別れの言葉が数えきれないほど口にされ、最後に、この支配者のなかでももっとも慈悲深いお方は、親切と優しさの表

情を浮かべ、涙ながらにわたくしを階段まで送ってくださいました。(3)

ひとりの目撃者、イギリス大使はこの謁見について異なった記述をしている。

女帝のもとを辞去するとき、公女は女帝陛下の足下に身を投げ出し、とめどなく涙を流しながら、もし自分がなんらかの形で、女帝陛下のお気にさわることをいたしたのであれば、お許しいただきますようにと懇願した。女帝は、そういった事柄について話すのは遅すぎます、もし公女がこのような賢いお考えをもっと前におもちになっていたら、公女にとってはずっとよかったでしょうに、とお答えになった。(4)

エリザヴェータはヨハンナを追い払うと決めていたが、また度量の大きいところも見せたかったので、公女の出発には贈物を満載した荷馬車一台がつき従った。長いあいだ放っておかれたアンハルト＝ツェルプスト公を慰めるために、ヨハンナはダイヤモンドの靴バックル、ダイヤモンドのコート・ボタン、ダイヤモンドをはめこんだ短剣を家に持ち帰った。すべてが義理の息子、大公からの贈物とされていた。加えて、出発前に、ロシアにおける借金を清算するために六万ルーブルが下賜された。出発後、ヨハンナにはこの金額の倍以上の借金があることが判明する。母をさらなる屈辱から守るために、エカチェリーナは未払金の支払いに同意した。年に三万ルーブルの皇族費しかなかったので、この支払いはエカチェリーナの財力を超えており、借金を作る原因となった。それは帝位に就くまで一七年間、ずるずると引き延ばされる。

出発のときがくると、エカチェリーナとピョートルは、ツァールスコエ・セローから近くのクラスノエ・セローまでの旅の最初の短い行程をヨハンナに同行した。翌朝、ヨハンナは夜明け前に別れを告げずに出発した。エカチェリーナはそれが「私をさらに悲しませないため」(5)だったと推測した。目を覚まし、母の部屋が空っぽなのを発見して、エカチェリーナは取り乱した。母は消え去った――ロシアから、そしてエカチェリーナの人生から。エカチェリーナの誕生以来、ヨハンナはつねにそばにいて、導き、促し、正し、叱責した。外交代表としては失敗したかもしれない。たしかにヨーロッパという舞台上の輝かしい登場人物にはならなかった。だが、母親としては成功しなかったわけではない。その娘は、ドイツの弱小公国の公女に生まれながら、いまや帝国の大公女であり、皇帝の妃となる道の上にいた。

ヨハンナはさらに一五年生き、一七六〇年に四十七歳で死去した。このときエカチェリーナは三十一歳。いまヨハンナは十六歳の娘をあとに残し、娘はこれ以降、自分の家族とは二度と顔を合わせない。娘は全権を有する気まぐれな支配者の掌握下にあった。そして、振舞いが日に日に奇妙になっていくひとりの青年のとなりで、毎晩寝台に横たわった。

ヨハンナはゆっくりと旅をし、一二日間をかけてリガに到着。そこで、先延ばしにされていたエリザヴェータの罰が、感謝を知らぬ二枚舌の客に追いついた。ヨハンナは女帝からの書翰を手渡される。書翰はヨハンナに、ベルリンを通過するさい、プロイセンのフリートリヒ国王に、国王の大使マルデフェルト男爵の召還を要請するよう命じていた。文面は、礼儀正しく冷たい外交的な言葉遣いで書かれていた。「わたくしは、あなたがベルリンに到着したさい、プロイセン国王陛下が陛下の全権大使マルデフェルト男爵を召還されることが、わたくしの意に添うむねを、あなたから国王陛下に強く申しあげるよう、あなたに命じる必要があると考えております」(6)。このメッセージを届けさせるのにヨハンナを選んだことは、公女と国王の両方に対する平手打ちだった。フランス大使ラ・シェタルディはトロイツェ・セルギエフ大修道院での騒ぎのあと、モスクワを出発するのに二四時間をあたえられた。二〇年間をロシアで務めたプロイセン大使マルデフェルトは、一年ほどのあいだ制裁を免れていたが、マルデフェルトもいままた、本国に送り返される。ヨハンナを選んでこの知らせを伝えさせたのは、公女がロシア滞在中にプロイセン国王の代理として、女帝の第一の大臣ベストゥージェフ転覆の陰謀を企てたという事実を、エリザヴェータが明白に認識していたことを示していた。この辛い任務を割り当てたのがベストゥージェフだという証拠はない——だが、いかにもベストゥージェフのやりそうなことだ。もしそうならば、エリザヴェータは同意をしたことになる。

この手紙、その内容とそれが届けられた方法から、自分がヨハンナをいかに高く評価しすぎていたか、フリートリヒがはっきりと思い知らされたのは確かである。フリートリヒは自分自身の判断の誤りを悔やみ、決してヨハンナを許さなかった。一〇年後、クリスティアン公が世を去り、ヨハンナが若い息子の摂政として行動していたとき、フリートリヒは突然、手を伸ばして、有無を言わせずにツェルプスト公国をプロイセン王国に併合してしまった。ヨハンナはパリに避難せざるをえず、娘がロシア女帝になる二年前、パリ社交界の片隅で世を去った。

第2部

辛い結婚生活

第14章 ジューコワ事件

母に別れを告げたあと、サンクトペテルブルクにもどったエカチェリーナはすぐにマリヤ・ジューコワを呼んだ。婚礼前、ドイツ語を話す花嫁のロシア語上達を助けるために、女帝は大公女の小宮廷に若いロシア人侍女の一団を加えておいた。エカチェリーナは娘たちとの交際を楽しんだ。みな若く、最年長が二十歳。エカチェリーナは回想している。「その瞬間から、私は目が覚めた瞬間から眠りに落ちる瞬間まで、自分の部屋で歌い、踊り、遊び戯れることしかしなかった[1]」。いっしょに目隠し鬼をしたり、ハープシコードの蓋を橇がわりにしたり、床に敷いたマットレスで男性の身体はどうなっているのかと、あれこれ言い合って遊んだのがこの娘たちだった。そのなかで、いちばん活発で、頭のよいマリヤ・ジューコワという名の十七歳の娘がエカチェリーナのお気に入りになった。

マリヤを呼んだとき、エカチェリーナにはその娘は母親を訪問中だと告げられた。翌朝、もう一度、呼ぶが、答えは同じ。その日の昼、女帝を寝室に訪ねると、エリザヴェータはヨハンナの出発の話を始め、エカチェリーナがそのためにあまり悲しまないといいのだが、と言った。そのあと、ほとんどついでのように口にしたことが、エカチェリーナを啞然とさせた――「私は気絶するかと思った[2]」。女帝は大声で、そして三〇人の人間がいる前で、ヨハンナの別れ際の頼みに応えて、マリヤ・ジューコワを宮廷から追放したと告げた。エリザヴェータはエカチェリーナに、ヨハンナは「私〔エカチェリーナ〕

がこの娘に執着しすぎ、同年齢の若い娘ふたりのあいだの親しい友情が望ましくない[3]〔ものになる〕」ことを恐れたのだと語り、そのあと自分の思うがままに、マリヤに対する侮辱の言葉を奔流のようにあふれ出させた。

　エカチェリーナはエリザヴェータが真実を語っているのかどうか疑った。母は本当にマリヤを追放してくれと、女帝に願い出たのだろうか。ヨハンナがこの侍女にそれほどの敵意を抱いていたとすれば、出発前に自分に話したはずだという確信があった。ヨハンナが人を誹るのを控えたことは一度もない。つねにマリヤを無視したのは事実である。だが、エカチェリーナは、その原因は母がマリヤと話せなかったことにあると考えた。「母はロシア語がわからず、マリヤはほかの言葉を話さなかった[4]」。非難されるべきがヨハンナではなく、マリヤ追放をエリザヴェータがひとりで思いついたのだとすれば、おそらくはマダム・クラウゼが女帝に若い娘ふたりの仲むつまじいようすを話したのかもしれない。おそらくエリザヴェータは、マダム・クラウゼの密告と夫婦の寝室で夜、生産的なことがなにも起きていないという報告とのあいだに、関係があると考えたのだろう。これが、ヨハンナの望みを口実にして、女帝がエカチェリーナいちばんの親友をあっさり追放した理由かもしれない。以上のような一連の推論が事実だったのかどうか、エカチェリーナには最後までわからなかった。

　いずれにしてもマリヤにはなんの落ち度もない。途方に暮れたエカチェリーナはピョートルに友を見捨てるつもりはないと言ったが、ピョートルはなんの関心も示さない。そこで、エカチェリーナはマリヤに金を送ろうとした。だが、娘は母親と姉妹とともにすでにサンクトペテルブルクを離れ、モスクワに向かったと聞かされた。そこでエカチェリーナは、マリヤに送るつもりだった金を、かわりにその兄弟の近衛連隊軍曹に送るよう頼んだ。すると軍曹は妻ともども姿を消した。突然、遠くの連隊に配属された、と告げられた。エカチェリーナはあきらめるのを拒否し、縁談をまとめようとした。

「自分の召使い、その他を通して、私はマドモワゼル・ジューコワにふさわしい夫を探した。望ましい結婚相手と思われる男性がひとり見つかった。近衛連隊の下士官で、資産をもつ貴紳だった。この人は、マリヤのほうが気に入れば、結婚するということで、モスクワにいった。マリヤは求婚を受諾した[5]」。だが、この縁談の話が女帝のもとに届いたとき、女帝はふたたび口を出した。新郎はアストラハンの連隊に配属された（実質的に姿を消した）。エカチェリーナはのちに書いている。「このさらなる迫害を説明するような理由を見つけ出すのは難しい。その後、私はこの娘に帰せられた唯一の罪は、娘に対する私の寵愛と、娘が私に抱く愛情だと知った。いまでもなお、このすべてを納得できるように解釈はできない。私には、人びとがわずかの合理性もなく、ただの気まぐれから、根拠もなしで、破滅させられていたように思える[6]」

これはこの先に待つものについての警告だった。エカチェリーナはまもなく、マリヤ・ジューコワに対する手荒な措置は、若い宮廷内の全員に向けられた明確な警鐘であることに気づいた。エカチェリーナ、あるいはピョートルと親しいと疑われた者は、なにかの口実で異動、追放、叱責の対象となり、場合によっては投獄もされかねない。この政策の責任は宰相アレクセイ・ベストゥージェフ、そしてその上にいる女帝にある。ベストゥージェフはプロイセンを憎み、ドイツ人の若者ふたりをロシアに連れてくることにはつねに反対してきた。自分の望みに反して、ふたりが結婚したいま、ベストゥージェフ自身のロシア外交政策を密かに転覆しうる立場に、大公夫妻を立たせてはならないと考えていた。これは夫妻を厳しい監視下におき、独自に友だちを作ったり、なんらかの接触をもったりすることを阻止し、最終的には完全に孤立させる試みを意味する。もちろんベストゥージェフの背後には、エリザヴェータが立っていた。エリザヴェータの利害と不安は個人的なものだった。自分の身、自分の帝位、自分の直系の王朝の未来に不安を抱いていた。もちろんエリザヴェータの計画では、エカチェリーナ、ピョートル、そしてふたりのあいだに将来できる子どもが、なににもまして重要だった。そのために、これからの歳月、若い夫と妻の両方に対するエリザヴェータの態度は、愛情、懸念、落胆、いらだち、欲求不満、怒りのあいだを激しく揺れ動くことになる。

エリザヴェータは姿形だけでなく、性格も両親の子であった。ロシア最大のツァーリと、農民出身ながら女帝エカチェリーナ一世となった妻のあいだの娘だった。父親同様に大柄で、その活力、燃えるような性格、唐突な衝動的行動は父親に似ていた。母親同様にすぐに同情心に動かされ、物惜しみせずに気前よく振舞った。だが、その恩愛の情は、エリザヴェータの他の性格と同じように、節度と永続性を欠いていた。ひとたび不信が生まれ、その尊厳や虚栄心が傷つけられ、あるいは嫉妬を抱くと、その瞬間に別人になった。女帝の気分は計りがたく、公の場での行動はだれにも予測ができなかった。極端な、ときには荒々しい矛盾を抱えた女、エリザヴェータとうまくやっていくのは簡単でもあり――また不可能でもあった。

一七四五年秋に、ヨハンナがドイツに帰国したあと、エリザヴェータがエカチェリーナの生活に支配的な影響力をおよぼすようになる。女帝は三十六歳の誕生日を迎えようとしていた。相変わらず美貌を誇り、堂々としていたが、太り気味だった。優美な身のこなしで動き、踊り続け、その大きな青い目は輝きを失わず、唇は相変わらず薔薇の蕾のよう。髪は金色だが、どういうわけか黒く染め、眉毛と、ときにはまつげも同じように染めていた。肌は透き通るようなピンクのままだったので、化粧品はほとんど必要なかった。着るものに大変に気を遣い、同じドレスは二度と着ようとしなかった。その死後、クローゼットや洋服だんすに一万五〇〇〇着のローブとドレスが見つかったと言われる。公式の場に出るときは、宝石を幾重にも飾った。髪にダイヤと真珠をちりばめ、首筋と胸にサファイヤ、エメラルド、ルビーをところ狭しとつけて登場し、圧倒的な印象をあたえた。エリザヴェータはつねに圧倒的であろうとした。

それにもかかわらず、エリザヴェータは自制せずに食欲を満たし、好きなだけ飲み食いした。ひと晩中起きていることも多かった。その結果——だれもあえてそうとは言わなかったが——絶讃された美貌は衰えかけていた。エリザヴェータ自身、それを知ってはいたものの、自分独自の規則に従って生活し続けた。昔からの堅苦しい儀式と女帝の思いつきがごっちゃになり、日々の予定は絶えず変更を繰り返した。エリザヴェータは厳格な宮廷儀礼を、それが自分の目的に役立つときには守り、強要した。だが、たいていは父親同様に慣例を無視し、衝動的に行動した。規則的に正午に正餐、六時に晩餐をとるかわりに、何時だろうと好きな時間に起きて一日を始めた。しばしば正午の食事を午後の五時か六時に遅らせ、午前二時か三時に夜食をとって、日の出とともに床に就いた。体重が増えすぎるまでは、午前に乗馬や狩りに出かけ、午後は馬車を走らせた。夜は舞踏会やオペラが週に何度もあり、そのあとに手の込んだ夜食が続き、花火が打ちあげられた。こういった機会には、絶えずドレスを着替え、複雑な髪型を結いなおさせた。宮廷晩餐会には五〇種から六〇種の料理が出されたが、ときには——フランス人シェフをがっかりさせて——女帝ご自身が、キャベツのスープ、ブリニ（ソバ粉のパンケーキ）、豚の酢漬け、タマネギといったロシアの農民料理を召しあがった。

宮廷におけるまばゆいばかりのみずからの卓越性を維持するために、エリザヴェータは同席の女性が自分ほど輝くことのないように気を配った。そのためにときには、過酷な強制的措置が要求された。一七四七年冬、女帝は勅令で、侍女全員に頭を剃り、ふたたび髪が生えてくるまで黒いかつらをかぶるよう命じた。女たちは涙を流したが、命令に従った。エカチェリーナは自分の番もくるだろうと予測していたが、意外にも見逃してもらえた。エリザヴェータはその理由を、エカチェリーナの髪は病気のあとようやく生えもどってきたところだからと説明した。まもなくこの全員坊主頭の理由が明らかになる。ある祝宴のあと、たっぷりつけた髪粉が灰色になり、ねばねばと凝固したために、エリザヴェータと小間使いたちには払い落とせなかった。唯一の救済策は髪を剃ること。エリザヴェータは宮廷でただひとりの禿げ女であることを拒否した。だから、大量の髪が刈られたのである。

一七四七年冬の聖アレクサンドルの日、エリザヴェータの嫉妬深い視線は、とくにエカチェリーナの上に注がれた。大公女は宮廷にスペインのレースで縁どりした白いドレス姿で登場。自室にもどると、ひとりの侍女がやってきて、女帝がドレスを脱ぐようにお命じになっていますと告げた。エカチェリーナは謝罪し、やはり白だが銀のリボンと燃えるような赤のジャケットとカフのついた別のドレスに着替えた。エカチェリーナはこう意見を述べている。

前のドレスについては、女帝が私のドレスのほうがご自分のよりも印象的だと思われ、そのことが私に脱ぐようにと命じられた真の理由だったのかもしれない。私の大切な叔母上は私に対してだけでなく、他の婦人たち全員に、このようなつまらぬ嫉妬心を燃やしがちだった。とくにご自分よりも年若い婦人たちに目を配り、若い婦人たちは絶えず女帝の癇癪に晒されていた。女帝の嫉妬心は極端になることもあり、あるときレフ・ナルイシキンの義姉、アンナ・ナルイシキナを呼び出された。マダム・ナルイシキナはその美貌、輝かしい姿、すばらしい馬車、絶妙なる衣装のセンスのために、女帝の特別な憎悪の対象となった。女帝は全宮廷の前ではさみをとり、マダム・ナルイシキナの襟元の美しいリボンの縁どりを切りとった。別のときには、侍女二名の前髪のカールを、その髪型が気に入らないからという口実で半分切りとった。その後、この若い婦人たちが内緒で話したところによれば、女帝陛下はおそらく急いだため、あるいはご自分の気持ちの深さを示そうと強く心を決められていたために、カールと一緒に皮膚もいくらか切りとられたという[7]。

エリザヴェータは夜遅く、いやいやベッドにはいった。祝宴や公的なレセプションが終了し、宮廷人と客の群れが退出したあとは、少数の友人たちと私室で過ごした。こういった人びとも立ち去り、本人も疲れきっていても、服を脱ぐことを自分に許すだけで、相変わらず眠ろうとはしなかった。暗いうちは――そしてサンクトペテルブルクでは闇は朝の八時や九時まで続くこともある――二、三人の侍女たちとおしゃべりを続け、侍女たちはエリザヴェータを起こしておくために、交替でその足の裏をこすったり、くすぐったりした。そのあいだ、そう離れていないところ、奥まった女帝の褥《しとね》に下がるブロケードのカーテンのうしろでは、完全に服を着た男がひとり、薄いマットレスに横たわっていた。チュルコーフである。チュルコーフは、女帝の忠実な護衛、眠らずにいても大丈夫という不思議な能力をもち、二〇年間一度もきちんとしたベッドで寝たことがなかった。ようやく夜明けの青白い光が窓から忍びこんでくると、女たちは退出し、ラズモフスキー、あるいはそのときたまたまお気に入りだっただれかが姿を現して、エリザヴェータはようやくその腕のなかで眠りに落ちるのだった。カーテンのうしろの男、チュルコーフは女帝が眠っているあいだ、ときには午後までずっと持ち場にとどまっていた。

こういった型破りな時間割から解釈できるのは、エリザヴェータには夜が恐かった、なによりも夜、眠るのが恐かったということである。摂政アンナ・レオポルドヴナは政権を倒されたとき、眠っていた。エリザヴェータは同じ運命が自分に襲いかかるのを恐れた。その恐怖は大げさだった。エリザヴェータは民衆に人気があり、だれか新たな帝位簒奪者を位に就けるために宮廷クーデタが組織された場合のみに、帝位喪失の可能性があった。帝位を追われた少年皇帝イワン六世、要塞に閉じこめられた無力な少年だけが、エリザヴェータにとっての脅威だった。だが、この子どもの影がエリザヴェータに取り憑き、その眠りを奪っていた。もちろん、可能性として、ひとつの救済策があった。別の子ども、後継者となる新しい赤ん坊、ピョートルとエカチェリーナの子ども、必要なのはそれだ。その子どもが生まれ、エリザヴェータの全権力に包まれ、守られ、そして愛されるとき初めて、エリザヴェータは眠ることができた。

第15章 のぞき穴

若夫婦の日常生活に対するエリザヴェータの介入はしばしばつまらないことにまでおよんだ。ある晩、エカチェリーナとピョートルが友人たちと晩餐のテーブルについていたとき、真夜中にマダム・クラウゼが姿を見せ、「女帝の代理として」ベッドにはいるよう命じた。女帝陛下は「こんなに遅くまで起きている」(1)のはよくないことだとお考えである。夜会はお開きとなった。だが、エカチェリーナは言っている。「これは私たちには奇妙に思えた。私たちの愛しい叔母上が続けていらっしゃる不規則な就寝時間を知っていたからだ……私たちには思慮分別というよりは不機嫌のせいだと思えた(2)」。他方で、エリザヴェータは年下のエカチェリーナが困難に直面していて、自分が支えとなる母親役を演じられるときには、異常に親切になった。ある朝、ピョートルは高熱とひどい頭痛とでベッドから起きあがれなかった。結局、一週間、床に就き、繰り返し瀉血を受ける。エリザヴェータは一日に何度も見舞いに訪れ、エカチェリーナの目に涙が浮かんでいるのを目にとめて、「私に満足し、よろこばれた」(3)。そのすぐあと、エカチェリーナが宮殿の小礼拝堂で夕べの祈りを唱えていると、エリザヴェータの侍女のひとりがやってきて告げた。女帝陛下は大公女殿下が大公殿下の病に心乱されているのをお知りになり、こう申しあげるようわたくしを遣わされました。神を信じなさい。心配をしてはいけません。女帝陛下は、どんな状況下でも大公女殿下をお見捨てになることはないのですから。

結婚直後の数か月で若い宮廷を去った人びとのなかには、エリザヴェータによって無理やりそうさせられたわけではない者もいた。エカチェリーナの侍従、ザハール・チェルヌイショーフ伯爵が突然、姿を消す。伯爵は、結婚前のキエフ巡礼のとき、エカチェリーナとピョートルがクッションを敷いた大型の荷馬車に同乗するよう誘った、若い宮廷人のひとりである。だが、外交任務という表向きで伯爵が出発したのは、女帝とはなんの関係もなかった。むしろ初めの一歩を踏み出したのは青年の母親だった。母親はエリザヴェータに息子を遠くに送るよう願い出た。「わたくしは息子が大公女を恋するようになることを恐れております。息子は大公女殿下から決して視線を逸らさず、そのようすを目にするとき、わたくしは息子がなにか軽率な振舞いをするのではと不安に震えるのでございます」(4)。実際に、母親の勘はあたっていた。数年後に明らかになるように、ザハール・チェルヌイショーフはたしかにエカチェリーナに惹かれていた。

次に去るべきは、だれからも悲しまれなかったのだが、長きにわたってピョートルを苦しめてきたオットー・ブリュマーだった。結婚前の春、十七歳になったピョートルは正式に成年に達したと宣言され、少なくとも肩書きの上ではホルシュタイン公国の統治者となって、自分の公国に関してはいくつかの決定を下す権利を得た。ピョートルがなによりも決めたかったのは、ブリュマーの厄介払いである。自分の称号を確認する書類を読んだあと、ピョートルは不倶戴天の敵に向かって言った。「ついにわたしの望みがかなえられた。おまえはわたしを充分に長いあいだ支配してきた。おまえをできるかぎり早くホルシュタインに送り返す手続きをとるつもりだ」(5)。ブリュマーはわが身を救おうと悪あがきをする。エカチェリーナに助けを求め、エリザヴェータの化粧室をもっとたびたび訪れて、女帝と話すように頼んできた。これはエカチェリーナを驚かせた。「私はブリュマーに言った。そのご提案はあなたのお役には立たないでしょう、私がお化粧室にいるとき、女帝はほとんどお姿をお見せにならないのですから。ブリュマーは私にあきらめないでくださいと懇願した」。エカチェリーナには、「それはブリュマーの目的には役立つかもしれないが、私にはいいことはない」(6)とわかっていたので、ブリュマー伯爵に自分は気が進みませんと言った。ブリュマーは必死になって、エカチェリーナを説得しようとし続けた――しかし、「成功はしなかった」。一七四六年春、女帝は三〇〇〇ルーブルの年金をあたえて、ブリュマーをドイツに送り返した。

エカチェリーナにとって、女帝エリザヴェータの監視下で暮らすのは簡単ではなかった。だが、初めのころにマリヤ・ジューコワを必死になって助けようとしながら、結局は失敗に終わったのを例外として、若き大公女は自分がおかれた状況を受け容れようとした。ピョートルにはそれほどの柔軟性はなかった。叔母をよろこばせたいと思うことはほとんどなかった。反対に戦闘的な反抗心に導かれて、しばしば愚かな行動に出た。

のぞき穴のエピソードはその一例である。一七四六年の復活祭のころ、ピョートルは自分のアパルトマンに人形劇場を造り、若い宮廷の全員に観劇を強要した。劇場をしつらえた部屋の一方の側に、はめ殺しにされた扉があった。女帝の私的な食堂につながっていたからだ。ある日、人形劇の支度をしていたピョートルの耳に、ふさがれた扉の向こうから話し声が聞こえてきた。隣室でなにが起きているのか見たくなって、ピョートルは木工用の錐を手にとり、ドアにぽつぽつとのぞき穴を開けた。一ダースほどの友人に囲まれた女帝が、私的な午餐会を開いているのを目にして、ピョートルは躍りあがった。叔母のとなりには、病みあがりで、ブロケードのガウンという気楽な格好のラズモフスキー伯爵がすわっていた。

そのあと、思慮分別の限界をとっくに超えていたピョートルは、さらに大胆になった。自分の発見に興奮し、みんなを呼び集めて、穴からのぞかせた。穴の開けられた扉の前に召使いが椅子や足置き、ベンチを並べ、即席の円形劇場を造って、全員が舞台を楽しめるようにした。ピョートルとその側近がのぞき終わると、ピョートルはエカチェリーナとその侍女たちを招いて、この驚くべき光景を見せようとした。

　大公はそれがなにかは告げなかった。どうやら私たちに愉快な驚きをあたえようとしたらしい。私が大公の思いどおりに急がなかったので、大公はマダム・クラウゼと私の侍女たちを連れていった。私は最後にそこにいき、みんなが扉の前にすわっているのを見た。私はいったいなにごとかと尋ねた。大公の話を聞いて、私はその軽率さにぞっとして震えあがり、私は見たくないし、この恥ずべき振舞いに加わりたくもない、叔母上がこのことを知ったら、きっと心を乱されるにちがいないでしょうから、と言った。女帝陛下が知らぬままですむわけはなかった。大公はご自分の秘密を少なくとも二〇人の人間に明かしておられたのだから。[7]

エカチェリーナがのぞこうとしないのを見たとき、扉の穴から見物していた一団はひとり、またひとりとその場を立ち去り始めた。ピョートル自身はばつの悪そうな顔で、人形を並べにもどった。

この出来事はまもなくエリザヴェータの知るところとなる。ある日曜の朝、奉神礼〔正教会における礼拝。カトリックの「典礼」にあたる〕のあとに、エリザヴェータが突然、エカチェリーナの部屋にずかずかとはいってきて、甥を呼べと命じた。ピョートルはガウン姿で、手にナイトキャップをぶら下げてやってきた。なにも気にしていないようすで、手に口づけをしようと叔母に駆けよる。エリザヴェータは口づけは許したが、そのあと、どうしたらあんな大胆な振舞いができるのかと尋ねた。エリザヴェータは言った。ドアにぽつぽつと穴が開いているのを見つけた。穴は全部、わたくしがすわっていた場所の真正面にあった。自分がいかに多くをわたくしに負っているのか、おまえはそれを忘れたとしか思えない。わたくし自身の父のことを思い出すがよい。ピョートル大帝には恩義を知らない息子がいたが、大帝は息子を罰して、帝位継承権を剝奪した。アンナ帝は、ご自分に対して不敬を働いた者はだれであろうと要塞に幽閉された。わたくしの甥は「行儀作法を教えてやる必要のある無礼な少年と同じだ[8]」。

ピョートルは弁明の言葉を二こと三こと、おずおずと口にしたが、エリザヴェータは黙れと命じた。かっとなり、大公に向かって「ぎょっとするような侮辱の言葉を吐きかけて罵倒し、怒りと同じだけの軽蔑を示した[9]」とエカチェリーナは報告している。「私たちは仰天し、驚いて言葉を失った。自分が直接怒られたわけではなかったけれども、私の目に涙が浮かんだ[10]」。エリザヴェータはそれに気づき、エカチェリーナに言った。「わたくしの言葉はあなたに向けられているのではありません。大公のしたことにあなたがなんの加担もせず、あの扉越しにのぞかなかったし、のぞくのを望みもしなかったことはわかっています」。それから女帝は落ち着きを取りもどし、話をやめて、部屋を出ていった。夫妻はたがいにじっと見つめ合った。そのあとピョートルは悔恨と嫌味を混ぜ合わせて言った。「叔母上はフリアイ〔復讐の女神〕のようだった。自分がなにを言っているのかおわかりになっていなかった[11]」

そのあとピョートルが立ち去ると、マダム・クラウゼがはいってきて、エカチェリーナに言った。「今日、女帝陛下が本当の母親のように振舞われたことは認めなければなりません[12]」。どういう意味か正確に計りかねて、エカチェリーナは黙っていた。マダム・クラウゼは説明した。「母親というものは子どもたちを叱りつけ、それでおしまいになります。おふたりとも、女帝陛下に『ヴィノヴァート・マートゥシュカ』――「ごめんなさい、お母ちゃま」――と言うべきでした。そうすれば陛下は矛を収められたでしょう[13]」。エカチェリーナは女帝の怒りにあまりにも大きな衝撃を受けたために、黙っているよりほかなにもできなかったと答えた。だが、このエピソードからひとつ学んだ。あとになって、こう書いている。「この言葉、『ごめんなさい、お母ちゃま』は、女帝の激怒を鎮める方法として私の記憶に刻みこまれた。のちに私はそれをうまく使った」

結婚前、エカチェリーナがロシアに到着した当初、ピョートルの親しい取巻きにはチェルヌイショーフ姓の青年貴族が三人――二人兄弟と従兄弟――含まれていた。この三人はピョートルのお気に入りだった。エカチェリーナへのあからさまなのぼせぶりで自分の母親を心配させたのは、二人兄弟の兄ザハールである。母親は心配のあまり手をまわして、息子を宮廷から遠く、その手の届かないところに送らせた。しかし、従兄弟と弟は残った。従兄弟のアンドレイもエカチェリーナに思いを寄せる。アンドレイはまず手始めに、役に立つことをしてみせた。エカチェリーナはマダム・クラウゼが「お酒が大好きなこと[14]」に気づいていた。「しばしば私の側近はうまくマダムを酔っぱらわせ、マダムは酔っぱらったあと、若い宮廷を残して、寝てしまった。若い宮廷は叱られずに遊び戯れることができた」。「私の側近」とは、この場合、アンドレイ・チェルヌイショーフであり、アンドレイはマダム・クラウゼをおだてて、自分が望むだけの量の酒を飲ませることができた。

エカチェリーナがピョートルと結婚する以前に、アンドレイはふざけて大公の未来の花嫁と戯れの恋のまねをするようになっていた。ピョートルはこの親密な、しかしまだ無邪気なおふざけに反対したり、不快になったりするどころか、それを楽しみ、けしかけさえした。何か月ものあいだ、妻にチェルヌイショーフの美男子ぶりと献身について話した。しかし、一日に何度も、つまらない伝言をもたせて、アンドレイをエカチェリーナのところに送り出した。しかし、しまいにはアンドレイ自身がこの状況を気詰まりに感じ始め、ある日、ピョートルに言った。「大公殿下は大公女殿下がマダム・チェルヌイショーフではないことをお心にとめおかれねばなりません」(15)――そして、さらにあからさまに――「大公女殿下はわたくしのフィアンセではございません。大公殿下のフィアンセです」。ピョートルは笑い、この言葉をエカチェリーナに伝えた。夫妻の結婚後、アンドレイはピョートルに、この気詰まりなおふざけは終わりにしようと提案した。大公女との関係をきちんとするために、自分はエカチェリーナをマートゥシュカ（お母ちゃま）と呼び、エカチェリーナはアンドレイをシノーク（息子）と呼ぶことにしましょう。しかし、エカチェリーナとピョートルのどちらもがこの「息子」に大きな愛情を示し、「息子」のことを絶えず話していたので、召使いの一部は懸念を抱き始めた。

ある日、エカチェリーナの従者チモフェイ・エヴレイノフがエカチェリーナをわきに呼び、家中の者がエカチェリーナとアンドレイの関係を噂していると注意した。率直に申しあげて、大公女殿下は危険に向かって突き進んでいらっしゃる。「妃殿下はアンドレイ・チェルヌイショーフのことしかお話しにならず、自分はその危険を恐れております」。エカチェリーナはどういう意味かと尋ねた。(16)「どこに害があるというのです？　アンドレイはわたくしの息子です。夫もわたくし以上にアンドレイを好きですし、アンドレイはわたくしたちの両方にとって忠実な友なのです」

…

「それは事実です。大公殿下はご自分のお望みのとおりになされればよろしい。でも大公女殿下は同じというわけにはまいりません。この青年が大公女殿下に忠実だからという理由で、大公女殿下が忠誠と好意と呼ぶもの、周囲の者はそれを愛と呼ぶのです」

エヴレイノフが「私が想像もしていなかった」この言葉を口にしたとき、エカチェリーナは「雷に打たれたように」衝撃を受けたと言っている。エヴレイノフは、これ以上の醜聞を避けるために、チェルヌイショーフにはすでに、病気を理由に宮廷を離れる許可を得るよう忠告したと告げた。たしかにアンドレイ・チェルヌイショーフはすでに立ち去っていた。こういった経緯についてはなにも告げられなかったピョートルは、友人の「病気」を気遣い、心配そうにエカチェリーナに話した。

アンドレイ・チェルヌイショーフは一か月後に宮廷にふたたび姿を見せ、結局、エカチェリーナを瞬間的に危機に陥れる。演奏会の一回で、ピョートルがみずからヴァイオリンを弾いているあいだ、音楽一般、とくに夫の熱演を嫌っていたエカチェリーナは、夏宮の大広間となりの自室に退出した。大広間は天井の修理中で、足場と職人であふれかえっていた。広間に面する扉を開けたエカチェリーナは、アンドレイ・チェルヌイショーフがそんなに離れていないところに立っているのを見て驚いた。エカチェリーナはアンドレイを手招きした。アンドレイは不安げなようすで扉に近づいた。エカチェリーナはなにか意味のないことを口にした。アンドレイは答えた。「これではお話はできません。広間は騒がしすぎます。お部屋に入れてください[17]」

「だめです。それはできません」。それでも半ば開いた扉越しに五分ほど話を交わし続ける。そのあと、ふっと予感がして頭をまわすと、自分の部屋のなかにピョートルの侍従ドゥヴィエ伯爵がいて、こちらを見ているのが目にはいった。

ドゥヴィエは言った。「マダム、大公殿下がお呼びです[18]」。エカチェリーナはチェルヌイショーフの目の前で扉を閉じ、ドゥヴィエと演奏会にもどった。翌日、残っていたふたりのチェルヌイショーフも宮廷から姿を消す。エカチェリーナとピョートルには二名が遠くの連隊に配属されたと告げられた。その後、実際には自宅軟禁におかれていることを知る。

チェルヌイショーフ事件は若夫婦に、直接的な結果をふたつもたらした。小さいほうの結果は、女帝がトドルスキー神父に命じて、青年たちとの関係を、夫と妻、別々に問いたださせたことである。トドルスキーはエカチェリーナに、チェルヌイショーフのひとりとキスをしたことがあるかと尋ねた。

「ございません、神父さま」[19]

「では、女帝陛下にはなぜ反対のことが報告されているのですか？　陛下は大公女殿下がアンドレイ・チェルヌイショーフとキスをされたとお聞きになっています」

「それは中傷でございます。神父さま。事実ではございません」

エカチェリーナの誠実なようすがトドルスキーを納得させたようで、神父は「なんと邪《よこしま》な人たちだ！」とつぶやいた。トドルスキーはこの会話を女帝に報告し、エカチェリーナはこの件についてはそれ以上わずらわされなかった。

だが、アンドレイ・チェルヌイショーフ事件は実体には欠けていたものの、女帝の心にとどまり続け、次に起きたこと、より重大で長期にわたる措置をとらせるきっかけのひとつとなった。ふたりのチェルヌイショーフが姿を消した午後、マダム・クラウゼの上役として新しい女官長が姿を現す。エカチェリーナの身柄とその日常生活を監督する役目を負ったこの女の到着は、七年間にわたる嫌がらせと迫害と苦痛の始まりを告げていた。

第16章 番犬

エリザヴェータには相変わらず世継ぎが必要だった。そしてまだお腹のなかに子どもがいないことに当惑し、憤慨し、怒りを煮えたぎらせていた。一七四六年五月、結婚から八か月が経過。しかし妊娠の兆候はまだ見られない。エリザヴェータは敬意とやる気の欠如、さらには忠誠心さえも疑った。エカチェリーナを非難した。

宰相ベストゥージェフにとって、問題は異なっていた。懸案となっているのは、子どもを生んで結果を出さない結婚だけではなく、ロシア外交の将来だった。これはベストゥージェフの守備範囲であり、必要な権力を維持し、行使するために、エリザヴェータの疑念をかき立て、その憤りを煽った。個人的には、ベストゥージェフもまた若夫婦のことを憂慮していた。ピョートルの意見と態度に警戒心を抱き、ヨハンナの娘を信じてはいなかった。プロイセンのフリートリヒと密かに通じているのではないか、と疑っていたのである。ピョートルはフリートリヒをあからさまに称讃していたから、ベストゥージェフはロシアの帝位にこのような君主が就くのを恐れずにはいられなかった。エカチェリーナについて言えば、宰相はドイツ人の大公とドイツ人の公女との結婚にはつねに反対してきた。したがって、若夫婦と若い宮廷がもうひとつの権力中枢、信頼のおける友人と忠実な同志で構成される独立の政体となることを許すわけにはいかなかった。王位継承者が独立した考えをもつ王国では、そういうことがたびたび起きてきたのである。それを阻止するために、ベストゥージェフはふたつの戦術を使った。第一は若夫婦を外界から隔絶させること、第二は、若い宮廷に強力な番犬をおいて、警戒を怠らずにすべての動きを見張らせ、すべての言葉を盗み聞きさせることだった。

　女帝の第一大臣として、ベストゥージェフはもちろん、女帝第一の懸念、すなわち世継ぎの必要性に向き合わねばならなかった。ベストゥージェフは自分に忠実なしっかり者の女をエカチェリーナの女官長に任命するよう進言することで、これに応えた。女は、若い妻のそばを片時も離れず、お目付役として行動する。夫婦仲を監督し、エカチェリーナとピョートルに確実に貞節を守らせるのが、その務めである。大公の妃を見張り、騎士や小姓、廷臣との親しいつきあいはすべて阻止しなければならない。さらに監督下の若い女が、手紙を書いたり、だれかと個人的な会話を交わしたりしないよう目を配らなければならない。文通と会話の禁止は、不貞をめぐるエリザヴェータの懸念と、大公女を政治的に孤立させようというベストゥージェフのこだわりとをうまく結びつけた。宰相にとって、外国の外交官を相手にしたエカチェリーナの文通と会話を厳格な監視下におくことが決定的に重要だった。そこでベストゥージェフは、エカチェリーナに新たな側近を押しつけた。その役目は、宰相の指示による一連の新規則を強要することである。規則は夫婦間の愛情を深めるのが目的と考えられてはいるが、同時に夫婦を政治的に無害化することも意図していた。

　エカチェリーナにはこの予定表の項目の前半だけが明かされた。エリザヴェータ署名の勅令は、若い妻に念を押していた。

> 大公女殿下は、帝国の継承者、大公殿下、わが愛しき甥の気高き妃という高い栄誉ある地位に選ばれた……皇族という現在の尊厳ある地位にあげられた目的と目標は、以下につきる。すなわち、大公女殿下はその良識ある振舞い、機智と美徳によって、大公殿下が誠実な愛情の気持ちを育まれるように仕向け、その心を勝ちえ、そうすることによって、帝国のためにこれほど望まれ

ている世継ぎ、わが栄光ある家系の新しい子どもを生まなければならない(1)。

以上のようなエカチェリーナの任務を監督し、管理するために、ベストゥージェフが注意深く選んだ女は二十四歳のマリヤ・セミョーノヴナ・チョグローコワ、エリザヴェータの母方の従姉妹だった。エリザヴェータお気に入りのひとりで、本人も、また女帝の侍従であるその夫のどちらもが、宰相の献身的な手先でもあった。さらにマダム・チョグローコワは徳と多産という点で驚くべき評判を得ていた。夫を崇拝し、ほぼ毎年ひとりの割合で子どもを出産。この家庭内の功績は、エカチェリーナの模範となるはずだという計算である。

エカチェリーナはこの女を最初から嫌った。『回想録』では、何年にもわたって自分の生活を支配することになるこの女に対して、否定的な形容詞を連発している。いわく「頭の悪い……教育のない……残酷な……悪意に満ちた……気まぐれな……自己保身的な」。マダム・チョグローコワが任命された日の午後、ピョートルはエカチェリーナをわきに呼び、告げた。わたしが聞いたところでは、エカチェリーナの世話役に新しい女官長が任命されたのは、わが妃であるあなたがわたしを愛していないからだそうだ。エカチェリーナは答えた。わたくしに殿下をもっと愛させる、そんなことがよりによってあの女にできるなんて、だれにも信じられません。番犬として行動するというのなら、それはまた別の問題です。でも、その目的のためならば、だれかもっと頭のいい人間を選ぶべきでした。

新女官長とその監督下におかれた女のあいだの戦争はすぐに開始された。マダム・チョグローコワの最初の行動はエカチェリーナに、女帝陛下からはより距離をおいたところにとどまっているようにと告げることだった。なにか女帝におっしゃりたいことがおありでしたら、これからは、わたくしマダム・チョグローコワを通してでなければなりません。これを聞いて、エカチェリーナの目に涙があふれた。チョグローコワは自分が熱意なく迎えられたことを報告に走る。エリザヴェータが姿を現したとき、エカチェリーナの目はまだ真っ赤だった。エリザヴェータはエカチェリーナをひと部屋に招き入れ、そこでまったくふたりだけになった。エカチェリーナは語っている。「二年前にロシアにきて以来、女帝が第三者なしで内密に私と話したのはこれが初めてだった[2]」。女帝は不満と非難を奔流のようにほとばしらせた。「プロイセン王のために女帝を裏切るよう、私に指示したのは私の母か」と尋ね、「私の謀略と嘘のことはちゃんと気がついている、ひとことで言えばすべてを知っているとおっしゃった。結婚が完全なものにならないのは私のせいだとおっしゃった」。エカチェリーナがふたたびすすり泣きを始めたとき、エリザヴェータは、自分の夫を愛していない若い女はいつも泣くのだと言い放った。けれども、だれかがあなたを無理やり大公と結婚させたわけではない。あなたがピョートルをあなた自身が望んだのだから、いま、そのことで泣く権利はあなたにはない。結婚は愛していなくても、わたくし、エリザヴェータが非難されるいわれはない。あなたの母上はわたくしに、娘は愛ゆえに大公殿下と結婚するのですと請け合った。わたくしが、あなたご自身の意志に反して結婚させたわけでないのは確かである。エカチェリーナはエリザヴェータがこう言ったと語っている。「結婚したいまとなっては、これ以上、泣くべきではない。それから続けて、もちろん、おまえがほかの男を恋していることはよく知っているとおっしゃった。だが、私が愛していると決めてかかっていらっしゃる殿方の名前は一度も口にされなかった[3]」。最後に、エリザヴェータは「子どもができないとしても、責任を負うべきはあなたひとりであることは、よくわかっています[4]」と付け加えた。

エカチェリーナは言うべきことをなにも思いつかなかった。いまこの瞬間にも、エリザヴェータが自分を打つだろうと思った。女帝が怒ったときには、自分に仕える女たち、いや男たちさえも、よく平手で打つことを知っていたからだ。

逃げて窮地を脱することはできなかった。私は扉を背にし、陛下は私の真ん前に立ちはだかっていたからだ。そこで私はマダム・クラウゼの忠告を思い出し、陛下に言った。「ごめんなさい、お母ちゃま」。すると陛下は気を鎮められた。私は相変わらず泣きながら、そしてこのような迫害された生活よりは死のほうがましだと考えながら、寝室にもどった。大きなナイフを手にとり、それを心臓に突き刺すつもりでソファに横たわった。その瞬間、小間使いのひとりがはいってきて、ナイフに飛びかかり、私をとめた。実際にはナイフはそんなに鋭くはなかったから、私のコルセットを突き通しもしなかっただろう(5)。

ベストゥージェフがプロイセンの件について、エリザヴェータをかなり焚きつけていることには気づかず、エカチェリーナは女帝の癇癪にはただひとつの理由しかないと考えた。女帝の非難のどれひとつとして妥当ではなかった。エカチェリーナは忠実であり、服従していた。軽率ではなかった。プロイセンのためにロシアを裏切ってはいなかった。決して扉にのぞき穴を開けたりはしなかった。そして別の男を愛してはいなかった。その過ちは子どもを産んでいないことだった。

数日後、ピョートルとエカチェリーナがレヴァル(現在のエストニアの首都タリン)を訪問する女帝に同行したとき、マダム・チョグローコワは大公夫妻の馬車に同乗した。その態度は「耐えがたかった」。どんなに無邪気でつまらない、ごく単純な意見にも、チョグローコワは「そのような話は女帝のお気に召さないでしょう(6)」とか「そのようなことは女帝がお認めにならないでしょう」とか答えるのだった。エカチェリーナの対応策は、旅のあいだ、目を閉じて眠ることだった。

マダム・チョグローコワは続く七年間その地位を維持し続けた。経験のない若い妻を補佐するのに必要な特質はなにひとつ備えていなかった。賢くもなく、同情心もなかった。反対に、宮廷でももっとも無知で傲慢な女のひとりという評判をとっていた。エカチェリーナの友情を勝ちえようとか、解決のために自分が呼ばれた基本的問題を、大家族の妻として母としての立場から話し合おうという考えが、ほんのわずかでも心に浮かんだことはなかった。実際のところ、エリザヴェータがもっとも気にかけていた領域では、なんの成功もおさめず、夫婦の褥を監督してもなんの実りももたらさなかった。それにもかかわらず、その権力は本物だった。マダム・チョグローコワはベストゥージェフの手下、スパイとして働きながら、エカチェリーナをやんごとなき囚人とした。

一七四六年八月、結婚後初めての盛夏、エリザヴェータはピョートルとエカチェリーナに、オラニエンバウム（オレンジの木）行きを許可した。フィンランド湾に面するこの離宮を、エリザヴェータは甥にあたえていた。ピョートルは中庭とテラス状の庭園に、まねごとの軍隊野営地を設営した。ピョートルとその侍従たち、近習、召使い、猟番、庭師たちまでもが、肩にマスケット銃をかついで昼間は軍事教練をし、夜は交替で見張りに立った。エカチェリーナはただ腰をおろして、チョグローコワがぶつぶつ言うのを聞く以外、することもなく取り残され、読書で気を紛らわそうとした。「あのころ読んだのは伝奇物語だけだった」[7]。その夏のお気に入りは、『美しきティラン』という題の大げさなフランスの物語。イングランドに旅し、馬上槍試合や戦闘で勝ちをおさめ、王女の寵臣となるフランス人の遍歴の騎士の話だ。とくに王女の描写が気に入った。「その肌は透き通るようだったので、赤ワインを飲むと、それが喉を滑り落ちていくのが見えた」。ピョートルも本を読んだが、その趣味は「最後には犯した罪のために縛り首や車裂きの刑に処される追いはぎ」の物語だった。その夏について、エカチェリーナは書いている。

ふたつの心がこれほどたがいに似ていないことはなかった。私たちには趣味や考え方で共通するところはひとつもなかった。たがいの意見にはあまりにも差があったので、大公に目につきすぎるような恥をかかせないために、私がしばしば譲らなければ、私たちはなにひとつ同意することがなかっただろう。私はすでに充分いらだっていたが、そのいらだちは私が送らざるをえなかったひどい暮らしによっていっそう大きくなった。いつもひとりぼっちにされ、疑惑があらゆる方向から私を取り巻いていた。退屈を紛らわせるための娯楽も会話も、親切も心遣いもない。人生は耐えがたくなった(8)。

エカチェリーナはひどい頭痛と不眠症に悩まされ始めた。マダム・クラウゼは、そういう症状は、夜、寝台にはいってからハンガリー産ワインを一杯召しあがれば霧散するでしょうとしつこく勧めたが、エカチェリーナは断った。するとマダムはいつも、エカチェリーナの健康のためにグラスを掲げ、それを自分で飲みほすのだった。

第17章

国王ではなかった

ツェルプストでは、エカチェリーナの父親クリスティアン・アウグスト公が二度目の発作に見舞われ、一七四七年三月十六日に世を去った。五十六歳だった。エカチェリーナは十七歳。クリスティアン公が娘の婚約式や結婚式に出席を許されなかったので、三年前に家を出て以来、父とは一度も顔を合わせていなかった。父親の生涯の最後の一年には、ほとんど接触もなかった。それは女帝エリザヴェータ、宰相ベストゥージェフ、そして両者の代理人たるマダム・チョグローコワの仕業だった。プロイセンとロシアの関係は悪化の一途をたどり、ベストゥージェフは女帝に対して、ロシアとドイツのあいだの私信はすべて停止させるよう強く主張した。したがってエカチェリーナが両親に個人的な手紙を書くことは厳しく禁じられた。母親と父親に宛てた毎月の手紙は外務省が草稿を書き、エカチェリーナにはこの草稿を筆写して、いちばん下に署名することしか許されなかった。いかなる個人的な知らせであろうとも、あるいは愛情の言葉のひとつさえも、文面に滑りこませるのは禁じられた。そしていま、エカチェリーナにとって、これまでただひとりだけ、利害なき愛情をその控え目なやり方で静かに注いでくれた父親は、娘から愛情のこもった最後の言葉を受けとることもなく、世を去ったのである。

エカチェリーナの悲しみは深かった。自分のアパルトマンに閉じこもり、一週間、すすり泣いていた。そのあとエリザヴェータがマダム・チョグローコワを寄こして、ロシアの大公女には一週間以上嘆くことは許されない、と伝えてきた。「結局のところ、お父上は国王ではなかったのですから」(1)。エカチェリーナは回答した。「たしかに父は統治をする国王ではございませんでした。けれどもわたくしの父でございました」。エリザヴェータとチョグローコワが勝った。七日後、エカチェリーナは無理やり公の場に連れ出された。女帝側が一歩譲って、黒絹の喪服の着用は許されたが、それもわずか六週間のあいだだけだった。

初めて自室を出たとき、エカチェリーナはイタリア生まれの儀典長、サンティ伯爵と会い、二こと三こと、なにげのない言葉を交わした。二、三日後、マダム・チョグローコワがやってきて、告げた。女帝陛下はベストゥージェフから――サンティ伯爵が書面で報告していた――エカチェリーナが、諸外国の大使が父の死にお悔やみを言わないのは奇妙だと思うと言ったことを知らされた。女帝陛下はサンティに対する大公女の指摘はきわめて不適切だとお考えである。エカチェリーナは誇りが高すぎる。いま一度、自分の父親は国王ではなかったことを思い出すべきである。国王ではなかったゆえに、外国大使からのお悔やみの言葉を期待すべきではない。

エカチェリーナにはチョグローコワの言葉がほとんど信じられず、お目付役に対する恐れも忘れて、言った。もしサンティ伯爵が、わたくしがこの件についてなにかひとことでも言ったと書いたり、あるいは発言したりしたとすれば、伯爵はあきれた嘘つきです。その種のことが頭に浮かんだことはございません。この件について、サンティ伯爵なり他のだれかなりに、ひとことでも話したことはありません。「どうやら私の言葉は信じてもらえたらしい。マダム・チョグローコワは私の言葉を女帝陛下に伝え、陛下は怒りの矛先をサンティ伯爵に向けられたからだ(2)」

数日後、サンティ伯爵はエカチェリーナに使者を送り、伝えさせた。ベストゥージェフ伯爵から嘘をつくよう強要されました。わが身を恥じております。エカチェリーナは使者に告げた。嘘をつく理由がなんであれ、嘘つきは嘘つきであり、サンティ伯爵がこれ以上、わたくしを自分の嘘の巻き添えにすることがないように、今後伯爵とは二度と口はききません。

マダム・チョグローコワの卑劣な権力濫用と父の死に対する悲しみとによって引きずりこまれた絶望状態が、ロシア暮らしの最初の数年間のどん底だと思っていたとしたら、エカチェリーナは間違っていた。同じ一七四七年春、まだ父の喪に服していたとき、マダム・チョグローコワの夫がピョートルの監督役に昇進、エカチェリーナの状況——そしてピョートルの状況——は決定的に悪化した。「これは私たちには恐ろしい一撃となった。この男は傲慢で乱暴な阿呆だった。愚かでうぬぼれが強く、性悪で尊大、隠しごとを好み、無口で、決して微笑まなかった。恐れるべきであり、同時に軽蔑すべき男だった[3]」。マダム・クラウゼの姉妹は女帝の侍女頭で、お気に入りのひとりだったが、そのマダム・クラウゼでさえ、チョグローコフの抜擢を聞いたときには震えあがった。

決定したのはベストゥージェフだ。大公夫妻と接触する可能性のある者全員を疑った宰相は、冷酷無情な番犬がもう一匹欲しかった。「ムッシュー・チョグローコフが仕事を引き継いだ数日後に、大公のお気に入りだった若い召使い三名か四名が逮捕された[4]」とエカチェリーナは語っている。そのあとチョグローコフはピョートルを強いて、侍従のドゥヴィエ伯爵を解雇させた。その直後、マダム・クラウゼのよき友で、ピョートルがとくにその料理を好んでいた料理長が追放された。

一七四七年秋、チョグローコフ夫妻はさらなる制限を課してきた。ピョートルの近習は全員、大公の部屋に入室を禁じられた。身分の低い召使い数名がいるだけで、ピョートルはただひとりにされた。召使いのうちのひとりをひいきにしたと気づかれたとたんに、その男は追い出された。次にチョグローコフはピョートルに召使い頭、「お誕生以来、大公に仕え、多くのよき忠告をあたえてきた優しく分別のある男[5]」を無理やり解任させた。ピョートルの従者で、新妻の扱い方について乱暴な忠告をあたえた粗野なスウェーデン人ロンブリは解雇された。

制限はさらに厳しくなった。チョグローコフ夫妻の命令によって、夫妻どちらかの明白な許可がないかぎり、すべての人間がピョートルあるいはエカチェリーナの私室に立入りを禁じられ、禁を破れば解雇された。大公宮廷の近習や侍女は控えの間にとどまるべきとされ、室内の全員に聞こえるような大声でないかぎり、ピョートルやエカチェリーナに話しかけてはならなかった。「大公と私は、いつも離れずにいることを余儀なくされた(6)」とエカチェリーナは記している。

エリザヴェータには、若夫婦を孤立させておくだけのエリザヴェータなりの理由があった。ふたりきりにしておけば、後継者を作るにちがいないと信じていたのである。この計算はまったく不合理というわけでもなかった。

大公は、大公を慕っていると疑われた人をすべて取りあげられ、その悲しみのなかで、ほかのだれにも心を打ち明けられなかったので、私のほうを向いた。よく私の部屋を訪れた。私のことを、ひとことひとことのすべてがひとつの犯罪にされずに話のできる唯一の人間だと感じていた。私は大公の立場を理解し、気の毒に思い、できるかぎり慰めようとした。実のところ、大公の訪問は何時間も続き、疲労困憊させられることが多かった。大公は決して腰をおろさないので、いっしょに部屋のなかをいったりきたり歩き続けなければならなかったからだ。大公は早足でずんずんと歩いたので、歩調を合わせ、同時に大公が際限なく話し続けるきわめて特殊な軍事上の詳細について会話を続けるのは難しかった。「しかし」私には、それが大公の唯一の楽しみなのだとわかっていた(7)。

自分自身の関心事について話すことはできなかった。ピョートルはたいてい興味を見せなかった。

大公が私の話を聞く瞬間もあったが、それはいつもご自分が不幸なときだった。大公は、生涯を要塞で終えることを意味するかもしれない陰謀やら策略やらを絶えず恐れていた。たしかに大公にはある種の洞察力があった。だが、判断力はなかった。自分の考えや感情を隠しておけず、あまりにも無分別だったので、言葉では自分の考えを明かさないと断言したあと、前言をひるがえして、仕草、表情、態度で自分自身を明かしてしまうのだった。大公の召使いがあれほどたびたび追放された原因は、こういった不注意にあったのだと思う。[8]

第18章　寝室で

このころピョートルは、一日のほとんどを妻と過ごすようになった。ときには妻のためにヴァイオリンを奏でた。エカチェリーナはピョートルの「騒音」に対する嫌悪を隠して、耳を傾けた。ピョートルはしばしば自分自身について何時間も話した。ときには小さな夜会を開くことを許され、自分や妻の召使いに仮面をつけさせて、自分のヴァイオリンの伴奏で踊らせた。エカチェリーナは大好きな宮廷大舞踏会の優美な動きとはあまりにもかけ離れた、この稚拙などたばた踊りに退屈し、頭痛を訴えて、仮面をかぶったまま長椅子に横たわって目を閉じた。そのあと夜、寝床にはいると——結婚生活の最初の九年間、ピョートルはエカチェリーナのベッド以外の場所では眠らなかった――ピョートルはマダム・クラウゼにおもちゃをもってくるように頼むのだった。

若い宮廷のだれもがチョグローコフ夫妻を嫌い、恐れていたので、全員が一致して夫妻に対抗した。マダム・クラウゼは自分の地位を奪った女の傲慢な振舞いに傷つき、マダム・チョグローコワを軽蔑しきっていたので、その忠誠心をピョートルとエカチェリーナに完全に振り向けた。第一のお目付役を出し抜いてはおもしろがり、おもにピョートルのためだったが、新しい規則をたびたび破った。同じホルシュタインの生まれだったので、大公をよろこばせたかったのだ。もっとも大胆な反抗手段は、ピョートルが望むだけのおもちゃの兵隊やミニチュアの大砲、要塞の模型を手に入れてやることだった。昼間はおもちゃでは遊べない。チョグローコフ夫妻がおもちゃをどこで、そしてだれから手に入れたのかを知ろうとするはずだからだ。おもちゃは上がけやベッドの下に隠され、遊ぶのは夜だけだった。夕食後、ピョートルは服を脱ぎ、ベッドにはいる。エカチェリーナがあとに続く。ふたりの両方が横になるとすぐに、隣室で眠るマダム・クラウゼがはいってきて、扉に鍵をかけ、青いホルシュタインの軍服を着たおもちゃの兵隊をベッドの上にところ狭しと並べる。そのあと、当時五十代のマダム・クラウゼがピョートルといっしょになって、その指揮どおりに兵隊たちを動かした。

エカチェリーナは、自分たちがしばしば午前二時までやっていることのばからしさに、ときには笑いもした。だが、たいていはただ我慢していた。ベッド中におもちゃが並べられ、そのなかには重いものもあったので、かけ布団の下で動くのもままならなかった。加えて、こういった夜中の兵隊ごっこの音をマダム・チョグローコワが聞きつけるのではないかと、気が気ではなかった。果たせるかな、ある晩、真夜中近く、チョグローコワが寝室の扉をたたいた。扉には二重鍵がついていて、室内にいた者たちはすぐには扉を開けなかった。ピョートル、エカチェリーナ、マダム・クラウゼ、三人でベッドの上のおもちゃを大慌てでかき集め、毛布の下に押しこんでいたからだ。マダム・クラウゼがようやく扉を開けると、チョグローコワが待たされたことに腹を立てながらはいってきた。マダム・クラウゼは自分の鍵をとってこなければならなかったのだと説明した。チョグローコワはピョートルとエカチェリーナはなぜまだ眠っていないのかと尋ねた。ピョートルはぶっきらぼうに、まだ眠たくないのだと答えた。マダム・チョグローコワはぴしゃりと言い返した。こんな遅い時間に大公夫妻が眠っていないとお知りになったら、女帝陛下はお怒りになるでしょう。チョグローコワがようやくぶつぶつ言いながら寝室を出ていくと、ピョートルは遊びを再開し、眠りこむまで続けた。

新婚の夫婦がおもちゃで遊んでいる現場を押さえられないように、絶えず警戒を怠らない。この状況はまるで笑劇だった。この笑劇の背後には、夫婦の床でおもちゃ遊びをする若い夫という、より大きな不条理が横たわっていた。放っておかれた妻はなすすべもなく、ただ眺めているよりほか、しかたなかった（『回想録』で、年をとり、より世慣れたエカチェリーナは皮肉たっぷりに言っている。「自分はなにかほかのものに向いていたと思う」[1]）。しかし、兵隊ごっこがおかれていた現実の状況は、奇妙であるのと同じくらいに危険でもあった。エリザヴェータは自分の思いどおりにするのが当たり前となっている女である。大公とその妃、このふたりの厚かましい子どもはエリザヴェータの目的達成を妨げていた。エリザヴェータはふたりのために、あらゆることをしてやった。ふたりに手を差しのべ、ロシアに連れてきた。贈物、称号、親切をどっさりあたえてやった。華麗な結婚式を挙げてやった。それもすべて、世継ぎという自分の望みが迅速にかなえられるのを期待してのことである。

数か月が過ぎ、自分の望みが相変わらずかなえられていないのに気づいたとき、エリザヴェータは夫婦のどちらに責任があるのかを知ろうと決めた。十七歳のエカチェリーナが、そのみずみずしさと知性、魅力とで、十八歳の夫の欲望にまったく火をつけずにいることなど考えられるだろうか？　ピョートルの醜さと不愉快な性格が妻に嫌悪感を抱かせ、ふたりきりの寝室のなかで、言い寄る夫をはねつけることによって、その嫌悪を表明しているのではないか？　そうでないとしたら、ほかにどんな理由がありえるだろう？

ピョートルは若い女性に対して完全に無関心というわけではなかった。宮廷の女官のだれやかれやに絶えずのぼせあがっていたのがその証拠である。初夜の「召使いたちはさぞかしおもしろがるだろう……」という指摘は、性における肉体の交わりの役割に気づいていた証拠だ。もっともそれを哄笑することで、下卑た冗談にしてしまったが。

侍医団が正しかった可能性はある。十八歳になっていたにもかかわらず、いまだ肉体的には一人前の男になっていなかったのかもしれない。これは、マダム・クラウゼが毎朝、若妻に空しく問いかけるときに、多かれ少なかれ抱いた意見だった。手を伸ばして妻に触れなかったのか、触れようとしなかったのか、あるいは触れることができなかったのか、いずれにしてもその理由は知りえない。『回想録』のなかで、エカチェリーナは答えをあたえてはいない。ピョートルは記録をなにも残さなかった。だが、ふたつの可能な説明、ひとつは心理的、もうひとつは肉体的な説明が示唆されてきた。

若さゆえの心理的な抑制は、ピョートルがそのもろい自我を性的な肉体の交わりに晒すことを阻害したのだろう。ピョートルの幼少期と青春期はすさまじいものだった。孤児として、規律に厳格な教師たちの愛情のない手に任されて育った。同い年の仲間や遊び友だちをもつのは禁じられた。自分に命令を下す人びと、自分の命令に屈する人びとは知っていたが、共通の関心を分かち合ったり、友情や信頼関係を育てることのできる相手はひとりも知らなかった。エカチェリーナはロシアで過ごした最初の年、ピョートルの仲間を務めた。だが薄暗い光のなか、ピョートルが天然痘の醜い痕の残る顔で目の前に立った瞬間に、みずからは意図せずして裏切者となった。この瞬間、新しい友はピョートルの自信に一撃をあたえた。この友を許し、ふたたび信頼し、その手に自分の不安定な自己像をもう一度ゆだねること、ピョートルはこの手順を踏む気にはどうしてもなれなかった。ベッドのなかでエカチェリーナとなにをすべきと考えられているのか、漠然とした考えはもっていた。だが、エカチェリーナの知性と魅力、身近な女としての存在さえも、ピョートルにみずから第一歩を踏み出させるかわりに、その無力感、劣等感、屈辱感を刺激した。

ピョートルの表面上の無関心を説明するためには、もうひとつ別の可能性が提示されてきた。エカチェリーナの死の一年後に『エカチェリーナ二世の生涯』三巻を著したフランス人外交官カステラ侯爵は、こう示唆する。「サンクトペテルブルク最低のラビでも最低の外科医でも、大公の小さな欠陥を矯正できただろう(2)」。カステラが語るのは「包茎」と呼ばれる生理学上の状態のことである。この医学用語は、包皮が癒着しているために亀頭を簡単に、痛みなく露出できない状態を指す。新生児や幼児ではこれが正常で、四歳、あるいは五歳以前の割礼を受けていない男児では、診断がつけられない場合もある。四、五歳ごろまでは包皮が癒着したままのことがあるからだ。通常、思春期以前にははがれて、自由に動くようになり、問題は自然に解決する。しかし、はがれない場合、この状態が思春期になっても続き、激しく痛むことがある。ときには癒着がひどいために、勃起には必ず痛みがともなう。もちろんこれでは性行為には魅力がなくなる。ピョートルの場合にこれがあてはまるのであれば、性的興奮に達すること――そして、この問題を知識のない若い女性に説明しようとすること――に気が進まないとしても、理解はできる。*

ピョートルがエカチェリーナと婚約したときに、包茎に悩んでいたのであれば、それがエリザヴェータの侍医団が結婚の延期を進言した理由だったのかもしれない。エカチェリーナは『回想録』の別の場所で、レストック医師は大公が二十一歳になるまで待つように勧めたと言っている。この忠告は、それまでには状態がひとりでに解消されるはずだというレストックの認識に基づいていたのかもしれない。だが、レストックがこの問題を女帝と論じ合ったとしても、エリザヴェータは医師の意見をただ無視した。エリザヴェータは急いでいた。後継者を得るために。

結婚の床でのピョートルのしつこい無関心に関する以上ふたつの説明のどちらも、証明も反証もされていない。いずれにせよ、問題が心理的だろうと肉体的だろうと――あるいは両方の要素を含んでいようと――ピョートルがとがめだてされる筋合いはない。それでも、その破壊された顔を初めて見たとき、エカチェリーナがピョートルを拒否したことが青年の心に影響をあたえたように、ピョートルがエカチェリーナを肉体的に拒否したことは、娘のなかにひとつの反応を生み出した。結婚に向かって歩んでいたとき、エカチェリーナはピョートルを愛してはいなかったが、ともに生き、夫と女帝の期待に応えようと心を決めていた。性や勃起、包皮についてほとんどなにも知らず、包茎についてはたしかになにも知らなかったエカチェリーナでも、王家の結婚で妻になにが期待されているのかはよくわかっていた。いやだと言ったのはエカチェリーナではなかった。

だが、ピョートルはエカチェリーナがそれを実現できないようにした。妻を肉体的にさげすみ、他の女を夢に見た。妻が他の男たちとふざけるように仕向けた。全宮廷がエカチェリーナの屈辱を目撃した。すべての外交官が、エカチェリーナには夫の関心を引くことができないのに気づいていた。すべての召使いが、大公がそのときたまたま追いかけていた若い女の名を、それがだれだろうと知っていた。そして女帝も含めてだれもが、ピョートルが若い妻を無視している理由を理解していなかった。だから、だれもがエカチェリーナを非難した。ピョートルとエカチェリーナはともに暮らし続けた。

ほかに選択肢はなかった。だが、何千ものおたがいの誤解と屈辱によって、ふたりはたがいに孤立し、ふたりのあいだには、口にはされない恨みの砂漠が広がっていった。

＊ 奇妙なことに、十六歳のフランス王太子――未来のルイ一六世王――も、一七七〇年、オーストリア皇女マリ・アントワネット十五歳と結婚したとき、ピョートル同様に「小さな欠陥」に苦しめられた。この状態は七年間、続いた。最終的に一七七七年、ルイは割礼を受け、息子ができた。

第19章 家屋崩壊

一七四八年五月の末、女帝エリザヴェータと宮廷はサンクトペテルブルク郊外にラズモフスキー伯爵が所有する領地を訪問した。エカチェリーナとピョートルには、丘の上に建てられた小さな三階建ての木造家屋が割り当てられた。大公夫妻のアパルトマンは最上階で、三室あった。ひと部屋は夫妻の寝室、もう一部屋でピョートルが身支度し、三室目にはマダム・クラウゼが眠る。その下の階には、チョグローコフ夫妻とエカチェリーナの侍女たちが宿泊した。最初の晩はパーティーが朝まで続き、全員が寝床にはいったときには朝の六時になっていた。八時ごろ、みんなが眠っているとき、屋外に配置された警護隊の軍曹の耳に、きいきいときしむ奇妙な音が聞こえてきた。軍曹は家の土台を調べてまわり、土台を支える大きな石塊が、湿った滑りやすい地面の上で移動し、ばらばらになりながら家の基礎の梁格子からはずれて、丘の下方に滑りかけているのを見つけた。軍曹は大急ぎでチョグローコフを起こし、土台が崩れかけている、全員、外に出なければならないと告げた。チョグローコフは階上に駆けあがり、エカチェリーナとピョートルが眠っている寝室の扉をばたんと開き、寝台のまわりのカーテンを引いて、叫んだ。「起きろ。大急ぎで外に出るんだ！　家の土台が崩れかけてる！」[1]ぐっすりと眠りこんでいたピョートルは、寝台から扉までぴょんとひと跳びして、姿を消した。エカチェリーナはチョグローコフに、自分もあとからいくと言った。服を着ているあいだに、マダム・クラウゼが隣室で眠っているのを思い出し、起こしにいく。床板が――「海の波のように」[2]と、エカチェリーナは言っている――揺れ出し、すさまじい轟音がした。家は沈み、ばらばらになり始め、エカチェリーナとマダム・クラウゼは床に倒れこんだ。その瞬間、軍曹がはいってきて、エカチェリーナを助け起こし、階段室――もはやそこに階段はなかった――に連れもどった。瓦礫のなかで、軍曹は自分のすぐ下にいた人間にエカチェリーナを渡し、エカチェリーナは手から手へと渡されて地面まで到着、そこから空き地に運ばれた。空き地にはピョートルその他、家から歩いて出たり、運び出されたりした人びとがいた。まもなく別の兵隊に救出されたマダム・クラウゼがやってきた。エカチェリーナはあざを作り、ひどく衝撃を受けただけで脱出できたが、一階の厨房では炉が崩壊し、眠っていた三人の使用人が死亡した。土台近くで眠っていた労働者一六名は押しつぶされて、瓦礫に埋まった。

家が崩壊したのは、冬の初め、半ば凍った地面に大急ぎで建てられていたからだ。四個の石灰岩の塊が土台の役を果たし、基礎の梁はその上にのせられていた。春の雪解けとともに、四個の石塊は勝手な方向に滑り始め、家は四方に引っ張られた。その日あとになって、ピョートルとふたり、女帝に呼び出されたとき、エカチェリーナは自分を部屋から運び出してくれた軍曹にほうびをやってほしいと願い出た。エリザヴェータはエカチェリーナをじっと見つめ、最初は返事をしなかった。

その直後、女帝陛下は私にとても恐かったかとお尋ねになった。私は「はい、とても恐ろしい思いをいたしました」と言った。これはなおいっそう陛下のお気に召さなかった。陛下とマダム・チョグローコワはその日一日中、私に腹を立てていた。私は気づかなかったのだと思うが、ふたりは事件全体をただの瑣事と考えたがっていたのだ。だが、衝撃はあまりにも大きく、それは不可能だった。陛下が事故を過小評価したがったので、だれもが危険は最小限だったふりをし、なかにはまったく危険はなかったと言う者さえいた。私が恐がったことに陛下は大変ご立腹で、私にはほとんどお話しかけにもならなかった。一方で、家主のラズモフスキー伯爵は意気消沈していた。あるときは、ピストルをつかんで、脳みそを吹き飛ばすと言った。一日中、涙を流し、すすり泣いていた。そのあと正餐では、次から次へとグラスを空にした。女帝陛下は寵臣の状態に心を痛めていることをお隠しにはなれず、涙に暮れられた。陛下は伯爵をしっかりと見張らせた。いつもはとても優しいこの殿方が、酔うと手に負えなくなり、怒鳴り散らした。伯爵は自分で自分を傷つけることがないようにされた。翌日、全員がサンクトペテルブルクにもどった。(3)

家屋崩壊事件のあと、エカチェリーナは女帝が絶えず、自分に腹を立てているらしいのに気づいた。ある日、エカチェリーナがひと部屋にはいっていくと、女帝の侍従のひとりが立っていた。チョグローコフ夫妻はまだきていなかった。侍従はエカチェリーナに、女帝陛下にあなたの悪口が告げられています、とささやいた。二、三日前の正餐で、エリザヴェータは、ますます借金を重ねていると言ってエカチェリーナを非難し、あの娘のすることすべてには愚かさの刻印が押されていると言い放った。さらに自分のことをとても利口だと思っているかもしれないけれど、だれもその意見には与《くみ》しない、なぜならばその愚かさはすべての人の目に明らかなのだからと指摘した。
エカチェリーナにはこの評価は受け容れがたく、いつもの服従をわきにおいて、語気荒く言い返した。

私の愚かさについては、私を非難はできない、なぜならば人間はだれも神が造りたもうたままにすぎないのだから。私の借金のことは驚くには値しない。なぜならば三万ルーブルの皇族費で母の残した六万ルーブルの借金を返済しなければならないのだから。あなたを寄こしたのがだれであるにせよ、こう伝えなさい。私は女帝陛下に対し、これまで尊敬と服従、恭順を示すのを欠いたことは一度もなく、その陛下に対して自分が悪しざまに言われていると聞いて、ひじょうに遺憾に思っている。私の行動をよくご覧になればなるほど、女帝はこのことを得心されるだろう[4]。

大公夫妻が承認を得ずに外界と通信することは相変わらず禁止されていたが、禁止は穴だらけだった。「この種の禁止が決して厳格には守られないことがわかる。あまりにも多くの関係者がそれを破ったからだ。チョグローコフ夫妻のごく近い親戚さえ、この厳しい方策を和らげようとした[5]」。実際に、マダム・チョグローコワ自身の兄で女帝の従兄弟でもあるゲンドリコフ伯爵は「しばしば私の役に立ち、かつ必要な情報をそっと漏らしてくれた。伯爵は親切で率直な人物で、妹と義弟を愚かで残酷だと言って嘲った[6]」。
同様に、エカチェリーナの文通を遮断するためにベストゥージェフが建てた壁にもひびがはいっていた。エカチェリーナは私的な手紙を書くことを禁じられており、代わりに外務省が書いた。この禁令は、エカチェリーナがある外務省役人に二、三行書き送り、エカチェリーナの名でヨハンナに宛てて書かれる手紙に加えてくれと頼んだときに明確になった。エカチェリーナは、役人がほとんど罪に問われかけたことを知った。だが助けようとする人びともいた。一七四八年夏、マルタ騎士団のサクロゾモ騎士がロシアにやってきて、宮廷に温かく迎えられた。エカチェリーナに謁見したとき、騎士はその手に口づけをしながら、手のひらに小さなメモを忍びこませた。騎士はささやいた。「お母上からです」[7]。エカチェリーナは、だれか、とくに近くに立っていたチョグローコフ夫妻が騎士を見たのではと恐れて、気が気ではなかった。メモはなんとか手袋のなかに押しこんだ。自室に帰り、サクロゾモのメモのなかに母からの手紙が包まれているのを見つける。ヨハンナは娘から便りがないのを心配し、その理由と娘がいまおかれている状況を知りたがっていた。エカチェリーナは返事を書いた。母上宛だろうとだれ宛だろうと手紙を書くことを禁じられていますが、それでも元気でおります。

　サクロゾモは自筆のメモで、ピョートルの次の演奏会に出演するイタリア人音楽家を通して、返事をするようにと伝えていた。その言葉に従って、大公女は受けとったのと同じように返事を包み、渡せる瞬間を待った。演奏会でオーケストラをひとまわりし、指示されていた男、チェリストの椅子のうしろで立ち止まる。大公女が自分の椅子のうしろにいるのに気づくと、チェリストはコートのポケットを大きく開いてハンカチを出すふりをした。エカチェリーナは急いでメモを開いたポケットに落とし、歩み去った。だれも見ていなかった。サンクトペテルブルク滞在中に、サクロゾモはさらに三回、メモを渡し、エカチェリーナも同じ方法で返事をした。だれも気づかなかった。

第20章 夏の愉しみ

チョグローコフ夫妻が任命されたのは、エカチェリーナとピョートルを外の世界から孤立させたいというベストゥージェフの望みを実現し、また若夫婦に、美徳と夫婦間の幸福、豊かな繁殖力の輝やかしい模範を提供するためだった。この任務のひとつ目について、夫妻は部分的に成功した。二番目についてはみごとに失敗した。

一七四八年夏、フィンランド湾に面するペテルゴーフの領地に滞在中、エカチェリーナとピョートルは庭を見おろす自室の窓から、丘の上の宮殿本館と、女帝が滞在場所に選んだ水辺のモン・プレジール〔わが歓び〕荘のあいだを、チョグローコフ夫妻が、いったりきたりするのを眺めていた。モン・プレジール荘は、ピョートル大帝がオランダ様式で建てた小さな煉瓦造りの家である。エカチェリーナたちはすぐに、チョグローコフ夫妻がいったりきたりを繰り返しているのは、ムッシュー・チョグローコフとエカチェリーナの侍女のひとり、マリヤ・コシェレワとのあいだの密かな情事と関係していること、娘が妊娠したことを知った。いまやチョグローコフ夫妻は破滅の縁に立たされている。上の宮殿の窓から見ていたふたりは、それが現実となるよう熱心に祈った。

ムッシュー・チョグローコフはベストゥージェフの要求どおり、ピョートル第一の番犬として絶えず監視を続けるために、大公のアパルトマン内のひと部屋で眠らなければならなかった。妊娠中のマダム・チョグローコワは夫がいなくて心細く、マリヤ・コシェレワにそばで眠るよう頼み、娘を自分のベッドに入れたり、わきの小さな寝台で眠らせたりした。エカチェリーナによれば、コシェレワは「大柄で頭の悪い不器用な娘だが、金髪が美しく、とても白い肌をしていた[1]」。チョグローコフは朝になかった。

なると、妻を起こしにきて、妻の横に寝間着姿で眠るマリヤを見出すことになった。娘の金髪が枕に広がり、白い肌は凝視に晒されるままになっていた。妻は夫の愛情を一度も疑わず、なにも気がつかなかった。

エカチェリーナがはしかにかかったとき、チョグローコフに好機が訪れた。チョグローコフは妻に言い聞かせる。昼夜を分かたずエカチェリーナの枕元に詰めて看病し、医者や侍女、あるいはほかのだれかが、禁じられている伝言を大公女のもとに届けることが絶対にないようにするのが、おまえの義務だ。おかげでチョグローコフには、コシェレワ嬢と過ごす時間がたっぷりできた。数か月後、マダム・チョグローコワは六番目の子どもを出産。マリヤ・コシェレワのお腹が目につき始める。エリザヴェータは報告を受けとると、まだなにも知らない妻を呼び出し、夫に欺かれていたという事実を突きつけた。マダムが夫と別れたいというのであれば、わたくしエリザヴェータはうれしく思います。従姉妹の選択には最初から賛成していなかったのだ。女帝は申し渡した。いずれにしても、チョグローコフはピョートルとエカチェリーナの所帯にとどまることはできず、追放される。マダム・チョグローコワが全権を握る。

いまだに夫を愛していたマダム・チョグローコワは、最初、夫はどんな情事にも関わっていないと本気で主張し、その話は中傷だと断言した。チョグローコワが話しているあいだに、マリヤ・コシェレワが問いただされた。娘はすべてを認めた。そう告げられると、マダム・チョグローコワは怒りで息を詰まらせながら、夫のところにいった。チョグローコフは膝からくずおれ、許しを請う。チョグローコワは女帝のもとにもどり、自分もひざまずいて言った。夫を許します、子どもたちのために夫のもとにとどまりたいと思います。どうか夫を宮廷から追放しないでください。それは夫ばかりでなく、わたくしにとっても不名誉となるでしょう。チョグローコワの嘆きがあまりにも哀れっぽかったので、エリザヴェータの怒りはおさまった。チョグローコワは夫を連れてくることを許され、ふたり並んで女帝の前にひざまずき、妻と子どもたちのために夫を許すよう懇願した。夫妻は女帝の怒りを鎮めることはできた。だが、おたがいに対する温かな感情は二度と甦らなかった。夫の裏切りと公衆の面前で受けた屈辱ゆえに、チョグローコワは夫に嫌悪感を抱き続け、それを克服できなかった。夫妻はただ生き延びるという共通の利害によってのみ結ばれ続けた。

この騒ぎは五日ないし六日のあいだに展開し、若い宮廷にはことの成り行きが逐一知らされていた。もちろんだれもが番犬どもが追い払われるのを期待した。だが、結局、追放されたのは妊娠中のマリヤ・コシェレワだけだった。チョグローコフ夫妻はどちらもとどまり、エカチェリーナは「模範的結婚はもはや口にのぼらなかった」と言ってはいるものの、夫妻の力は衰えなかった。

夏の残りの日々は穏やかに過ぎていった。ペテルゴーフを発ったあと、エカチェリーナとピョートルは、ほど近い湾岸のオラニエンバウムに移動。チョグローコフ夫妻は、夫婦そろって受けた屈辱をいまだに癒している最中で、行動や会話にいつものような厳しい制限をかけようとしなかった。エカチェリーナは好きなことができた。

私は想像しうるかぎり最大の自由を手にしていた。夜明け前の午前三時に起き出し、自分ひとりで、頭のてっぺんから爪先まで男性の服に着替えた。老いた狩猟番がひとり、銃を用意してすでに私を待っていた。肩にライフル銃をかついで徒歩で庭園を横切り、波打ち際近くの釣船まで歩く。狩猟番と私、ポインター犬、そして私たちを案内する漁師は小船に乗りこみ、湾のなかに二ヴェルスタ伸びるオラニエンバウム運河の両岸に生える葦のあいだに鴨を撃ちにいった。私たちはしばしば運河の先まで進み、その結果、ときには海上で荒天に巻きこまれることもあった。大公は一時間か二時間あとに合流した。出かける前に必ず朝食を召しあがったからだ。一〇時、私は家に帰り、正餐のために着替えた。正餐後は休息をとり、午後は大公が演奏会を開くか、乗馬に出かけるかした(2)。

その夏、乗馬がエカチェリーナを「支配する情熱(3)」となった。馬にまたがることは禁じられた。エリザヴェータはそれが不妊の原因となると信じていたからだ。しかしエカチェリーナは自分の好きなようにすわれる鞍を考案した。イギリス型の横鞍で、前橋《ぜんきよう》〔鞍の頭〕が可動式になっている。そのおかげで、マダム・チョグローコワの目の前では慎み深く横ずわりをして出発し、ひとたび、その視野の外に出てしまうと、前橋を切り替え、片脚を反対側に振って馬にまたがり、馬丁が秘密を守るのを信じて、男性のように馬を走らせることができた。大公女の乗馬の仕方を尋ねられれば、馬丁たちは嘘いつわりなく答えられた。女帝が命じられたとおり、「ご婦人用の鞍にお乗りになります(4)」。エカチェリーナは見られていないと確信のもてるときにしか、馬にまたがらなかったし、自分の発明品を自慢するどころか、その話さえしなかったので、エリザヴェータには最後まで知られなかった。馬丁たちはよろこんでエカチェリーナの秘密を守った。実のところ、イギリス型の横鞍にすわるよりも、馬にまたがるほうが危なくないと考えていたのである。横鞍は事故につながりかねない。事故が起これば自分たちが非難される。エカチェリーナは語っている。「真実を言えば、狩猟隊に混じって走り続けはしたが、狩猟というスポーツは私の関心を引かなかった。だが乗馬は情熱的に愛した。激しければ激しいほど、ますます好きになった。だから馬が一頭逃げ出して、走り去ったりすると、それを追いかけて連れもどすのは私だった(5)」

若いころ優れた騎手だった女帝は、自分で乗るのには体重が増えすぎてしまったが、いまだにこのスポーツを愛していた。あるとき、女帝はエカチェリーナに、乗馬のとき、ザクセン大使夫人のマダム・ダルンハイムを誘うようにと言ってきた。マダム・ダルンハイムは、自分は乗馬が大好きで、とても上手なのだと自慢していたのだが、エリザヴェータはそれがどこまで本当なのか見てみたかった。エカチェリーナはマダム・ダルンハイムを乗馬に誘った。

マダム・ダルンハイムは二十五歳か六歳で背が高く、私たちの全員には、むしろ未熟で不器用に見えた。自分の帽子や手をどうしたらいいのかわからないようだった。私が男性のように馬にまたがることを女帝が好まれないのは知っていたので、私はイギリス型の婦人用横鞍を使用した。私がちょうど馬に乗ろうとしたときに、女帝が出発のようすを見にいらっしゃった。私はとても敏捷だったし、慣れていたので、簡単に鞍に飛び乗り、ふたつに分かれているスカートを馬の両側におろした。女帝は私が巧みに乗るのを見て、これ以上みごとに乗ることはできないと驚きの叫び声をあげられた。どんな種類の鞍を使っているのかとお尋ねになり、婦人用の鞍だと聞くと、「誓って男性用の鞍だと思ってしまうわ」とおっしゃった。

マダム・ダルンハイムが騎乗する番になったが、その技術は見たかぎりでは際立つとは言えなかった。自分の馬、大きくて重く、醜い黒の駄馬を連れてきていた。私たちの召使いは、それはマダムの馬車馬の一頭だと言い張った。騎乗するためにはしごが必要で、かなりの騒ぎと何人かの助けとともに、なんとか乗ることができた。マダムが乗ってしまうと、駄馬はいきなり荒っぽい速歩で走り始め、マダムは鞍にも鐙《あぶみ》にもしっかりとおさまっていなかったので、上下に激しく揺れ、手で鞍にしがみつかなければならなかった。私は女帝が心の底から笑われたと聞いた。(6)

マダム・ダルンハイムが騎乗すると、エカチェリーナはお客とその馬をあとに残して先頭に立ち、先に出発していたピョートルに追いついた。最後には、「馬車であとからついてきたマダム・チョグローコワが、宮廷からある程度の距離のところで、帽子と鐙とを次々と落としたご婦人を収容した」。冒険はこれで終わりではなかった。その日の朝に雨が降っていたので、厩舎の階段とポーチには水たまりがいっぱいできていた。エカチェリーナは馬から降りて階段をあがり、屋外のポーチを横切った。マダム・ダルンハイムがあとに続いたが、エカチェリーナが早足で歩いたので、走らなければならなかった。マダムは水たまりで足を滑らせ、大の字に転んだ。人びとがわっと笑い声をあげた。マダム・ダルンハイムはきまり悪げに立ちあがり、転んだのを、本人いわくその日おろしたての長靴《ちょうか》のせいにした。一行は遠出から馬車でもどり、道中、マダム・ダルンハイムは自分の馬の類い希なる特質についてしつこく話し続けた。「私たちは唇を噛んで、笑いをこらえなければならなかった[7]」とエカチェリーナは語っている。

第21章 宮廷追放

コシェレワ事件をめぐる騒動のあいだ、チョグローコフ夫妻の両方、だがとくに妻のほうを毛嫌いしていたマダム・クラウゼは、競争相手は失脚間近と決めてかかり、祝杯をあげた。だが、それは時期尚早だった。チョグローコフ夫妻が失脚しなかったために、報復は避けがたくなった。マダム・チョグローコワはエカチェリーナに、マダム・クラウゼは引退を希望しており、女帝は後任を見つけられたと告げた。エカチェリーナはマダム・クラウゼを信頼するようになっていたし、ピョートルはおもちゃのことで頼りにしていた。夜、ピョートルにおもちゃを運んできてくれるのはマダムだった。それでもやはりマダム・クラウゼは去り、翌日、背の高い五十代の女性、マダム・プラスコーヴィヤ・ヴラジスラヴォワがやってきて、そのあとを継いだ。エカチェリーナはチモフェイ・エヴレイノフに意見を求めた。エヴレイノフは言った。新入りは頭がよく、潑剌とした礼儀正しい婦人ではあるが、狡猾とも言われている。どう振舞うのかを見届けるまでは、過大に信頼すべきではないでしょう。

出だしは上々だった。ヴラジスラヴォワはエカチェリーナをよろこばせるために、できることはすべてやった。社交的でおしゃべり好き、話がうまく、ピョートル大帝以来のロシア大家の歴史も含めて、過去のアネクドートを無数に知っていた。のちにエカチェリーナは書いている。「あの女性は生きた古文書庫だった。私は過去百年間にロシアで起きた出来事について、ほかのどこよりもあの人から多くを学んだ。退屈なときに話をしてもらったが、いつでもその用意ができているのだった。私はマダムがチョグローコフ夫妻を、その言葉と行動の両方についてしばしば非難することに気づいた。一方で、マダム・ヴラジスラヴォワはしばしば女帝のアパルトマンに出かけ、だれもその理由は知らなかったので、だれもが用心深いままにとどまっていた」[1]

マダム・クラウゼとともに、エカチェリーナにはなじみのあった宮廷人アルマン・レストックも姿を消した。レストックは、エリザヴェータが若いころからのお抱えの医者で信頼のおける友人、帝位掌握にさいして助言をした男、そして一部が信じるところでは、女帝の元愛人のひとりだった。エカチェリーナは、十四歳の少女としてモスクワに到着し、母親とともに、レストック伯爵からゴロヴィン宮殿で迎えられたときに初めて顔を合わせた。一七四八年夏の終わり、女帝付の女官のひとりと結婚したとき、レストックはいまだにいちばんのお気に入りだった。エリザヴェータ以下全宮廷が結婚式に参列した。二か月後、新婚夫婦の運命は下り坂を転げ落ちていった。

背景には、プロイセン国王フリートリヒのたゆまざる努力があった。フリートリヒはロシア宮廷と政府内の人間の買収を試みることによって、ベストゥージェフの親オーストリア政策の土台を揺るがそうとした。エカチェリーナが初めて、なにかがおかしいと気づいたのは、ある晩カード遊びのために、宮廷が女帝のアパルトマンに集まったときだった。エカチェリーナはなにも疑わずに、レストックに近寄って話しかけた。レストックは小声で言った。「わたしのそばにいらしてはなりません！　わたしは疑われています」。冗談だと思ったエカチェリーナは、どういう意味かと尋ねた。レストックは答えた。「冗談を言っているのではありません。もう一度、本気で申しあげます。わたしから離れていなければなりません。わたしは嫌疑をかけられている男なのです」(2)。エカチェリーナはレストックが異常に赤い顔をしているのを見て、酒を飲んでいるのだと思い、歩み去った。これは金曜日の出来事である。日曜の朝、チモフェイ・エヴレイノフがエカチェリーナに告げた。「昨晩、レストック伯爵と夫人が逮捕され、国事犯として要塞送りになりました！」(3)その後、レストックがベストゥージェフ伯爵その他から尋問を受けたと知る。容疑は、プロイセン大使に暗号の書翰を送ったこと、プロイセン国王から一万ルーブルの賄賂を受けとったこと、そして自分に不利な証言をする可能性のある男に毒を盛ったこと。レストックが要塞で、断食をしてみずから命を絶とうとしたことも聞かされた。一一日後に、無理やり食べさせられる。なにも告白せず、犯罪の証拠はなにひとつ見つからなかった。それでも全資産が没収され、シベリアに流刑となった。レストックの失脚はベストゥージェフにとっての勝利であり、だれであろうとロシア国内でプロイセンに対してなんらかの好意のしるしを見せた者がどうなるかについての警告だった。ドイツ人ゆえに、自分もベストゥージェフの疑いの眼差しに晒されていたエカチェリーナは、レストックの有罪を絶対に信じなかった。のちに書いている。「女帝は無実の男に正しい判決を下す勇気がなかった。このような人間がなしうる復讐を恐れた。だからこそ、その治世下では、罪があろうとなかろうと、流刑にならないかぎり、だれも要塞を出られなかったのである[4]」

エカチェリーナ最大の悩みの種はピョートルだった。チョグローコフ夫妻に抵抗するときにはふたりで手を結び、ピョートルは助けが必要なときには必ずエカチェリーナのところにやってきた。それにもかかわらず、エカチェリーナはピョートルがともに暮らすのは難しい相手だと感じていた。ときには、小さなことが問題となった。カードをするとき、ピョートルは勝ちたがった。エカチェリーナが勝つと腹を立て、ときには何日もふくれ面をしていた。エカチェリーナが負けると、その場で支払いを要求した。「大公の癇癪を回避するために、私がわざと負けること」もよくあった。

ピョートルのあまりにも愚かな振舞いに、エカチェリーナがひどく恥ずかしい思いをすることもあった。あるとき、女帝は自分の宮廷の貴紳たちに、大公夫妻のアパルトマンで食事をすることを許した。若夫婦はこういった集まりを楽しんだが、それもピョートルが考えなしの振舞いで、台無しにし始めるまでのことだった。ある日、ブトゥルリン将軍が食事中にピョートルを大笑いさせた。帝位の継承者は椅子の上にそっくりかえって、ロシア語で叫んだ。「このろくでなし、わたしを笑い死にさせるつもりだな[5]」。エカチェリーナは「ろくでなし」という言葉がブトゥルリンの気分を害するとわかっていたので、思わず赤面した。将軍は黙っていたが、あとでピョートルの言葉をエリザヴェータに報告。女帝は自分の宮廷人たちに、そのような礼儀知らずの人間とは二度と同席しないようにと命じた。将軍はピョートルの言葉を決して忘れなかった。一七六七年、すでに帝位に就いていたエカチェリーナに尋ねている。「ツァールスコエ・セローで、大公がわたくしのことを人前で『ろくでなし』とお呼びになったのを覚えていらっしゃいますか?」[6]のちにエカチェリーナは書いた。「これが、不注意に口にされた愚かな言葉が生み出す結果である――それが忘れ去られることは決してない」[7]

ときにはピョートルが許しがたい行動をとることもあった。一七四八年夏のあいだ、ピョートルは田舎で犬を集め、自分でしつけ始めた。秋になると、そのうちの六頭を冬宮に連れてきて、アパルトマンのうしろにある広い玄関の間《ま》と夫婦共用の寝室を隔てる板壁のうしろに住まわせた。寝室とは数枚の板で仕切られているだけだったので、間に合わせの犬小屋の悪臭が寝室に充満し、ふたりは汚れた空気のなかで眠らなければならなかった。エカチェリーナが文句を言うと、ピョートルはほかにどうしようもないのだと言った。犬小屋は秘密にしておかなければならない。それが可能なのは唯一ここだけだ。「だから、大公のお楽しみを台無しにしないために、私はそれを我慢しなければならなかった」[8]

ピョートルには「ふたつの暇つぶししかなく、そのどちらもが朝から晩まで私の鼓膜を痛めつけた。ひとつはヴァイオリンをきいきいひっかくこと。もうひとつは猟犬たちを訓練しようとすることだった」[9]。ピョートルは乱暴に鞭を鳴らし、大声で狩りの呼び声をあげ、犬を自分専用の二部屋の一方の端から反対の端へと走らせた。疲れたり遅れたりした犬は激しく鞭打たれ、その結果、さらにわんわんと吠え声をあげた。エカチェリーナはこぼしている。「朝の七時から夜遅くまで、私は大公がヴァイオリンで立てる耳をつんざくような音か、大公が棒や鞭で打つ犬たちの恐ろしい鳴き声や吠え声を聞いていなければならなかった」[10]

ときにはピョートルの残酷な振舞いが、ただ単に加虐趣味としか思えないこともあった。

ある日、かわいそうな犬が長いこと、哀れな声で鳴いているのを聞きつけて、私は扉を開いた。大公が犬の首輪をつかみ、ひとりの召使いが尻尾をつかんで、宙吊りにしていた。それは哀れなイギリスのキング・チャールズ・スパニエルで、大公はそれを太い鞭の持ち手で力一杯、殴っていた。私はかわいそうな動物のためにとりなそうとしたが、大公がなおいっそう激しく殴りつける結果となっただけだった。私は泣きながら自室にもどった。私はその犬の次に、世界でいちばん惨めな生き物だった[11]。

第22章 モスクワと田園

一七四八年十二月、エリザヴェータ帝とその宮廷は一年間の予定でモスクワに移動。一七四九年の大斎〔復活祭前の精進の期間〕前に、女帝はモスクワで謎の胃腸病に倒れる。容態は急激に悪化。エリザヴェータの側近につながりのあるマダム・ヴラジスラヴォワは、自分が教えたことは明かさないでくれと頼みながら、この情報をエカチェリーナの耳にささやいた。エカチェリーナはだれから聞いたかを言わずに、ピョートルに叔母の病気の話をした。ピョートルはよろこんだが、同時に怯えもした。叔母を憎んでいた。だが、叔母が死んだ場合を考えて、自分自身の未来に怯えもした。ピョートルもエカチェリーナもあえてそれ以上の情報を尋ねようとしなかったことが原因で、事態はさらに悪化した。ふたりは、チョグローコフ夫妻が病気のことを言うまで、だれにもなにも話さないでおこうと決めた。だが、夫妻はなにも言わなかった。

ある晩、ベストゥージェフとその片腕のステパン・アプラークシン将軍が宮殿を訪れ、チョグローコフ夫妻のアパルトマンで何時間も話しこんでいった。これは女帝の病気が重いことを意味しているように思われた。エカチェリーナはピョートルに気を落ち着けていてくださいと頼んだ。わたくしたちはアパルトマンを離れることを禁じられてはいるけれど、もし女帝陛下が亡くなったら、殿下が部屋から逃げられるよう、わたくしが手配いたします。一階の窓は低いから、飛び降りて通りに出られます。またザハール・チェルヌイショーフ伯爵が配下の連隊を率いて街におります。伯爵を頼りにできるのはわかっています。ピョートルは安心した。数日後、女帝は快方に向かい始める。

この緊迫した時間のあいだ、チョグローコフとその妻は口をつぐんでいた。若夫婦も病気の話はしなかった。女帝が回復しているのかをあえて尋ねれば、チョグローコフ夫妻はすぐに、病気のことをだれから聞いたのかと尋ねてくるだろう――そして名前を挙げられた者はただちに追放されるだろう。

エリザヴェータがまだ床に就いて予後を養っているとき、その女官のひとりが結婚した。婚礼の祝宴で、エカチェリーナはエリザヴェータの親友シュヴァーロワ伯爵夫人のとなりにすわった。伯爵夫人は躊躇せずにエカチェリーナに告げた。女帝はまだとても弱っていらっしゃるので、結婚式ご出席はかなわないけれど、寝台に上半身を起こして、伝統どおり、花嫁に冠を授けるお役目を果たされました。シュヴァーロワ伯爵夫人が初めて病気についてはっきりと口にしたので、エカチェリーナは陛下のご容態を心配いたしておりますと告げた。伯爵夫人は言った。大公女殿下のお見舞いの気持ちをお知りになれば、陛下はよろこばれるでしょう。二日後の朝、マダム・チョグローコワがエカチェリーナの部屋に駆けこんできた。女帝はピョートルとエカチェリーナにご立腹である。ご自分の病気のあいだに、両名がなんのお見舞いもしなかったからだ。

エカチェリーナはかんかんに腹を立てて、マダム・チョグローコワに言った。どういう状況だったのかはよくよくご存じのはずですね。あなたもご主人も女帝陛下のご不快についてはひとこともお話しになりませんでした。まったくなにも知らされなかったのだから、わたくしも夫もお見舞いなどできませんでした。

「なにもご存じない、よくそんなことがおっしゃれますね」とマダム・チョグローコワは言った。「シュヴァーロワ伯爵夫人が陛下に、大公女殿下が食卓で陛下のご病気を話題にされたとおっしゃいましたよ[1]」

エカチェリーナは言い返した。「わたくしが伯爵夫人にその話をしたのは事実です。伯爵夫人のほうから、陛下はまだとても弱っていらして、人前には出られないとおっしゃったからです。伯爵夫人からそううかがったあと、ご病気について細かいことをお尋ねしたのです」

その後、エカチェリーナは勇気を振り絞って、女帝に話した。チョグローコフもその妻も、自分や夫にはご病気の話はしなかったのだから、お見舞いなどできなかった。エリザヴェータは話がわかったようだった。「それは承知しています。そのことについて、もう話すのはよしましょう[2]」。エカチェリーナは過去を振り返って語っている。「私にはチョグローコフ夫妻の特権と信頼性が弱まっているように思えた」

春、女帝はエカチェリーナとピョートルを連れて、モスクワ周辺の田園を訪れ始めた。アレクセイ・

ラズモフスキーが所有するペローワの領地で、エカチェリーナはひどい頭痛に襲われた。「生涯最悪の頭痛だった。極端な痛みのために吐き気がし、何度も嘔吐した。どんな動き、室内の足音でさえ痛みがつのった。この状態が二四時間続き、そのあと私は眠りこんだ。翌日、痛みは消えていた[3]」

ペローワのあと、皇室一行は、モスクワから四〇マイルの地にエリザヴェータが所有する狩り場に移動した。家屋はなかったので、テントに泊まる。到着の翌朝、エカチェリーナは女帝のテントにいき、女帝が領地の管理人を怒鳴りつけているところに行き合わせた。野兎を狩りにきたのに、一羽もいないではないか。女帝は管理人を非難した。近隣の貴族たちから賄賂を受けとって、わたくしの領地で狩りをさせているのだろう。そうでなければ、野兎はたくさんいたはずだ。男は口を閉じ、青ざめて震えていた。ピョートルとエカチェリーナがお手に口づけをするために近づくと、女帝はふたりを抱擁し、すぐに激しい非難にもどった。若いころを田園で過ごしたのだから、田舎の領地管理については完璧に心得ている。おかげで、管理人の能力不足が細かいところまですべてよくわかる。女帝の叱責は四五分間、続いた。ようやくひとりの召使いがヤマアラシの赤ちゃんを連れて女帝に近づき、自分の帽子のなかのヤマアラシを見せた。女帝はそれを見ようと近寄り、小さな動物を目にした瞬間に悲鳴をあげた。鼠に似ていると言い、テントに逃げこむ。「陛下は鼠が死ぬほど恐かったのである。その日はもう陛下のお姿を見かけることはなかった[4]」

その夏、エカチェリーナの最大の楽しみは乗馬だった。

私は一日中ずっと馬に乗っていた。だれも私をとめず、自分が望めば首を折ることもできただろう。だが、春と、それから夏の一部をずっと屋外で過ごしたために、ひどく日焼けしてしまった。女帝陛下は私を見て、ひび割れた赤い顔に驚かれ、日焼けをなおし、顔の皮膚をもう一度柔らかくするための化粧液を届けさせようとおっしゃった。陛下はレモン汁と卵の白身、フランスのブランデーを混ぜた液体を入れた瓶を届けてくださった。数日で、日焼けはおさまった。それ以来、私はいつもこの混合液を使用してきた。(5)

ある日、エカチェリーナとピョートルは女帝のテントでエリザヴェータとともに正餐をとった。女帝は長いテーブルの端にすわっていた。ピョートルは女帝の右側、エカチェリーナは左側、エカチェリーナのとなりがシュヴァーロワ伯爵夫人、ピョートルのとなりはブトゥルリン将軍だった。ピョートルはブトゥルリン将軍――「将軍自身、ワインの敵ではなかった(6)」――の手を借りて、大量に飲んだために、完全に酔っぱらってしまった。

自分がなにを言っているのか、なにをしているのか、わかっていなかった。ろれつがまわらず、顔を恐ろしく歪め、滑稽な仕草で飛びまわった。見ていてあまりにも不愉快になったので、私の目に涙が浮かんだ。なぜならば、あのころ、私は夫が非難されるような振舞いをするのを隠したり、ごまかしたりしようと、いつも努力していたからだ。女帝は私の気持ちに感謝され、立ちあがって、食卓をあとにされた(7)。

一方で、エカチェリーナは本人が知らぬ間に、もうひとり称讃者を引き寄せていた。エリザヴェータの寵臣アレクセイ・ラズモフスキーの弟キリル・ラズモフスキーは、モスクワの反対側に住んでいたが、毎日、エカチェリーナとピョートルを訪ねてきた。

キリル・ラズモフスキーはとても溌剌としていて、私たちは大好きだった。寵臣の弟だったので、チョグローコフ夫妻はよろこんで迎え入れた。夏のあいだ中、ラズモフスキーの訪問は続いた。一日中、私たちと過ごし、午餐と晩餐をともにし、晩餐後はいつも自分の領地に帰った。結果として、毎日、四〇から五〇ヴェルスタ、移動することになった。二〇年後［一七六九年、エカチェリーナが帝位にあったとき］、私はたまたまラズモフスキーに、わたくしたちの滞在の退屈を分かち合いにいらしたのはどういうわけかと尋ねた。ラズモフスキーはためらうことなく答えた。「恋ゆえです」。「あらまあ」と私は言った。「わたくしたちのところで、恋のお相手を見つけられたなんて、いったいだれなんです？」「だれか、ですって？」とラズモフスキーは尋ねた。「もちろんあなたです」。私はわっと笑い出した。そんなことは思いもしなかったからだ。本当に、ラズモフスキーはハンサムで、とても感じがよく、兄よりもはるかに頭がよかった。兄のほうはそれでも美しさという点では弟に匹敵したし、気前のよさと親切では弟に勝っていた。(8)

九月半ば、寒くなるにつれて、エカチェリーナはひどい歯痛に苦しめられた。高熱を発し、意識が混濁。田舎からモスクワに連れ帰られて、一〇日間、床に伏す。毎日午後の同じ時刻に歯の痛みがぶり返した。数週間後、ふたたび病気になる。今回は喉の痛み、そしてまたしても発熱。マダム・ヴラジスラヴォワはエカチェリーナの気を紛らわせるために、できるだけのことをした。「マダムは私の枕元にすわり、お話をしてくれた。ひとつはドルゴルーキー公女についてだった。自分の娘を偶像のように崇め、夜、たびたび起きあがっては、眠っている娘の枕元を訪れた婦人である。娘が眠っているのであり、死んでいるのではないことを確かめたかったのだ。ときには、完全に得心がいくよう、まどろみが死ではないことを自分に納得させるためだけに、娘を強く揺すぶって目を覚まさせた」(9)

第23章 チョグローコフは敵を作り、ピョートルは陰謀を生き延びる

一七四九年初めのモスクワで、ムッシュー・チョグローコフと宰相のベストゥージェフ伯爵との関係は、エカチェリーナの目には相変わらず親密なままのように見えた。ふたりはいつもいっしょにいたし、チョグローコフが話すのを聞けば、「人はこの男がベストゥージェフのもっとも親しい助言者だと思っただろう」。これはエカチェリーナには信じがたかった。「ベストゥージェフ伯爵は、チョグローコフのような傲慢な愚か者の助言に左右されるままになっているのには頭がよすぎた」(1)からだ。どんな種類の親密さが存在していたにせよ、八月、それは突然、終わりとなった。

エカチェリーナは、なにかピョートルが言ったことのせいだと確信した。マリヤ・コシェレワ妊娠事件のあと、チョグローコフは以前ほどあからさまに若い宮廷を虐げようとはしなくなった。女帝がまだ事件に腹を立てているのを知っていた。妻との関係は悪化し、チョグローコフは憂鬱に沈みこんでいた。ある日、酔っぱらったピョートルが、やはりほろ酔い加減のベストゥージェフと顔を合わせた。ピョートルは、チョグローコフはいつも自分に対して無礼に振舞うのだと訴えた。宰相は答えた。「チョグローコフは頭の膨れあがったうぬぼれ者の阿呆です。だが、わたくしにお任せください。なんとかいたしましょう」(2)。ピョートルがこのやりとりを話したとき、エカチェリーナは、もしチョグローコフがベストゥージェフの言葉を耳にしたら、宰相を絶対に許さないでしょう、と注意した。妻の忠

告にもかかわらず、ピョートルはベストゥージェフの言葉をチョグローコフ本人に教えてやれば、こちらの味方につけられると考えた。ほどなくして好機が訪れる。

ピョートルがチョグローコフに話をした直後、ベストゥージェフがチョグローコフを食事に招待した。チョグローコフは陰気な顔で招待を受けたが、食事のあいだ口をつぐんでいた。食後、半ば酔っぱらったベストゥージェフは客に話しかけようとした。しかし、お客のほうはとりつく島もない。ベストゥージェフは堪忍袋の緒を切らし、おたがいの言葉遣いは激しさを増した。チョグローコフは、ピョートルの前で自分を批判したと言って、ベストゥージェフを非難。ベストゥージェフはマリヤ・コシェレワとの情事のことでチョグローコフをふたたび叱りつけ、おまえが醜聞を生き延びられるように、支持してやったことを思い出せと指摘した。チョグローコフは、自分が批判されるのを黙って聞いていられる男ではない。さらに腹を立て、許しがたい侮辱を受けたと考える。その場に居合わせたベストゥージェフの腹心の友ステパン・アプラークシン将軍がとりなそうとするが、チョグローコフはますます喧嘩腰になった。自分の働きにはかけがえのない価値があり、自分がなにをしようと、みんながついてくると感じていたので、二度とベストゥージェフ邸には足を踏み入れないと断言する。この日から、チョグローコフとベストゥージェフは不倶戴天の敵どうしとなった。

自分の看守どうしが喧嘩をしているのだから、ピョートルは気分爽快だったはずである。ところが一七四九年秋、エカチェリーナは夫がひどく不安そうなのに気づいた。ピョートルは猟犬の訓練を中止し、なにか気がかりがあるような、怯えきったとさえ言える顔つきで、日に何度もエカチェリーナの部屋を訪れた。「なにが気になっているのか、大公は決して長いあいだ胸にしまってはおけなかったし、私以外に打ち明ける相手はいなかった。だから私は、大公がなにが問題なのか話すのを忍耐強く待った。大公はようやく私に打ち明け、私は事態が思っていたよりも深刻なことに気づいた」[3]

夏のあいだ、ピョートルは時間の多くをモスクワとその近郊で狩りをして過ごした。チョグローコフは二種類の猟犬団、ひとつはロシア犬、もうひとつは外国犬を手に入れていた。チョグローコフがロシア犬を管理し、ピョートルは外国犬の責任を引き受ける。細かいところまで気を配り、犬小屋を足繁く訪れ、あるいは配下の猟犬係を呼んで、犬たちの状態や必要なものについて話をさせる。猟犬係たちと親しくなり、一緒に狩りをするだけでなく、食事をしたり、酒を飲んだりした。

このとき、ブトイルスキー連隊がモスクワに駐屯していた。連隊のなかにひとり、ヤコフ・バトゥーリンという名の無分別な中尉がいた。自儘な男で賭事好き、巨額の借金がある。ピョートルの猟犬係たちは、連隊宿営地の近くに住んでいた。ある日、そのなかのひとりがピョートルに、とある士官と出会ったと告げた。士官は大公に心酔しきっており、上級の将校たちを除けば、連隊の全員が自分と同意見であると言っている。自尊心をくすぐられたピョートルは、さらに細かいことを知りたがった。しまいに、バトゥーリンは猟犬係に、大公が狩りをされるとき、お目にかかれるようお膳立てをしてくれと頼んでくる。ピョートルは最初は気が進まなかったが、結局、同意する。約束の日、バトゥーリンは森のなかの人里離れた場所で待機していた。ピョートルが馬の背に乗って姿を現すと、バトゥーリンはひざまずき、大公のほかに主人は認めず、大公がお命じになることなら、なんであろうと従いますと誓った。その後、ピョートルがエカチェリーナに語ったところでは、ピョートルはこの誓いを聞いたとき、警戒心を抱き、なにか陰謀との関係を恐れて、ひざまずいた男を森に残したまま馬に拍車をかけたという。ピョートルはまた、猟犬係はだれもバトゥーリンの言葉を聞いていない、それ以降、自分も猟犬係たちもこの男とは一切接触していないと断言した。その後、バトゥーリンが尋問のために逮捕されたことを知り、自分の猟犬係、あるいは自分自身までも巻きこまれるのではないかと不安になる。実際に多数の猟犬係が逮捕されたとき、その不安はなおいっそう大きくなった。

エカチェリーナは、いまお聞かせくださった以上のことを話し合わなかったのならば、たとえバトゥーリンが有罪となっても、森のなかで見知らぬ人間と話すという軽はずみなおこないを除いて、だれも殿下に対して批判すべきことは大して見つけられないでしょうと言って、夫の気を鎮めようとした。夫が真実を語っているのかどうかわからなかった。実際には、話し合いの範囲を控え目に言っていると考えていた。その後しばらくして、ピョートルがやってきて、猟犬係の一部が釈放されたことを知らせる。だれもピョートルの名は口にしなかったという。ピョートルはこれで安心し、この件についてはそれ以上、話し合うことはなかった。バトゥーリンは拷問にかけられ、有罪となった。エカチェリーナがのちに知ったところでは、女帝を殺害し、宮殿に火を放ち、その混乱に乗じて大公を帝位に就ける計画を立てたことを認めたという。終身刑を受けてシュリュッセルブルク要塞に送られた。一七七〇年、エカチェリーナの治世下で脱走を試み、ふたたび拘束されて太平洋岸のカムチャッカ半島に流刑になったが、またもや逃亡。最終的にはつまらない喧嘩騒ぎの果てに台湾で殺害された。


その秋、エカチェリーナは再度ひどい歯痛に襲われ、ふたたび高熱を発した。寝室はピョートルのアパルトマンとつながっており、ピョートルのヴァイオリンと犬たちの騒音に苦しめられる。「それが私を殺しかけているると知っても、大公はこういったお楽しみを犠牲にはしなかっただろう。だから私は、うまくマダム・チョグローコワの同意を得て、ベッドをこの恐るべき騒音の届かないところに移動させた。［新しい］部屋は三方に窓があり、すきま風がひどかったが、夫の立てる騒音よりはましだった」

一七四九年十二月十五日、一年間にわたる宮廷のモスクワ滞在が終了し、エカチェリーナとピョートルはサンクトペテルブルクに無蓋の橇で移動した。この旅のあいだに、エカチェリーナの歯痛が再発。妻が痛がっているにもかかわらず、ピョートルは橇に幌をかけるのを承知しない。直接、顔に吹きかかる凍えるような風から身を守るために、エカチェリーナが緑色のタフタの小さなカーテンを引くことを、しぶしぶ許した。エカチェリーナは息も絶え絶えで、ようやくサンクトペテルブルク郊外のツァールスコエ・セローにたどり着く。到着早々に、女帝の侍医団長ブールハーフェ医師を呼びにやり、五か月間、自分を苦しめてきた歯を抜いてくれと頼んだ。ブールハーフェは不承不承、同意し、抜歯のためにフランス人外科医のムッシュー・ギヨンを呼ぶ。エカチェリーナは右手をブールハーフェに、左手をチョグローコフに握ってもらい、床にすわった。それからギヨンが背後から手をまわして歯をペンチでぎりぎりとねじった。ギヨンが歯をねじりながら引き抜いているあいだ、エカチェリーナは顎の骨が割れるのを感じた。「あの瞬間のような痛みは、生涯で二度と感じたことはない」と語っている。ブールハーフェが反射的にギヨンを怒鳴りつけた。「へたくそなやつだ！」そして歯を渡されると言った。「こうなるのを恐れていたのです。だからこの歯は抜きたくなかった」。ギヨンは歯を抜くときに、「歯がついていた下顎の一部もとってしまった。このとき、女帝陛下が部屋にはいってこられ、私がひどく痛がっているのをご覧になって涙を流された。私は寝台に寝かされた。ひどい痛みは四週間続き、一月半ばまで部屋を出られなかった。そのときになっても、頬の下のほうに、ギヨンの五本の指の痕が青と黄色のあざになって残っていた」(4)

第24章 復活祭前の沐浴と御者の鞭

宮廷が丸一年、モスクワに移っていたために、サンクトペテルブルクは政治的にも、また社会的、文化的にも打ち捨てられていた。市内にいる馬はごくわずかで、馬車はほとんど通らなかったので、道路には草が生い茂った。バルト海に面したピョートル大帝の新首都の住民ほとんどは、有り体に言えば、好んでそこに住んでいたわけではなく、必要に迫られて住んでいたのである。貴族の旧家は、一年間にわたるピョートルの娘のモスクワ滞在中に、一度モスクワにもどると、そこをなかなか離れたがらなかった。モスクワは先祖が何世代にもわたって住み続けてきた土地であり、貴族たちは古い首都の宮殿や家を愛していた。北の沼地から立ちあがりつつある新都市にもどるときがくると、多くの宮廷人があとに残ろうとして——一年間、六か月、いや二、三週間でもいい——宮廷を欠勤する許しを求めに殺到した。政府の役人も同じことをした。そしてうまくいきそうもないと思うと、偽の、あるいは本物の病人が続出し、そのあとにモスクワにいなければ処理ができないとされた裁判その他の業務が次々となだれこんできた。したがってサンクトペテルブルクへの帰還は五月雨《さみだれ》式となり、全宮廷が重い足を引きずりながらもどってくるまでには何か月もかかった。

エリザヴェータ、ピョートル、エカチェリーナは第一陣の帰還者のなかにいた。市は実質的に空っぽで、人びとは寂しく孤立し、退屈していた。この侘しい環境で、チョグローコフ夫妻は毎日の午後、エカチェリーナとピョートルをカードに誘った。夫妻はクールラント公女も仲間に入れた。公女はアンナ帝の元愛人で腹心、プロテスタントのエルンスト・ヨハン・ビロン公爵の息女である。幼いツァーリ、イワン六世の母アンナの摂政時代、ビロンはシベリアに流刑になっていた。エリザヴェータは帝位に就くと、ビロンをシベリアから呼びもどした。しかし、完全な復権は望まず、顔を合わせないほうを選び、サンクトペテルブルク、あるいはモスクワには連れもどさずに、家族ともどもヴォルガ河沿いのヤロスラヴリ市に蟄居を命じた。

クールラント公女は二十五歳。美形ではなかった——実のところ、背が低く、背中が曲がっていた——が、エカチェリーナによれば「とても美しい目、きれいな栗色の髪、大きな知力」[1]をもっていた。両親から愛されず、公女は自分は家でいじめられているのだと訴えた。ある日、ヤロスラヴリ知事夫人のマダム・プーシキナのもとに逃げこみ、両親は自分が正教を選ぶことを許してくれないのだと説明する。プーシキナは公女をモスクワに連れていき、女帝に引き合わせた。エリザヴェータは若い女を勇気づけ、正教改宗にあたっては代母を務め、自分の女官たちのあいだにアパルトマンをあたえた。ムッシュー・チョグローコフが公女の面倒を見たのは、若かりし日、公女の父親が権力の座にあったとき、公女の兄がチョグローコフを近衛騎兵連隊に昇進させて、出世の後押しをしてくれたからである。

クールラント公女は若い宮廷の仲間入りをしてしまうと、ピョートルとエカチェリーナと毎日何時間もカード遊びをしながら、控え目に振舞った。ひとりひとりに対し、相手をよろこばせるように気を遣って話しかけた。エカチェリーナは「公女の機智はその姿の不愉快なところを忘れさせた」[2]と語っている。ピョートルの目から見れば、追加の美点もあった。公女はロシア人ではなくドイツ人であり、ドイツ語を話すほうを好み、ピョートルとはドイツ語でしか話さず、まわりの人びとをのけ者にした。おかげで、ピョートルには公女がますます魅力的に見え、特別の心遣いを示し始める。公女がひとりで食事をするときには、自分の食卓からワインを運ばせた。新しい擲弾兵の帽子とか、軍人用の肩帯などを手に入れると、公女に見せるために、わざわざもっていかせた。このいずれもが秘密にされることなくおこなわれた。「クールラント公女は私に対して申し分のない態度をとり続け、一瞬たりとて自分を見失わなかった」とエカチェリーナは語っている。「それゆえに、この関係は続いた」

一七五〇年の春は異常に暖かかった。ピョートル、エカチェリーナ、そしてふたりの若い宮廷——いまではクールラント公女も含まれる——が三月十七日に、ツァールスコエ・セローに出かけたときには、とても暖かかったので、雪はすでに溶け、馬車は砂ぼこりを巻きあげた。この田園風景を舞台に、一行は日中は乗馬や狩りを楽しみ、夜はカードで遊ぶ。ピョートルはクールラント公女への関心をあからさまに見せつけた。公女のそばから一歩以上離れることはなかった。目の前で花開くこの関係に、しまいにはエカチェリーナの虚栄心も傷ついた。以前は嫉妬を威厳に欠け、非生産的なものとして退けていたにもかかわらず、「私よりも好まれているこの小さな醜い人物のために、自分が軽んじられているのを見ているのは」[3]気にくわないと認める。ある晩、もはや自分の感情を押しとどめておけずに、頭痛を訴え、立ちあがって、部屋を出た。ピョートルの態度を目撃してきたマダム・ヴラジスラヴォワが、寝室でエカチェリーナに「だれもが、あの背中が曲がったチビのほうが大公女殿下よりも好まれていることに衝撃を受け、厭わしく思っています」と言った。「私は目に涙を浮かべて答えた。『わたくしになにができるでしょう?』[4]』」マダム・ヴラジスラヴォワはピョートルの女の趣味の悪さや、エカチェリーナの扱い方を批判した。マダムが手厳しい非難を口にしたのはエカチェリーナのためではあったが、それでもエカチェリーナを泣かせることになった。エカチェリーナが横になり、眠りこんだとたんに、ピョートルが酔っぱらってやってきた。妻を起こし、自分の新しい寵姫の長所をとうとうと述べ始める。エカチェリーナはこのろれつのまわらない独り言から逃れたくて、また眠りこんだふりをした。ピョートルは怒鳴り出す。エカチェリーナが聞いているようすを見せなかったとき、ピョートルは拳を握り、エカチェリーナを二度、強く殴った。そのあと、妻の横にばたんと横たわり、背中を向けて眠ってしまった。翌朝、ピョートルは自分のしたことを忘れたのか、恥じたのか、そのことには触れなかった。話がこれ以上こじれるのを避けるために、エカチェリーナはなにもなかったふりをした。

大斎が近づいたとき、マダム・チョグロコワとピョートルが沐浴をめぐって衝突した。ロシアの宗教伝統では、大斎の第一週に、信者は御聖体をいただく準備として入浴することが定められていた。ほとんどの人びとは共同の公衆浴場で、男女いっしょに裸になって沐浴した。エカチェリーナの沐浴はチョグロコフ夫妻の家に準備されていた。その前夜、チョグロコワがきて、ピョートルに言った。大公殿下も浴場にいらっしゃれば女帝がおよろこびになるでしょう。ロシアの風習、とくに沐浴を嫌っていたピョートルは拒否した。これまで共同浴場にいったことはない。それに沐浴は滑稽な儀式で、自分はまったく重要視していない。チョグロコワが、女帝の命令に背くことになりますと言うと、ピョートルは、浴場にいこうがいくまいが、自分が女帝に払うべき敬意とはなんの関係もない、と言い放った。おまえ、よくもわたしに対して、そんな口がきけたな。わたしの性格にとっては厭うべきものであり、健康にとっては危険となりかねないことを強要されるいわれはない。チョグロコワは言い返した。女帝は殿下を命令不服従で罰せられるでしょう。それを聞いて、ピョートルはさらにいきり立った。「陛下になにができるか、見てみたいものだ。わたしはもう子どもではない[5]」。チョグローコワは、女帝がピョートルを要塞送りにするでしょうと脅す。ピョートルは尋ねた。おまえはそれを自分の裁量で言っているのか、それとも女帝の名において言っているのか。そのあと、大股で室内をいったりきたりしながら、このわたし、ホルシュタイン公爵、支配者である貴公子がこのような恥ずべき扱いを受けるとは、とても信じられない。女帝がわたしに満足されていないのなら、わたしを解放して、故国に返しさえすればよいのだから。チョグローコワは怒鳴り続け、ふたりはたがいに罵倒し合った。エカチェリーナは「どちらもが正気をなくした」(6)と語っている。ようやくチョグローコワは、この足でいまの会話をひとこと漏らさず、女帝に申しあげにまいりますと言って出ていった。

次になにが起きるのか、大公夫妻にはわからなかった。だが、マダム・チョグローコワがもどってきたとき、話の主題はすっかり変わっていた。女官長はふたりに告げた。女帝は夫婦としての両名に対する最大の不満に立ちもどり、子どもができないことに腹を立てて、どちらが非難されるべきか知りたがっている。はっきりさせるために、エカチェリーナには産婆を、ピョートルには医者を遣わして調べさせるつもりだ。あとでこれを聞いたマダム・ヴラジスラヴォワは問いかけた。「まだ処女だというのに、子どもができないことのどこに罪があるのでしょう？　陛下は責任を負うべきはご自分の甥だとお考えになるべきです」

一七五〇年、大斎の最後の週のある午後、ピョートルは自室で巨大な御者の鞭をぴしゃりぴしゃりと振っていた。鞭を大きく右に左にとたたきつけ、召使いたちを部屋の一方の端から反対の端に走らせて悦に入る。そのあと、なにかのはずみで、自分の頬をひどく打ってしまった。傷は顔の左側に広がり、激しく出血。ピョートルは震えあがった。血まみれの頬のために復活祭で人前に出られなくなり、女帝がその原因を知ったら、罰せられるのではないか。ピョートルは助けを求めて、エカチェリーナのもとに駆けこんだ。

ピョートルの頬を見て、エカチェリーナは息を呑んだ。「まあ、いったいどうされたのです」(7)。ピョートルはわけを話した。エカチェリーナはちょっと考え、それから言った。「お助けするよう努力してみましょう。まずお部屋にもどって、だれにも頬を見られないようになさってください。必要なものがそろったらすぐにまいります。なにが起きたのか、だれも気づかないとよろしいのですが」。エカチェリーナは二、三年前、ペテルゴーフの庭園で転び、頬に大きなすり傷を作ったときに、ムッシュー・ギヨンが火傷に使う白鉛の軟膏で傷を隠したのを思い出した。それはとてもうまくいき、エカチェリーナはだれにも気づかれずに、人前に出続けた。エカチェリーナはこの軟膏をもってこさせ、夫のところにいって、じょうずに手当てしたので、鏡を見たピョートル本人にもわからないほどだった。

翌日、ふたりが宮廷礼拝堂で女帝とともに御聖体をいただいているとき、一条の光線がたまたまピョートルの頬にあたった。ムッシュー・チョグローコフが目をとめ、近づいてきて、大公に言った。「頬をおふきなさい。なにか軟膏がついていますよ[8]」。エカチェリーナはすぐに冗談めかしてピョートルに言った。「あら、あなたの妻たるわたくしが、それをふきとることを禁止いたします」。そこでピョートルはチョグローコフのほうを向いて言った。「ご婦人たちがわれわれをどう扱うか、おわかりになったでしょう。ご婦人がいやとおっしゃれば、自分の顔もふけません[9]」。チョグローコフは笑い、うなずくと歩み去った。ピョートルは軟膏をもってきたこと、そしてチョグローコフをごまかした機智について、エカチェリーナに感謝した。チョグローコフが事件を知ることは最後までなかった。

第25章 牡蠣と俳優

一七五〇年の復活祭の土曜日、その夜遅くに始まる伝統的な正教の儀式に出席するために、エカチェリーナは午後五時に寝台にはいった。眠りこむ前に、ピョートルが走りこんできて、言った。起きて、ホルシュタインから到着したばかりの新鮮な牡蠣を少し食べにきなさい。それはピョートルにとって二重の歓びだった。牡蠣が好きだった。そしてそれは生まれ故郷から自分宛に送られてきた牡蠣だった。もし起きあがらなければ、ピョートルは機嫌を損ね、そのあと喧嘩になるだろうとわかっていたので、エカチェリーナは起きあがって、あとについていった。牡蠣を一ダースほど食べたところで、寝台にもどることを許され、一方、ピョートルは残って、さらに食べ続けた。エカチェリーナが気づいたとおり、ピョートルはエカチェリーナがあまりたくさん食べなかったのをよろこんでいた。自分の食べる分がそれだけ多く残るからだ。真夜中前に、エカチェリーナはふたたび起きあがり、服を着て復活祭の礼拝に出かけた。だが、長い聖歌の途中で激しい腹痛に見舞われる。ふたたび寝台にもどり、復活祭の最初の二日間は下痢に苦しめられた。下痢はルバーブを飲んでようやくおさまる。ピョートルはなんともなかった。

女帝もまた、腹痛のために復活祭の礼拝を退出していた。噂は、女帝のご不快をなにか召しあがったもののせいではなく、四人の殿方のあいだで巧みに舵をとらなければならないことから生じる不安のせいにしていた。ひとりはアレクセイ・ラズモフスキー、もうひとりはイワン・シュヴァーロフ、三人目はカチェネフスキーという名の聖歌隊員、四人目は新しく寵臣に出世した士官学校生ベケトフ。

女帝と宮廷がモスクワに移っていたあいだ、元老院議員で士官学校校長のユスポフ公が、配下の士官学校生たちにロシアとフランスの劇を上演させた。演技がへたなら口舌も悪く、芝居は台無しだった。それにもかかわらず、女帝はサンクトペテルブルクにもどると、同じ青年たちに宮廷で演じるよう命じた。青年たちのために、女帝のお好きな色で衣装が製作され、女帝ご自身の宝石で飾られた。主役である十九歳の美青年がいちばんよい衣装を着て、いちばんたくさん宝石を飾っているのは一目瞭然。青年は劇場の外では、ダイヤモンドのバックル、指輪、懐中時計、優美なレースを身につけていた。これがニキータ・ベケトフである。

ベケトフの俳優歴、そして士官学校での経歴はあっと言う間に終わりになった。ラズモフスキー伯爵はベケトフを自分の副官とし、これによって元士官学校生には陸軍内に大尉の位階があたえられた。宮廷人はこれを見て、ラズモフスキーがベケトフを自分の保護下に入れたのは、女帝がイワン・シュヴァーロフに示している関心に対抗するためだと結論した。しかし、ベケトフが昇進して、宮廷内でいちばん迷惑をこうむったのは、当時エカチェリーナの侍女だったアンナ・ガガーリナ公女である。公女はもはや若くはなく、ぜひとも結婚したがっていた。美人ではなかったが、聡明で、自分名義の広大な領地を所有する。不幸なことに、公女が白羽の矢を立てた男がその後、女帝の閉鎖された勢力圏内に引きこまれてしまったのは、これで二度目だった。最初のひとりはイワン・シュヴァーロフ。噂では、女帝が手を出したときには、ガガーリナ公女と結婚するばかりだったらしい。今度は同じことがベケトフの身に起きかけているように見えた。

シュヴァーロフとベケトフのどちらが勝つのか、宮廷は固唾を飲んで見守っていた。ベケトフは、勝ちかけているように見えたとき、思いつきで女帝の聖歌隊の少年たちを自宅に招く。少年たちの声を称讃し、かわいがるようになり、しばしば家に招き、歌を作曲してやった。一部の宮廷人は、女帝が男性間の愛情を忌み嫌っているのを知っていて、ベケトフの行為を性的に解釈した。少年たちと庭園を歩きながら、ベケトフはわが身を罪に陥れていることに気づかなかった。高熱で倒れ、うわごとでエリザヴェータへの愛を口にする。どう考えたらよいのか、だれにもわからなかった。健康を回復したとき、ベケトフは寵を失ったことを知り、宮廷から身を引いた。

ピョートルとの個人的な問題にもかかわらず、ロシアにおけるエカチェリーナの立場は結婚に基礎をおいていた。したがって、ピョートルが困っているとき、ふつうは助けようとした。ピョートルにとっての絶えざる気がかりは、自分が現君主である先祖代々の公爵領ホルシュタインだった。エカチェリーナは生まれ故郷に対するピョートルの感情は大げさであり、常軌を逸しているとさえ思ったが、その気持ちの強さを疑ったことは一度もなかった。『回想録』に書いている。

大公は自分が生まれた地球の片隅に並はずれた情熱をもっていた。十三歳でその土地を離れたにもかかわらず、それは絶えず大公の心を占めていた。それについて話すとき、大公の想像力はいつも熱を帯び、まわりの人はだれひとり、大公の言う驚異の天国である土地に足を踏み入れたことがなかったので、大公は毎日、毎日、それについて夢のような話を語り、それは私たちをほとんど眠らせるのだった。(1)

自分の小公国に対するピョートルの執着は、一七五〇年秋、デンマークの外交官リナール伯爵がサンクトペテルブルクに到着したとき、エカチェリーナを巻きこむ外交問題になった。リナールの目的は、自国の管理下にある北海沿岸のオルデンブルク公領とホルシュタインの交換をもちかけることだった。ベストゥージェフ伯爵は、ロシアとデンマークのあいだで結ぼうとしている同盟の障害を取り除けるので、この交換の早急な実現を望んだ。ベストゥージェフにとって、ピョートルが自分の公爵領にかける思いなどには、なんの重要性もなかったのである。

リナール伯爵が任務の内容を告げたとき、ベストゥージェフはホルシュタイン公使ヨハン・ペヒリン男爵を呼び出し、リナールと交渉を開始する権限をあたえた。ペヒリンは小柄で太り、抜け目がなく、ベストゥージェフの信頼を得ていた。名義上の主人である大公ピョートルを安心させるために、話を聞くのは交渉をするのとは違います、と言った。交渉と承認とはまったくかけ離れたことです。殿下は、お望みのときはいつでも、話し合いを中断する権利を保持していらっしゃいます。ピョートルはペヒリンに交渉開始を許したが、エカチェリーナの助言をあてにしていた。

私はこの交渉話をひじょうに不安な気持ちで聞いた。そして自分にできるかぎりのことをして妨害しようとした。大公はこの話を、とくに婦人たちには絶対に秘密にしておくようにと忠告されていた。「婦人たち」というのはもちろん、私を指していたが、それは空頼みというものだった。夫はつねに自分の知っていることはすべて、ぜひとも私に話したがったからだ。交渉が進展するにつれて、すべてを大公の有利に見せかけようとの試みが、ますます成されるようになった。大公が、得ることになるものを予測してよろこんだあと、放棄しなければならなくなるものをひどく悔やむという場面を、私は何度も目にした。大公がためらっているのを見て、会議は速度を落とした。ものごとが大公の目により魅力的に見えるようにと、なにか新しい誘惑の種がでっちあげられたあと、ようやく会議が再開された。だが夫はどうすべきかわからずにいた。(2)

このときのオーストリア大使、ベルニス伯爵は五十歳になる聡明で感じのよい男で、エカチェリーナとピョートルの両方から尊敬されていた。「もしこの方、あるいはだれかこのような人が大公にお仕えしていたら、大いによい結果となっただろう(3)」とエカチェリーナは書いている。ピョートルは、交渉の件でベルニスに相談することに同意した。自分では大使に話したくはなかったので、エカチェリーナに代わって話をしてくれと頼む。エカチェリーナはよろこんで引き受け、次の仮面舞踏会で伯爵に近づき、自分の若さ、経験不足、国事に対する理解不足について率直に話した。そんなわたくしであっても、ホルシュタインの状況は言われているほどに絶望的ではないように思われます。さらに交換そのものは、大公個人よりもロシアにより大きな利益をもたらすように見えます。認めましょう。たしかに、ロシア帝位継承者として、大公はロシア帝国の利益に関心をもつべきです。そして、どこかの時点で、デンマークとの果てしない争いを終わらせるために、ホルシュタインを放棄することが、ロシアの利益にとってどうしても必要になったら、大公も同意をあたえるでしょう。しかしながら、現在のところ、この件全体には陰謀の雰囲気がしますし、もしそれが成功すれば大公を大いに弱体化して見せることになるでしょうから、大公は公の目に対して、二度と立ちあがれないのではないでしょうか。大公はホルシュタインを愛しています。それでも、それにもかかわらず交渉者たちは、大公が本当にはその理由を理解できないままに、交換するようしつこく説得し続けています。

ベルニス伯爵は話を聞き、答えた。「大使として、わたくしはこの件について、なんの指示も受けておりません。しかし、ベルニス伯爵個人としては、大公女殿下が正しいと考えます(4)」。ピョートルはあとでエカチェリーナに、大使が自分にこう話したと言った。「わたくしに申しあげられるのは、わたくしは奥方さまが正しいと考え、奥方さまの言うことをお聞きになるのがよろしいだろうということだけです」。結果として、ピョートルは交渉に熱意を失い、最終的に領土交換の提案は見送られた。国際的な外交への最初の賭けで、エカチェリーナはベストゥージェフ伯爵を出し抜くことに成功した。

第26章 読書、ダンス、そして裏切り

ピョートルの行動はつねに予測不可能だった。冬のあいだはずっと、カプチン会修道院の様式でオラニエンバウム近くに別荘を建てる計画に没頭していた。この別荘では、ピョートルとエカチェリーナ、そしてふたりの宮廷の人びとはカプチン会士の茶色の僧服を着る。それぞれが自分専用のロバをもち、交替でロバを牽いて、「修道院」に水や食糧を運ぶ。細かいことを考えつけばつくほど、ピョートルはますます自分の創作に興奮した。エカチェリーナはピョートルをよろこばせるために、鉛筆で建物のスケッチを描き、建築上の特徴に毎日変更を加えた。この手の会話にはぐったりさせられた。ピョートルの話は「ほかに匹敵するものを経験したことがないほど退屈だった。大公がそばを離れると、最高に退屈な書物も愉快に思えた(1)」。

書物がエカチェリーナの避難所だった。ロシア語学習に本腰を入れたので、手にはいるロシア語の本はすべて読んだ。だが、フランス語がお気に入りの言葉であり、フランス語の本ならなんであろうと、侍女がたまたま読んでいる本でもとりあげて、えり好みせずに読みまくった。いつも一冊、自室においておき、もう一冊はポケットに入れて持ち運んだ。ルイ一四世の宮廷生活を記述したセヴィニエ夫人の書翰集を知る。最近フランスで出版されたジョゼフ・バールの『ドイツ通史』一〇巻がロシアに到着すると、毎週、一巻ずつ読んだ。フランスの哲学者で、モンテスキューやヴォルテールの先

駆者にあたる十七世紀の自由思想家、ピエール・ベールの『歴史的・批判的辞典』を手に入れ、最初から最後まで目を通した。エカチェリーナは自分自身の好奇心に導かれて、しだいにより高度の教養を身につけつつあった。

知的に成長するにつれて、エカチェリーナは肉体的にも以前より魅力的に見られるようになっていった。「私の腰はほっそりしていた。足りないのは少々の肉づきだけだった。とても痩せていたからだ。髪粉はつけずにいるのを好んだ。私の髪はとても美しい茶色で、豊かで丈夫だったからだ」。エカチェリーナには称讃者がいた。しばらくのあいだ、そのなかでもいちばんしつこかったのは、ほかならぬニコライ・チョグローコフである。チョグローコフはコシェレワ嬢との情事のあと、大公女にのぼせあがった。エカチェリーナは、チョグローコフがこちらに向かって、微笑し、ばかみたいにうなずくのに気づいた。じっと見つめられるとぞっとした。「チョグローコフは金髪で、気どり屋、とても太っていて、精神も肉体も動きが鈍かった。だれからも蟇《がま》のように嫌われていた。私は、決して無礼にならないようにしながら、なんとかその注目から逃れた。これはチョグローコフの妻にも一目瞭然で、妻は私に感謝した(2)」

エカチェリーナの魅力がいちばん発揮されるのは踊っているときだった。着るものは注意深く選んだ。一着のドレスがみんなからほめられると、もう二度と着なかった。最初に着たときに強い印象をあたえると、そのあとは印象が弱まるだけだというのがエカチェリーナの規則。宮廷の私的な舞踏会では、できるだけ簡素に装った。これは、婦人がこういった機会に大げさに装うのを好まなかった女帝の気に入った。男装が命じられるときには、豪華絢爛に刺繡を施した服で登場。これもエリザヴェータの気に入ったようだ。

宮廷の女性が壮麗と優美を競うような特別な仮面舞踏会の一回では、ざっくりとした白布のボディスと小さな輪骨がはいった同じ素材のスカートだけを、身につけることにした。長い豊かな髪はカールさせ、簡素なポニーテールにまとめて、白いリボンを結ぶ。髪に薔薇をただ一輪、首には白い紗の飾り襟、同じ素材のカフと小さなエプロン。大広間にはいると、女帝のところまで歩いていった。エリザヴェータは満足そうに言った。「まあ、なんと慎ましやかな！[3]」エカチェリーナは女帝のもとを意気揚々と辞去し、すべてのダンスを踊った。「わが人生で、あの夜のようにだれからも高く称讃された記憶はない。真実を言えば、私は自分が美しいと思ったことは一度もなかった。だが、私には魅力があり、人に気に入られる方法を知っていた。それが私の強さだったと思う」

元寝室付の近習ザハール・チェルヌイショーフが、五年間の不在のあと、陸軍大佐としてサンクトペテルブルクに帰ってきたのは、この一七五〇年から五一年にかけての冬、舞踏会や仮面舞踏会のシーズン中である。チェルヌイショーフが出発したとき、エカチェリーナは十六歳の小娘だった。いまでは二十一歳の女になっていた。

私はチェルヌイショーフと会ってとてもうれしかった。チェルヌイショーフの側も、私に愛情のしるしを示す機会はひとつも逃さなかった。私は相手の好意をどう解釈するか考えければならなかった。チェルヌイショーフは、ずっとお美しくなられましたと言うことから始めた。だれかが私にそのようなことを言ったのは人生で初めてであり、それはうれしかった。この男を信じるくらいに、私は単純だったのだ[4]。

すべての舞踏会で、チェルヌイショーフはこの種の言葉を口にした。ある日、侍女のガガーリナ公女が感傷的な詩が印刷された恋文を届けてくる。チェルヌイショーフからだった。翌日、チェルヌイショーフからまた封筒を受けとったが、今回は、自筆で書かれた数行のメモがはいっていた。次の仮面舞踏会で、エカチェリーナと踊りながら、チェルヌイショーフは紙の上には書けないことで、言うべきことが何千もございますと言い、お部屋で短時間、お目にかからせてくださいと懇願した。エカチェリーナは言った。それは不可能です。わたくしの部屋は立入り禁止です。チェルヌイショーフは、必要ならば召使いに変装しましょうと告げる。エカチェリーナは拒否。「こうして、ものごとは封筒に詰めこまれたメモから先には進まなかった(5)」。謝肉祭の一か月が終わると、チェルヌイショーフは連隊にもどっていった。

この二十代前半の数年間、エカチェリーナは皇室のシンデレラの生活を送っていた。夏の日々は牧場を馬で走り、フィンランド湾沿いの沼地で鴨を撃った。冬の夜は、宮廷舞踏会の美女として踊り、ささやき声で告白を交わし、優しい青年たちからロマンティックなメモを受けとった。こういった時間がエカチェリーナの夢の世界を構成していた。だが日常生活の現実は違っていた。それは欲求不満と拒絶と否定に満ちていた。

衝撃的な出来事のひとつは、ある日、マダム・チョグローコワから、女帝がエカチェリーナの寝室付の従者で友人でもあるチモフェイ・エヴレイノフを追い出したと告げられたことである。エカチェリーナとピョートルにコーヒーを給仕する男と、エヴレイノフとのあいだに諍いがあった。ふたりが争っているときに、ピョートルが不意にはいってきて、ふたりの男がたがいに侮辱の言葉を怒鳴り合うのを耳にした。エヴレイノフの敵は出ていき、ムッシュー・チョグローコフに、エヴレイノフは帝位継承者がいるのに敬意も払わず、自分に侮辱の言葉を浴びせかけたと訴えた。チョグローコフは急ぎ事件を女帝に報告に走り、女帝はその場で両名を宮廷から追い出した。「真実は、エヴレイノフももうひとりも、私たちに深く身を捧げていたことである」[6]と、エカチェリーナは述べている。女帝はエヴレイノフの代わりに、ワシリー・シュクーリンという名の男をつけた。

その直後、ある事件をめぐってエカチェリーナとマダム・チョグローコワが激突する。この事件では、シュクーリンが重要な役を果たした。エカチェリーナの母親ヨハンナ公女がパリから娘に宛てて、美しい布地を二枚送ってきた。エカチェリーナは化粧室で布地にうっとりと見とれ、シュクーリンのいる前で、とても美しいから女帝への贈物にしたい、とうっかり口にしてしまった。エカチェリーナは女帝陛下に話す機会を待った。個人的な贈物として、自分の手で渡したかったからだ。シュクーリンには、いま聞いたことをだれにも話してはいけないと念を押しておいた。シュクーリンはすぐさまマダム・チョグローコワのところにいき、聞いたことを報告。数日後、女官長がエカチェリーナのところにやってきて、告げた。女帝が布地のお礼をおっしゃっています。女帝が一枚をおとりになり、もう一枚は大公女殿下がお手元においておくようにお返しになります。エカチェリーナはものも言えないほど驚いた。「マダム・チョグローコワ、いったいどういうわけです？[7]」チョグローコワは答えた。エカチェリーナが布地を女帝に差しあげるつもりだと聞いたので、代わりにお届けしました。エカチェリーナは唇が震えて言葉にならないほどだったが、なんとかチョグローコワに言った。布地は自分で陛下に差しあげるつもりでしたのに。あなたがわたくしの意図を知っているわけはない、なぜならわたくしはその話をしていないのだから。わたくしの計画に気づいたのは、裏切者の召使いの口を通してでしかありえない。チョグローコワは答えた。大公女殿下には女帝に直接話すことは禁じられており、殿下の召使いには、殿下が自分たちのいるところで言ったことはすべて、わたくし、マダム・チョグローコワに報告するよう命じられているのはご存じのはずです。結果として、召使いは自分の義務を、そしてわたくしは女帝に布地を届けることで自分の義務を果たしたにすぎません。ひとことで言えば、すべてが規則どおりにおこなわれたのです。エカチェリーナは答えられなかった。激しい怒りのために言葉を失っていた。

マダム・チョグローコワが出ていったあと、エカチェリーナはシュクーリンが午前を過ごす狭い控えの間に飛んでいき、その姿を見ると、力一杯、平手打ちを食わせて言った。わたくしが話してはいけないと言いつけておいたことを、生意気にもマダム・チョグローコワに報告するなんて、おまえは恩知らずの裏切者だ。おまえに贈物を雨あられと降らせてやったのに、それでもわたくしを裏切った。シュクーリンは膝からくずおれ、許しを請うた。エカチェリーナはシュクーリンが深く悔いているようすに心を動かされ、これからのおこないが、今後、どう扱われるかを決めるのだと告げた。続く数日間、エカチェリーナは事件が女帝の耳にはいるようにと、あらゆる人に、チョグローコワの振舞いを大声で訴えかけた。どうやらそれは女帝の耳に届いたようである。その後、大公女と顔を合わせたとき、女帝は贈物のお礼を言われた。

第3部

誘惑、母性、対決

第27章 サルトゥイコフ

一七五一年九月、女帝は三名の青年貴族を大公ピョートルの近習に任命した。一人目のレフ・ナルイシキンはピョートル大帝の母ナターリヤ・ナルイシキナを輩出した家柄の出だった。レフ自身は機智に富んだ感じのよいひょうきん者で、だれからも好かれたし、またたれからもまじめに受けとられることはなかった。エカチェリーナはレフを、わが生涯で、ほかのだれよりも自分を笑わせてくれた人だと言っている。

レフ・ナルイシキンは生来の道化で、もし貴族の生まれでなかったら、喜劇役者としてひと財産作れただろう。機智に富み、あらゆる噂話を仕入れてきた。ほとんどすべてのことについて、上っ面だけの知識を幅広く所有しており、どんな芸術や科学についても技術用語を使って一五分は話し続けられた。最後には、本人もほかのみんなも、その口からあふれ出てくる言葉の奔流を理解できなくなり、全員がただわっと笑い出すのだった。(1)

残りのふたりはサルトゥイコフ兄弟、ロシアでもっとも古く、またもっとも高貴な家系の子息たちである。父親は女帝の補佐だった。母親は、一七四一年にエリザヴェータが帝位を奪取したときの献身的働きによって、女帝からかわいがられていた。兄のピョートルは無骨者で、エカチェリーナの描写によれば、「言葉のあらゆる意味において愚か者だった。私が目にしたなかで、もっとも頭の悪そうな顔をしていた。じっと動かないふたつの大きな目、平べったい鼻、いつもぽかんと半開きになっている口。悪名高い噂好きであり、その点でチョグローコフ夫妻とみごとに気が合った(2)」。

サルトゥイコフ兄弟のふたり目、セルゲイはまったく違っていた。美男子で冷酷無情、女性を誘惑することを人生の目的とする男である。浅黒い肌と黒い瞳、中背で筋肉質だが、優雅だった。絶えず新たな勝利を求め、魅力と約束としつこさを、とにかくうまくいくように組み合わせて使い、いつもまっしぐらに仕事にとりかかる。障害があれば、いっそうやる気になるだけだ。初めてエカチェリーナに目をとめたのは二十六歳のとき。その二年前に、女帝の侍女のひとりマトリョーナ・バルクと結婚していた。この結婚はひと目惚れの結果だった。サルトゥイコフはツァールスコエ・セローでブランコに乗るマトリョーナを見た。スカートがそよ風をはらみ、娘のくるぶしを露わにした。サルトゥイコフは翌日、結婚を申し込む。いまではマトリョーナに飽きていて、なにか新しいものを待ちかまえ、エカチェリーナが夫からあからさまに無視され、周囲の人びととのつきあいに飽き飽きしているようすを観察していた。大公女が厳しく監視されているという事実が、さらなる魅力となり、大公の妻であることが賞品をなおいっそう輝かせた。そしてエカチェリーナがまだ処女であるという、広く口の端にのぼっている噂が挑戦を抵抗しがたくした。

エカチェリーナは青年がすぐにチョグローコフ夫妻と親しくなったのに気づき、それを奇妙だと思った。「夫妻は賢くもなければ人に好かれるたちでもなかったので、サルトゥイコフがこういった心遣いをしたのには、なにか下心があるはずだった。少しでも良識のある人間であれば、なにか密かな目的がないかぎり、この傲慢で自己中心的なふたりの愚か者が話しているばか話を一日中聞いていることはできなかっただろう」(3)。マリヤ・チョグローコワはまたしても妊娠しており、ほとんど自室に閉じこもっていて、大公女にこちらにおいでくださいと言ってくる。エカチェリーナが出かけると、たいていはニコライ・チョグローコフのほかにも、セルゲイ・サルトゥイコフ、レフ・ナルイシキン、その他がいるのだった。チョグローコワの部屋で過ごす午後や夕べ、サルトゥイコフは巧妙な方法を考え出して、ニコライ・チョグローコフを忙しくさせておいた。この鈍感で想像力に欠ける男には、つまらない詩を書く才能があるのに気づいたのだ。サルトゥイコフは、チョグローコフの詩を大げさにほめ称え、もっと聴かせてくれと頼んだ。このとき以降、この男の注意を逸らしておきたいときはいつも、ひとつの題を出して、へぼ詩人に詩を創るように頼む。自尊心をくすぐられたチョグローコフは急いで部屋の隅に引っこみ、ストーブのわきに腰をおろして、書き始める。一度、詩作を始めると、完全に没頭するので、ひと晩中、椅子から立ちあがらない。その詩はすばらしくて、魅力的だと評され、詩人は次の作品にとりかかる。レフ・ナルイシキンがクラヴィコードで詩に曲をつけ、チョグローコフと歌った。だれも聴いていなかった。部屋にいる全員が、邪魔をされずに自由に話を続けられた。

セルゲイ・サルトゥイコフはこの仲間意識と陽気なごまかし作戦の雰囲気のなかで、自分の売りこみを開始した。ある晩、エカチェリーナに愛についてささやき始める。エカチェリーナは警戒心と歓びの入り混じった気持ちで聴いていた。答えはしなかったが、やめさせようともしなかった。サルトゥイコフはしつこかった。次のとき、エカチェリーナはおずおずと、わたくしになにをお望みなのですかと尋ねてみる。サルトゥイコフは、エカチェリーナと分かち合いたいと願う至福の状態を描き出した。エカチェリーナはさえぎった。「では、奥さまは？　二年前に、恋ゆえに結婚をされた奥さまは？　なんとおっしゃるでしょう？」(4) サルトゥイコフは肩をすぼめて、マトリョーナを船の外に放り出した。

「光るものすべてが黄金ではありません」(5)。一瞬ののぼせあがりに高いつけを払っているのです。エカチェリーナに寄せる気持ちはより深く、より長く続き、より貴重な金属に刻みこまれているのだと断言する。

のちにエカチェリーナは、自分が導かれていった小道をこう描き出している。

サルトゥイコフは二十六歳で、生まれやその他多くの長所から、特筆すべき貴紳であった。自分の欠点を隠す方法を知っていた。最大の欠点は術策を好み、原則をもたないことだった。当時の私には、こういった短所ははっきりとは見えなかった。ほとんど毎日、いつも宮廷のいる前で顔を合わせたが、私は態度を変えなかった。サルトゥイコフをほかのみんなと同じように扱った(6)。

最初、エカチェリーナはサルトゥイコフを寄せつけなかった。自分に言い聞かせた。いま感じている心の動揺は憐れみなのだ。誤りの結婚に囚われたこの美青年が、大公女であり帝位継承者の妻であって、手を触れえないと知りながら、わたくしのためにすべてを危険に晒そうとしているとは、なんと悲しいことなのだろう。

残念なことに、私はサルトゥイコフの話に耳を貸さずにはいられなかった。サルトゥイコフは曙のように美しく、たしかにこの点については女帝の宮廷に並ぶ者はいなかったし、私たちの宮廷ではなおさらだった。それに、上流社会の、とりわけ宮廷の特質である知識、物腰、スタイルの洗練にも欠けていなかった(7)。

エカチェリーナはサルトゥイコフと毎日、顔を合わせた。サルトゥイコフに、それとなく、あなたは時間を無駄にしていると言ってみる。「わたくしの心がほかのだれかのものではないと、どうしておわかりになりますの？」(8) エカチェリーナは演技のへたな女優だった。恋のいろはに通じたサルトゥイコフは、エカチェリーナの拒絶の言葉をなにひとつ本気にしない。のちにエカチェリーナが言ったように、「私は春いっぱい、そして夏のあいだしばらく屈服せずにいた」のがやっとだった。

一七五二年のある夏の日、チョグローコフがエカチェリーナ、ピョートル、そして若い宮廷を、狩り遊びのために、ネヴァ河に浮かぶ自分の島に招いた。島に到着すると、一行のほとんどは馬にまたがり、野兎を求めて、犬たちのあとを走り去った。サルトゥイコフは他の人びとが見えなくなるまで待ち、そのあとエカチェリーナと並んで馬を走らせ、エカチェリーナいわく「またしてもお気に入りのお題を始めた」(9)。ここでなら声を低める必要もない。男は密やかな恋愛遊戯の歓びを描き出す。エカチェリーナは黙っていた。サルトゥイコフは懇願した。せめて自分には望みがあると信じさせてほしい。エカチェリーナはようやくの思いで、なんでもお好きなことをお望みになればよい、と答える。わたくしにはあなたの思いをどうこうはできないのですから。サルトゥイコフは自分を宮廷にいる他の青年たちと比較して尋ねる。いちばんのお気に入りはわたしではありませんか？　わたしでなければだれ？　エカチェリーナは言葉もなく頭を振ったが、「私は、サルトゥイコフを気に入っていると認めなければならなかった」(10)。このメヌエット、男にとってはいつもの決まり仕事が一時間半続いたあと、エカチェリーナはいきなさいと命じた。ふたりきりの長い会話は疑いを呼ぶかもしれない。サルトゥイコフは、エカチェリーナが同意するまではそばを離れないと言う。「ええ、わかったわ。さあ、おいきなさい」(11)「それでは決まりですね。約束ですよ」。サルトゥイコフは馬に拍車をかけた。エカチエリーナはそのうしろ姿に呼びかけた。「いいえ、嘘よ!」「ええ、わかったわ、ですね!」とサルトゥイコフは叫び、走り去った。

その晩、狩りの一行は晩餐のために、島にあるチョグローコフの屋敷にもどった。食事中に、強い西風がフィンランド湾からネヴァ河のデルタに水を押しあげ、低い島はすぐに全体が深さ数フィートの水に沈んでしまった。客たちは朝の三時まで屋敷に取り残された。サルトゥイコフはこの時間を利用して、エカチェリーナに天そのものも自分の求愛を応援しているのだと繰り返した。なぜならば、嵐は、あなたといっしょにいる時間を引き延ばしてくれるのだから。「サルトゥイコフはすでに自分を勝利者と信じていた。だが、私にとっては、状況はまったく違っていた。何千もの不安が私の心を乱していた。私は自分が、このとき、サルトゥイコフの熱き思いと私の熱き思い、その両方の手綱をとっておけると考えていた。私はそれが難しく、おそらくは不可能になるだろうと気づいた(12)」。たしかに不可能だった。だが、その直後——一七五二年八月、あるいは九月のどこかの時点で——セルゲイ・サルトゥイコフは目的を達成した。

だれもふたりの情事を知らなかった。しかし、ピョートルは鋭く言い当てた。「セルゲイ・サルトゥイコフとわたしの妻はチョグローコフを欺いている(13)」と、そのころ追いかけていた侍女に語っている。「あのふたりは、なんでも自分たちの望むとおりのことをチョグローコフに信じさせて、その背中で笑っているのだ」。ピョートル自身は浮気をされても気にしなかった。妻が浮気をすることで、その愚かなチョグローコフをからかっているのだと考えた。より重要なのは、女帝もマダム・チョグローコワもエカチェリーナの新しい関係に気づかなかったことである。その夏、ペテルゴーフとオラニエンバウムで、エカチェリーナは毎日、乗馬に出かけた。いまでは見かけをそれほど気にしなくなり、女帝の目をごまかすのをやめて、いつも男性のように馬にまたがった。ある日、エカチェリーナを見て、エリザヴェータはマダム・チョグローコワに、あんな乗り方をするから子どもができないのだと言った。チョグローコワは大胆にも、乗馬はエカチェリーナに子どもがいないという事実とはなんの関係もないと答えた。結局のところ、子どもは「まず最初になにかが起こらなければ[14]」姿を現しません。大公夫妻が結婚して七年になるにもかかわらず、「まだなにも起きておりません」。エリザヴェータはこう面と向かって言われて——この話をいまだにまったく信じようとはしなかった——腹を立て、チョグローコワを怒鳴りつけた。おまえがあの夫婦に義務を果たさせていないのだ。

尻に火がついたマダム・チョグローコワは、女帝の望みがかなえられるように、決然と奮闘を始めた。まず大公の従者のひとり、ブレッサンという名のフランス人に相談。ブレッサンは大公に、魅力的で、性的な経験があり、また、ピョートルよりも社会的地位の低い女性と肉体的な交わりをもたせるように勧めた。マダム・チョグローコワは賛成し、ブレッサンは若き未亡人のマダム・グロートを見つけ出してきた。マダムの亡き夫はシュトゥットガルト出身のL・F・グロート、エリザヴェータがロシアに呼び寄せた西欧の画家のひとりである。マダム・グロートに自分にはなにが期待されているのかを説明し、それに応じるよう説得するのにはちょっと時間がかかった。教師のほうがこの任務を引き受けると、ブレッサンは教師を生徒に紹介。その後、音楽とワインとおふざけ——教師の側では忍耐——の雰囲気のなかで、ピョートルの性教育はなんとか目的を達成した。

ピョートルがマダム・グロート相手に成功したことは、自分自身の外見について感じていたと思われる心理的抑制を、未亡人がうまく克服したことを意味する。包茎に悩まされていたのが事実ならば、この問題もまた時間の経過によって解決されていたはずだ。あるいはまた別の説もあり、こちらはエカチェリーナの伝記中で初めて包茎説を提示したフランス人外交官のジャン＝アンリ・カステラが紹介している。カステラによれば、サルトゥイコフはエカチェリーナの誘惑に成功してしまうと、処女と言われており、その夫が帝位継承者である女の愛人という立場に潜む危険に不安を覚えるようになった。継承者の妻が妊娠したら? 自分はどうなる? サルトゥイコフはわが身を守ろうと考えた。大公が貴賓として招待された男だけの食事で、サルトゥイコフは話を性の歓びに向けた。完全に酔っていたピョートルは、自分はそういった快感を味わったことは一度もないと認めた。そこで――と話は続く――サルトゥイコフ、レフ・ナルイシキンその他、出席していた連中は大公に懇願した。いまここで矯正的な外科手術を受けてください。ピョートルは頭をくらくらさせながら、同意の言葉をつぶつと口にした。すでに準備を整えて待機していた医者と外科医が呼び入れられ、その場で手術がおこなわれる。傷が癒え、マダム・グロートが個人授業を終えたとき、大公には完全な夫となる準備が整っていた。そのあと、ピョートルの妻が妊娠しても、責任はセルゲイ・サルトゥイコフにあるとはだれにも言えないだろう?

実はサルトゥイコフには心配する必要はなかったのである。ピョートルに関しては女帝の命令を実行したマダム・チョグローコワは、すでにエカチェリーナの問題に目を向けていた。女官長はエカチェリーナがいまだに処女だと考えていた。ピョートルがマダム・グロートを抱いたときにうまくやったからと言って、エカチェリーナ相手にも同じように成功するとはかぎらない。たとえピョートルが肉体的行為をなんとか成し遂げたとしても、それが受胎に帰結するかどうか、なんの保証もない。より確実な道が必要だ。おそらくは、よりあてになる男が必要だ。

女帝の命令実行に際しては自分に幅の広い裁量があたえられていると了解して、マダム・チョグローコワはある日、エカチェリーナをわきに呼び、言った。「真剣にお話をしなくてはなりません(15)」。そのあとに続いた会話はエカチェリーナを驚かせた。

マダム・チョグローコワはいつものように、長い前置きから始めた。夫に対する自分の愛、自分自身の美徳と慎重さ、おたがいの愛を確かなものにし、夫婦間の関係をたやすくするのに必要なこと。だが、そのあと、話の真っ最中で流れを逆転させて言った。ときにはより高い利益のために、こういった規則に例外を認める必要が出てくるような状況がある。祖国に対する愛国的な義務が、夫に対する義務に優先する場合である。私は口をはさまずに、マダムに話を続けさせた。なにをほのめかしているのか、皆目見当がつかず、私に罠をしかけているのではないかと疑った。私がじっくりと考えていると、マダム・チョグローコワは言った。「きっとお心のなかに、とくにおひとりお好きな方がいらっしゃるのでしょう。セルゲイ・サルトゥイコフとレフ・ナルイシキンのどちらか、お好きなほうをお選びください。私が間違っているのでなければ、ナルイシキンのほうだと思いますけれど」。これを聞いて、私は叫んだ。「いいえ、とんでもない！」「それではとマダム・チョグローコワは言った。「ナルイシキンでなければ、サルトゥイコフでしかありえませんわね(16)」

エカチェリーナは黙っていた。女官長は続けた。「これからおわかりになると思いますが、大公女殿下のおじゃまをするのはわたくしではありませんよ(17)」。チョグローコワはその言葉どおり、親切だった。これ以降、セルゲイ・サルトゥイコフがエカチェリーナの寝室にはいるとき、チョグローコワとその夫はただわきにのいていた。

主役の三人――エカチェリーナ、ピョートル、セルゲイ――はややこしい状況に陥った。エカチェリーナは、自分に愛を誓う男、処女妻として過ごした七年間をわきに押しのけて、肉体の愛について教えてくれる男を愛していた。その一方で、エカチェリーナには、結婚以来、妻には一度も手を触れず、相変わらず妻に欲望を抱かず、妻に愛人がいるのに気づきながら、それは刺激的な冗談にすぎないと考えている夫がいた。セルゲイはピョートルの存在を格好の口実として利用した。

エカチェリーナは幸せなはずだった。だが、セルゲイ・サルトゥイコフの態度のなかのなにかが変化しかけていた。秋、宮廷が冬宮にもどったとき、セルゲイは落ち着かなく見えた。その熱き思いは弱まりかけているようだった。エカチェリーナがとがめると、サルトゥイコフは警戒する必要があると強調し、もっとよくお考えになれば、わたしが分別をもって慎重に振舞っているのがおわかりになるでしょうと説明した。

エカチェリーナとピョートルは一七五二年十二月にサンクトペテルブルクを発ち、女帝と宮廷を追ってモスクワに向かう。エカチェリーナはすでに妊娠の兆候を感じていた。橇は昼夜を徹して走り、モスクワのひとつ手前の宿駅で、エカチェリーナは激しい痙攣に見舞われ、大量に出血した。流産だった。その直後、セルゲイ・サルトゥイコフはモスクワに到着したが、その態度は相変わらずよそよそしかった。それでも、そんなふうに振舞う理由――目立たないようにして、疑いがもちあがるのを避ける必要がある――を繰り返しはした。エカチェリーナは相変わらずサルトゥイコフを信じていた。「サルトゥイコフの顔を見て、言葉を交わすと、そのとたんに私の不安は消え去った(18)」

安心したエカチェリーナは相手をよろこばせたくて、サルトゥイコフからの政治に関する提案に同意した。サルトゥイコフは自分のために、宰相のベストゥージェフと接触して、出世に手を貸すよう話してくれ、と頼んできた。エカチェリーナにとって、承諾するのは簡単ではない。七年のあいだ、宰相をロシアにおける最強の敵と見なしてきたのである。ベストゥージェフはエカチェリーナを挑発し、屈辱に晒してきた。反ヨハンナの動きの背後にいた。番犬チョグローコフ夫妻を任命したのは宰相だった。個人的な手紙のやりとりを禁じた張本人だ。エカチェリーナは公の場では一度も抗議しなかった。宮廷でいずれかの派閥に与《くみ》することを注意深く避けてきた。自分自身の不確かな立場ゆえに、歩むべき最良の道は全方位で友情を育むことだと信じていた。政治的な策略には興味がないように見えた。エカチェリーナの優先順位は、いかにもロシア的な特徴をすべて身につけ、それによって、みずからのプロイセンのアイデンティティを消し去ることにあった。いま、自分を妊娠させた男への愛情に動かされ、その男を失う恐怖に怯えて、こういった配慮をわきにおき、エカチェリーナは男の頼みを実行した。

第一歩として、ベストゥージェフ伯爵に「私が以前ほどの敵意は抱いていないと信じさせるような言葉を二こと三こと」[19] 書き送る。宰相の反応には驚かされた。ベストゥージェフはエカチェリーナの申し出を歓迎した。なんなりとお申しつけください、と言い、たがいに連絡をとり合うために、安全なルートを指示するよう要請してきた。これを聞くと、サルトゥイコフはいても立ってもいられず、表敬を口実にただちに宰相を訪ねる。老人はサルトゥイコフを温かく迎え、ふたりきりで宮廷の内輪の世界について話し、とくにチョグローコフ夫妻の愚かさを強調した。「あなたは良識のある青年ですから、わたしと同様にあのふたりの本質を見抜けることはわかっています」[20] とベストゥージェフは言った。それからエカチェリーナのことを話題にした。「大公女殿下がわたしにお示しくださった善意のお礼に、殿下がわたしに感謝してくださるようなちょっとしたことをしてさしあげましょう。マダム・ヴラジスラヴォワを大公女に対しては羊のようにおとなしくさせましょう。そうすれば大公女殿下はご自分のお好きなようになされます。わたしが、殿下がお考えになっているような人食い鬼ではないことがおわかりになるでしょう」。エカチェリーナは、何年も恐れてきた敵を一気に変身させた。

この強力な男がいまやエカチェリーナに、そしてそのおまけとしてサルトゥイコフに支援を申し出ている。「ベストゥージェフはサルトゥイコフに、賢いと同時に有益な忠告をたくさんあたえた。このすべてが、宰相を私たちにとって身近な人間にした。生きている人間で、ベストゥージェフほどに賢い人はいなかった(21)」

新たな同盟はどちらの側にも利益をもたらした。エカチェリーナはベストゥージェフが自分と自分の家族に次々とあたえた屈辱にもかかわらず、宰相の知力と行政力を認めていた。これは自分にもサルトゥイコフにも役に立ちうるだろう。ベストゥージェフの視点から見れば、エカチェリーナからの和解の申し出は渡りに船だった。エリザヴェータの新しい寵臣イワン・シュヴァーロフの台頭が宰相の立場を揺るがしていた。新しい寵臣は、ラズモフスキーのように、ただ愛想がよくて怠惰なだけではない。シュヴァーロフは頭がよく、野心的で、強力な親仏派であり、従兄弟たちのために、政府内に影響力のある地位をせっせと確保しているところだった。それに加えて、ベストゥージェフはエリザヴェータの健康にも不安を抱いていた。エリザヴェータはますます病気になることが多く、回復にかかる時間もしだいに長くなった。もし女帝が死ねば――いや、むしろ女帝が死んだとき――ピョートルが帝位を継承する。それはプロイセンのフリードリヒを崇拝するピョートルである。宰相の外交基盤であるオーストリアとの同盟を嫌悪するピョートル。しがない小国ホルシュタインの利益のために、ロシア帝国の利益をよろこんで犠牲にするであろうピョートル。ベストゥージェフははるか以前から、大公女がその夫よりもずっと頭脳明晰であり、ロシアの利益に対しては、ピョートルが無関心、あるいは敵対的であるのと同じくらいに好意的であることに気づいていた。エカチェリーナを味方にすることは、目下の自分の地位を下支えし、おそらくは未来にさらなる力を加えることを意味した。エカチェリーナがともに仕事をしようと提案したとき、ベストゥージェフはすぐに同意をした。

一七五三年五月、流産から五か月後、エカチェリーナはふたたび妊娠。数週間をモスクワ近郊の田園の離宮で過ごし、散歩と馬車をゆっくり走らせるだけにとどめておいた。モスクワにもどるころには、ひどい眠気に襲われたので昼まで眠り、エカチェリーナを正午の食事のために起こすのはひと苦労だった。六月二十八日、腰に痛みを感じる。産婆が呼ばれた。産婆は頭を振り、また流産だろうと予告した。翌日の夜、予言は現実になった。「妊娠二か月か三か月だったと思う[22]」とエカチェリーナは推測している。「一三日間、私は生死の境をさまよい、後産の一部が排出されていないのではと思われた。それはようやく一三日目に、痛みもなく、力を入れる必要もなく、自然に出てきた」

ピョートルはほとんどの時間を自室で過ごした。召使いたちはピョートルのために、戦争ごっこのおもちゃばかりでなく、アルコールももちこみ続けた。このころ、大公はしばしば自分が召使いから無視される、あるいはあからさまに反抗されるのに気づいた。召使いたちも大公と同様に酔っぱらっていたからだ。ピョートルは怒って、杖や剣のひらで打とうとしたが、側近たちはすばやく身をかわし、笑い声をあげた。エカチェリーナが全快したあと、ピョートルはあの連中を行儀よくさせてくれと頼んだ。「そういうことが起きると、私は大公の部屋にいき、召使いたちを叱って、自分たちのいるべき場所と義務とを思い出させた。みんなはいつも自分の持ち場にもどった。これを見て大公は、あなたがあいつらをどうやって従わせているのか理解できない、と言った。大公は召使いたちを打つが、命令に従わせられなかった。一方、私は自分の望むことを、ただのひとことで手に入れた[23]」

十八世紀ロシア最大の都市モスクワは主として木材でできていた。宮廷も豪邸も家屋もあばら屋も、ときには石材に見えるように、彫りを入れて色を塗った丸太と板で建設され、明るい色を塗られたさまざまな形の切妻屋根や窓、ポーチがついていた。それでも、急ごしらえのために住み心地が悪いことも多かった。窓や扉は建てつけが悪く、階段はぐらつき、ときには建物全体が揺れた。

最悪なのは火災だった。凍えるようなロシアの冬のあいだ、宮殿も個人の家も同じように、部屋の隅におかれたタイル張りのストーブで暖められた。ストーブの高さは床から天井まで達し、古くてタイルにひびがはいっていることも多く、室内は煙が充満して、空気は息ができないほどになり、だれもが頭痛と赤くはれた目に悩まされた。ときにはひび割れから火花がぱちぱちとあがり、背後の板壁に燃え移った。何か月も続く冬のあいだ、どの家でも原始的なストーブが炎をあげていたので、火花が大火災のきっかけとなる可能性があった。炎は風にとらえられて、一軒の家から次の一軒の屋根に燃え移り、街区全体を灰にした。モスクワっ子にとって、家々が炎をあげ、消防士たちが延焼を防ぐために、炎の通り道にあたる他の建物を大急ぎで引き倒すのは日常生活の風景の一部だった。「一七五三年と一七五四年ほどに火災を目にしたことはだれもなかった」[24]とエカチェリーナは書いている。「市内のあちこちで、二か所、三か所、四か所、ときには五か所から一度に炎があがるのを、アパルトマンの窓から見たのも一度や二度ではない」

一七五三年十一月のある午後、エカチェリーナとマダム・チョグローコワがゴロヴィン宮殿にいたところ、叫び声が聞こえてきた。すべて木造の宮殿が燃えていた。巨大な建物を救うのは手遅れだ。自室へと急ぐエカチェリーナの目に、大広間の角にある階段がすでに燃えているのが見えた。自分のアパルトマンでは、兵隊や召使いの群れが家具を運んだり、引きずり出したりしていた。エカチェリーナとチョグローコワには手を貸すことはできなかった。大雨のためにひどくぬかるんだ通りに出て、ピョートルの演奏会に出席するためにやってきた合唱隊長の馬車といきあたる。ふたりの女はどちらも馬車によじ登った。その場で火事を見物したが、あまりにも熱くなったので、ついには馬車を移動せざるをえなかった。だが、立ち去る前に、エカチェリーナはすさまじい光景を目にした。「驚くべき数の大鼠、小鼠が、急ぐようすさえ見せず、整然と一本の列になって階段を降りてきた」。ようやくチョグローコフがやってきて、女帝が若夫婦にチョグローコフ家に移るよう命じられたと伝えた。それは「ひどい場所だった」とエカチェリーナは語っている。「家具はなく、風が四方八方から吹きこみ、窓と扉は半ば朽ちて、床には大きなひびがはいり、いたるところに虫がいた。それでも私たちは、私たちがいくまでそこに住んでいて、私たちに場所を譲るために追い出されたチョグローコフの子どもや召使いたちよりはましだった[25]」

翌日、くすぶる宮殿の廃墟の前の泥のなかから、大公夫妻の衣類、その他の所持品が拾い集められ、運ばれてきた。エカチェリーナはわずかの蔵書のほとんどが無傷で届けられたのを見つけて、躍りあがってよろこんだ。火事のあいだ、いちばん気になっていたのは、書物を失うことだった。第四巻を読み終えたばかりのベールの『歴史的・批判的辞典』も手元にもどってきた。火事で個人的にもっとも大きな損害をこうむったのは女帝だった。エリザヴェータの膨大な衣装でモスクワにもってきていたものはすべて灰燼に帰した。女帝はエカチェリーナに、四〇〇〇着のドレスがだめになり、そのなかでもいちばん残念に思っているのは、エカチェリーナが母から受けとり、女帝に贈ったパリ製の布地で仕立てた一着だと言った。

ピョートルもまた火事で重大な――そして、きまりの悪い――損害をこうむった。大公のアパルトマンには、異常な数の大きな整理だんすがおかれていた。建物から運び出されたとき、鍵がかかっていなかったのか、きちんと閉じられていなかったのか、引出しのいくつかが滑り出し、中身が床にぶちまけられた。整理だんすにはワインとリキュールのボトルしかはいっていなかった。ピョートルの個人用酒蔵に使われていたのである。

エカチェリーナとピョートルが女帝の別の宮殿に移ったとき、マダム・チョグローコワはさまざまな口実を作って、子どもたちとともに自宅にとどまった。七人の子どもの母親、有徳で知られ、夫につくしていると考えられていたこの女が、実はピョートル・レプニーン公と恋に落ちていた。レプニーンとの逢瀬は秘密だったが、チョグローコワには秘密を守ってくれる相談相手が必要であり、信頼できるのはエカチェリーナただひとりだと感じて、大公女に愛人から受けとった手紙を見せた。ニコライ・チョグローコフが疑いを抱き始め、エカチェリーナを問いただしたとき、エカチェリーナは知らないふりをした。

一七五四年二月、エカチェリーナは三度目の妊娠をする。それからまもなく、復活祭の日に、ニコライ・チョグローコフは激しい胃の痛みに苦しみ始めた。手の施しようがないようだった。その週、ピョートルは乗馬に出かけたが、エカチェリーナは妊娠のために大事をとって、家にとどまっていた。自室にひとりでいるとき、チョグローコフが使いを寄こし、会いにきてくださいと言ってきた。ベッドに横たわったチョグローコフはエカチェリーナを迎えると、妻に対する愚痴を奔流のようにほとばしらせた。家内はレプニーン公と密通している。あの男は謝肉祭のあいだ、道化の格好をしてわたしの家にもぐりこもうとした。さらに細かいことを言い立てようとしたとき、マリヤ・チョグローコワが部屋にはいってきた。そのあと、エカチェリーナの目の前で、夫は妻に対する非難をさらに並べ立て、不貞を働き、病気の自分を見捨てたと責めた。チョグローコワは少しも悔い改めず、夫に言った。何年ものあいだ、あなたを愛しすぎてきた。あなたが不実だったときには苦しんだ。いま、あなたもほかのだれも、わたくしをとがめだてはできない。夫婦のうちで文句を言うべきはあなたではなく、わたくしなのだ。この言い争いのあいだ、夫も妻も、証人として、そして裁判官としてのエカチェリーナに絶えず訴えかけた。エカチェリーナは黙っていた。

チョグローコフの病気は悪化。四月二十一日、医師団は回復の望みなきを告げる。女帝は、病人が宮殿で死ぬのは縁起が悪いと考えて、チョグローコフを自宅に運ばせるよう命じた。エカチェリーナは、ニコライ・チョグローコフの状態に自分でも驚くほど動揺した。「チョグローコフは、何年もの困難と苦しみのあと、私たちがこの男を以前ほど不親切で意地悪でないだけでなく、扱いやすくもしたちょうどそのときに死のうとしていた。その妻について言えば、そのころには心から私を愛していたし、厳格で厭うべき看守から忠実な友人に変化していた[26]」

チョグローコフは四月二十五日午後に息を引きとる。最後の数日間、マリヤ・チョグローコワも病気で、家の別の場所にいて寝床を離れられなかった。チョグローコフが死んだとき、セルゲイ・サルトゥイコフとレフ・ナルイシキンがたまたまマリヤの部屋にいた。開いた窓から一羽の小鳥が飛びこんできて、マダム・チョグローコワの寝台向かいのコーニスにとまった。チョグローコワは小鳥を見て言った。「夫がいま死んだにちがいないわ。だれかを見にやらせてちょうだい[27]」。夫がたしかに死んだことを知らされると、チョグローコワは、あの小鳥は夫の魂だったのだと言った。みんなは、ありふれた小鳥で、飛んでいってしまいましたよ、と言ったが、マリヤ・チョグローコワは夫の魂が自分に会いにきたのだと信じ続けていた。

第28章 後継ぎの誕生

夫が埋葬されてしまうと、マダム・チョグローコワはふたたびエカチェリーナのもとで働きたがった。しかし、女帝は従姉妹に、未亡人になったばかりで公の場に出るのは不適切であると告げ、この職からはずした。そのあとエリザヴェータは若い宮廷におけるニコライ・チョグローコフの後任に、寵臣イワン・シュヴァーロフの近親アレクサンドル・シュヴァーロフを任命した。このころ、アレクサンドル・シュヴァーロフは、国事犯の取調べにあたる機密局長という地位ゆえに広く恐れられていた。噂ではこの恐ろしい任務のせいで、不安だったり怒ったりしているときはいつも、目から顎にかけて顔の右側が痙攣するようになったのだという。

これは計画されていた異動の最初のひとつにすぎなかった。エカチェリーナは女帝がマリヤ・チョグローコワの後任にルミャンツェワ伯爵夫人を任命するつもりだと聞いた。伯爵夫人がセルゲイ・サルトゥイコフを嫌っているのを知っていたから、エカチェリーナは新しい番犬のアレクサンドル・シュヴァーロフのところにいき、ルミャンツェワ伯爵夫人をそばにおいてはおきたくないと告げた。伯爵夫人はかつて母のヨハンナのことを女帝にあげつらって、母を傷つけました。今度はわたくしに同じことをするのではと心配なのです。シュヴァーロフはエカチェリーナのお腹の子にさわるようなことには責任をとりたくなかったので、自分にできることはしましょうと言った。女帝のところにいき、もどってくると、ルミャンツェワ伯爵夫人は新女官長とはなりませんと告げた。代わりにその地位はシュヴァーロフ自身の妻、シュヴァーロワ伯爵夫人にあたえられる。

シュヴァーロフ夫妻のどちらもが若い宮廷では不人気だった。エカチェリーナはふたりを「無知で卑小な人たち」と形容した。夫妻は裕福だったにもかかわらず、吝嗇を好んだ。伯爵夫人は痩せて背が低く、ぎくしゃくと動いた。エカチェリーナは「塩の柱」(1)と呼んだ。エカチェリーナはまた、一七五三年十一月のモスクワの宮殿火災後に発見したことが原因で、伯爵夫人には近づかないようにした。火災から助け出されたシュヴァーロワ伯爵夫人の持ち物の一部が、誤って大公女のもとに届けられた。それを調べて、エカチェリーナは「シュヴァーロワ伯爵夫人のペティコートが革で裏打ちされている」のに気づいた。「伯爵夫人には尿漏れがあったからだ。その結果、夫人の下着すべてに尿のにおいがしみこんでいた。私はできるだけすぐに、それを夫人に送り返した(2)」

五月、宮廷がモスクワを離れ、サンクトペテルブルクにもどるとき、エカチェリーナは妊娠にさわらないように、ゆっくりと旅をした。馬車は歩行並みにまで速度を落とし、毎日、ひとつの宿駅から次の宿駅までしか移動せず、全行程に二九日かかった。馬車には、シュヴァーロワ伯爵夫人、マダム・ヴラジスラヴォワと、いつも近くにいるように命じられた産婆が乗っていた。エカチェリーナは、「もはや自分ではどうしようもない憂鬱(3)」に苦しみながら、サンクトペテルブルクに到着。「毎分毎秒、そしてあらゆる機会に、私はすぐに涙を流した。一千もの心配事が私の心を満たしていた。最悪なのは、自分の頭のなかから、すべてがセルゲイ・サルトゥイコフの排除を指し示しているという考えを追い払えなかったことだった」。エカチェリーナはペテルゴーフにいき、長い散歩をしたが、「私の苦しみは情け容赦なく私を追いかけてきた(4)」。八月、サンクトペテルブルクに帰り、出産のために準備された夏宮の二室が、まさに女帝自身の続き部屋のなかにあるのを知って愕然とする。シュヴァーロフ伯爵に連れられて部屋を見にいったとき、エカチェリーナはこの二室がエリザヴェータの部屋のすぐ近くにあるために、サルトゥイコフにはこられないと気づいた。エカチェリーナは「付き添う人もなく、ひとりぼっちにされる」[5]だろう。

このアパルトマンへの引っ越しは水曜の予定だった。当日の早朝午前二時、エカチェリーナは陣痛で目を覚ます。産婆はお産が間近だと断定。エカチェリーナは伝統的な分娩台、つまり床に敷いた固いマットレスに横たえられた。大公が起こされた。アレクサンドル・シュヴァーロフ伯爵に知らせがいき、伯爵が女帝に報告。エリザヴェータが部屋に飛びこんできて、待機する。難産で、翌日の昼までかかった。一七五四年九月二十日、エカチェリーナは息子を出産した。

あまりにも長いあいだ待たされてきたエリザヴェータは欣喜雀躍した。赤ん坊が産湯を使い、産着にくるまれるとすぐに、エリザヴェータは自分の聴罪司祭を呼び入れた。司祭は赤子にパーヴェルの名をあたえる。それはエリザヴェータの母エカチェリーナ一世と父ピョートル大帝のあいだに最初に生まれた子の名前だった。そのあと、女帝は、産婆に赤ん坊を抱きあげて自分についてくるように命じると、その場を立ち去った。ピョートルも部屋を出ていった。エカチェリーナはマダム・ヴラジスラヴォワだけを付き添いに、床の上に残された。汗にぐっしょりと濡れていたので、ヴラジスラヴォワに下着を替えて、自分のベッドにもどしてほしいと頼む。ベッドとは二歩しか離れていなかったが、「そこまではっていく力がなかった」[6]。ヴラジスラヴォワは、産婆の許しなしでは、そんなことをする度胸はありませんと言った。エカチェリーナは水を飲ませてくれと言ったが、答えは同じだった。ヴラジスラヴォワは何度も産婆を呼びにやり、こちらにきてエカチェリーナの要求に許可を出してくれと頼んだが、産婆は姿を見せない。三時間後、シュヴァーロワ伯爵夫人がやってきた。夫人はエカチェリーナがまだ分娩台に横たわっているのを見て、こんなふうに放っておいたら、お母さんになりたての人を殺してしまいかねないと言い、すぐに産婆を探しにいった。産婆は三〇分後にやってきて、女帝が子どもにかかりきりで、大公女の世話をしにいかせてくれなかったのだと説明した。ようやく自分のベッドに寝かせてもらう。

エカチェリーナはほぼ一週間、赤ん坊の顔を見なかった。子どものようすもこっそりとしか聞けなかった。赤ん坊について尋ねれば、女帝の育児能力を疑っていると思われかねなかったからだ。子どもはエリザヴェータの寝室に寝かされ、泣き声をあげるたびに、女帝陛下がおんみずから駆けつける。エカチェリーナが話を聞き——その後、自分でも——目にしたのは次のような光景だった。

大切にされすぎたあまり、子どもは文字どおり息を詰まらせ、窒息しかけていた。極端に暖かい部屋でフランネルにくるまれ、黒狐の毛皮を敷き詰めた揺りかごに寝かされていた。上には綿を詰めた刺し子のサテンの上がけ。その上にもう一枚、黒狐の毛皮で裏打ちしたピンク色のヴェルヴェットのかけ布。その後、私は子どもがこんなふうにして、顔や身体全体から汗を噴き出させながら、寝ているのをたびたび目にした。結果として、この子は大きくなったとき、ほんのわずかの風にも凍えて、病気になるようになった。(7)

生後六日目、パーヴェルは洗礼を受けた。その朝、黄金の皿を手にした女帝がエカチェリーナの寝室にはいってきた。皿の上には、新しく母親になったばかりのエカチェリーナに一〇万ルーブルを送金するよう帝国国庫に命じる支払指示書があった。エリザヴェータはこれに小さな宝石箱を加えていた。エカチェリーナは女帝が立ち去るまで、箱の蓋を開けなかった。お金は大歓迎だ。「私は一コペイカももっていないのに、多額の借金を抱えていた。だが、宝石箱を開けたとき、それは私の気分を大してよくはしなかった。なかにはイヤリングとセットになったみすぼらしい小さなネックレスと、私なら小間使いにやるのも恥ずかしく思うような哀れな指輪二個しかはいっていなかった。箱全体のなかに、一〇〇ルーブルするような宝石のひとつもなかった」(8)。エカチェリーナはなにも言わなかったが、しみたれた贈物はアレクサンドル・シュヴァーロフ伯爵の気をもませたようである。あとになってから、エカチェリーナに宝石が気に入ったかどうか尋ねたからだ。エカチェリーナは答えた。「女帝からいただくものには、つねに計り知れないほどの価値があります」(9)。その後、このネックレスやイヤリングを一度も身につけないのを見て、シュヴァーロフはおつけになってはいかがかと言った。エカチェリーナは答えた。「女帝の開かれる宴席にはいつも、自分のもっているいちばん美しい宝石をつけることにいたしております。このネックレスやイヤリングはその部類にははいりません」

エカチェリーナが女帝から贈物として金を受けとった四日後、内閣秘書官がきて、そのお金を国庫にお貸しくださいと要請した。女帝には別の目的のために金が必要だが、ほかに使える資金がない。エカチェリーナは金を返却した。それは一月にエカチェリーナの手元にもどってきた。その後、知ったところでは、女帝が妻に贈物をあたえたと聞いたピョートルが腹を立て、激しく抗議したという。自分はなにももらっていないからだ。アレクサンドル・シュヴァーロフがこれを女帝に報告。女帝はただちにエカチェリーナにあたえたのと同額の支払指示書を大公に送った——こういうわけで、本来の受取人から金を借りなければならなかったのである。

祝砲、舞踏会、イリュミネーションと花火が息子の誕生を祝っているあいだ、エカチェリーナはベッドに横たわっていた。出産の一七日後には、女帝がセルゲイ・サルトゥイコフを特別な外交任務に就けたことを知る。サルトゥイコフの役目は、スウェーデンの宮廷におもむき、エカチェリーナの息子誕生を正式に伝達することだった。エカチェリーナは書いている。「これは、私がいちばん気にかけている当の人物とすぐに別れさせられることを意味していた。私はベッドに身を沈め、ただ嘆き悲しむ以外なにもしなかった。ベッドにとどまっているために、脚が痛み続けて立ちあがれないふりをした。だが、真実はと言えば、自分の悲しみのなかで、だれにも会えなかったし、会いたくもなかったのだ」[10]

出産から四〇日後、女帝が産褥終了の儀式のために、寝室をふたたび訪れた。エカチェリーナは君主を迎えようとして従順に起きあがったが、エリザヴェータはエカチェリーナがあまりにも弱り、消耗しきっているのを見て、祈りが唱えられているあいだ、ベッドにすわらせておいた。幼いパーヴェルもいた。エカチェリーナは遠くから子どもを見ることを許された。「私は息子をかわいらしいと思い、その姿を見たことで少し元気づけられた。だが、祈りが終わったとたんに、陛下は子どもを連れていかせ、ご自分も出ていかれた」[11]。十一月一日、エカチェリーナは宮廷と諸外国の大使から正式な祝賀を受けた。そのために、室内はひと晩で豪華に飾られ、新しく母になった女は銀糸を刺繍したピンク色のヴェルヴェットを張ったソファに腰をおろして、接吻を受けるために手を差し出した。儀式終了後ただちに優雅な家具は運び出され、エカチェリーナは自分の部屋のなかでふたたびひとりぼっちになった。

パーヴェル誕生の瞬間から、女帝は子どもが自分自身の子であるかのように振舞った。エカチェリーナは子どもをこの世に運んでくる乗物にすぎなかった。エリザヴェータには、こう考えるだけの理由がたっぷりとあった。子どもを生ませるために、ふたりの若者をロシアに連れてきた。一〇年間、ふたりの両方を国家の負担で養った。つまり、国家的理由によって必要とされ、女帝の命令で作られた子どもは、いまでは事実上、国家の財産——つまり女帝の財産——だった。

エリザヴェータがパーヴェルにたっぷりとあたえた愛情と世話には、政治と王朝の理由を超えた別の理由もあった。エリザヴェータが赤ん坊の身体を自分のものにしたのは国家的な理由からではない。それは感情的、感傷的な性格から湧きあがってくる愛情、抑制された母性の衝動と家族を渇望する気持ちの問題でもあった。四十四歳になり、健康が衰えかけているいま、エリザヴェータは、たとえ見せかけではあっても、子どもの母親であろうとした。エカチェリーナを赤ん坊の生活から閉め出したのは、自分自身の目にこの役割を本物らしく見せるための努力の一端だった。エリザヴェータの極端な独占欲は、妨げられた母性的要求の表現以上のもの、嫉妬のひとつの形だった。つまるところ、エリザヴェータはただ単純に子どもを誘拐したのである。

エリザヴェータが手に入れたものをエカチェリーナは拒否された。幼いわが子の世話をすることを許されなかった。実のところ、子どもと会うこともめったに許されなかった。最初の微笑、幼い日々の成長と発達を見損なった。貴族と上流階級の女性が、子どもの世話を実際にはほとんどせず、その仕事の多くを乳母と召使いに任せた十八世紀中葉においても、ほとんどの母親は生まれたばかりの子どもを抱き、愛撫した。エカチェリーナは、最初の子どもの誕生のときに感じた惨めな気持ちを決して忘れなかった。息子と恋人、もっとも身近な人間ふたりが不在だった。ふたりの両方にたまらなく会いたかった。だが、ふたりのどちらもが、エカチェリーナの不在を寂しがってはいなかった。ひとりはその存在を知らず、ひとりは気にかけなかった。この数週間のあいだに、エカチェリーナは肉体的に赤ん坊を産んだことで、帝位の継承者創出という自分の役割が終わったのを思い知らされた。自分の息子、未来の皇帝はいまでは女帝とロシアのものだ。別離と苦悩のこの数か月の結果として、パーヴェルに対するエカチェリーナの感情が正常だったことは一度もない。母と子で分かち合った続く四二年間の人生を通して、エカチェリーナはパーヴェルに対し、母親としての温かな愛情を感じるこことも見せることも決してできなかった。

エカチェリーナは「憂鬱を克服するだけの力が感じられるまで[12]」ベッドから起きあがったり、部屋を出たりするのを拒否した。一七五四年から五五年にかけての冬のあいだずっと、この狭い小部屋で過ごす。建てつけの悪い窓を、凍りついたネヴァ河から吹きつけるすきま風が通り抜けていった。自分の身を守り、生活を耐えうるものにするために、エカチェリーナはふたたび書物に向かった。その冬は、タキトゥス『年代記』、モンテスキュー『法の精神』、ヴォルテール『諸国民の習俗と精神についての論稿』を読む。

紀元一四年の皇帝アウグストゥスの死から、ティベリウス、カリギュラ、クラウディウスの治世を経て六八年のネロの死にいたるまでのローマ史『年代記』は、古代世界の歴史についてのもっとも力強い著作をエカチェリーナに提供した。タキトゥスの主題は、暴君の独裁による自由の抑圧である。タキトゥスは、よきにせよ悪しきにせよ歴史を形成するのは、深層に横たわる過程というよりも、むしろ強い人格であると信じ、簡潔ながらも力強い文体で、人物像をみごとに描き出した。エカチェリーナは、タキトゥスの描くローマ帝国初期の人民、権力、陰謀、腐敗に強い印象を受けた。十六世紀後のいま、自分自身の生活を取り巻いている人間や事件のなかに、類似するものを見たのである。タキトゥスの著作は「私の頭のなかに奇妙な革命を起こした。おそらくそれには、このころ私の思考に影を落としていた憂鬱が手を貸したのだろう。私はものごとのより暗い面を見始め、自分のまわりのさまざまな事件の深層にあって、それを形作っているより深く、より基本的な原因を探すようになった[13]」。

モンテスキューはエカチェリーナに、独裁支配の利点と弱点を分析した初期の啓蒙思想を知らしめた。エカチェリーナは、独裁制全体に対する糾弾と、ある特定の一独裁者のおこないのあいだには矛盾が生じうるというモンテスキューの主張を研究した。そのあと長年にわたって、みずからをモンテスキューが唱道した種類の「共和的魂」の持ち主と考えた。ロシア――そこでは専制君主は自明のこととして独裁者であった――の帝位に到達したあとでさえ、過剰な個人的権力を避け、知性によって効率が導かれるような政府、端的に言えば善意の独裁支配を創造しようとした。のちに『法の精神』は「良識あるすべての君主の聖務日課書であるべきだ(14)」と語っている。

ヴォルテールはエカチェリーナの読書に、明晰さ、機智、そして簡潔な助言を加えた。ヴォルテールは二〇年にわたって『習俗についての論稿』(全文は『歴史一般についての論稿』として出版された)を執筆し、そこに習慣や風俗ばかりでなく、慣習、思想、信念、法も含めた。つまり、文明の歴史を書こうとしていたのである。ヴォルテールは歴史を、無知から知へいたる人類の集団的努力による緩慢な前進と見なした。この連続のなかに神の役割を見ることはできなかった。宗教ではなく、理性が世界を統治すべきである、とヴォルテールは言った。だが、ある一部の人間が地上における理性の代表として行動しなければならない。このことはヴォルテールを独裁制の役割に、そして――もしその政府が合理的であれば――独裁政府が実際にありうる最良の種類の政府だろうという結論に導いた。だが、合理的であるためには、啓蒙されていなければならない。啓蒙されていれば、政府は効率的であり、同時に善意であるだろう。

サンクトペテルブルクで産褥から回復しつつある若く傷つきやすい女性は、この哲学を理解するために努力しなければならなかった。だが、ヴォルテールは笑わせることで、その努力を軽いものにした。エカチェリーナは同時代人の多くと同様に、ヴォルテールに魅了された。ヴォルテールを宗教的寛容の使徒とした、その人道主義的な思想を称讃した。しかしまた、ヴォルテールがあらゆるところに見出したもったいぶりと愚かさに対する、反宗教的で不しつけな酷評も愛した。そこには、エカチェリーナにいかにして生き延び、笑うかを、そしていかにして統治するかを教えるひとりの哲学者がいた。

エカチェリーナは体力をかき集めて降誕祭（クリスマス）の朝の礼拝に出席したが、教会にいるあいだに震えがきて、体中が痛み始めた。翌日、高熱を発し、うわごとを言うようになり、すきま風の吹きこむ一時しのぎの小部屋にもどる。エカチェリーナは自分のアパルトマンと正式の寝室を避けて、この片隅にとどまっていた。自室はピョートルのアパルトマンに近く、そこからは「昼間はずっと、そして夜の一部も、軍隊の監視小屋でおこなわれているような乱痴気騒ぎが聞こえてきた」[15]からだった。それに加えて、ピョートルとその側近は「絶えず煙草を吸っていたので、いつも煙の雲が漂い、煙草の嫌なにおいがした」[16]。

大斎の終わりごろ、セルゲイ・サルトゥイコフが五か月間の不在のあと、スウェーデンから帰ってきた。本人がまだもどりもしないうちに、エカチェリーナはサルトゥイコフが、一度、帰国したあと、今度はロシアの駐在公使としてハンブルクに派遣されると聞いた。これは次の別れが永遠の別れになるかもしれないことを意味した。サルトゥイコフ自身は明らかに、情事は終わり、自分はそこから抜け出せて幸運だと思っていた。情熱的で――わずらわしいほど所有欲の強い――大公女との、いまやしだいに危険を増している関係よりも、宮廷社会の戯れの恋のほうがよかった。

サルトゥイコフ自身の熱情はすでに新たな方向に向かっていた。ストックホルム派遣のなかにはひとつの皮肉があった。すべての外国宮廷がエカチェリーナとの関係を知っていた。サルトゥイコフはパーヴェル誕生を伝える使者という自分の役割を滑稽に感じずにはいられなかった。だが、スウェーデンの首都に到着すると、この点に関してはきまりの悪い思いからさっさと解放された。サルトゥィコフは自分が有名人なのに気づいた。だれからもロシア大公女の愛人と認められ、将来ロシア帝位の継承者となる者の父親と見なされていた。男たちは好奇心いっぱいで、女たちは魅了された。ゆきずりの情事のお相手はすぐによりどり見どりとなる。「出会った女すべてに対して無分別で軽薄」だという噂がエカチェリーナのもとまで届く。「最初、私はそれを信じたくはなかった」。だが、スウェーデン駐在のロシア大使ニキータ・パーニンから情報を得ていたベストゥージェフが、噂は事実のようだと警告してくる。それでもサルトゥィコフがロシアにもどったとき、エカチェリーナは会いたいと思った。

レフ・ナルイシキンが出会いの場を設定。サルトゥィコフは夜、大公女のアパルトマンにくることになった。エカチェリーナは午前三時まで待った。男はこなかった。「私はなにがあの人の邪魔をしているのだろうかと、死ぬほど心配した(17)」。翌日、サルトゥィコフがフリーメーソンの会合に招かれていて、抜けられなかったのだと知る。エカチェリーナはレフ・ナルイシキンを鋭く問いただした。

私は昼の光のようにはっきりと理解した。あの男がこなかったのは、もはや私とぜひとも会いたいわけではないからだ。レフ・ナルイシキン自身も、サルトゥィコフの友人ではありながら、友のために言い訳を見つけることはできなかった。私はサルトゥィコフに辛辣な非難の手紙を書いた。サルトゥィコフは私に会いにきたが、私の心を鎮めるのに大して苦労はしなかった。私は相手の謝罪をよろこんで受け容れるつもりだったからだ(18)。

エカチェリーナは心を鎮めたかもしれない。だが、だまされはしなかった。ふたたび――今度はハンブルクに向けて――出発したとき、セルゲイ・サルトゥイコフはエカチェリーナの私生活から永遠に立ち去った。ふたりの情事は三年間続き、エカチェリーナに多くの苦悶をあたえた。だが、エカチェリーナがのちにサルトゥイコフについて語ったなかで、もっとも厳しい言葉は「サルトゥイコフは自分の欠点を隠す方法を知っていた。最大の欠点は術策を好み、原則をもたないことだった。当時の私には、こういった短所ははっきりとは見えなかった[19]」である。女帝になると、サルトゥイコフをパリの大使にする。サルトゥイコフはパリで女の尻を追いかけ続けた。数年後、ある外交官がドレスデン異動をもちかけたとき、エカチェリーナは提案者に書いた。「あの男はいまでも充分に愚かな振舞いをしているのではありませんか？　もしあなたが保証人となるのでしたら、ドレスデンに派遣しなさい。けれども、馬車の五番目の車輪以上のものには決してなれないでしょう[20]」

第29章　報復

パーヴェルが生まれたこの孤独な冬のあいだに、エカチェリーナは態度を変えると決意した。自分はロシアにきて果たすべき義務を果たした。国家に後継者をあたえたのだ。それなのに、いま、その報酬として、子どもを奪われ、狭い部屋に捨ておかれている。エカチェリーナは自分を守ることにした。自分のおかれた状況を検討し、それを新しい視点から眺めた。赤ん坊の身体は失った。だが、子どもの誕生によって、ロシアにおける自分自身の地位は確保された。それに気づいたことをきっかけにして、「私をこれほど悲しませてきた者たちに、私を傷つければ必ず罰せられることを理解させる」と決意する。

エカチェリーナは二月十日、ピョートルの誕生日を祝って開かれた舞踏会で、ふたたび公の場に姿を現す。「私はこのときのために特別にあつらえたすばらしいドレスを身につけた。青いヴェルヴェットに金糸で刺繡がされていた」(1)。その晩はシュヴァーロフ一族を標的にした。一族は、女帝とイワン・シュヴァーロフとの関係のおかげで、自分たちの身は安全だと信じており、宮廷ではあまりにも強力で、あまりにも目立ち、あまりにも恐れられていたので、エカチェリーナが攻撃をしかければ大騒ぎを巻き起こすのは必至だった。エカチェリーナは自分の感情を見せつける機会をひとつも逃さなかった。

私はシュヴァーロフ一族に対する心の底からの軽蔑を見せつけた。その愚かさと悪意とを指摘した。いく先々で一族を嘲り、いつも皮肉な嫌味を用意しておいて、連中に向かって投げつけた。それはあとになって市内を駆けめぐるのだった。多くの人びとがシュヴァーロフ一族を嫌っていたので、私は大勢の味方を見出した(2)。

エカチェリーナの態度の変化が自分たちの将来にどう影響するのか、それを計りかねて、シュヴァーロフ一族はピョートルの支持を得ようとした。クリスティアン・ブロックドルフという名のホルシュタインの官僚が、ホルシュタイン公爵としてのピョートルに侍従の資格で仕えるため、ちょうどロシアに到着したところだった。ブロックドルフは、シュヴァーロフの連中がエカチェリーナのことを大公にこぼすのを耳にして、奥方を懲らしめてやれとピョートルをけしかけた。ピョートルが攻撃をしかけたとき、エカチェリーナには応戦の準備ができていた。

ある日、大公殿下が私の部屋にはいってきて、おまえは許しがたいほど高慢になった、自分はおまえを正気にもどす方法を知っている、と言った。高慢って、どんなところがですかと尋ねると、大公はおまえは頭をまっすぐにあげていると答えた。私は尋ねた。あなたのお気に召すためには、わたくしは奴隷のように腰をかがめていなければならないのでしょうか？　大公は激怒し、繰り返した。おまえを正気にもどす方法を知っている。私は、どうやるのですか、と尋ねた。それを聞くと、大公は壁に寄りかかり、剣をさやから半分ほど抜き出して、私に見せた。私は尋ねた。それでなにがおっしゃりたいのですか？　もし私に決闘を申し込むおつもりなら、私にも剣がなくては。大公は半ば抜いた剣をさやにもどし、おまえは恐ろしく意地が悪いなと言った。「どんなふうに？」と私は尋ねた。「そうだな、シュヴァーロフたちに対してだ」と大公はぼそぼそとつぶやいた。これを聞いて、私は答えた。これはただのお返しです。ご自分の知らないこと、理解のできないことに口出しをなさるのはおやめになったほうがよろしいですよ。大公は言った。「人が自分の本当の友だちを信頼しないときに、こういうことが起きるのだ——後悔することになる。もしあなたがわたしを信用してくれれば、あなたの得になるだろう」「でも、なにを信用しろとおっしゃるのですか？」すると大公はあまりにも大げさで常識に欠ける話し方で話し始めたので、私は口をはさまず、ただ続けさせ、答えようとはしなかった。最後に私は、お休みになられたほうがよろしいのでは、と勧めた。見るからに酔っていたからだ。大公は私の忠告に従った。私はほっとした。大公の言葉はわけがわからなかっただけでなく、ワインと煙草の入り混じ

った酸っぱいにおいを絶えずさせ始めたからだ。それは大公の近くにいる者たちにとっては耐えがたいにおいだった。(3)

この言い争いはピョートルを混乱させ、警戒させた。妻がこれほど全力で刃向かってきたのは初めてだった。妻はいつも自分の機嫌をとり、自分の計画や愚痴に耳を傾け、自分との友情を大切にしようとしてきた。この新しい女——冷静で、頑固で、嘲笑的で、尊大——は、見も知らぬ人間だった。これ以降、ピョートルが脅しで怖じ気づかせようとすることは、回数も減り、またためらいがちになった。ふたりはしだいに別々の生活を送るようになる。ピョートルはほかの女たちとの関係を続けた。昔からの習慣で、妻に女たちのようすを語って聞かせることを続けさえした。エカチェリーナは相変わらず夫の役に立って、夫が複雑だとか、わずらわしいと考えた責務を果たすのを助けた。ピョートルは帝位の継承者として、皇帝に即位するときに、エカチェリーナが同時に女帝となる可能性を相変わらず提供していた。しかし、エカチェリーナの運命は、本人が認識するようになったとおり、もはや夫にだけ依存しているのではなかった。エカチェリーナは未来の皇帝の母だった。

ピョートルと対決した夜遅く、エカチェリーナが応接室でカードをしているとき、アレクサンドル・シュヴァーロフが近づいてきて、注意した。いまおつけになっているような種類の飾りリボンやレースを婦人がドレスにつけることを、女帝陛下は禁じていらっしゃいます。エカチェリーナはシュヴァーロフに「わたくしに注意する手間はとらなくて結構。女帝陛下の意に添わないようなものは決して身につけませんから」と言った。「私はシュヴァーロフに言った。美しさや装飾品を自分の長所にするつもりはない。なぜならば、一方が色褪せたとき、他は滑稽になる、残るのは性格だけなのだから、と。シュヴァーロフは顔を引きつらせながら聞いていた。それから立ち去った」(4)

数日後、ピョートルはいじめっ子から嘆願者へと一八〇度の転換をする。エカチェリーナに、ブロックドルフからホルシュタインの出費を賄うために、女帝にお金をお願いするよう勧められたと話した。エカチェリーナはほかに手当ての方法はないのかと尋ね、ピョートルは書類を見せた。エカチェリーナはそれを見て、言った。叔母上にお金を乞わなくても、なんとかできるように見えます。叔母上はおそらくお断りになるでしょう。六か月にもならない前に、一〇万ルーブルをくださっているのですから。ピョートルはエカチェリーナの忠告を無視し、結局、叔母に頼む。結果は「なにも手に入れられなかった」(5)とエカチェリーナは記している。

ホルシュタイン財政の債務を削減すべきと言われていたにもかかわらず、ピョートルはホルシュタイン軍の一分遣隊をロシアに呼び寄せることにした。主人に取り入るのに懸命のブロックドルフは賛成する。分遣隊の規模は、ホルシュタインを嫌う女帝の目には隠されていた。女帝には、この件は議論する価値もない瑣事だ、と告げられた。この計画が問題とならないように、アレクサンドル・シュヴァーロフが目を配るだろう。ブロックドルフに忠告されて、ピョートルは間近に迫ったホルシュタイン兵士の到着を妻にも隠しておこうとした。計画を知ったとき、エカチェリーナは「それが女帝と同様に、ロシア世論にもあたえるであろう深刻な影響を考えて震えあがった」(6)。大隊がキールから到着。エカチェリーナはオラニエンバウム宮殿で、アレクサンドル・シュヴァーロフの横に立ち、青い軍服のホルシュタイン歩兵隊が観閲行進するのを見物した。シュヴァーロフの顔は引きつっていた。

すぐに問題が起きる。オラニエンバウムの離宮はロシアのインゲルマンとアストラハン連隊が警護していた。エカチェリーナは、ロシア兵たちがホルシュタイン兵を見たとき、「あの呪われたドイツ人どもは全員がプロイセン王の操り人形だ」(7)と言ったと聞いた。サンクトペテルブルクでは、ホルシュタイン軍の存在を恥ずべきであると考える者と、ばかばかしいと考える者がいた。エカチェリーナ自身はこの企てを「気まぐれのお戯れ、だが危険なお戯れ」[8]と考えた。チョグローコフの時代には、ホルシュタインの軍服を自室でこっそり着るだけだったピョートルが、いまでは女帝の前に出るときを除いて、ほかの衣服は一切身につけなかった。祖国の兵士たちがいることに気を高ぶらせ、その宿営に出かけ、毎日をその教練に費やした。しかし、兵士たちには食わせなければならない。最初、帝国宮廷元帥は責任を引き受けるのを断った。最終的には折れて、宮廷の召使いとインゲルマン連隊の兵隊たちに、宮殿の厨房からホルシュタイン兵のもとまで食事を運ぶよう命じる。宿営は宮廷の居住区からはかなり離れており、ロシア兵たちはこの追加の仕事に対してなんの報酬も受けとらなかった。兵隊たちは、「われわれはあの呪われたドイツ人どもの召使いになりさがった」[9]と言うことで応じた。この仕事を割り振られた宮廷の召使いたちは「われわれは道化の一群に給仕するために雇われている」と言った。エカチェリーナは「この滑稽なゲームからできるだけ離れている」ことに決めた。「私たちの宮廷の侍女、近習のだれひとりとして、ホルシュタインの宿営とは一切関わりをもたなかった。大公は宿営をまったく離れなかった。私は宮廷の人びとと長い散歩に出かけたが、いつもホルシュタインの宿営とは反対の方向に歩いた」[10]

第30章 英国大使

一七五五年六月末のある晩、白夜が乳白色の輝きの絶頂にあり、太陽が午後一一時になっても地平線の上にとどまっているとき、エカチェリーナはオラニエンバウム離宮の庭園で、晩餐会と舞踏会の女主人役を務めた。次々と到着する馬車の長い列から降りてきた人びとのなかに、新任の英国大使チャールズ・ハンベリー＝ウィリアムズ卿がいた。この英国人は晩餐会で、エカチェリーナのとなりに着席した。夜が更けるにつれて、エカチェリーナとチャールズ卿はおたがいに、相手とのおしゃべりに魅了されていった。「チャールズ卿と話をするのは難しくはなかった。とても機智に富み、ヨーロッパの首都のほとんどを訪れていたので、世界について大変な知識をおもちだった(1)」。その後、エカチェリーナは、自分と同じように、チャールズ卿も楽しい一夜を過ごしたと聞いた。

晩餐会の前に、ハンベリー＝ウィリアムズはエカチェリーナに、チャールズ卿の秘書として活動するためロシアにきた若いポーランド貴族、スタニスワフ・ポニャトフスキ伯爵を紹介していた。晩餐会でチャールズ卿と話しながら、エカチェリーナは、優雅と気品とで踊り手たちのなかで際だっていたこの二人目の訪問者に、ときおりちらりと視線を投げかけた。『回想録』で述懐している。「英国大使は、伯爵についてとても好意的に話した。そして私に、伯爵の母方の家系チャルトルィスキ家はポーランドにおける親ロシア派の大黒柱だと告げた」。チャルトルィスキ家が息子を大使の手に預けてロシアに送ったのは、ポーランドの東どなりの大国について、理解を深めさせるためだった。外国人がロシアで成功するには、という話題は自分自身にもあてはまるから、エカチェリーナはよろこんで意見を述べた。一般的に、ロシアは「外国人にとってつまずきの石(2)」、能力を測るための物差しであり、ロシアで成功した者は、ヨーロッパのどこでも成功できると踏んでよい。この規則が絶対確実だと思っているのは、「ロシアほどに、人びとが外国人の脆弱さ、たわいなさ、欠点にすぐに気づくところはないからだ。なにごとも気づかれずにはすまないと確信してよい。なぜならば外国人のことを本当に好きだというロシア人は、基本的に存在しないからだ」(3)。

エカチェリーナがポニャトフスキを見つめているあいだ、青年のほうはエカチェリーナを細かく観察していた。その晩遅く、オラニエンバウムからの帰り道、ポニャトフスキは大公女についての熱を帯びた長い議論に、なんなく大使を引っ張りこむ。ひとりは四十七歳、もうひとりは二十三歳、ふたりの男は口ぐちに好ましい印象を述べ立てた。

この夏の一夜は、三人のあいだの緊密な個人的かつ政治的関係の始まりとなった。ポニャトフスキはエカチェリーナの愛人となり、ハンベリー＝ウィリアムズは友人となる。続く二年半のあいだ、英国人外交官はエカチェリーナに財政援助をし、ヨーロッパ中を巻きこんだ七年戦争の始まりを画す大きな外交危機にあたって、エカチェリーナの影響力を動員しようと試みる。

チャールズ・ハンベリー＝ウィリアムズ卿はモンマスシャーの裕福な一家に生まれた。その青春は、十八世紀イングランドの豪邸と幾何学的デザインの庭園、刈りこまれた芝生の風景とゲインズボローによる肖像画群のなかにはめこまれていた。イートン卒業後、結婚して二女をもうけ、ロバート・ウォルポール卿率いるホイッグ党員として議会入りを果たす。優雅で機智に富む会話の名手、ちょっとした風刺詩人として、おしゃれなロンドンの応接室にはなくてはならない人物となった。三十代後半で、妻を残し、政治を捨てて、外交の世界にはいる。最初二か所の赴任地、ベルリンとドレスデンでは、機智と魅力と優雅なイギリス風の物腰だけでは足りなかった。フリードリヒ二世の宮廷で、チャールズ卿はあのインテリ独裁者の好みには合わない。ドレスデンでは、機智と風刺はそれ以上に出番がない。そのあと、本国の政界実力者は、チャールズ卿のサンクトペテルブルク赴任を取り計らう。サンクトペテルブルクでは温かく迎えられた。扉を開き、友人を作るのに使うために、大量の黄金を持参してきたと噂されたからだ。しかし、エリザヴェータの宮廷で、優雅な英国人はまたしても、自分の才能にはほとんど価値がないと思える雰囲気のなかに落ちこんだ。チャールズ卿は例外をただひとり発見する。それはひとりの若い女性、文化と才気あふれる会話の世界から訪れた教養のある外交官に、強い感銘を受けた女性だった。

チャールズ卿は重要な使命を帯びてサンクトペテルブルクにやってきた。ひとつの条約がまもなく失効する。もともと一七四二年に結ばれたこの条約は、イギリス側からの黄金による支払いと交換に、イギリスが大陸の戦争に巻きこまれた場合には、ロシアが必ず支援することを約束していた。条約失効と時を同じくして、イギリス国王ジョージ二世は、プロイセンのフリードリヒ二世の好戦ぶりを恐れ、自分が北ドイツに所有するハノーファー選帝侯領について懸念を抱き始める。小さなハノーファー選帝侯領はほとんど無防備だ。ハンベリー＝ウィリアムズの任務は、プロイセン軍がハノーファーに侵攻した場合に、ロシアの介入を保証する援助条約の更新だった。とくに英国政府が望んだのは、ロシアが五万五〇〇〇の兵をリガに集中させて、プロイセンに脅しをかけることだった。プロイセン軍がハノーファーに進軍すれば、ロシア軍が西に移動し、東プロイセンのフリードリヒの領土に向かう。

この条約を更新しようとした前任の英国大使は、エリザヴェータの宮廷で途方に暮れた。そこでは外交問題がしばしば舞踏会や仮面舞踏会での短い話し合いで決定された。うろたえた外交官がみずから申し出て身を引いたために、微妙な駆引きを必要とするこのポストによりうまく対処できると思われる人物が、あらためて求められた。舞踏会や仮面舞踏会ならお手のもののチャールズ・ハンベリー＝ウィリアムズはよい選択だと考えられた。社交人であることを証明してきたし、ご婦人の気を引くのには充分に若く、だがみずからの義務に忠実にとどまっているのには充分に大人だった。しかし、サンクトペテルブルクに赴任してまもなく、チャールズ卿は、自分も前任者とほとんど変わらないことに気づいた。「女帝の健康状態はとても悪い」(4)と最初の外交文書で報告している。「咳と息苦しさに悩まされ、膝に水がたまり、浮腫ができている――だが、私とメヌエットを踊られた」。ハンベリー＝ウィリアムズは努力を続けた。だが、自分の獲物を見損なっていた。エリザヴェータは、この洗練された英国人とのおしゃべりをどんなに楽しんでいても、相手がまじめな問題について話そうとした瞬間に、にっこりと微笑んで歩み去った。女としては、どんなお世辞にも応じる。女帝としては、聞く耳をもたない。赴任以来、チャールズ卿は一歩も前進していなかった。

卿は目をよそに向けた。未来の支配者ピョートルのほうを向いたときには、またしてもはねつけられた。初めての会話で、帝位継承者がプロイセン王を偏執的に称讃していることを知る。できることはなにもない。叔母を相手にするのと同様に、甥を相手にしても時間の無駄だろう。あの夏の宵、チャールズ卿は任務に失敗したと考えながら、オラニエンバウムの晩餐会に出かけ、大公女の隣席にすわり、なるべくして味方になる人物、知的な会話を楽しめる教養あるヨーロッパ女性を見出した。その人は書物に強い興味をもち、プロイセン王に対する嫌悪を胸に育んでいた。

初めてエカチェリーナに会ったとき、チャールズ卿は、その博識に感銘を受けたのと同様に、その容姿にも魅了された。セルゲイ・サルトゥイコフとの情事は知れわたっており、エカチェリーナには多感な若い女というレッテルが貼られていた。チャールズ卿は若いころには自分も騎士役を演じてきたので、短期間、ロマンスの道を追うことも考えたようである。だが、すぐに現実に引きもどされ、体調万全とは言いがたい中年の男やもめの自分には、この道がもはや開かれていないことに気づいた。「私の年齢の男は情けない愛人になるでしょう」と、ロマンス経由の接近方法を示唆したロンドンの大臣に意見を述べている。「悲しいかな。私の王笏はもはや統治はしておりません」(5)。そのかわり自分には、おじさん的、父親的でさえある人物、エカチェリーナが個人的、あるいは政治的な忠告を求めることのできる人物の役を割り振った。もう一本の道は自分の若い秘書、スタニスワフ・ポニャトフスキのために開けておいたのである。

エカチェリーナはハンベリー＝ウィリアムズを刺激的で洗練された人物だと考えた。プロイセンを標的にした英露同盟の再交渉にきたと知ったとき、称讃の気持ちはいっそう強まった。大使の側としては、エカチェリーナがベストゥージェフの友人であり、したがって貴重な味方となりうる可能性があることを知っていた。友情は熟した。ある舞踏会で、チャールズ卿がドレスをほめると、エカチェリーナは卿の令嬢であるレディ・エセックスのために同じものを仕立てさせた。大使に宛てて手紙を書き始め、自分の生活を語った。その知性と洗練に敬意を抱いているこの年上の男性との接触は、ある意味で、青春時代のイレンボリ伯爵との関係の再現だった。エカチェリーナは伯爵のために「十五歳のある哲学者の肖像」を書いている。エカチェリーナはロシアの大公女が外国大使と私的な文通を交わすのは軽率のそしりを免れないという事実を無視して、チャールズ卿と長きにわたって手紙のやりとりを続けた。

文通は、ハンベリー＝ウィリアムズがエカチェリーナに影響をあたえようと試みたときに使用した唯一の方法ではなかった。チャールズ卿は大公女が財政問題にはまりこんでいるのを発見した。母親の残した借金に新たな負債が加わっていた。エカチェリーナは金を——衣類、娯楽、友人たちに——自由に使った。説得し、忠誠を買うのに金が力を発揮することを学んでいた。あからさまな贈賄に手を染めたことは一度もない。そうではなくて、エカチェリーナの気前のよさは、人をよろこばせ、笑顔に囲まれていたいという欲求に突き動かされてのことだった。ハンベリー＝ウィリアムズが、英国国庫の資金を使って財政援助を申し出たとき、エカチェリーナはこれを受諾した。エカチェリーナがハンベリー＝ウィリアムズから借りた金額、あるいは受けとった金額は明らかになっていない。だが、かなりの額にのぼる。英国大使は政府から自由裁量権をあたえられており、サンクトペテルブルクの英国領事である銀行家のウルフ男爵のもとに、エカチェリーナのための口座を開設した。大公女の署名のある受領書二枚には、一七五六年七月二十一日と十一月十一日の日付がある。総額は五万五〇〇〇ルーブル。七月二十一日の貸付は最初ではなかった。借金の申し込みにさいして、エカチェリーナはウルフに「またあなたにお願いするのには多少のためらいがあります(6)」と書いている。

エカチェリーナは英国大使から金を受けとることには危険がともなうのを知っていた。だが、またロシア宮廷のだれもがこのゲームに手を染めているのも知っていた。他の人びとをよろこばせるために賄賂を受けとったとしても、エカチェリーナはあまねく存在する腐敗の一部にすぎなかった。それは、ヨーロッパのすべての国家で政治と政府に付随するひとつの特徴だった。金は友情と忠誠と条約を連れてきた。女帝自身も含めて、サンクトペテルブルクのだれもが買収可能だった。ハンベリー＝ウィリアムズは、新たな英露条約に同意を得るために女帝を説得する努力を始めたとき、ロンドンに宛てて、エリザヴェータは宮殿二軒の建造を開始したが、完成するのに充分な資金がない、と知らせている。条約はロシアに年間一〇万ポンドの支払いを保証する。だが、チャールズ卿は、エリザヴェータ個人の財布に追加の貢献をすれば、女帝をさらにしっかりとイギリスに結びつけるはずだと考えた。「ひとことで言えば、これまでにあたえられたすべてがロシア軍を買うのに役立ってきました。これからあたえられるものはなんであろうと、女帝を買うのに役立つでしょう(7)」。ロンドンは追加の金額を承認し、チャールズ卿は条約の交渉は順調に進んでいると報告できた。卿はこれと同じ接近方法が、魅力的な大公女の善意と反プロイセン感情を強固にすると信じていた。

第31章 外交上の激震

一七五五年にチャールズ・ハンベリー＝ウィリアムズ卿がロシアに派遣された理由は、ハノーファー選帝侯領を守るというイギリスの政治的必要性だった。十八世紀半ばには、ふたつの要因がイギリスの外交と軍事戦略の方向性を決定していた。ひとつは英仏二国間が戦争状態にあるか、戦争と戦争の合間の平和の時期にあるかにかかわらず、変わらずに続くフランスの敵意。もうひとつは北ドイツ内陸の小さな選帝侯領を守る必要性である。この義務は、イギリス王がハノーファー選帝侯でもあるという事実から発生してきた。一七一四年、五十四歳になる選帝侯ゲオルク・ルートヴィヒは議会に説得されて、イギリス王位を受諾し、そのことによってブリテン諸島におけるプロテスタントの覇権を確実にした。ゲオルクはドイツの選帝侯領と称号を維持したまま、英国王ジョージ一世となった。島国の王国と大陸の選帝侯領がひとりの王の姿のなかに結びつけられ、それは一八三七年、ヴィクトリア女王の戴冠のさいに、そっとわきにどけられるまで続いた。

この一人二役がうまくいったためしはなかった。ジョージ一世、そしてのちにはその息子のジョージ二世は、自分の小さな選帝侯領のほうをはるかに好んだ。そこには微笑みを浮かべた従順な人口七五万人がいて、遠慮なく口をはさんでくる議会はない。ジョージ一世は絶対に英会話を学ばず、本人も息子もたびたび故郷のハノーファーを訪れて、長期間滞在した。

大陸の近隣諸国にとって、選帝侯領はつねに絶好の獲物だった。大きな陸軍をもたない海洋大国イギリスが、攻撃的な隣人たちからハノーファーを守るのはほとんど不可能に近い。多くのイギリス人は、ハノーファーがイギリスの首に吊されたひき臼であり、英国のより大きな利益が、選帝侯領の利益のために、決まって犠牲にされると信じていた。だが、逃げ道はなかった。ハノーファーは守らなければならない。それができるのは大陸の同盟国の軍隊だけだったから、イギリスはオーストリアとロシアを相手に長期の同盟を結んだ。この取決めは何十年間もうまく機能してきた。

一七五五年、好戦的なプロイセンの台頭がジョージ二世の不安をかき立てた。甥であるプロイセンのフリードリヒ二世（フリードリヒの母ゾフィーはジョージの妹だった）が、すでにシュレージエンに侵攻したように、ハノーファー侵攻の誘惑にかられるかもしれない。プロイセンがそんな冒険に乗り出すのを思いとどまらせるために、イギリスはロシアとの条約更新を提案し、その交渉のためにチャールズ・ハンベリー＝ウィリアムズ卿がサンクトペテルブルクにやってきたのである。一七五五年九月、ベストゥージェフ伯爵がロシア代表として条約に署名したとき、チャールズ卿は得意満面だった。

ハンベリー＝ウィリアムズの自画自讃は時期尚早だった。イギリスとロシアが新条約に署名しようとしているという知らせは、ロシアを神よりも恐れていると言われたプロイセン王を警戒させた。フリードリヒは五万五〇〇〇のロシア人がこちらに向かって進軍してくる可能性を考えて震えあがり、部下の外交官たちにただちにイギリスと妥協するよう指示を出した。外交官たちは、お蔵入りと見なされていた協定を復活させることによって、これを実行した。ロシアとの交渉にはいる前に、イギリスはまず、プロイセンとの直接交渉でハノーファーの領土保全を固めようとした。当時、フリートリヒはこの提案を拒否したが、今度はそれを大急ぎで甦らせ、受諾したのである。一七五六年一月十六日、イギリスとプロイセンは相互に領土不可侵を誓い合った。そのかわりに、「ドイツの平穏」――ハノーファーとプロイセン両方を含む曖昧な言葉――を乱す侵略者に対しては、それがだれだろうと、両国は手を結んで対抗する。潜在的な「侵略者」とはフランスとロシアだった。

この条約は外交上の激震を誘発した。イギリスにとってプロイセンとの同盟締結は、ロシアとの新条約発効だけでなく、オーストリアとの同盟も犠牲にすることだった。一七五六年二月、イギリス＝プロイセン条約の知らせがヴェルサイユに届くと、フランスはプロイセンとの同盟を破棄し、積年の敵オーストリアとの和解に道を開く。五月一日、オーストリアとフランスの外交団はヴェルサイユ条約に署名。フランスはオーストリアが攻撃された場合、その支援に駆けつけることを約束した。

六か月前なら、こういった逆転劇は考えられなかった。いま、それは現実になった。フリートリヒは自分自身の同盟を方向転換させて、他の列強に同盟関係の再編成を強いた。再編成が実現されたとき、ヨーロッパに新たな外交構造が立ちあがった。ひとたび諸国間の協定が結ばれてしまえば、フリートリヒには行動する準備が整ったことになる。一七五六年八月三十日、みごとに訓練され、充分に装備を整えたプロイセン軍は隣国ザクセンに侵入。ザクセンを手早く制圧し、そのあとザクセン軍を丸ごと自軍に組みこんだ。ザクセンはオーストリアの衛星国であり、フランス＝オーストリア条約は、インクが乾くか乾かないかのうちに、ルイ一五世を否応なくマリア・テレジアの支援に向かわせることになった。昔からのロシアの味方オーストリアがいったん巻きこまれると、エリザヴェータ帝はプロイセンに対抗してオーストリア＝フランス側に加わる。しかし、この作戦はハノーファーの安全保障を高めはしなかった。ハノーファーはプロイセンに奪取されるという脅威からは解放されたものの、今度はフランスとオーストリア両方からの危険に晒されていた。

ベストゥージェフ伯爵が英国大使館にメモを送り、ハンベリー＝ウィリアムズ大使にフランスとオーストリアのあいだで結ばれた新たな反プロイセン同盟にロシアが加盟したことを知らせたとき、大使は愕然とした。大使がベストゥージェフと交渉し、署名したばかりの英露条約は正式に破棄はされなかったものの、わきに押しやられた*。もともとはフリードリヒの足下を崩すためにロシアに派遣されたハンベリー＝ウィリアムズは、逆の立場に立たされ、今度はイギリスの新同盟者、プロイセンのフリードリヒの利益をさらに推し進めることをロンドンから期待された。こうして、ヨーロッパ列強間の同盟の大転換は、ハンベリー＝ウィリアムズがサンクトペテルブルクにおける自分の目標と努力において無理やりとらされた方向転換に、縮小された形で反映された。

英国大使はできるかぎりのことをした。外交の曲芸師になった。フリードリヒにはサンクトペテルブルクに代表がいない。ハンベリー＝ウィリアムズは密かにその役を引き受けることを提案した。ベルリンの英国大使館にいる同僚宛の外交行李を利用して、プロイセン王にロシアの首都の出来事をせっせと報告する。またサンクトペテルブルクのコネクションを利用して、来るべき戦争でロシアが大規模な軍事作戦に出るのを確実に阻止しようとした。ベストゥージェフとの関係が失われてしまったいまとなっては、コネのなかでもっとも重要なのはエカチェリーナだった。ハンベリー＝ウィリアムズと大公女は、親密な文通と多くの才気あふれる会話を交わした。英国大使はエカチェリーナに数千ポンドをあたえた。プロイセン側に対し、大公女は自分の「大切な友人だ」と自慢した。ロシアの前進を遅らせるのに、大公女を利用できるかもしれないとほのめかした。

大使は腹心の友エカチェリーナを裏切っていた。エカチェリーナは、英露条約が瀕死の状態であるのを知っていた。だが、友人が密かにロシアの敵に力を貸し、この計略のなかで潜在的な味方として自分の名前を挙げたことは知らなかった。ハンベリー＝ウィリアムズは自分自身も含めて、すべての人を欺いていた。一七五七年一月、エカチェリーナはベストゥージェフ宛の手紙で自分の本当の気持ちを明かしている。「わたくしは、われわれの軍がまもなく……［進軍する］だろうと聞いて、うれしく思いました。お願いですから、わたくしたちのおたがいの友人［ステパン・アプラークシン］に強くおっしゃってください。プロイセン王をたたきのめしたときには、わたくしたちがのべつまくなしに警戒態勢をとっていなくてもよいように、ぜひとも王をもとの国境線まで押し返してください、と」(1)

実際には、アプラークシンは出発前にたびたび大公女のもとを訪れ、ロシア陸軍の哀れな状態では、冬期の対プロイセン作戦は得策ではなく、作戦は遅らせたほうがよいと説明していた。この種の会話は反逆罪を構成はしない。アプラークシンは同じような会話を、女帝ともベストゥージェフとも、そして諸外国の大使とさえ交わした。違いはエカチェリーナの場合、女帝から政治的、外交的案件への関与を避けるよう命じられていたことだ。おそらく大公女はこの命令を無視して、この件をハンベリー＝ウィリアムズと論じたのかもしれない。だが、もし論じたのであれば、自分が話している相手は友である英国人というだけではなく、自分の言葉をプロイセン王に伝えるかもしれない人物でもあることに気づいていなかったのである。

＊ 続く七年戦争（一七五六－六三）のあいだ、英露両国はおたがいの敵と同盟関係を結んでいたものの、直接の戦闘状態には一度も突入しなかった。

第32章 ポニャトフスキ

チャールズ・ハンベリー＝ウィリアムズ卿と出会った夜、エカチェリーナに紹介されたポーランドの青年貴族スタニスワフ・ポニャトフスキは、ヨーロッパ貴族階級を彩るお飾りのひとつだった。母親はポーランド大家のひとつチャルトルィスキ家の令嬢で、ポニャトフスキ家に嫁ぎ、スタニスワフはその末の息子である。青年は母親に溺愛され、兄や、ポーランド最強の男に数えられる伯父ふたりに保護されていた。チャルトルィスキ一族の政治目標は、選挙で選ばれた王、ザクセン人アウグスト三世の支配を、ロシアの支援を得て終わらせ、ポーランド生粋の王朝を確立することだった。*

スタニスワフは十八歳のときに、随行員を引き連れ、立派な紹介状がはさまれた紙ばさみを携えて、ヨーロッパの首都をまわり始めた。パリではルイ一五世とポンパドゥール夫人に、ロンドンではジョージ二世にお目通りをする。チャールズ・ハンベリー＝ウィリアムズ卿とはすでに出会っていた。チャールズ卿は駐ロシア英国大使に任命されたとき、スタニスワフに秘書として同行しないかと声をかけた。青年の母親と伯父たちはよろこんだ。この提案はチャルトルィスキ家にサンクトペテルブルクにおける自分たちの足場を強固にする手段を提供し、同時にスタニスワフに自分自身の公的なキャリアを開始する機会をあたえる。ロシアの首都に着任したあと、ハンベリー＝ウィリアムズは青年秘書に万全の信頼をおいた。「大使は私に最高機密の通信を読んで、暗号化や解読をさせた」とスタニスワフは語っている。チャールズ卿はネヴァ河の岸辺に邸宅を借り、大使館として使用。ふたりの男は同じ家に住んで、河向こうのペトロパブロフスク要塞とその高さ四〇〇フィートの大聖堂の尖塔の眺めを分かち合った。

スタニスワフ・ポニャトフスキはエカチェリーナの三歳年下で、美男子という点ではセルゲイ・サルトゥイコフの敵ではなかった。背が低く、顔はハート型で、目は近視、瞳はしばみ色。眉毛が濃く、顎はとがっていたが、六か国語を話し、その魅力と会話術でどこでも歓迎された。二十三歳にして、ヨーロッパの洗練された青年貴族の模範だった。このタイプの男性としては、エカチェリーナの前に立った最初のひとりであり、エカチェリーナがセヴィニエ夫人やヴォルテールの著作に刺激されて好むようになった、輝かしい世界の代表だった。啓蒙思想の言葉で語り、抽象的な問題をおもしろく話せたし、ある日は夢見るロマンティスト、次の日は子どものように軽薄になることもできた。エカチェリーナは心を惹かれた。しかし、スタニスワフにはふたつの性質が欠けていた。このポーランド人青年のなかに独創性はほとんどなく、真の厳格さは皆無だった。エカチェリーナはこの欠陥に気づき、それを受け容れるようになる。実際、スタニスワフ本人以上に、この限界を認識している者はいなかった。回想のなかで、次のように告白している。

優れた教育のおかげで、私は自分の精神的な欠陥を隠すことができた。だから多くの人が、私があたえられる以上のものを私に期待した。どんな会話にも加われるくらいの機智は備えていたが、あるひとつの主題について、じっくりと詳細に話すのには充分ではなかった。私は生来、芸術を好んだ。しかし、私の怠惰は芸術においても学問においても、私が自分のいきたいほど遠くまで進むのを妨害した。私は働きすぎるか、まったく働かないかのどちらかだった。実務については大変によく判断することができた。ある計画の欠陥やそれを提案する人びとの欠点をすぐに見抜いた。だが、自分自身の計画を実行するには、よい忠告をたっぷり必要とした(1)。

これほど洗練された男でありながら、多くの点でひどく無邪気でもあった。母親に、ワインや蒸留酒は飲まない、賭事には手を出さない、三十前に結婚はしないと約束していた。さらに本人の話ではもうひとつ、パリその他ヨーロッパ大都会の社交界で勝利をおさめてきた青年としては、奇妙きわまりない特徴があった。

厳格な教育が、私を淫らな放蕩の埒外においていた。上流社会にひとつの場所を得て、それを維持するという野心が、旅のあいだ、私を守っていた。そして私が足を踏み入れたばかりの関係においては、奇妙な諸状況がひとつに合流して、私の運命すべてを握っていたあの女性のために、私をわざととっておいたように見えた(2)。

ひとことで言えば、ポニャトフスキは女を知らないまま、エカチェリーナのもとを訪れたのである。

ポニャトフスキには、はねつけられ、捨てられた誇り高き女を魅了する特質がほかにもあった。その献身的な愛情は女に、自分にはただの肉欲以上のものを抱かせる力があることを示した。ポニャトフスキはエカチェリーナの称号と美貌だけでなく、その精神と気質にも称讃を表明した。ふたりのどちらもが、エカチェリーナの精神と気質のほうが、ポニャトフスキ自身のものよりも優れていると認めていたのである。青年は優しく、注意深く、慎ましく、忠実だった。エカチェリーナに愛における情熱だけでなく、満足と安心感を知ることを教えた。その癒しの過程の一部となった。

この情事の幕開け、エカチェリーナには三人の味方がいた。ひとりはハンベリー＝ウィリアムズ。残りのふたりはベストゥージェフとレフ・ナルイシキンである。宰相はエカチェリーナの側に立って、ポニャトフスキと親しくするのはやぶさかでないことをはっきりさせた。ナルイシキンは新しいお気に入りのために、エカチェリーナとサルトゥイコフの情事のあいだに演じたのと同じ、友人・スポンサー・ガイドの役をすぐに務めるようになる。レフは熱を出して床に就いていたとき、エカチェリーナ宛に優雅な文面の手紙を何通か送った。主題はつまらないこと――果物や砂糖漬けをくださいと懇願する――だが、エカチェリーナはひと目で、レフが書いたのではないことを見抜いた。その後、レフは、手紙を書いたのは新しい友だちのポニャトフスキ伯爵だと認める。エカチェリーナは、スタニスワフがたくさん旅をし、見かけは洗練されているにもかかわらず、まだ臆病で感傷的な青年にすぎないことに気づいた。だが、スタニスワフはポーランド人であり、ロマンティストである。そして目の前には惨めな結婚の罠にとらえられ、孤立させられたひとりの若い女がいた。それはポーランド青年の心をとらえるのに充分だった。

以下はスタニスワフの目に映ったエカチェリーナである。

かの女性は二十五歳。二十五歳と言えば、美に対してなんらかの権利を主張できる女性が、その美しさの絶頂にいるあの完璧な瞬間である。黒い髪、目も眩むほど白い肌、大きくて表情豊かな青い目、長く濃いまつげ、ギリシア風の鼻、キスを求めるような口、完璧な肩、腕、手、すらりと背の高い姿、身のこなしは優雅でしなやか、だがそれでも、きわめて大きな威厳に満ち、気高かった。声は柔らかくて心地よく、笑いはその性格のように陽気だった。ある瞬間には、荒っぽくて子どもっぽいかぎりの遊びに興じて、どんちゃん騒ぎをする。その少しあとには、デスクに向かい、きわめて複雑な財政や政治の問題に取り組んでいた(3)。

未熟な恋人が行動に出るのに充分なだけの勇気をかき集めるまでに、数か月が過ぎた。そのときになっても、新しい友人レフの粘り強さがなければ、ためらいがちな求愛者は遠くから崇拝するだけで満足していたかもしれない。しかし、最後にはレフがポーランド人を、こちらが引き下がれば大公女に恥をかかせるという状況にわざと追いこんだ。スタニスワフ青年はなにが企まれているのか気づかないまま、レフに大公女の私的なアパルトマンの扉まで連れていかれる。扉は半開き。エカチェリーナがなかで待っていた。何年もあとに、ポニャトフスキはこう回想している。「私はあの日のお召し物を思い出す歓びを抑えきれない。白いサテンの簡素なドレスは軽やかなレースで縁どられ、ただひとつの飾りとしてピンクのリボンが編みこまれていた」。この瞬間から「私の全人生はあの方に捧げられたのである(4)」。

新しい愛人には、エカチェリーナを降伏させたサルトゥィコフのあのにこやかな自信はなかった。この点に関しては、エカチェリーナは少年――魅力的で、広く旅をし、話はうまいが、それでもまだ少年――を相手にしていた。なにをする必要があるのかはわかっている。そしてひとたび、スタニスワフのためらいが克服されてしまったあと、エカチェリーナは女を知らないハンサムなポーランド人を一人前の男へと導いていった。

＊何世紀にもわたって、ポーランド王位は選挙で決定されてきた。ポーランド貴族のほとんどが、同じ血を分けた同胞のひとりを選ぶことによって、自分自身の特権をわずかでも犠牲にするよりは、外国人の王による弱体な統治に従うほうをよしとした。結果として、つねにほぼ無政府に近い状態が継続した。

第33章

死んだ鼠、不在の愛人、危険な提案

ヨーロッパでは、注目すべき外交上の変化が起きようとしていた。だが、エカチェリーナとピョートルの結婚生活の閉ざされた小さな世界の内部では、一〇年間にわたってふたりの人生を特徴づけてきた取決めと敵意とが続いていた。エカチェリーナはスタニスワフ・ポニャトフスキのなかに、支えとなってくれる新しい恋人を見出した。ピョートルはエカチェリーナの女官たちのあいだを跳ねまわり、次々と注目の対象を変えていった。夫婦の趣味と道楽は途方もなく異なっていた。ピョートルは兵隊、犬、酒。エカチェリーナは読書、会話、ダンス、乗馬。

一七五五年の冬、ピョートルのホルシュタイン兵はほとんどが本国に帰され、エカチェリーナとピョートルはオラニエンバウムからサンクトペテルブルクにもどって、別々の生活を再開した。街が雪に深く埋もれ、ネヴァ河が凍りつき、ピョートルの軍隊妄想は屋内に移動。いまその兵隊たちは木や鉛や張り子や蠟で作られた人形だ。幅の狭いテーブルをたくさん、ようやく身体を滑りこませられるくらいにくっつけておき、その上に人形を並べる。紐のついた真鍮の細板が釘でテーブルにとめられ、紐を引くと真鍮の板が振動して、騒音を立てた。ピョートルはエカチェリーナに、この音はマスケット銃兵隊の轟音に似ているのだと教えた。この部屋で、ピョートルは毎日、衛兵の交代式を執りおこなった。勤務を終え、テーブルから取り除かれた兵隊たちと入れ替わりに、元気いっぱいのおもちゃの兵隊の分遣隊が見張りの勤務につけられた。ピョートルは必ずホルシュタインの礼装軍服を着て、この儀式に出席した。トップブーツ〔折り返しの色が異なる革製の長靴〕、拍車、高い襟、スカーフ。この訓練に参加する召使いたちにもホルシュタインの軍服着用が求められた。

ある日、エカチェリーナがこの部屋にはいると、大きな死んだ鼠が、模型の絞首台にぶら下がっていた。エカチェリーナはぞっとして、鼠がそこにいる理由を尋ねた。ピョートルは説明した。鼠は軍法によれば極刑に値する犯罪で有罪を宣告されたのだ。したがって、絞首刑に処されたのである。鼠の犯罪はテーブル上のボール紙の要塞によじ登り、見張りに立っていた張り子の兵隊二名を食べたことである。ピョートルの犬の一匹が鼠を捕まえた。被告人は軍法会議にかけられ、ただちに絞首刑に処された。いまは見せしめとして、三日間、公衆の目に晒されているのだ。エカチェリーナは話を聞いて、わっと笑い出した。そのあと、詫びを言って、自分は軍法を知らないのだと言い訳した。それでもピョートルはエカチェリーナの不まじめな態度に傷つき、不機嫌になった。エカチェリーナは「少なくとも鼠のために公正を期するとすれば、鼠は釈明を求められることなくして、絞首刑に処されたと言うことはできる」と言って、この話を終えている。

この一七五五年から五六年にかけての冬、エカチェリーナはレフ・ナルイシキンの兄嫁、アンナ・ナルイシキナと仲良くなった。レフはこの友情にひと役買っていた。「レフのおふざけには際限がなかった」とエカチェリーナは記している。ピョートルの部屋とエカチェリーナの部屋のあいだをいったりきたりするのがレフの習慣となった。エカチェリーナの部屋にはいるときには、扉の外で猫のようにみゃあと鳴き声を立てた。十二月のある晩、六時から七時のあいだに、エカチェリーナはレフがみゃあと鳴くのを聞いた。レフは部屋にはいってくると、義姉が病気ですと告げた。「姉を見舞っていただかなければなりません(1)」

「いつ?」とエカチェリーナは尋ねた。

「今夜です」

「許可なしで外出できないのはわかっているでしょう。お姉さまのお宅にうかがう許可は絶対に出してもらえません」

「わたしがお連れします」

「頭がおかしいんじゃありませんか? あなたは要塞送りになるし、わたくしはいったいどんな面倒に巻きこまれるやら」

「でも、だれにも気づかれません。一時間ぐらいしたら、お迎えにあがります。大公はご夕食のテーブルにおつきでしょう。ほとんどひと晩中、テーブルにとどまっていらっしゃるでしょうし、酔って眠くなるまでは、お立ちあがりにはならないはずです。念のために、男装をなさってください」

ひとりぼっちで自室にいるのにうんざりして、エカチェリーナは同意した。レフは立ち去り、エカチェリーナは頭痛を訴えて、早々に床に就いた。マダム・ヴラジスラヴォワが退出してしまうと、起きあがり、男装をして、自分でできるなりに髪を整える。約束の時間、レフが扉の外でみゃあと鳴いた。気づかれずに宮殿を出て、向こう見ずな冒険にくすくすと笑い声をあげながら、レフの馬車に乗りこむ。レフが兄夫婦と暮らす屋敷に到着。そこには——意外ではなかったのだが——ポニャトフスキがいた。「その夜は、はめをはずしまくって陽気に過ぎた」とエカチェリーナは書いている。「そこに一時間半ほどいたあと、私はひとりの人間にも会わずに、宮殿にもどった。翌日、朝の宮廷と夜の舞踏会で、私たちはおたがいの顔を見ては、前夜の浮かれ騒ぎを思って笑わずにはいられなかった(2)」

数日後、レフは返礼をお膳立てし、どんな疑いも浮かばないように巧みに友人をエカチェリーナのアパルトマンまで導いた。エカチェリーナたちはこの秘密の集まりを楽しんだ。一七五五年から五六年にかけての冬のあいだ、このような集まりがまず一方の家、次は相手の家というように、週に二回か三回は開かれた。「ときには、劇場で、違う桟敷にいたり、あるいは平土間席にいても、私たちのそれぞれが、いくつかの秘密の合図のおかげで、言葉を交わさずとも、どこで集まるのかを知ることができた。だれも一度も間違えなかった。だが、私は二度ばかり、徒歩で宮殿に帰らなければならなかった」(3)。エカチェリーナ。こういった夜ごとの楽しみ、ポニャトフスキの愛、ベストゥージェフの政治的な支援によって、エカチェリーナは自信を強めていった。

エカチェリーナは自分の女官たちのなかに、ときおり競争相手を見出した。ピョートルはときにはあからさまに妻の地位と人柄を矮小化して、女たちをけしかけた。いまや正式にパーヴェルの父親と認められたピョートルは、鎖から解き放たれた男の役をよろこんで演じた。世間から「堕落した女」と見られている歌手や踊り子たちが、大公の私的な晩餐会に姿を見せる。大公がもっとも強い関心を示した女はエカチェリーナの女官のひとり、エリザヴェータ・ヴォロンツォワ、ベストゥージェフの競争相手である副宰相、ミハイル・ヴォロンツォフの姪である。十一歳のときにエカチェリーナの側近に加えられ、とくに賢くも美しくもなかった。わずかに背が曲がり、顔には天然痘のあばたが残り、性格は激しく、哄笑、酒、歌、怒鳴り声はいつでも大歓迎だった。ロシア最古の家柄のひとつに属していたにもかかわらず、話しながら唾を吐き、さもなければ「売春宿の下働き」のように振舞うと言われた。ヴォロンツォワに対するピョートルの執着心は、ピョートル自身の劣等感から生まれてきたのだろう。大公は、この女が素のままの自分を愛してくれていると結論したのかもしれない。最初、エリザヴェータ・ヴォロンツォワはその他大勢のひとりにすぎなかった。競争相手がいて、ときどきピョートルと喧嘩をした。だが、ピョートルがもどるのはいつもエリザヴェータのもとだった。

一七五六年夏のオラニエンバウムで、エカチェリーナと女官の一部との関係は激しい争いに発展した。エカチェリーナは娘たちがあからさまに無礼に振舞うと感じて、女官たちのアパルトマンにおもむき、あなたたちが態度を改めなければ、女帝に訴えますと告げた。怯えて泣く者も、腹を立てる者もいて、エカチェリーナが出ていくとすぐに、大公に言いつけに走る。ピョートルが頭から湯気を立てて、エカチェリーナの部屋に飛びこんできた。ピョートルは妻に言った。おまえはいっしょに暮らすのが不可能な女になった。一日ごとにますます耐えがたくなる。あの女たちは全員、身分の高い娘たちなのだ。それをおまえは召使いのように扱っている(4)。女官たちのことで女帝に文句を言うのなら、わたしは叔母上におまえの自尊心、傲慢、ひねくれた性格を訴えてやる。

エカチェリーナは話を聞いた。それから言った。わたくしのことについては、なんでもお好きなことをおっしゃればいいでしょう。でも、この件を目の前に出されたら、女帝はおそらく、最善の解決策は、甥夫婦の不和の種となっている者を、たとえそれがだれであろうとも、わたくしの介添役からはずすことだ、とお考えになるでしょう。わたくしたちを和解させ、わたくしたちのあいだの諍いが繰り返しお耳を汚すのを避けるために、女帝がこの道をおとりになるだろうと確信しています。この論法はピョートルを驚かせた。女官たちに対するエリザヴェータの姿勢については、自分よりもエカチェリーナのほうが詳しいだろうし、女帝が本当にこの件で女官たちを追い出すかもしれないと考えて、ピョートルは口調を和らげた。「どのくらい知っているのか、教えてくれ。女官たちのことについて、だれか女帝に話をしたのか(5)？」エカチェリーナは答えた。この件が女帝のお耳にまで達していたら、陛下がいつものきっぱりとしたやり方で対処されることには疑いの余地はありません。ピョートルは不安になり、いったりきたりした。その晩、エカチェリーナは、自分のことで文句を言うのをやめさせるために、女官たちのなかでいちばん良識のある者に、大公との言い争いについて、そして女官たちが追放される可能性があることについて話をした。

エカチェリーナはスタニスワフ・ポニャトフスキを大切に思っていた。スタニスワフがやむをえず、一時的に自分のもとを離れたとき、自分がこの男をいかに深く愛しているか思い知らされる。この望まぬ出発をわが身に招いたのはポニャトフスキ自身である。ポニャトフスキは名目上の王であるザクセンのアウグストを嫌い、絶えずけなしていた。ドイツにあるアウグストの選帝侯領はプロイセンのフリードリヒに侵略されている。ポニャトフスキのアウグスト攻撃を一部の人間はフリードリヒに対する共感の表明と解釈した。ピョートルもまたそう解釈した。だが、ポニャトフスキをプロイセンの称讃者と見誤ったのはピョートルひとりではない。ザクセン選帝侯が国王であるポーランドの宮廷もそうであり、宮廷はエリザヴェータに青年を故国に帰すよう強く要請した。ポニャトフスキに選択の余地はなかった。一七五六年七月、仕方なく出発する。エカチェリーナはいくままにさせたが、絶対にこちらに呼びもどすと決めていた。

出発の二日前、ポニャトフスキはスウェーデンのホルン伯爵を伴い、別れを告げるためにオラニエンバウムを訪れた。ふたりの伯爵は二日間、滞在。一日目、ピョートルは礼儀正しく振舞う。だが、二日目は自分の猟犬係の結婚式があり、酒盛りの一日を過ごす予定だったので、訪問者たちの接待は妻に任せて、さっさと出かけてしまった。正餐のあと、エカチェリーナはホルン伯爵に宮殿のなかを案内した。エカチェリーナのアパルトマンまできたとき、愛犬の小さなイタリアン・グレイハウンドがホルンに向かって激しく吠え立てた。だが、ポニャトフスキを見ると、犬は狂ったように尻尾を振って挨拶をした。ホルンはそれに気づき、そっとポニャトフスキに言った。「友よ、小さな愛玩犬ほどに悪しき裏切者はおりません。ご婦人に恋をするとき、わたしが最初にするのは、小さな犬を一匹贈物にすることです。わたしよりももっと好かれている人間がいるかどうか、このやり方なら必ずわかります。間違えることはありません。いまご覧になったとおり、犬はわたしに噛みつこうとしました。わたしが知らない人間だからです。でも、あなたを見て、大よろこびしていましたね[6]」。この訪問の二日後、ポニャトフスキはロシアをあとにした。

一七五六年七月に出発したとき、スタニスワフ・ポニャトフスキは数週間以内にもどってくるつもりだった。スタニスワフが期待していた時期にもどってこなかったとき、エカチェリーナは愛人を連れもどすための活動を開始した。ベストゥージェフはこのとき初めて、未来の女帝の強い意志力を感じる。一七五六年秋のあいだずっと、ベストゥージェフはエカチェリーナの頼みを聞いて、ポニャトフスキをサンクトペテルブルクにもどすようポーランドの内閣を説得するために悪戦苦闘した。ポーランドの外務大臣、ハインリヒ・フォン・ブリュール伯爵に宛てて書く。「現在の危機的かつ微妙な状況下では、ポーランド王国より特命全権公使の遅延なき派遣がいよいよ必要と考えております。公使のプレゼンスは二か国の宮廷間の友情の絆をより強固にするでしょう。ポニャトフスキ伯爵ほどにわが宮廷によろこばれている人物はいらっしゃいませんので、わたくしは伯爵を推挙します[7]」。結局、ブリュールは同意する。

もどるための道は掃き清められたように見えた。だが、エカチェリーナが驚いたことに、ポニャトフスキはポーランドにとどまっていた。障害はなにか？　エカチェリーナ宛の手紙で、ポニャトフスキは母親なのだと説明している。

私はロシアにもどることに同意するよう、母に強く迫りました。母は目に涙をため、この件はわたくしからあなたの愛情を奪おうとしている、わたくしの人生の幸福すべてはあなたの愛情にかかっている、拒否するのが簡単ではないこともあるが、今回は同意しないことに決めた、と申しました。私はわれを忘れ、母の足下に身を投げ出して、お気持ちを変えてくださいと懇願しました。母はまた涙を浮かべて言いました。「こうなることを予期していました」。母は私の手を握りしめ、私を人生でこれまでに経験したなかでもっとも恐ろしい難局のなかに残して、立ち去りました。(8)

強力なチャルトルィスキ家の伯父たちに助けられて、ポニャトフスキは一七五六年十二月にようやく母の手を逃れ、ポーランド王の正式の代表、公使としてロシアにもどる。ひとたび、サンクトペテルブルクに帰ってくると、エカチェリーナの愛人役を再開。ロシアにはさらに一年半とどまり、そのあいだにエカチェリーナ二番目の子の父親となった。

女帝エリザヴェータはたびたび病気になった。どこが悪いのか、正確にはだれも知らなかった。ある者は月経不順のせいにし、またある者は、ご不快は卒中、あるいはてんかんが原因とささやいた。一七五六年夏、女帝の状態はきわめて憂慮すべきものになったので、医師団はその生命を危ぶんだ。

この健康問題は一七五六年の秋いっぱい続いた。シュヴァーロフは気も狂わんばかりに心配して、大公の上に心遣いを雨あられと降らせた。ベストゥージェフは別の道をとった。サンクトペテルブルクの他のすべての人と同様に、宰相は未来に不安を抱いた。そしてなによりもまず自分のことを心配した。帝位継承者であるピョートルの偏見と限られた政治能力、さらには宰相としての自分に対して、わが手でピョートルの心のなかにかき立ててきた敵意についても、充分に承知していた。イギリスがプロイセンの同盟国となったために、もはやハンベリー＝ウィリアムズとあからさまに親しくするわけにはいかない。不安になるのにはもうひとつ、だれもが抱くような理由があった。ベストゥージェフは年をとり始めていた。歳月がベストゥージェフを疲労困憊させた。そしてエリザヴェータは本人が健康なときでも、難しい女主人だった。衰えつつある女帝の健康と大公の敵意を考えれば、が求めることのできる皇族はただひとりしか残されていない。エカチェリーナとベストゥージェフの関係は深まり、近づく戦争が両者の接近を加速させた。一七五六年秋、エカチェリーナとベストゥージェフの両方が、エリザヴェータの死に続く権力の移譲を深く憂慮していた。

ベストゥージェフは計画を立て始めた。エカチェリーナを友人のステパン・アプラークシン将軍に紹介する。ベストゥージェフは将軍を、対プロイセン戦のために召集されたロシア軍の総司令官に任命していた。次に、エリザヴェータ崩御にあたって発表すべき秘密の皇帝勅令「ウカーズ」の草稿をエカチェリーナに送った。この文書はロシア政府の再編を全面に押し出し、ピョートルがただちに皇帝と宣言されるのと同時に、エカチェリーナが正式に共同統治者の地位に就けられることを提案していた。ベストゥージェフは、実際にはエカチェリーナが――ちょうど夫に代わってホルシュタインの案件を処理してきたように――ロシアを治めることを意図していた。もちろんこの新たな枠組み内での自分のことも忘れていない。エカチェリーナが自分の助言に従って帝国を統治するよう目論み、国内の真の権力のほとんどすべてを自分自身のためにとっておいた。すでに就任している地位はそのまま、そこに新たな地位が加えられる。宰相の任務は続ける。また重要な三参議会――外務、陸軍、海軍――の長となり、帝国近衛連隊全四隊の連隊長に任命される。これは危険な、場合によっては命取りになりかねない文書だった。ベストゥージェフは帝位継承に関する決定に手を触れていた。それは皇帝のみに属する大権である。エリザヴェータがこの文書を読んだら、ベストゥージェフは自分の首で支払いをすることになりかねない。

提案された文書の草稿を受けとったとき、エカチェリーナは用心深く対応した。ベストゥージェフに面と向かって反論したり、その試みをやめさせようとはしなかった。だが態度を留保した。のちになって、この文書の要求が過剰であり、時期が悪いと考えたと述べてはいるが、自分にあたえられた中心的役割にはひたすら自尊心をくすぐられたはずである。エカチェリーナはそのよき意図に対してベストゥージェフに口頭で感謝するが、計画は時期尚早だと思うと告げた。ベストゥージェフは執筆を続け、修正し、追加や変更を加えた。

エカチェリーナはこの企てが危険きわまりないことを理解した。一方で、ベストゥージェフは帝国の統治へと導く道をエカチェリーナに提供していた。他方で、エカチェリーナには、この犯罪的文書が発見されれば、宰相と同様、自分自身にとっても死の危険へと帰結しかねないことがわかっていた。エリザヴェータがこの文書を読めば、その怒りはさぞや恐ろしいものになるにちがいない。

第34章 エカチェリーナ、ブロックドルフに挑む。夜会を開催する

一七五七年春、エカチェリーナは、ピョートルに対するブロックドルフの影響力が増大していくのを目のあたりにしていた。これを歴然と示す事例は、ピョートルがエカチェリーナに、ホルシュタインに命令を送って、公爵領の有力な市民のひとり、エーレンツハイムを逮捕させると告げたときに明

らかになる。エーレンツハイムは教育と能力によって頂点に登りつめた人物だった。エカチェリーナは逮捕の理由を尋ねた。「汚職の疑いがあると聞かされた[1]」とピョートルは答えた。エカチェリーナは、告発者はだれかと尋ねた。「いや、だれも告発はしていない。国ではだれもがこの男を恐れ、一目おいているからだ。だからこそ逮捕しなければならないのだ。逮捕されたら、すぐさま告発者が大勢出てくるはずだと言われた」

　エカチェリーナは身震いした。「そんなことをしたら、この世にはだれひとりとして無実の人間は残らないでしょう。嫉妬した人間はだれでも噂を流して、それを根拠に犠牲者を逮捕させることができるようになります。だれがそんなでたらめな忠告をしたのですか[2]？」

「あなたはいつもほかの人より多くを知りたがる」とピョートルはこぼした。エカチェリーナは答えた。お尋ねしたのは、大公殿下おひとりでしたら、このような不正義に手をお染めになるはずはないと信じているからです。ピョートルは室内をいったりきたりし、突然出ていったかと思うと、すぐにもどってきた。「わたしのアパルトマンにおいでなさい。ブロックドルフがこの件について説明します。なぜわたしがエーレンツハイムを逮捕しなければならないか、納得いただけるでしょう[3]」

　ブロックドルフが待ちかまえていた。「大公女殿下に話したまえ[4]」とピョートルは言った。ブロックドルフは頭を下げた。「大公殿下のご命令により、大公女殿下にお話しいたします」。ブロックドルフはエカチェリーナのほうを向いた。「これは極秘のうちに、細心の注意を払って扱わなければならない案件です。ホルシュタイン中に、エーレンツハイムの汚職と公金横領の噂が広まっております。この男は恐れられている人物であるために、告発者はおりません。しかし、逮捕の暁には、お望みの数の告発者が出てくるでしょう」。エカチェリーナは詳細を尋ねた。エーレンツハイムは法務局長として恐喝の疑いをかけられているとわかる。どの裁判のあとでも、敗訴した側が、相手が勝ったのは判事が買収されていたためだと訴え出るからである。エカチェリーナはブロックドルフに言った。あなたはわたくしの夫に圧力をかけて、明らかな不正義に手を染めさせようとしている。あなたの論理を使えば、大公はあなたを監禁しておいて、告発はあとからついてくると言うこともできます。訴訟について言えば、敗訴した側が必ず、判事が買収されたために負けたと主張する理由は簡単にわかります。

どちらの男も黙っていた。エカチェリーナは部屋を出た。そのあとブロックドルフは大公に言った。大公女のおっしゃったことはすべて、上に立ちたいという要求から生まれてきたのです。大公女はご自分からご提案になったこと以外はすべてに反対なさいます。世界や政治についてはなにもご存じありません。女というのはいつでも、なんにでも口をはさみたがります。そして口をはさんだことはなんだろうとすべて台無しにするのです。重要な決定は女の能力の埒外です。結局、ブロックドルフはエカチェリーナの忠告を覆すことに成功し、ピョートルはホルシュタインにエーレンツハイム逮捕の命令状を送った。

エカチェリーナはむかっとして、反撃に出た。レフ・ナルイシキンその他に召集をかけ、援護させる。ブロックドルフが通ると、ナルイシキンたちは「バーバ・プティッツァ！」[5]――ペリカン――と叫ぶ。ペリカンはぞっとするほど見かけが悪く、ブロックドルフの外見も同じぐらい厭わしいと考えたからだ。『回想録』のなかで、エカチェリーナは「ブロックドルフはだれからも金を巻きあげた。そして、いつも金欠病の大公を説得して、相手がだれだろうと金を払うという人間にホルシュタインの勲章や称号を売ることによって、同じことをさせた」[6]と書いている。

奮闘したにもかかわらず、エカチェリーナはピョートルに対するブロックドルフの支配力を弱められなかった。エカチェリーナはアレクサンドル・シュヴァーロフに近づき、帝位継承者である若い大公のそばにブロックドルフをおいておくのは危険だと思うと告げ、女帝の注意を促すよう忠告した。シュヴァーロフは大公女殿下の名前を出してもよいかと尋ねた。エカチェリーナは、どうぞと言い、もし女帝が直接わたくしから話をお聞きになりたいのなら、率直にお話し申しあげますと言い添えた。シュヴァーロフは同意。エカチェリーナは待った。最終的に、伯爵は女帝が大公女殿下と話す時間をとられるだろうと伝えてくる。

待っているあいだに、エカチェリーナは積極的な形で、ピョートルの政治に関わるようになる。ある朝、ピョートルは、書類を抱えた秘書のザイツをすぐうしろに従えて、妻の部屋にはいってきた。「このいまいましいやつを見てくれ！(7)」とピョートルは言った。「きのうは飲みすぎて、まだ頭がぼんやりしているというのに、こいつは書類をもってきて、わたしになんとかしろと言うのだ。あなたの部屋にまでついてきた！」ザイツはエカチェリーナに説明した。「ここにおもちした書類は、ただ『諾』か『否』かをいただくだけでよろしいものです。一五分もかかりません」

「どれどれ」とエカチェリーナは言った。「あなたが思っているより、もっと早く片づけられるかもしれないわ」

ザイツが書類を読みあげ始めた。ザイツが読み、エカチェリーナが「諾」か「否」かを告げる。このやり方はピョートルの気に入った。ザイツはピョートルに言った。「殿下、ご覧のとおり、週に二回、こうしていただけましたら、お国の案件が滞《とどこお》ることはございません。こういったことは瑣事にすぎません。けれども対処しなければならないのです。大公女殿下はそのすべてを六つの『諾』と六つの『否』で決定されました」。その日以降、ピョートルは、ただ自分の「諾」「否」だけが要求されるときはいつも、ザイツをエカチェリーナのところにやった。最後には、エカチェリーナがピョートルに、ピョートル本人の許可なしで、自分が決定できる問題を一覧にした署名入りの命令書を出すように頼んだ。ピョートルは快く応じた。
そのあと、エカチェリーナはピョートルに言ってみた。ホルシュタインに関して決定をおとりになるのがわずらわしいというのであれば、それがロシア帝国に責任をもたれるときになさるはずのお仕事と較べれば、ごくわずかであることに思いをいたされるべきではありませんか。ピョートルは、自分はロシアのために生まれたのではない、ロシア人がわたしに向かないのと同じほどに、わたしはロシア人には向かないのだと繰り返した。エカチェリーナは提案した。女帝にお願いして、政府の統治について詳しく教えていただいたらいかがですか。とくに女帝の諮問会議に同席することを願い出るように強く勧めた。ピョートルはアレクサンドル・シュヴァーロフに話し、シュヴァーロフは女帝に、会議にご出席になるときはいつも大公殿下に出席を許すよう助言した。エリザヴェータは同意したが、結局、これは無意味となった。なぜならば女帝が大公を同道したのはただの一回だけだったからだ。その後、どちらも二度と会議には出席しなかった。

この歳月を振り返って、エカチェリーナは書いている。「大きな問題は、私が真理にできるかぎりぴったりとくっついていようとしていたのに対して、大公は真理を置き去りにして、ますます遠ざかっていったという事実のなかに横たわっていた」[8]。ピョートルの作り話でとくに突飛だったのは本人に関するもので、内容はさもしかった。エカチェリーナに言わせれば、それはだれか若い娘を感心させたいという欲求から生まれることが多かった。娘の無邪気さにつけこんで、ピョートルは、ホルシュタインで父と暮らしていた少年時代、たびたび分遣隊の指揮官に任命され、キール近郊の農村を略奪してまわる強盗団逮捕に送り出されたなどと話す。いつも自分自身の技量と勇気とを強調しながら、敵を追跡し、包囲し、攻撃し、捕縛するのに使ったすばらしい戦術を話して聞かせる。最初は注意して、この手のお話を、自分のことはなにも知らない人たちだけに聞かせていた。そのうちにだんだんと気が大きくなり、自分をよく知りはするが、慎ましさゆえに言い返してはこないと確信できる人びとの前でも話すようになる。エカチェリーナの前で話をでっちあげ始めたとき、エカチェリーナはそのような事件が起きたのは、お父さまが亡くなるどのくらい前でしたか、と尋ねた。このときの会話をこう記憶している。ピョートルが三年か四年前だと答えたので、エカチェリーナは言った。「それでは殿下はとてもお若いころに始められたのですね。お父さまが亡くなる三、四年前と言えば、まだ六つか七つですもの。お父さまが亡くなり、殿下がわたくしの伯父であるスウェーデン皇太子に預けられたのは、十一歳のときでした。わたくしが驚くのは、お父上にはご子息が殿下たったおひとりなのに、ご自分の後継者である殿下――そのころはとてもお身体がお弱かった――を、六つか七つで盗賊相手の戦闘に送り出されたことです[9]」。話をしめくくったのはエカチェリーナではなく、暦だった。暦がピョートルの話が信用できないことを明かしたのだった。

それでもなお、ピョートルは助けを求めて妻のもとを訪れ続けた。自分の未来は夫の未来と結びついているのだから、エカチェリーナはできるだけのことをした。ピョートルを夫というより弟として扱い、忠告をあたえ、叱り、情事についての打ち明け話に耳を傾け、ホルシュタインの仕事を手伝い続けた。エカチェリーナは語っている。「困ったときはいつも、大公は走って、私に忠告をもらいにきた。そのあと、それを手にすると、その二本の脚が身体を運べるかぎりの速さで、またすぐに出ていくのだった」

最終的に、エカチェリーナは夫に手を貸そうする自分の努力を、女帝がよくは思っていないことに気づく。八か月前に願い出た謁見のために、ようやくエカチェリーナを呼び出した夜、女帝はひとりだった。最初の話題はブロックドルフの一件。エカチェリーナがエーレンツハイムの件を細かく説明し、ブロックドルフが夫におよぼす悪しき影響について意見を述べるのを、エリザヴェータは無言で聴いていた。エリザヴェータは大公の私生活の詳細を尋ねた。エカチェリーナは知っていることをすべて話した。ホルシュタインの件をもう一度、もち出したが、女帝は話をさえぎり、冷たく言った。「その国について、よく事情をご存じのようですね(10)」。エカチェリーナは自分の話が悪い印象をあたえたことを理解し、事情に通じているのは、夫の小国の管理を手伝うよう夫に命じられたからだと説明した。エリザヴェータは眉をひそめて黙りこみ、それから唐突に下がるよう命じた。次になにが起きるのか、エカチェリーナにはわからなかった。

一七五七年の盛夏、エカチェリーナは夫の気を鎮めるために別の方法を試してみた。夫を主賓にして、夜会を開いたのである。オラニエンバウムのエカチェリーナの庭園のために、イタリア人建築家のアントーニオ・リナルディが、総勢六〇人のオーケストラと歌手を乗せられる巨大な木製の荷馬車を設計、製作した。エカチェリーナは詩を書かせて、曲をつけさせた。庭園の広い並木道に沿ってずらりとランプを並べ、そのあと巨大な幕で並木道を隠す。幕のうしろに晩餐のテーブルがしつらえられた。

黄昏どき、ピョートルと来賓数十名が庭園にやってきて、席に着いた。第一のコースのあと、明かりを灯した並木道を隠していた幕があげられた。遠くのほうから、花輪を飾った雄牛二〇頭が牽く大きな荷馬車に乗って、オーケストラが楽の音を響かせながら近づいてきた。男女の踊り手が、動く馬車の両脇で踊る。「天気はすばらしかった(11)」とエカチェリーナは書いている。「荷馬車が止まったとき、偶然、月がその真上にかかった。この配置はすばらしい効果をあげ、出席者全員を驚かせた」。食事客たちはぴょんとテーブルから立ちあがり、近くまで見にいった。そのあと幕がおろされ、来賓一同は次のコースのために席にもどった。トランペットとシンバルがファンファーレを奏で、無料で参加できる凝った福引きの開始を告げた。大幕の両側で小さなカーテンがあがり、明るく照らされた屋台が現れる。屋台には陶器の品物や花、リボン、扇子、櫛、バッグ、手袋、剣の下げ緒その他、賞品の美しい装飾品がおかれていた。品物がすべて引き当てられるとデザートが出され、一同は朝の六時まで踊った。

夜会は大成功だった。ピョートルとホルシュタインの人間も含めたその側近はエカチェリーナを絶讃した。『回想録』でエカチェリーナは達成感に浸り、人びとが「大公女は優しさそのものだ」(12)と口にしたと記している。「大公女はすべての人に贈物をする。魅力的だ。にこやかに笑い、わたしたちみんなを踊らせ、食べさせ、陽気にすることをお楽しみになっている」「ひとことで言えば」とエカチェリーナは満足げだ。「人びとは、私には以前は気づかれなかった長所があることを発見した。私はそれによって敵を武装解除した。それが私の目的だった」

一七五七年六月、新任のフランス大使ロピタル侯爵がサンクトペテルブルクに到着。ヴェルサイユはエリザヴェータの病と、増大しつつあるエカチェリーナの影響力をしっかりと認識しており、侯爵には「女帝のご機嫌をとるように、だが同時に、若い宮廷にも取り入るように」(13)と忠告されていた。ロピタルが夏宮を初めて公式訪問したとき、迎えたのはエカチェリーナだった。エカチェリーナと客人とは、女帝が姿を現すのをできるかぎり待ったが、結局は女帝ぬきで晩餐会に出席し、舞踏会を開始した。白夜の時期で、客たちが数百本の蠟燭の効果を完全に楽しめるように、室内はわざと暗くされていた。ようやく柔らかな光のなかに、エリザヴェータが登場した。その顔はいまだに美しかったが、膨れあがった両の脚は踊ることを許さなかった。二こと三こと挨拶の言葉を交わしたあと、エリザヴェータはギャラリーに引っこみ、そこからきらきらと輝く光景を悲しげに見つめていた。

そのあとロピタルは、フランスとロシアの絆を深めるという自分の使命にとりかかり、ハンベリー＝ウィリアムズをイギリスに召還させ、ポニャトフスキをポーランドに帰国させるよう圧力をかけ始めた。シュヴァーロフ一族からは温かく迎えられたが、若い宮廷からははねつけられた。ピョートルはプロイセンの敵にまったく共感をもたなかった。エカチェリーナはベストゥージェフ、ハンベリー＝ウィリアムズ、ポニャトフスキと手を結んだままだった。この三人の影響力に対抗できなかったので、ロピタルは本国政府に、若い宮廷に働きかけようとしても無駄であると報告した。「大公女が手の施しようのないイギリス女であるのと同様に、大公は完全なるプロイセン人であります」[14]

それにもかかわらず、フランス大使はその最大の目的をうまく達成した。外交上のライバルであるイギリス人、ハンベリー＝ウィリアムズの厄介払いに成功。ロピタルとフランス政府はエリザヴェータに、大使の仕える国王がいまやフランスとロシア両国共通の敵、プロイセンのフリードリヒと同盟を結んでいる点を指摘し、大使の召還を強いるよう圧力をかけた。エリザヴェータはこの論理を受け容れ、一七五七年夏、ジョージ二世に、サンクトペテルブルクでは国王の大使のプレゼンスが、もはや歓迎されていないことが知らされた。チャールズ卿は出発をよろこんだ。肝臓が悪化していた。だが、いよいよそのときがくると、気は進まなかった。一七五七年十月、エカチェリーナに最後の訪問をする。「わが父のようにお慕いいたしておりました」[15]とエカチェリーナはチャールズ卿に言った。「あなたの愛情を得ることができて、わたくしは幸せ者だと思っております」。チャールズ卿の容態は悪化。荒れるバルト海を南下し、ハンブルクに息も絶え絶えで到着する。医師たちは急ぎイギリスに帰国させた。イギリスで、優雅で機智に富んだ大使は、苦い思いを抱いた病人に姿を変え、一年後、みずから命を絶った。ジョージ二世はチャールズ卿が交渉にあたった同盟を無効にした責任を感じたのだろうか、遺体をウエストミンスター寺院に埋葬するよう命じた。

第35章 アプラークシンの撤退

フリートリヒがザクセンに侵入した一七五六年九月以来、ロシアはオーストリアとの同盟に縛られて、名目上はプロイセンと交戦状態にあった。しかしながら一七五七年の晩春以降、ただひとりのロシア人兵士も歩を進めてはいなかった。これはエリザヴェータ治世下における最初の戦争であり、ほぼ四〇年前となる父親ピョートル大帝の勝利の数々はロシア人の記憶から消え去っていた。軍には一銭の金も費やされず、部隊はきちんと訓練もされていなかったし、装備もひどかった。士気は低かった。エリザヴェータがこの軍を、当代きっての大将軍フリートリヒ相手の戦いに送り出そうとしていたからばかりではない。衰えかけた女帝の健康は、まもなくロシアの皇帝冠がプロイセンのフリートリヒ王を熱烈に称讃する青年の頭にのせられることを意味したからでもある。

戦争前の数か月間、ベストゥージェフは自分の友人ステパン・アプラークシン将軍とエカチェリーナを親しくさせようとした。アプラークシンはピョートル大帝麾下《きか》でもっとも成功した提督の子孫であり、ハンベリー＝ウィリアムズによれば「とても恰幅のよい男で怠惰、そして人がいい」(1)。軍事の能力というよりは宰相との友情のおかげで、東プロイセン侵攻のために召集された軍の指揮権を得た。

任命されたあと、アプラークシンは冬期の作戦に乗り出すのを拒否した。用心をするのには、軍事上の理由だけでなく政治上の理由もあった。あてにならない女帝の健康と大公の親プロイセン感情を考えれば、ピョートルが帝位に就いたとたんに、戦争が終わるのは自明の理である。このような状況下では、たとえ攻撃ひと筋の将軍であっても、猪突猛進して自分の将来を危うくするような挙に出なくても許されるだろう。またアプラークシンがエカチェリーナ相手に落ち着かない気分を感じるのも無理はなかった。エカチェリーナはドイツ人として生まれた。縁談をまとめるのにフリートリヒが手を貸した。母親は多くの人びとのあいだで、プロイセンのスパイではないかと疑われていた。こう論を進めたとき、アプラークシンは間違っていた。エカチェリーナはいまやロシア宮廷の政治に絡めとられ、ロシアの勝利を望んでいる。それはベストゥージェフの特権を回復し、宰相とエカチェリーナの共通の敵であるシュヴァーロフ一族が最終的に勝利するのを阻止するだろう。アプラークシンが東プロイセン侵攻に出発する前、エカチェリーナはみずからの見解を間違いなく伝えておこうとした。将軍の夫人が会いにきたときには、自分も女帝の健康を心配していると話し、シュヴァーロフ一味をほとんど信頼できないいまこのとき、アプラークシンが出発するのを大いに残念に思っていると言った。アプラークシン夫人はこれを夫に伝え、将軍はよろこんで、大公女の言葉をベストゥージェフに伝えた。

一七五七年五月半ば、恰幅のよい赤ら顔の将軍は、馬に乗れる身体ではなかったために、馬車に乗りこみ、兵士八万を率いて東プロイセンに出発した。六月末、軍はバルト海沿岸の要塞都市メメルを奪取。八月十七日、アプラークシンは東プロイセンのグロスイエーガースドルフでプロイセン軍の一部を敗退させる。輝かしい勝利とは言いがたかった。フリートリヒはその場にいなかったし、ロシア軍の数は敵の三倍だった。それでもロシア国民の自負心と期待は膨れあがった。そのあと、奇妙なことが起きた。アプラークシンは東プロイセンに侵攻して、州都ケーニヒスベルクを攻め落とすかわりに、その場を二週間動かず、そのあとまわれ右をして撤退する。撤退はあまりの強行軍だったので、壊滅的敗走に見えたほどだった。アプラークシンは荷馬車や弾薬に火をつけ、貯蔵庫と火薬を破壊し、大砲の砲身を使用不能にして放棄し、追跡してくる敵に避難所を提供させないために、通過する村々を焼き払った。メメル要塞に到着し、安全を確保したところで、ようやく停止する。

サンクトペテルブルクでは、高揚感は衝撃に変わった。民衆にはなにが起きたのか理解できず、アプラークシンの友人たちはその行動を正当化できなかった。エカチェリーナは元帥のめちゃくちゃな撤退を説明はできなかったが、女帝の健康について憂慮すべき知らせを受けとったのだろうと推測した。もし、その知らせが事実で、エリザヴェータが死にかけているのなら、その死は戦争の即時終結の合図になるはずだ。アプラークシンはロシアで必要とされるだろうし、その任務はプロイセンにさらに深く攻め入ることよりもむしろ、ロシア国境に撤退することとなるだろう。

オーストリアとフランス両大使はアプラークシンの撤退に憤慨し、不平不満を述べ立てた。ベストゥージェフは危機感を覚えた。アプラークシンは自分の友人であり、軍の指揮権を自分の手から受けとった。だから、自分も非難の一部を背負わなくてはならない。将軍が再度、攻撃をしかければ、それは同盟国間におけるロシアの威信を、そして女帝に対するベストゥージェフ自身の威信を回復するだろう。再攻撃の政治的必要性に直面し、ベストゥージェフは将軍に宛てて手紙を書くようエカチェリーナに依頼した。エカチェリーナは同意し、サンクトペテルブルクに広まっている悪しき噂と、友人たちが将軍撤退の説明に苦慮していることについて将軍に警告した。きた道をもどり、前進を再開し、政府の命令を実行してくださいと頼む。最終的には、三通の手紙を書いた。すべて害のない手紙だった。だが、あとになって、大公女が自分に関わりのない問題に口を出した証拠となる。ベストゥージェフはエカチェリーナの手紙をアプラークシンに転送した。返事はなかった。

その間に、サンクトペテルブルクは非難の応酬のるつぼと化していた。シュヴァーロフ一族とフランス大使の圧力で、エリザヴェータはアプラークシンから指揮権を取りあげ、領地のひとつに送って、取調べを待たせた。ヴィルヘルム・フェルモア将軍が軍を引き継ぎ、悪天候にもかかわらず、進軍して一七五八年一月十八日にケーニヒスベルクを奪取。フェルモアはまた、次のように指摘して、前任者の嫌疑を晴らそうとした。ロシア兵には給料が支払われておらず、武器弾薬衣類が不足し、兵は絶望的なほど飢えていた。この点について、アプラークシン将軍にはなんの落ち度もない。兵士たちは耐久力と勇気によって、グロスイエーガースドルフでプロイセン軍を破ったが、費やした力はあまりにも大きく、敵地で自軍に補給できなかったので、アプラークシンは撤退を余儀なくされたのである。

フェルモアの説明は一部しか正確ではなかった。撤退の決定をしたのはアプラークシンではない。グロスイエーガースドルフの勝利のあと、将軍はサンクトペテルブルクの軍事会議に自分と軍が直面している諸問題を知らせた。会議は三回──一七五七年八月二十七日、九月十三日、九月二十八日──開かれ、アプラークシンに撤退を命じた。こういった事実はウィーンやパリ、そしてサンクトペテルブルクの民衆には知らされなかった。エリザヴェータは撤退に同意をあたえたが、そのことを決して認めなかった。エカチェリーナは知らなかった。

九月八日、ツァールスコエ・セローで、エリザヴェータは奉神礼ために、宮殿の門近くの教区教会まで歩いていった。儀式が始まるとすぐに気分が悪くなり、教会を出て、短い階段を降りたところで、意識を失って草むらに倒れこんだ。お供の者たちがあとに続いて出てきたとき、女帝は礼拝のために近隣の村々からきていた人びとの群れに取り囲まれていた。どこが具合悪いのか、初めはだれにもわからなかった。お供の者たちは女帝に白布をかけ、廷臣が医者と外科医を探しにいった。最初に到着したのはフランス人亡命者の外科医で、群衆に囲まれて意識なく横たわっている女帝に瀉血をした。この手当てでは意識はもどらなかった。ギリシア人の医師が到着するまでにはもう少し時間がかかった。医師本人も歩けなかったので、肘かけ椅子で運んでこなければならなかったからだ。宮殿から衝立とソファが運ばれた。エリザヴェータは衝立の裏におかれたソファに横たえられると、かすかに身体を動かし、目を開いた。だが、だれの顔も見分けられず、言葉もはっきりしなかった。二時間後、ソファごと宮殿に運ばれる。ただでさえ大きかった宮廷の驚愕は、倒れたのが公衆の面前だったという事実でさらに大きくなった。それまでは、女帝の健康状態は固く秘密にされていた。それが突然、公の知るところとなった。

オラニエンバウムにいたエカチェリーナは、翌朝、ポニャトフスキからのメモで事件を知り、急いでピョートルに知らせる。詳細を求めて送った伝令は、エリザヴェータはやっとのことでどうにか話ができる状態だという情報を手にもどってきた。だれもが、単なる失神よりも重大なことが起きたのを理解した。現在であれば、エリザヴェータは脳卒中の発作を起こしたと考えられるだろう。

エリザヴェータが倒れたあと、サンクトペテルブルクではだれもがエリザヴェータの健康とアプラークシンの撤退とを結びつけて考え、帝位の継承に懸念を抱いた。ロピタル侯爵は十一月一日にヴェルサイユ宛に書いた。「女帝が亡くなったら、いきなり宮廷革命を目にすることになるでしょう。大公は決して統治させてもらえないでしょうから(2)」。女帝が、三歳になるパーヴェルのために甥を廃嫡すると信じる者もいた。パーヴェルがシュヴァーロフ一族の支配下で帝位に就き、その両親であるピョートルとエカチェリーナはどちらもホルシュタインに帰されるという噂が立った。

一七五八年一月半ば、アレクサンドル・シュヴァーロフがアプラークシンを尋問した。将軍の証言には、エカチェリーナからなんらかの政治的、あるいは軍事的指示を受けとったことについての宣誓否認も含まれた。将軍は大公女から手紙を受けとったことは認めた。そして、エカチェリーナが書いた三通の手紙も含めた個人的な書類をシュヴァーロフに引き渡した。エカチェリーナはこの三通をふたたび目にすることになる。

免職から一年後、アプラークシンは判決申し渡しのために裁判官の前に引き出された。「いまや残る道はただひとつ(3)――」。太りすぎで卒中気味のアプラークシンは、裁判官の判決を最後まで聞くことはできなかった。「拷問」と「死刑」という言葉を予想して、床に倒れ、その場で息を引きとる。裁判官の最後の言葉は「この男を解放する」となるはずだった。

第36章 エカチェリーナの娘

一七五七年春、エカチェリーナはポニャトフスキの子を身ごもったことに気づいた。九月末には、公の場に出るのを控えるようになる。エカチェリーナの不在はピョートルを不機嫌にした。妻が儀式的な行事に快く出席してくれれば、自分はアパルトマンにとどまっていられるからである。エリザヴエータ帝の健康もいまだに思わしくなく、公の場には出なかった。エカチェリーナの手を借りられないので、いまや皇族を代表するという重荷がすべてピョートルの肩にかかってきた。大公はいらだち、ほかの人にも聞こえるところで、レフ・ナルイシキンに言った。「妻がどこで妊娠してきたのか、神のみぞ知るだ。この子がわたしの子なのか、わたしが責任を負わなければならないのか、わたしにはまったくわからない[1]」

レフはいかにもレフらしく、この大公の意見をエカチェリーナに伝えに走った。エカチェリーナは不安になり、ナルイシキンに向かって言った。「おばかさん！　もどって大公に言うのです。奥方さまとは寝ていないとお誓いください、そうお誓いになる用意があるとおっしゃるのなら、すぐにそのことをアレクサンドル・シュヴァーロフに報告にまいります、と[2]」

レフは急ぎピョートルのもとにもどり、誓うように求めた。ピョートルは叔母を恐れるあまり、このような申し立てをすることは拒否する。ピョートルは怒鳴った。「うせろ！　その話は二度とするな！[3]」

一七五七年十二月九日深夜、エカチェリーナの陣痛が始まる。マダム・ヴラジスラヴォワはピョートルを呼びにやり、アレクサンドル・シュヴァーロフが女帝に知らせにいった。ピョートルはホルシュタインの正式な軍服を着て、エカチェリーナの部屋にやってきた。トップブーツ、拍車、腰帯、わきに巨大な剣が下がる。エカチェリーナは驚いて、どうしてそんな格好をなさっているのですかと尋ねた。ピョートルは答えた。この軍服姿で、ホルシュタインの士官（ロシアの大公ではなく）として、公爵家（ロシア帝国ではなく）を防衛する義務を果たす覚悟である。最初、エカチェリーナはピョートルがふざけているのだと思い、そのあと酔っているのに気づいた。千鳥足なのに加えて、大嫌いなホルシュタインの軍服姿の甥を目にするという二重のいらだちを叔母上が感じなくてすむように、エカチェリーナはピョートルにすぐに立ち去るように言った。産婆の助けを借りて、ピョートルを説得する。産婆は、奥方さまの出産までまだ少し時間がかかりますと請け合った。ピョートルは出ていった。

エリザヴェータが到着。甥はどこかと尋ね、ただいま出ていかれましたが、すぐにおもどりになるでしょうと告げられる。エカチェリーナの陣痛はおさまり始め、産婆は小休止はしばらく続くかもしれませんと言った。女帝はアパルトマンに帰り、エカチェリーナは横になって朝まで眠った。ときどき陣痛がきて目を覚ましたが、日中はほとんど感じなかった。夜、お腹が空いたので夕食を命じる。食事をして、テーブルから立ちあがったところで鋭い痛みに襲われる。大公と女帝がもどってきた。ふたりが部屋にはいるのとほぼ同時に、エカチェリーナは娘を産み落とした。母親はすぐに女帝に、子どもをエリザヴェータと名づけることをお許しくださいと願い出る。女帝は子どもは自分の姉、ピョートルの母アンナ・ペトロヴナにちなんでアンナと名づけられると宣言した。赤ん坊はただちに、三歳になる兄パーヴェルの待つ女帝アパルトマン内の子ども部屋に連れ去られる。六日後、女帝は代母として、幼いアンナを洗礼台の上に捧げ、エカチェリーナに六万ルーブルを贈った。今回は甥にも同時に同じ金額をあたえた。

「公の祝典は豪華絢爛だったそうだ」とエカチェリーナは語っている。「だが、私はなにひとつ目にしなかった。マダム・ヴラジスラヴォワを除くと付き添う人もなく、ひとりで寝台に横たわっていた。だれも私のアパルトマンには足を踏み入れなかったし、私の具合を尋ねる人もなかった」[4]。これは事実ではない。エカチェリーナの孤独はたった一日しか続かなかった。パーヴェルと同じように、生まれたばかりの子がさっさと奪い去られてしまったのは事実である。だがエカチェリーナはこうなることを予測していたので、前回ほど辛い思いはしなかった。実は、用意がしてあったのだ。パーヴェル誕生のあと、孤独と無関心とに苦しんだので、今回は前回とは異なる手配をしておいた。寝室には、建てつけの悪い窓からすきま風がはいってきたりはしなかった。エカチェリーナには、友人たちがこっそりとでなければ、あえて訪ねてこないのがわかっていたので、寝台わきに大きな衝立をおかせ、テーブルや椅子、座り心地のよい長椅子をおいたアルコーブを隠した。寝台の衝立側のカーテンを引くとなにも見えなくなる。カーテンを開き、衝立をわきにどければ、アルコーブで微笑む友人たちの顔が目にはいる。ほかのだれかが部屋にはいってきて、閉じられた防壁の裏になにがあるのかと尋ねても、寝室用便器ですという答えが返ってくるだけだ。悪知恵を働かせてあらかじめ作っておいたこの小要塞は、難攻不落だった。

一七五八年元日、宮廷の祝祭はまたしても花火で終わることになっており、砲兵隊長ピョートル・シュヴァーロフ伯爵がエカチェリーナに計画を説明にきた。控えの間で、マダム・ヴラジスラヴォワは、大公女はお眠りだと思いますが、お会いになるかどうか見てまいりましょうと言った。実際には、眠っているどころではない。エカチェリーナは寝台に、アルコーブには少人数の一団がいた。そのなかにはいまだ召還に抵抗し、毎日、エカチェリーナを訪ねてくるポニャトフスキもいた。

マダム・ヴラジスラヴォワが扉をノックしたとき、エカチェリーナは寝台の衝立側のカーテンを引き、ヴラジスラヴォワを迎え入れて、訪問者を連れてくるよう命じた。衝立の裏側にいた友人たちは笑いをこらえていた。ピョートル・シュヴァーロフがはいってくると、エカチェリーナは「起きたばかりなのです[5]」と言い、目をこすって嘘を本当らしく見せかけながら、待たせたことを詫びた。ふたりの会話は長く、伯爵が、女帝をお待たせせずに花火を始めるために、こちらを失礼しなければなりませんと言うまで続いた。

シュヴァーロフが出ていってしまうと、エカチェリーナはカーテンを引いた。衝立が片づけられた。友人たちはぐったりとして、飢えと渇きを訴える。「わたくしに付き添っているときに、飢えや渇きで死ぬことがあってはなりません」[6]とエカチェリーナは言った。ふたたびカーテンを閉じ、ベルを鳴らす。マダム・ヴラジスラヴォワが姿を現す。エカチェリーナは夕食を注文――おいしい料理をたっぷり六皿、と細かく指示を出した。夕食が届き、召使いがいってしまうと、友人たちが出てきて、料理に飛びついた。「この晩は、人生でももっとも楽しかった晩のひとつだ。皿を下げにきたとき、当惑した召使いたちは私の食欲に驚いたと思う」。客たちは機嫌よく帰っていった。ポニャトフスキは、夜間に宮殿を訪ねるときいつも使う金髪のかつらとマントを身につけた。この変装で、歩哨から「そこにいくのはだれだ？」と尋ねられれば、「大公の楽師です」[7]と答える。この策略はいつもうまくいった。

誕生の六週間後、エカチェリーナの新しい娘のために、宮殿の小礼拝堂で教会の儀式が執りおこなわれた。だが、小さなアンナの儀式は、長く待たれた兄パーヴェルのために祝われた儀式とは悲しく異なっていた。エカチェリーナは、アンナには礼拝堂は充分に広かったと語っている。なぜならば「アレクサンドル・シュヴァーロフを除けば、だれも参列しなかった」[8]からだ。ピョートルとポニャトフスキは列席しなかった。実のところ、だれもこの娘のことは大して気にかけなかった。生まれつき虚弱だった子どもは、一五か月しか生きない。亡くなったときには、エカチェリーナとエリザヴェータの立ち会いのもとで、アレクサンドル・ネフスキー大修道院に埋葬されたが、ピョートルもポニャトフスキもそこにはいなかった。葬儀で、ふたりの女は開かれた柩にかがみこみ、正教会の典礼に従って、小さな姿の青白い額に接吻をした。アンナはすぐに忘れ去られた。『回想録』で、エカチェリーナは、わが娘の死にはひとことも触れていない。

第37章 ベストゥージェフの失墜

宰相ベストゥージェフの影響力は弱まっていった。シュヴァーロフ一族と副宰相ミハイル・ヴォロンツォフの敵意をフランス大使がかき立てた。大使はベストゥージェフを、その友人アプラークシン将軍の撤退のことで非難していた。ヴォロンツォフがロピタル侯爵の訪問を受けたときに、危機は決定的瞬間を迎える。フランス大使は手紙をひらひらさせながら言った。「伯爵。たったいまわが国政府から連絡がありました。一五日以内に、ベストゥージェフ宰相が罷免され、あなたが代わりにならなければ、それ以降、対話はベストゥージェフを相手にするように命じられました」[1]。ヴォロンツォフは慌てて、イワン・シュヴァーロフのもとに急ぐ。ふたりは女帝を訪ね、警告した。ベストゥージェフ伯爵の影がヨーロッパにおける女帝ご自身の威光をかすませております。

エリザヴェータは自分の宰相がとくに好きだったわけではない。だが、ベストゥージェフは崇拝する父親の遺産であり、長い歳月のあいだに、政府の日常業務ほとんどの運営管理をこの男に頼るようになっていた。シュヴァーロフ一族はこれまでずっと、改変をおこなうよう女帝を説得できずにいたが、いま、エリザヴェータの心は揺れていた。エリザヴェータには告げられた。ベストゥージェフが長年にわたってイギリスからかなりの額の年金を受けとっていることは、ウィーンとヴェルサイユでは衆知の事実である。アプラークシン宛のエカチェリーナの手紙は、宰相の手を通じて将軍に渡された。ロシアの同盟諸国は、ロシアの将軍たちや諸大臣の腐敗、若い宮廷の策略によって裏切られたと感じている。つまらない手紙が数通見つかったのであれば、もっと危険な性格の手紙が書かれ、そのあと破棄されたか隠されたかした可能性もありうるのではないか。エカチェリーナはなぜ皇帝冠に関わる事柄に口を出したのか？　若い宮廷はエリザヴェータの望みを鼻であしらい、長いあいだ、独自の道を歩み続けている。ポニャトフスキがサンクトペテルブルクにとどまっているのは、ただエカチェリーナがポニャトフスキを欲しているから、そしてベストゥージェフが女帝陛下よりも大公女に従うことを選んだからではないか？　だれもが、明日の支配者のご機嫌をとるために、若い宮廷に駆け寄っているのではないか？　ベストゥージェフを逮捕し、その書類を調べさえすれば、裏切りまであと一歩の件について、宰相と大公女共謀の証拠が必ずや見つかるはずだ。

エリザヴェータは一七五八年二月十四日夜に、軍事会議の開催を命じる。宰相が呼び出された。ベストゥージェフは体調不良を知らせる。欠席理由は認められず、ただちに出頭を命じられた。ベストゥージェフは命令に従い、到着したところで逮捕された。官職、称号、勲章を剝奪され、自宅に送り返されて監禁される——だれも、どんな罪状で告発されているのかを、ベストゥージェフに告げる手間はとらない。帝国の有力政治家の転覆に対する異議申し立てを制するために、帝国近衛連隊中隊に出動命令が出される。アレクサンドル・シュヴァーロフ伯爵とピョートル・シュヴァーロフ伯爵の住むモイカ運河沿いを行進するとき、兵士たちは元気よく、たがいに「ありがたい、あの呪われたシュヴァーロフ一族を逮捕にいくんだ！」(2)と言い合った。逮捕されたのはシュヴァーロフ一族ではなく、ベストゥージェフだと知ったとき、兵士たちはぶつぶつと言った。「この男じゃない。民衆を踏みつけているのは別のやつらだ」

エカチェリーナは逮捕を、翌朝、ポニャトフスキからのメモで知った。メモには、ほかに三名の男——ヴェネツィア人の宝石商ベルナルディ、エカチェリーナの元ロシア語教師アダドゥーロフ、ラズモフスキー伯爵の元副官でポニャトフスキの友人となっていたエラーギン——が逮捕されたことが言い添えられていた。このメモを読んで、エカチェリーナは自分も巻きこまれるであろうことを理解した。エカチェリーナはベストゥージェフの友であり味方だった。宝石商のベルナルディは、その商売ゆえにサンクトペテルブルクの大家すべてに立ち入れた。だれもがベルナルディを信頼し、エカチェリーナはベストゥージェフとポニャトフスキとのやりとりにこの男を使った。教師のアダドゥーロフはエカチェリーナに身を捧げ続けており、エカチェリーナはアダドゥーロフをベストゥージェフ伯爵に推薦した。エラーギンは「忠実で正直な男。一度、その愛情を勝ちとれば、二度と失うことはない。私に対し、つねにはっきりとした熱意と献身を示してきた[3]」。

ポニャトフスキのメモを読んで、エカチェリーナは危機感を覚えたが、心を強くして、弱みは見せまいとした。「いわば心に短剣を突き刺し、私は服を着て、奉神礼に出かけた。ほとんどの顔が私の顔と同様にむっつりとして見えた。だれも私にはなにも言わなかった[4]」。夜、エカチェリーナは舞踏会に出かける。その席で、アレクサンドル・シュヴァーロフの補佐として、逮捕された男たちの取調べを命じられた委員のひとり、ニキータ・トルベツコイ公に歩み寄った。

「こういった驚くべき事件すべてはなにを意味しているのです?[5]」とエカチェリーナはささやいた。

「犯罪者よりも多くの数の犯罪を見つけられたのですか? それとも犯罪よりも多くの犯罪者を?」

「われわれは、やれと命じられたことを実行したのです」とトルベツコイはむっつりと答えた。「しかし、犯罪について申しあげれば、いまだに探している最中です。これまでのところ、なにも見つけてはおりません」。この回答はエカチェリーナを勇気づけた。エカチェリーナはまた、みずからの一の大臣逮捕を命じたばかりの女帝が、その夜は姿を見せていないことにも気づいた。

翌日、ベストゥージェフに近いホルシュタインの行政官ゴットリープ・フォン・シュタムケがエカチェリーナによい知らせをもたらす。たったいま、ベストゥージェフ伯爵から秘密のメモを受けとった。伯爵はシュタムケに、すべての書類を焼却する時間があったので、ご心配にはおよびません、と大公女に伝えるよう依頼していた。とくに重要だったのは、焼却した書類のなかに、エリザヴェータの死後、大公女がピョートルと権力を分かち合うという提案の草稿も含まれていたことである。さらに前宰相は、尋問のあいだ、わが身に起きたことについてはシュタムケに連絡し続け、また自分にされた質問も伝えると言っていた。エカチェリーナはシュタムケにベストゥージェフのメモをどんなルートで受けとっているのかと尋ねた。シュタムケによれば、このメモはベストゥージェフの狩猟ホルン奏者から渡されたのであり、今後、すべての通信はベストゥージェフ邸近くの煉瓦の山のあいだにおかれる。

数日後、怯えて顔面蒼白のシュタムケがエカチェリーナの部屋を訪れる。シュタムケは告げた。ポニャトフスキ伯爵と自分、そしてベストゥージェフ伯爵の手紙が途中で差し押さえられた。ホルン奏者は逮捕された。シュタムケ自身、いついかなるときにも追放されかねない。だから別れを告げにきたのだ。エカチェリーナには、自分はなにも間違ったことはしていないという確信があった。また、ミハイル・ヴォロンツォフ、イワン・シュヴァーロフ、フランス大使を除けば、サンクトペテルブルクのすべての人が、ベストゥージェフ伯爵はいかなる犯罪についても無実だと確信していることも知っていた。

前宰相訴追の役目を背負わされた委員会は、すでに悪戦苦闘していた。ベストゥージェフ伯爵逮捕の翌日に、イワン・シュヴァーロフ邸で、女帝がなぜみずからの老僕を逮捕せざるをえなかったか、その理由を民衆に知らせる意図で、声明文の草稿が密かに書かれていたことが知れわたった。告発者側は、いかなる特定の罪状も見つけられず、申し立てられなかったので、「女帝陛下と大公殿下夫妻のあいだに不和の種を蒔こうと試みること」(6)によって女帝に背いたという理由をつけて、ベストゥージェフの罪を大逆罪と決定した。一七五八年二月二十七日、声明が発表された。声明は、ベストゥージェフの逮捕とその罪状を発表し、元宰相が官職と勲章を剝奪され、特別委員会によって取り調べられるであろうと告げていた。サンクトペテルブルクのだれひとりとして、このぺらぺらの文書に納得しなかったし、世論は犯罪の証拠もなく、裁判と判決もなしで、元政治家を流刑、資産の押収その他の罰で威嚇するのはばかげていると考えた。

訴追委員会がとった第一歩も同じようにばかげていた。委員会は外国宮廷のロシア大使、公使、官僚に対し、ベストゥージェフ伯爵がロシアの外交を管理していた二〇年間に、伯爵から受けとったすべての外交文書の写しを送るように命じた。宰相は、しばしば女帝の意志に反して、自分の好き勝手を文書にしたためたと言われた。だが、エリザヴェータはなにかを書いたことも、署名をしたことも一度もなかったので、宰相がその命令に反して行動したと証明するのは不可能だった。口頭での命令についても、女帝が宰相にかなりの数の命令をあたえたとは言いがたかった。宰相はときには女帝との謁見を許されることなく、何か月も待たねばならなかったのだ。この訴追委員会の命令はなんの結果ももたらさない。ベストゥージェフが犯した罪を探すために、何年も遡って記録保管所を調べる手間をとるような大使館員はひとりもいなかった。この同じ大使館員たちは長いあいだ、ベストゥージェフの指示に忠実に従ってきたのである。調査の結果がわが身に降りかかってこないともかぎらない。さらに、書類がサンクトペテルブルクに到着したあと、有利だろうと不利だろうとそこに含まれるなんらかの情報を突きとめ、解釈するには何年もの歳月がかかるだろう。命令は無視された。調査は一年間、ぐずぐずと続いた。なんの証拠も出てこなかった。だが、前宰相は自分の領地のひとつに追放され、三年後、エカチェリーナが女帝となるまで、その地にとどまった。

シュタムケのホルシュタイン出発とともに、エカチェリーナによるホルシュタイン公爵領の業務執行も終了した。女帝は甥に、先祖伝来の公爵領の統治に妻が関わることには賛成しないと告げた。この仕事に携わるようエカチェリーナを熱心にけしかけたピョートルが、今度は叔母に賛成だと言う。そのあと女帝はポーランド国王にポニャトフスキの召還を正式に依頼した。

シュタムケの追放とポニャトフスキの召還を聞いたとき、エカチェリーナはすばやく対応した。従者のワシリー・シュクーリンに命じて、あらゆる書類と会計簿をまとめてもってこさせた。すべてが自室に集まると、シュクーリンを下がらせ、すべて――すべての書類、これまで受けとったすべての書類と手紙――を炎に投じた。こうして一七四四年、イレンボリ伯爵のために書いた「十五歳のある哲学者の肖像」手稿も失われた。書類すべてが灰になってしまったとき、エカチェリーナはシュクーリンを呼びもどした。「あなたは、わたくしの書類と会計簿がすべて焼かれてしまったという事実の証人です。万が一、書類がどこにあるのかと尋ねられたら、大公女が焼却するのをこの目で見たと宣誓できるでしょう(7)」。シュクーリンは、自分が巻きこまれずにすむよう取り計らってくれたことについて、エカチェリーナに感謝した。

第38章 賭け

一七五八年の謝肉祭最終日、すなわち大斎の前日、エカチェリーナは考えた。慎重と臆病はもうたくさん。出産に続く数週間は公の場に出ていなかった。この日、宮廷劇場で上演予定のロシア劇を観ることにする。ピョートルがロシアの芝居を好まず、その話をするだけでも腹を立てるのはわかっていた。今回、ピョートルにはもうひとつ、さらに個人的な理由があって、エカチェリーナが出かけるのを望まなかった。エリザヴェータ・ヴォロンツォワといっしょにいるのを邪魔されたくなかったのである。エカチェリーナが劇場にいけば、その女官団も同行を余儀なくされる。そこにはエリザヴェータ・ヴォロンツォワも含まれた。このことを承知していながら、エカチェリーナはアレクサンドル・シュヴァーロフに使いを送り、馬車を命じた。シュヴァーロフはすぐに姿を現し、大公は劇場に出かけるという大公女殿下の計画に反対されていますと告げた。エカチェリーナは答えた。自分は夫の仲間から爪弾きにされている。だから、ひとりで部屋にいようと、劇場の桟敷にすわっていようと、夫には関係ないだろう。シュヴァーロフはお辞儀をして、出ていった。

数分後、ピョートルが「怒りで形相を変えて」[1]エカチェリーナの部屋に飛びこんできて、「金切り声をあげ、おまえはわたしを怒らせておもしろがっていると非難し、劇場行きを選んだのはわたしがこの種の劇を好まないと知っているからだ、と言った」。ピョートルはエカチェリーナが馬車を出すのを禁じると怒鳴った。エカチェリーナは言った。あなたがそうなさるのなら、わたくしは歩いてまいります。ピョートルは地団駄を踏んだ。開演の時間が近づいてきたので、エカチェリーナはシュヴァーロフ伯爵に使いをやり、馬車の準備はできたかと尋ねた。シュヴァーロフがやってきて、大公は馬車を出すことを一切禁じていらっしゃいますと繰り返した。エカチェリーナは答えた。わたくしは歩いてまいります、わたくしの供の者たちや女官が同行を禁じられるのであれば、ひとりでまいります。さらに女帝にお手紙を書いて訴えることにいたします。

「陛下になんと申しあげるのです」[2]とシュヴァーロフは尋ねた。

「夫がわたくしの女官たちと逢引できるように、あなたがけしかけて、わたくしの観劇を邪魔させたと申しあげます。劇場では、ありがたくも女帝陛下とお目もじがかなうかもしれませんのに。加えて、わたくしを家に送り返すよう陛下にお願いいたします。この地で演じさせられている役にうんざりし、嫌気がさしているからです。ただひとりで自分の部屋に放っておかれ、大公からは嫌われ、女帝陛下からは疎まれている。これ以上、だれかの重荷にはなりたくありませんし、わたくしに近づいてくる者、とくにわたくしの気の毒な召使いたちを不幸にしたくはありません。わたくしが親切にしてやったがゆえに、召使いの多くがすでに追放されました。いまこの場で陛下にお手紙を書きます。あなたが、どうやってわたくしの手紙を女帝にお届けせずにすませるか、ちょっと拝見することにいたしましょう」。これは人を操るためのレトリックの傑作である。

シュヴァーロフは部屋を出ていき、エカチェリーナは手紙を書き始めた。まずロシア到着以来、示してくれた親切の数々をエリザヴェータに感謝する。残念ながら、さまざまな出来事は、自分がこのような女帝の好意には値しないことを証明している。なぜならば、大公の憎しみのみならず、陛下のご不興をもわが身に招いてしまったからだ。以上のような失策を考え、わたくしは陛下が適切とお考えになるやり方で、わたくしを故郷の家族のもとに帰すことにより、この惨めな境遇をさっさと終わらせてくださるようお願いする。子どもたちについては、同じ建物内で暮らしながら、まったく顔を合わせないのだから、同じ土地にいようと数百里離れたところにいようと、ほとんど違いはない。子どもたちについては、わたくしよりも女帝陛下にお世話いただくほうがよいことはわかっている。どうかこの世話をお続けいただきたく、また陛下がそうされることを信じているので、わたくしは残りの人生を、女帝陛下、大公、子どもたち、そしてわたくしに対し善をなした人、悪をなした人両方のために祈って過ごすことにする。けれどもいまは、悲しみによってあまりにも深く傷ついたために、自分自身の生命の維持に集中しなければならない。この理由から、まずどこかの温泉にいって健康を回復し、それから故郷ドイツの家族のもとにおもむくお許しをいただきたい。

エカチェリーナは手紙を書き終え、シュヴァーロフ伯爵を呼んだ。伯爵はやってくると、馬車の用意はできていると伝えた。エカチェリーナは伯爵に手紙を渡して告げた。女官たちに、劇場に同行したくない者は残ってよろしいと告げてよい。シュヴァーロフはエカチェリーナのもとを辞すと、ピョートルに伝えた。大公女殿下は大公殿下に、劇場に同行する女官とこちらに残る女官をお決めくださいとおっしゃっています。控えの間を通るとき、エカチェリーナはピョートルがエリザヴェータ・ヴォロンツォワとカードをしているのを見た。ピョートルは立ちあがり——前代未聞のこと——ヴォロンツォワ女伯爵もいっしょに立ちあがった。エカチェリーナは膝を曲げて返礼し、馬車に向かった。その晩、女帝は劇場に姿を見せなかった。だが、エカチェリーナがもどったとき、シュヴァーロフ伯爵は女帝が大公女に再度の会見を許すことに同意したと告げた。

エカチェリーナの行動と女帝宛の手紙は賭けだった。ロシアを離れたくはなかった。人生の半分を、若い女としての歳月のすべてを「女王」となる野心に費やしてきた。この戦術に危険がともなうのは承知の上。だが、成功を信じていた。シュヴァーロフ一味が実際にエカチェリーナを家に送り返そうとか、国外追放で脅して怖じ気づかせようとか考えているとしたら、去ることを許してほしいと嘆願することが、一味の計画の土台を崩す最高の方法になると確信していた。エリザヴェータにとっては継承問題がすべてなのであり、幼くして退位させられたツァーリ、イワン六世がまだ生きているとき、この問題にふたたび火がつけられるのを見たくないのはわかっている。また自分に対する女帝の第一の不満は、結婚がうまくいかなかったことであるのにも気づいていた。ピョートルについて、女帝が自分と同じ見方をしているのも知っていた。甥について私的な場で話したり、書いたりするとき、エリザヴェータはこんな後継者をもつ不幸に涙を流すか、甥の上に軽蔑の言葉を雨あられと降らせるかのどちらかだった。エリザヴェータの死後、エカチェリーナはその書類のなかに二か所、エリザヴェータの筆跡で書かれたこの種のコメントを発見した。ひとつはイワン・シュヴァーロフ宛、もうひとつはアレクセイ・ラズモフスキー宛である。シュヴァーロフに宛てて、エリザヴェータは「今日、わたくしの呪われた甥はわたくしを大いにいらだたせました」[3]、そしてラズモフスキーには「わたくしの甥はばか者です。悪魔が連れ去ってくれればいいのに」と書いている。

のちに齢《よわい》を重ねた女として、この緊迫し、錯綜した状況を綴るにあたり、エカチェリーナは事件の記述を中断して、自分自身、自分の人生、そして自分の性格を見つめている。なにが起ころうとも「私は一方では過度の自負心によって押し流されることなく、他方では自己を卑下して意気消沈することもなく、立ちあがるか、あるいは倒れるか、そのどちらに対しても充分な勇気をもっていると感じていた」[4]。自分の意図はつねに正直であることだった、と語っている。愛すべきところをもたず、愛される者になろうと努力もしない夫を愛するのは、困難な、おそらくは不可能な使命であることを、最初から理解はしていたものの、自分は心の底から、夫と夫の利益とにわが身を捧げる努力をしてきたと信じる。つねに自分があたえられる最高の忠告をしてきた。ロシアに到着したときに、ピョートルが愛情を見せれば、自分は心を開いただろう。いまはピョートルの側近すべてのなかで、自分はピョートルがもっとも注意を払わない女であることはわかっている。エカチェリーナはこの状況をはねのけようとした。

生来の自負心ゆえに、不幸であるという考えは耐えがたかった。私は自分自身に言い聞かせた。

幸福と不幸とはひとりひとりの心と魂のなかにある。もし不幸せに感じたら、その不幸よりも高く立ちあがり、幸福がどんな出来事にも依存することのないようになさい。私はこのような気質と、少なくとも人目を引き、手練や工夫なしでひと目で好かれる顔をもって生まれてきた。私の気質は生まれつき人の心にはいりこむことができたので、だれであっても、私といて一五分もすれば、完璧にくつろぎ、まるで私を長いあいだ知っているかのように話した。私は私となにか関わりのある人びとの信頼をたやすく得られた。なぜなら、だれもが私は正直と善意とを見せていると感じたからだ。もし率直になることが許されるのであれば、自分自身について、女性よりも男性の精神をもつ真の紳士であると言うだろう。だが、それと同時に、私は決して男性的であるとは言えなかった。男性の精神と性格とに結びつけて、愛すべき女の魅力ももっていた。自分の気持ちを偽りの慎みに包もうとするかわりに、こう無邪気に表現することを許していただきたい[5]。

この自分の性格についての評価——自己を讃美し、正当化している——は、人間の人生における感情と道徳のぶつかり合いについての一般的な考察へと続く。それは熱烈な発言——ほとんど個人的な告白——であり、ときには拒否されることもある共感と理解とをエカチェリーナにもたらす。

私はたったいま自分は魅力的だったと言った。結果として、誘惑にいたる道はすでに半ば越えられていたのであり、このような状況において、途中で立ち止まらなくても、それはただ人間的なだけなのである。なぜならば誘惑することと誘惑されることは固い同盟を結んでいるのであり、最良の道徳的箴言のすべてにもかかわらず、感情がなにか関わっているとき、人はすでに自分で気づいているよりもはるかに先まで巻きこまれてしまっているのだから。私はいまだに感情が高ぶるのを防ぐ方法を学んではいない。逃亡、おそらくそれだけが唯一の救済策なのだろう。だが、逃亡が不可能な状況、不可能な場合というものがある。なぜならば宮廷のまっただなかで、逃走したり逃亡したり、背中を向けたりするのは不可能だからだ。そのような行動をとれば、それだけで噂になる。私の意見では、その場から走り去らずにいながら、自分を心の底から魅了するものの手を逃れることほど難しいものはない。これと反対の発言はすべて、人間生来の本能とはまったく調和しない上品ぶりのように思われる。さらに人は自分の心を手のなかに握って、握り方を自分の好きなようにきつくしたり緩めたりはできない。(6)

劇場に出かけた翌日から、エカチェリーナは自分の手紙に対する女帝の回答を待ち始めた。待機は長かった。数週間後のある朝、シュヴァーロフ伯爵が、女帝がたったいまマダム・ヴラジスラヴォワを追放したと告げたときも、相変わらず回答を待っていた。エカチェリーナはわっと泣き出したが、そのあと気を取りなおして答えた。もちろん女帝陛下には、だれであろうとお好きなように任命したりやめさせたりする権利がおありです。けれども、わたくしは、自分に近づくものすべてが陛下のご不興の犠牲になるのを目にすることをますます悲しく思っております。エカチェリーナはシュヴァーロフに訴えた。犠牲者を減らすために、この状況をさっさと終わりにするよう、女帝にお願いしてくださいい。自分はほかの人をただ不幸にするだけなのですから。いますぐに家族のもとに送り返してくださいい。

エカチェリーナは一日、食事をするのを拒否した。その晩、自室にひとりでいるところに、若い女官がはいってきて、涙ながらに訴えた。「わたくしたちは全員、大公女殿下がこのお苦しみの下に沈みこまれてしまうことを恐れております。わたくしを伯父のもとにいかせてください――伯父は殿下の聴罪司祭でもあり、女帝陛下の聴罪司祭でもあります。伯父に殿下のお望みをすべて話しましょう。伯父が女帝に、大公女殿下がおよろこびになるような形でお話しすることをお約束いたします」[7]。エカチェリーナは娘を信頼し、女帝宛の手紙の内容を話した。娘は伯父のフョードル・ドゥビャンスキー神父と会い、もどってきて、神父の助言を伝えた。真夜中にこうお頼みなさい。重い病気になったから、告白をしたい。聴罪司祭を寄こしてください、と。そうすれば、神父は、エカチェリーナ自身の口から聞いたことを女帝に伝えられる。エカチェリーナはこの計画に賛成し、午前二時と三時のあいだにベルを鳴らした。小間使いがはいってきたので、エカチェリーナは自分は命も危ない病気なので、告白をしたいと言った。聴罪司祭の代わりに、アレクサンドル・シュヴァーロフ伯爵が寝室に駆けこんできた。エカチェリーナは司祭を呼ぶよう繰り返した。シュヴァーロフは侍医団を呼ばせた。医師たちがくると、エカチェリーナは自分には医療的な手当てではなく、精神的な手当てが必要なのだと言った。医者のひとりが脈をとって、言った。お脈が弱っております。エカチェリーナはささやくような声で言った。危険に晒されているのはわたくしの魂なのです。わたくしの肉体はもはや医者を必要とはしておりません。

ようやくドゥビャンスキー神父が到着。神父とエカチェリーナはふたりきりにされた。長い白髭を生やし黒服を着た神父は、エカチェリーナの寝台わきに腰をおろし、ふたりは一時間半話し合った。エカチェリーナは過去と現在における自分の状況、自分に対する大公の態度、シュヴァーロフ一族の敵意を語った。シュヴァーロフたちが自分に対する女帝の見方をいかに毒しているか。そして召使いたち、とくに自分に献身的な者たちが絶えず追放されていること。こういった理由から、自分は女帝に手紙を書き、家に帰してくれるようお願いをした。エカチェリーナは神父に、手を貸してくれるよう頼む。神父はできるだけのことをしましょうと言った。家に帰すよう頼み続けなさい。絶対に追放はされないでしょう。民衆の目に、このような追放を正当化はできないでしょうから。女帝が大公女殿下を幼いときに選びながら、気前よく敵の手のなかに放り出したのは事実です。エリザヴェータ・ヴォロンツォワとシュヴァーロフ一族を追放したほうがはるかにましなのに。さらにベストゥージェフ伯爵の件については、だれもが無実だと信じており、シュヴァーロフ一族の不正義を非難しています。この足で女帝のアパルトマンにおもむき、お目覚めになるまで待って、陛下とお話しし、約束の会見を急ぐよう申しあげましょう。こう言って、神父は話を終えた。それまで、お床にとどまっていらっしゃい。それは、なんらかの救済策を見つけないかぎり、エカチェリーナが晒されている苦痛と悲しみとは、その身に重大な危害を引き起こすかもしれないという神父の主張の裏づけとなるはずだ。

聴罪司祭は約束を守り、エカチェリーナの状態をありありと語って聞かせたので、エリザヴェータはアレクサンドル・シュヴァーロフを呼んで、大公女の健康状態は、翌晩、こちらにきて話せるようなものなのかどうか尋ねるよう命じた。エカチェリーナはシュヴァーロフ伯爵に、そのような目的であれば、残っている力のすべてをかき集めましょうと告げた。

第39章 対決

翌一七五八年四月十三日〔一七五九年とする資料もある〕――エカチェリーナ二十九歳の誕生日の一週間前――の夜、

アレクサンドル・シュヴァーロフはエカチェリーナに告げた。真夜中過ぎにうかがい、女帝のアパルトマンにお連れいたします。一時半、シュヴァーロフがやってきて、女帝陛下のご準備が整いましたと言った。シュヴァーロフのあとに従い、人気《ひとけ》のない大広間をいくつも通り抜ける。突然、行く手にピョートルの姿がちらりと見えた。やはり叔母のアパルトマンに向かっているらしい。ひとりで劇場に出かけた夜以来、ピョートルとは顔を合わせていなかった。

女帝のアパルトマンには、すでにピョートルがいた。エカチェリーナはエリザヴェータに近づき、ひざまずいて、ドイツの家にお帰しくださいと懇願した。女帝は立たせようとしたが、エカチェリーナはひざまずいたままでいた。エリザヴェータは怒っているというよりは悲しげに見えた。エリザヴェータは言った。「なぜわたくしにあなたを家に帰すよう言うのですか？　あなたには子どもたちがいることをお考えなさい(1)」。エカチェリーナは回答を用意してきていた。

「子どもたちは陛下のお手のなかにあります。これ以上の場所は望みようがございません。どうぞ子どもたちをお見捨てになりませんように(2)」

エリザヴェータは尋ねた。「そのような措置を人びとにどう説明すればよいのです？」

ここでもエカチェリーナには用意ができていた。「陛下が適切とお考えになるのであれば、わが身に陛下のご不興と大公の憎悪とをもたらした理由のすべてをお伝えになればよろしいのです(3)」

「でも、ご家族のもとでどうやって暮らしてゆくのですか？」

「陛下がわたくしをお選びになるという栄誉をわたくしにくださり、わたくしをこちらにお呼びになる以前と同じようにいたします」

女帝はもう一度、エカチェリーナに立つように言った。今回、エカチェリーナは従った。エリザヴェータはいったりきたりした。細長い部屋には窓が三つあり、それぞれのあいだに二台の化粧台があって、女帝の黄金の化粧道具がのせられていた。窓の前には大きな衝立がおいてあった。エカチェリーナは部屋にはいった瞬間から、イワン・シュヴァーロフ、それからおそらくはほかのだれかが衝立の背後に隠れているのではないかと思った。のちになって、実際にイワン・シュヴァーロフがいたことを知る。エカチェリーナはまた、化粧台上の水盤に開封された手紙がはいっているのにも目をとめていた。女帝はエカチェリーナに近づいてきて言った。「あなたがロシアに到着したばかりで、命も危ういほどの病気にかかったとき、わたくしがどれほど涙を流したか、神がわたくしの証人です。あなたを愛していなかったのなら、ここにとどめてはおかなかったでしょう[4]」。エカチェリーナは女帝の優しい心遣いに感謝した。そういったことは決して忘れないでしょうし、陛下のご不興を招いたことを、わが身に起きた最大の不幸と考え続けるでしょう。

　突然、エリザヴェータの機嫌が変わった。まるで、この会見を準備するために作成した不満の種のリストを心のなかでひとつずつ反芻しているようだった。「あなたは恐ろしいほど高慢です。自分ほど賢い人間はいないと思っているのです[5]」。ここでもエカチェリーナには用意ができていた。「もしわたくしがそれほどにうぬぼれているとしたら、マダム、わたくしの現在の状況と、いままさに陛下とこのようなお話をさせていただいているということほどに、そのうぬぼれの鼻をへし折るものがあるとは思われません」

　エリザヴェータと話しているあいだ、エカチェリーナはピョートルがアレクサンドル・シュヴァーロフにささやいているのに気づいた。エリザヴェータもそれを見て、ふたりのほうに歩いていった。三人がなにを話しているのか、夫が大声を出して叫ぶまで、エカチェリーナには聞こえなかった。「あの女は恐ろしく意地が悪いし、ひどく頑固だ[6]」。自分が話題になっているのを知って、エカチェリーナはピョートルに言った。「わたくしのことをおっしゃっているのでしたら、女帝陛下の前でよろこんで申しあげます。たしかにわたくしは、大公殿下に不正義をなすよう進言する者に対しては意地悪です。頑固になったのは、すぐに譲歩することで得られるのは、殿下の敵意以外のなにものでもないとわかったからです」。ピョートルは叔母に訴えかけた。「いまの話をお聞きになって、陛下にもこの女がいかに意地が悪いか、よくおわかりになったでしょう」。しかし、エカチェリーナの言葉は女帝に別の印象をあたえた。エカチェリーナは、厳しくあたれと忠告されていた——あるいはそう決意していた——にもかかわらず、会話の進行につれて、女帝の態度が揺れ動くのに気づいた。

しばらくのあいだ、エリザヴェータは批判を続けた。「あなたはいろいろとご自分に関わりのないことに口を出していますね。たとえばアプラークシン将軍に命令を送ったでしょう。よくもそんな出しゃばったまねができましたね[7]」

「わたくしが、マダム、命令を送るですって？　そんな考えが頭に浮かんだことはございません」

「否定はできないでしょう。あなたの手紙がそこの水盤にはいっています」。エリザヴェータは手紙を指さした。「手紙を書くのを禁じられていることはご存じのはずです」

なにかは認めなければならないことはわかっていた。「たしかにこの点についてはわたくしは禁を破りました。どうかお許しください。けれども、そこにございますとおり、この三通の手紙はわたくしが将軍に命令など決して送っていないことを陛下に証明するでしょう。そのうちの一通では、将軍の行動についてこちらで言われていたことを知らせました」

エリザヴェータがさえぎった。「では、なぜそのようなことを将軍に書き送ったのですか？[8]」

「将軍のことに関心があったからでございます。将軍にはとても好感をもっておりました。ですから陛下のご命令に従うよう、将軍にお願いしたのです。残りの二通にはご子息ご誕生のお祝いと新年のご挨拶しか書かれておりません」

「ベストゥージェフはほかにもたくさんあると言っています」

「そう言っているのであれば、嘘をついているのでございます」

「そう。あの男があなたのことで嘘をついているのならば、拷問にかけさせましょう」

エカチェリーナは答えた。女帝は最高権者であらせられますから、いかようにもお好きなことをなされます。けれども、わたくしはアプラークシンにこの三通以外は書いておりません。


エリザヴェータはあるときは沈黙し、あるときはエカチェリーナに、またあるときは甥やシュヴァーロフ伯爵に話しかけながら、部屋をいったりきたりした。「大公は女帝が私に腹を立てるように仕向けようとして、私について辛辣なことをいろいろと述べ立てた[9]」とエカチェリーナは『回想録』に書いている。「だが、このように愚かに振舞い、正義よりも怒りを示したために失敗した。女帝は、私が夫に答えるのを聞いて、私の答えに心ならずも賛成しているようだった。大公があまりにもいやらしい態度をとるようになったために、女帝は私に近づき、小声で言った。『あなたに話すべきことはもっといろいろとあります。でも、あなたがたふたりの仲を、いま以上にこじらせたくはありません[10]』。エカチェリーナは好意のきざしを見て、ささやき返した。「わたくしも、わたくしの頭と心のなかにあることとすべてをぜひ陛下にお話ししたいのですが、この場でそれを申しあげるのは難しいと感じております」。エリザヴェータはうなずき、もう時間が遅いと言って、全員を下がらせた。午前三時だった。

ピョートルがまず退出し、次にエカチェリーナ、シュヴァーロフがあとに続いた。伯爵が扉まできたとき、女帝が呼びもどした。エカチェリーナが自室にもどり、服を脱ぎ始めたところで、扉をたたく音がした。アレクサンドル・シュヴァーロフだった。「シュヴァーロフは、女帝がしばらく話をされ、大公女にあまり心配しないように、そしてまもなくもう一度ふたりきりで話しましょうと伝えるように指示された、と言った」[11]。エカチェリーナは腰をかがめてお辞儀をし、女帝陛下にお礼を申しあげること、二回目の会見を早期に実現することを頼んだ。シュヴァーロフはこのことはだれにも、とくに大公には話さないようにと言った。

エカチェリーナは、これで追放はされないだろうと確信し、約束された二度目の会見を待ちながら、ほとんど自室にこもっていた。ときどきシュヴァーロフ伯爵に念を押す。自分の運命が決定されることを切に願っております。一七五八年四月二十一日、二十九歳の誕生日、ひとり自室で夕食をとっているとき、女帝が伝言を送ってくる。大公女のご健康のために杯をあげているところです。エカチェリーナはお礼の言葉を返した。ピョートルも女帝の伝言の話を聞いて、同じような挨拶を送ってきた。ポニャトフスキからは、フランス大使ロピタル侯爵が、エカチェリーナの強い意志を称讃し、アパルトマンを出ないという決意が、結局は大公女の有利に働くだろうと言っていると報告がくる。エカチェリーナは敵ロピタルの称讃には下心があると考えて、反対の行動をとることに決めた。ある日曜、だれも予想をしていないときに服装を整え、アパルトマンを出る。若い宮廷付の侍従や女官の集まる控えの間にはいると、みんながエカチェリーナを見て驚くのがわかった。ピョートルが姿を現し、同じように驚いた。ピョートルは近づいてきて、エカチェリーナと短く言葉を交わした。

一七五八年五月二十三日、エリザヴェータとの会見のほぼ六週間後、アレクサンドル・シュヴァーロフがエカチェリーナに、本日午後にお子さまたちと会う許しを、わたしを通して女帝に願い出るようにと告げ、はるか以前に約束された女帝陛下との二度目の私的な会見をなさることになるでしょう、と言った。エカチェリーナは指示されたとおりにし、子どもたちと会う許可を正式に願い出た。シュヴァーロフは三時に子どもたちを訪問してよいと言った。エカチェリーナは時間を守り、シュヴァーロフがきて、女帝の準備が整ったと告げるまで、子どもたちと過ごした。エリザヴェータはひとりきりだった。今回、衝立はなかった。エカチェリーナは感謝の意を表し、エリザヴェータは「わたくしの質問すべてに真実を答えるよう期待しています[12]」と言った。エカチェリーナは答えた。陛下のお耳には正確な真実以外のなにものもはいらないし、わが心を忌憚なくお話しすることほどに、わたくしが望んでいることはございません。エリザヴェータはアプラークシン宛の手紙は本当にこれ以上ないのかと尋ねた。エカチェリーナは三通しかないと誓った。「そのあと」とエカチェリーナは書いている。「女帝は大公の生活態度について、詳細を尋ねられた」

エカチェリーナの回想はこの大団円で、突然、そして説明なしに終わりを告げる。その人生はさらに三八年間続き、残りの物語は、その手紙や政治的著述、公式文書、そして他の人びと——友人、敵、大勢の観察者——によって語られる。だが、そのなかで、スタニスワフ・ポニャトフスキが語る一七五八年夏の一エピソードほどに驚くべきものはない。これにはエカチェリーナとポニャトフスキ本人が関わっていた。

第40章 四角関係

スタニスワフ・ポニャトフスキはロシアを、そしてエカチェリーナのもとを去りはしなかった。仮病を使い、ときには一日中、寝台に横たわって、ロシアから離れまいとした。一七五八年夏、若い宮廷がオラニエンバウムに移動したとき、ポニャトフスキはエリザヴェータの宮廷とともに、数マイル離れたペテルゴーフにいた。夜になると、金髪のかつらで変装し、オラニエンバウムのエカチェリーナを訪ねる。エカチェリーナは愛人を別棟になった私用の離れで迎えた。

エリザヴェータ・ヴォロンツォワに夢中になっていたピョートルは、ポニャトフスキと妻の情事に一度も口をはさまなかった。口を出してくる可能性はつねにあったが、実際にそうなったのは偶然からだった。ポニャトフスキの回想によると、一七五八年七月、シュヴァーロフ一族とフランス大使がポニャトフスキを送還するよう女帝に圧力をかけ、ポーランド政府も帰国を執拗に要求していた。ポニャトフスキ自身にも、まもなく要求に応じなければならないことはわかっていた。

> 去らなければならないとわかっていたがゆえに、ただでさえ頻繁だった夜のオラニエンバウム訪問はさらに頻繁になった。度重なる訪問のあいだ、いつも私に付き添ってくれていた幸運が、私に危険の感覚をすべて失わせていた。七月六日、小さな箱形馬車を雇う。御者は私の正体を知らなかった。その夜――とは言っても、白夜の期間中、ロシア北部には本当の夜はないのだが――不運にもオラニエンバウム近くの森のなかの道で、大公とその側近たちにばったり会ってしまった。全員が半ば酔っぱらっていた。私の御者が呼び止められ、なかにいるのはだれかと尋ねられた。御者は「仕立屋です」と答え、私たちは道を続けてよいと言われた。しかし大公に同行していたエリザヴェータ・ヴォロンツォワが「仕立屋」について皮肉を言ったので、大公は不機嫌になった。その結果、数時間を大公女と過ごして、立ち去ろうとしていたとき、私は抜き身の剣を掲げた三人の男に襲われることになった。男たちはまるで私が泥棒でもあるかのように、襟首をつかみ、大公の前に引きずっていった。大公は私がだれだかわかると、私を取り押さえた男たちに、私を連れて自分のあとからついてくるように命じた。海に出る小道を歩かされ、最後

の時がきたと思った。だが、私たちは別棟にはいり、そこで大公は私に自分の妻と寝ているのかと単刀直入に尋ねた。私は「いいえ」と答えた。(1)

「本当のことを言え」とピョートルはポニャトフスキに言った。「本当のことを言えば、すべてがうまくいく。言わなければ、おまえはしばらく辛い目に遭うことになる」

「自分のしていないことをしたとは申せません」とポニャトフスキは嘘をついた。

ピョートルは別室にいき、ブロックドルフと相談した。もどってくると「話そうとしないのだから、次の命令までここにとどまってもらおう」と言い、扉に見張りを残して立ち去った。二時間後、アレクサンドル・シュヴァーロフがやってきた。シュヴァーロフは顔を引きつらせながら、説明を求めた。ポニャトフスキは率直に答えるかわりに、別のやり方をする。「伯爵、このすべてを可及的速やかに終わらせ、わたしを即刻ここから出すことが、わたし自身と同様にあなたの宮廷の名誉にとっても重要なのはおわかりのことと確信いたします」

前代未聞の一大スキャンダルが迫っているのに気づいて、シュヴァーロフは同意し、自分が話をつけようと言った。一時間後にもどってきて、ポニャトフスキをペテルゴーフまで連れ帰る馬車の用意ができたと告げる。馬車はあまりにもみすぼらしかったので、ポニャトフスキは朝の六時に、ペテルゴーフ近くで馬車を降りて、マントで身を包み、帽子を目深にかぶると、宮殿まで歩いた。そのほうが、いま乗ってきたみっともない乗物で到着するよりも、疑いを呼ばないだろうと考えたのである。部屋は一階だったから、建物までたどり着くと、玄関からはいるのはよした。だれかと出会う可能性がある。夏の夜で、窓は開け放たれており、ポニャトフスキは自分の部屋のだと思った窓をよじのぼってなかにはいった。それはとなりのロニカー将軍の部屋で、将軍は髭を剃っている最中だった。ふたりはじっと見つめ合い、それからわっと笑い出した。「どこからきたのか、なぜ窓からはいったのかは聞かないでください」とポニャトフスキは言った。「よき同胞として、決してこの話はしないと誓ってください」。ロニカーは誓った。

続く二日間をエカチェリーナの愛人は落ち着かない思いで過ごした。二四時間のうちに、その冒険は全宮廷の知るところとなった。だれもがポニャトフスキには即刻ロシアを立ち去るよう要請がなされるだろうと予測した。エカチェリーナにとって、愛人の出発を遅らせるためのただひとつの望みの綱は夫を懐柔することであり、自尊心をかなぐり捨てて、エリザヴェータ・ヴォロンツォワに接近する。ヴォロンツォワは誇り高き大公女が嘆願者として自分の前にいるのを見て大よろこび。すぐにエカチェリーナはポニャトフスキにメモを送り、夫の愛人を手なずけるのに成功したと伝える。夫の愛人が、今度は大公の気を鎮めてくれるだろう。これを聞いて、ポニャトフスキは、ロシア滞在を多少、延長することを可能にする方法があるのに気づく。ペテルゴーフの宮廷舞踏会で、エリザヴェータ・ヴォロンツォワと踊り、メヌエットのステップを踏みながらささやいた。「あなたのお力で何人かの人間を幸せにできることはおわかりですね」。ヴォロンツォワは大公女にさらに貸しを作る機会があるのを見て、微笑み、言った。「今夜、真夜中の一時にモン・プレジール荘においでください」

指示された時間に指示された場所で、ポニャトフスキは新しい恩人と会い、なかに招き入れられた。「そこには大公がいた。とても陽気で、愛想よく親しげに私を迎えた」とのちにポニャトフスキは書いている。ピョートルは言った。「最初からわたしに正直に話さなかったとは、あなたは大ばか者ではないのかね？　正直に話していれば、こんなごたごたは起こらなかったんだ」

ポニャトフスキはピョートルの非難を受け容れ、話題を変えて、宮殿の護衛にあたっている大公麾下のホルシュタイン兵の完璧な規律をほめそやした。ピョートルはこのお世辞にいたく満足し、一五分後に言った。「さて、あなたとわたしがこんなにいい友だちになったいま、ここにはだれかひとり、足りない人間がいると思う」。ピョートルは妻の部屋にいき、寝台から引きずり出した。妻には、寝間着の上にゆったりしたローブをはおり、裸足の足にスリッパを履く時間しかあたえない。それから妻を連れてくると、ポニャトフスキを指さして言った。「ほら、ここにいるぞ！　これで全員がわたしに満足してくれるだろう」。エカチェリーナは泰然自若として、こう言って夫に応じた。「ただひとつ足りないのは、わたくしどもの友人が早急にロシアにもどれるよう、殿下が副宰相のヴォロンツォフ伯爵に手紙をお書きになることです」。ピョートルは自分自身に、そして自分がこの場面で演じている役割に大いに気をよくし、腰をおろしてメモを書いた。それからそのメモをエリザヴェータ・ヴォロンツォワに手渡し、連署させた。

ポニャトフスキは書いている。「そのあと、私たちは全員で部屋のなかの小さな噴水のまわりに腰をおろし、まるで世界のなかに気にすべきことはなにひとつないかのように、笑い、おしゃべりをし、浮かれ騒ぎに興じた。別れたのは朝の四時だった。常軌を逸しているように見えるかもしれないが、誓ってこれが正確な真実である。翌日、私に対するみんなの態度ははるかに感じがよくなった。イワン・シュヴァーロフは私に愛想よく話しかけた。副宰相のヴォロンツォフもそうだった」

この友好的な関係は続いただけでなく、ピョートル自身によって強められもした。「大公は私に四回ほど繰り返してオラニエンバウムを訪問させた。夕刻到着し、使われていない階段をのぼって大公女の部屋にはいると、そこには大公女、大公、そして大公の愛人がいた。みんなで夕食をとり、そのあと大公は愛人を連れ、『さて、きみたち、もう私に用事はないだろう』と言いながら出ていった。私は好きなだけとどまることができた」

この状況にピョートルほど満足している者はいないように見えた。それはエカチェリーナに対するピョートルの勝利の時だった。何年ものあいだ、ピョートルは妻に劣等感を抱いてきた。私的な場、公的な場で、妻を辱めようとしてきた。妻を無視し、怒鳴りつけ、笑いものにし、他の女たちを相手にして裏切った。他の男たちとの不義について、恩着せがましく、たいていは誤った指摘をしてきた。そのピョートルにいま、自分の愛人を腕に抱き、食卓の反対側にいるエカチェリーナとその愛人に対等の立場で微笑みかけることのできる瞬間が訪れたのだ。妻を寝取られても、ばつの悪い思いをすることはなかった。むしろ人生で初めて、自分がひとつの状況を好きなように操っているのだと感じていた。その親切は心からのものであり、ピョートルはなにひとつ隠さずに、スキャンダルをあからさまにし、それが拡散するのを大よろこびで助長さえした。ポニャトフスキはもはや金髪のかつらをかぶる必要はなかった。ピョートルの歩哨たちを恐れることはなかった。気にする必要があるか？　心配する必要があるか？　だれもが知っていることなのだから。

しかし、エカチェリーナにとっては、状況は異なっていた。男装をして夜中に宮殿を抜け出すというような向こう見ずな冒険に加わるのにはやぶさかではない。だが、ゴシップ好きの夫とその無礼で意地悪な愛人とともに晩餐をとり、ふたりの軽薄な会話を聞いていても楽しくはなかった。エリザヴェータ・ヴォロンツォワがこの状況にいたく満足しているようすを見ているのは不愉快だった。エカチェリーナはシニカルな人間ではない。愛を信じていた。愛を貶めること、それはピョートルをよろこばせたが、エカチェリーナは傷ついた。ピョートルがポニャトフスキをエリザヴェータ・ヴォロンツォワの男性版にすぎないと考えていることには耐えられなかった。ポニャトフスキを紳士と、ヴォロンツォワを娼婦と見なしていたからだ。まもなくエカチェリーナの心のなかで警報がちかちかと光り始める。この夜中の仲間づきあいは、おたがいに了解した不義に基づいていた。エカチェリーナはこういったエピソードが、自分の未来にとって、シュヴァーロフ一族の敵意以上に大きな危険となりうることに気づいた。たとえエリザヴェータの寛容な宮廷であっても、このピョートルとのあいだの取決めはみずからの野心の障害となるかもしれない。エカチェリーナが恐れていたとおり、四角関係があからさまになったことは政治的なスキャンダルを生み始めた。ロピタルは再度、ポニャトフスキの追放を要求するとき、それに触れた。エリザヴェータは自分の甥であり後継者である人物の評判が傷つけられていることを理解した。ポニャトフスキは自分は去らねばならないことを悟った。

別れを告げながら、エカチェリーナは涙を流した。ポニャトフスキを相手にして、洗練された教養あるヨーロッパ人からの求愛を経験した。その後、何年もあと、ロシアの女帝となったエカチェリーナとポニャトフスキの書翰には、早期の再会に対する希望が書き連ねられる。何年もあと、エカチェリーナとポニャトフスキの書翰には、早期の再会に対する希望が書き連ねられる。何年もあと、エカチェリーナは、それまでの人生ほとんどすべての細部を打ち明けたグリゴリー・ポチョムキンに書いている。「ポニャトフスキは一七五五年から五八年のあいだ、愛し、愛されました。この関係は、ポニャトフスキが飽きてしまわなければ、永遠に続いたでしょう。ポニャトフスキ出発の日、私はあなたには言葉で言いつくせないほどに悲しみました。人生でこれほど泣いたことはなかったと思います」。実のところ、ポニャトフスキの側が飽きたというエカチェリーナの非難は公平ではない。ふたりのどちらもが、状況は不可能になったことを認識していた。

ポニャトフスキはその後、元愛人のロシア女帝エカチェリーナ二世によってポーランドの王位に就けられる。何年もあとになってから、ポーランド国王として、回想録のなかにピョートルの短いスケッチを残した。批判的な描写ではあるが、そこには一抹の理解、同情心さえも読みとれる。

自然は大公をただの臆病者、大酒飲み、すべてにおいて滑稽な人物に作った。あるとき、大公は私に心情を吐露し、こう指摘した。「見たまえ。私がいかに不幸かを。プロイセン王の軍隊にはいっていれば、私は自分の能力のかぎりをつくして、王にお仕えしただろう。いまごろは連隊をひとつ手にして、少将、いやもしかしたら中将の地位に就いていただろうし、その自信はある。だが、現実は大違いだ。そのかわりに私はここに連れてこられて、この呪われた国の大公にされてしまった」。そのあと、ロシア国民を、おなじみの低俗な茶化したスタイルで、だがときにはとても愉快に罵った。大公にはある種の機智が欠けてはいなかったからだ。ばかではなかった。だが常軌を逸していた。そして酒を愛していた。それがその哀れな脳みそをなおいっそう混乱させるのに手を貸した。

第4部

「時は来たれり！」

第41章 パーニン、オルロフ、そしてエリザヴェータの死

女帝の健康が衰えるにつれて、エカチェリーナは自分自身の政治的な未来を考えるようになった。エリザヴェータが継承順位を変えず、ピョートルが叔母のあとを継いで帝位に昇るのは確かと思えた。エカチェリーナはひとりぼっちになるだろう。友人たち、政治上の同盟者たちはすべて取りあげられた。宰相ベストゥージェフは不興を買い、追放された。やはり不興を買ったアプラークシン将軍は死んでしまった。イギリス大使ハンベリー＝ウィリアムズは故国に帰り、大使もまた世を去った。愛人のスタニスワフ・ポニャトフスキはポーランドに去り、呼びもどすのは不可能だろう。ピョートルの能力不足はいまや明らかだから、エカチェリーナは新政権で自分が果たす政治的役割について、いろいろと考えを巡らせずにはいられなかった。ピョートルの妻および助言者として、ホルシュタインの案件の対処に手を貸したときと同じことをする可能性はあった。だが、ピョートルがエリザヴェータ・ヴォロンツォワと結婚するという決意に基づいて行動したら、エカチェリーナの出る幕はない。もしなんらかの形でピョートルが継承順位からはずされ、パーヴェルが帝位に就けば、エカチェリーナは少年が成長するまで摂政として行動するかもしれない。可能性はより小さいが、エカチェリーナがときに夢見るのは、自分自身が至高の権力者の役割を演じることだった。どの道が開かれているのかは明らかではない。だがひとつ確かなことがある。なにが起ころうとも、味方が必要だ。

エカチェリーナのもとにやってくる人もいた。驚くべきことに、そのうちのひとりはイワン・シュヴァーロフ、健康が衰えつつあるエリザヴェータの寵臣である。シュヴァーロフは大公女に言い寄り始める。そのやり方は、この男がエリザヴェータを相手に演じたのと同じ役割を、将来の皇妃相手にも演じたがっているのではと疑わせた。エカチェリーナはほかにも、シュヴァーロフほど計算高くもなく、またあからさまでもない新たな支持者も引き寄せつつあり、最終的にはたがいに似たところのない三人の重要な人物がそのまわりに集まる。ひとりは気むずかしく洗練された外交官。もうひとりは若き戦場の英雄。そして三人目は情熱的で行動的な若い女。異なる出自をもち、異なる性格を見せながら、この三人にはただひとつの共通点があった。三人ともがロシア人。ロシアの血が一滴も流れていない野心的なドイツ女にとっては、大いに助けになる。

三人のうちで年長者は外交官、四十二歳のニキータ・パーニン伯爵だった。ベストゥージェフの指導を受け、当時ロシアにいなかったおかげで、師の失脚後も生き延びることができた。ピョートル大帝の将軍のひとりを父として、一七一八年、ダンツィヒに生まれ、国外で教育を受ける。故国にもどり、近衛連隊で軍務に就いた。二十九歳のとき、ベストゥージェフによって、ロシアの外交官としてデンマークに派遣される。数年後、スウェーデンに異動となり、そこで一二年間、大使を務めた。ストックホルムでは、教養ある洗練されたリベラルなロシア人、したがって稀少な人物として認められていた。パーニンはオーストリアとイギリスを優先し、プロイセンに対抗するというベストゥージェフの政策を信じた。ベストゥージェフが失脚し、シュヴァーロフ一族とヴォロンツォフがフランスとの同盟を構想したとき、相変わらずストックホルムにいたパーニンは、シュヴァーロフ一派からのこの新同盟を支持せよとの要求に抵抗した。意見の不一致から辞職し、一七六〇年夏にサンクトペテルブルクにもどる。エリザヴェータはパーニンの能力を認めて、シュヴァーロフ=ヴォロンツォフ派から守り、かわいいパーヴェルの侍従兼主任教育官に任命して、政治的に安全な地位に就けた。この地位はパーニンに宮廷における威信をあたえ、帝位継承に強い利害関係をもたせた。当然ながら、ピョートルはパーニンの選択に不満だった。「あの子をしばらくパーニンの監督下においておこう」[1]とぶつぶつと言った。「すぐに、わたしが手を下して、もっと適切な軍事的訓練を提供させる」。ピョートルの敵意を意識していたパーニンが、性格と教育からも、エカチェリーナの味方となるのは自然の成り行きだった。だがふたり――大公女と教師――は、未来について異なる考えをもっていた。パーニンは、ピョートルは統治に不向きであり、どうにかして排除されるべきだと考え、エカチェリーナを摂政として、パーヴェルが少年皇帝の位に就けられることを望んでいた。エカチェリーナはパーニンに同意するふりをして言った。「わたくしは皇帝の妻よりも母となるほうがよいのです」[2]。実際には、自分自身の子どもに従属する気などさらさらない。エカチェリーナの野心は自分で皇帝の座にすわることだった。パーニンがエカチェリーナの味方をしたのは、エカチェリーナが自分の後援者であるベストゥージェフと近かったからであり、前宰相が不興を買っているあいだずっと、ベストゥージェフに対する忠誠を律儀に守り続けていたからだった。その心のなかでは、ピョートルが帝位に就くのを見るよりは、エカチェリーナを巻きこんだ解決策のほうがよかったのである。それに加えて、パーニンは、啓蒙思想の政治理論への関心と、モンテスキューが唱道した啓蒙君主による統治への賛同をエカチェリーナと共有していた。パーニンには、大公女が慎重な人物であり、自分の考えを話し合っても安全であるとわかっていた。ふたりが行動計画を立てることはなかった――未知数のことが多すぎた――だが、そこには理解の絆があった。

エカチェリーナの新しい味方ふたり目は、対プロイセン戦争の英雄、グリゴリー・オルロフである。

一七五八年、プロイセンのフリートリヒは自分の王国をオーストリア、フランス、ロシア三大国の同盟軍から守るために悪戦苦闘していた。同年八月、フェルモア将軍指揮下のロシア軍四万四〇〇〇がプロイセン国境を越え、二十五日にはフリートリヒ率いる三万七〇〇〇のプロイセン軍とツォルンドルフの町近くで対戦した。九時間にわたる戦いは、十八世紀においてもっとも多くの血が流された戦闘のひとつである。両軍のそれぞれで一万人以上が殺された。フリートリヒは自軍の三分の一以上を失ったと認めている。情け知らずの戦闘のなかで、フリートリヒとその部下たちはロシア兵に対して新たな畏敬の念を抱くようになる。あるプロイセン将校はのちに「敵がわが軍のあいだにかき立てた恐怖は口では言い表せない」(3)と書いている。大虐殺のあと、どちらの側も勝利を宣言した。どちらの陣営でも神に感謝を捧げて、テ・デウムが歌われた。だが、手足をもぎとられ、血まみれになった軍のどちらもが二日間、動けなかった。相変わらず砲弾が戦場を飛び交い、騎兵は小競り合いを続けた。だが、フリートリヒとフェルモアのどちらも、すでに打つ手がないところまで戦っていた。

ツォルンドルフで捕虜になったプロイセン将校のなかに、フリートリヒの私的な副官、プロイセン陸軍元帥の甥であるクルト・フォン・シュヴェーリン伯爵がいた。一七六〇年三月、この戦争捕虜をサンクトペテルブルクに移送するにさいし、儀礼上、一名のロシア軍将校を護衛につける必要があった。この将校は捕虜を警護するとともに、その副官の役割を果たす。この任務に就けられた将校がグリゴリー・オルロフ中尉だった。中尉はツォルンドルフで三度負傷しながら、部下を鼓舞し続け、陣地を守った。この統率力と勇気がオルロフを陸軍の英雄とし、シュヴェーリン伯爵警護はその勇気に対する報奨だった。伯爵がサンクトペテルブルクに到着したとき、大公ピョートルは自分の英雄フリートリヒ王側近の将校がばつの悪い思いをするのを見て心を痛め、伯爵を通常は同盟国の要人来訪にのみ適用される名誉ともてなしで遇するように手配した。「わたしが皇帝であれば、あなたは戦争捕虜とはならなかったでしょう(4)」とピョートルはシュヴェーリンに断言した。客人扱いにされた捕虜のために特別に邸宅が用意され、ピョートルはそこでしばしば晩餐をとった。加えて、シュヴェーリン伯爵に市内を移動する自由をあたえた。伯爵はつねに自分の護衛将校オルロフ中尉を従えて、好きなようにいったりきたりすることができた。

グリゴリー・オルロフは二十五歳。エカチェリーナより五歳若かった。勇猛が家族の伝統となっている職業軍人の家系の出である。祖父はイワン雷帝が創設した槍兵およびマスケット銃兵の兵団ストレルツィの一兵卒だった。ストレルツィは若きツァーリ、ピョートル大帝が押しつけた軍の改革に反対して蜂起した。処罰をするにあたり、ピョートルは大勢のストレルツィ——オルロフも含めて——に死刑を宣告。オルロフは赤の広場で首を断頭台の上に差し出す番がくると、血糊で覆われた壇を大股で横切り、切り落とされたばかりの仲間の頭を足でどけて言い放った。「ここでは自分で場所を作らなければならない(5)」。この死をものともしない態度にピョートルは感銘を受け、オルロフにその場で赦しをあたえ、来るべき対スウェーデン戦に備えて新たに結成された連隊に配属した。オルロフは将校になった。その息子はやがて中佐の地位に昇り、イワン、グリゴリー、アレクセイ、フョードル、ウラジーミルの五人の戦士の父親となる。五人全員が近衛連隊の将校だった。全員が仲間の将校に人気があり、部下の兵隊たちから崇拝されていた。オルロフ兄弟は家族の絆で固く結ばれ、ひとりひとりが他の兄弟に忠誠を誓う。兄弟全員が並はずれた体力、勇気をもち、軍とロシアに身を捧げていた。酒飲みで賭事好き、女好き、戦争でも居酒屋の派手な喧嘩でも同じように向こう見ず。祖父と同じように死を軽蔑した。五人兄弟の三番目、アレクセイがいちばん賢い。顔の左側に醜い刀傷がある巨漢で、「顔に傷」のあだ名をちょうだいしている。このあと、エカチェリーナのために帝位を確保する功績を挙げるのはアレクセイである。アレクセイはつねに全面的に責任を引き受けた。この行為に対して、エカチェリーナは生涯、無言の感謝を捧げ続けた。

だが英雄だったのは五人兄弟の二番目、グリゴリーである。「天使の顔と運動選手の肉体」[6]をもち、オルロフ兄弟一の美男子と考えられていた。グリゴリーはなにも恐れなかった。ツォルンドルフの戦いに続く征服のひとつが、まだ傷を癒している最中に、砲兵隊長ピョートル・シュヴァーロフ伯爵の愛人エレーナ・クラーキナ公女の誘惑に成功したことである。強力なシュヴァーロフ一族の芝生に不法侵入したことで、オルロフは窮地に立たされたかもしれない。だがピョートル・シュヴァーロフが突然に自然死したおかげで、うまく難を逃れた。このロマンティックな征服の噂が軍事上の名声に加わり、グリゴリー・オルロフをサンクトペテルブルクの著名人にした。グリゴリーは女帝エリザヴェータにお目見えし――最終的に帝位継承者の妻の目をとらえた。

エカチェリーナとグリゴリーが初めて会った状況を記録する資料はない。よく語られる話では、ある日、ひとりぼっちの大公女が宮殿の窓から外を眺めていて、中庭に立つ近衛連隊の制服を着た、背の高いハンサムな将校を目にしたことになっている。将校がたまたま顔をあげ、ふたりの視線がぶつかり、あとはひと目惚れ。エカチェリーナとサルトゥイコフ、あるいはポニャトフスキの場合のように、あとに艶っぽいメヌエットは続かなかった。オルロフはその軍事的な評判にもかかわらず、エカチェリーナよりも身分ははるかに低く、宮廷にはなんの地位もない。だが、内気でも優柔不断でもなかった。クラーキナ公女相手の成功で度胸をつけ、相手がたとえ大公女であっても、なんとしても手に入れようとした。大公女が情熱的だがひとりぼっちだと知られているだけになおさらである。社会階級を超えた関係には前例がある。ピョートル大帝はリヴォニアの農民と結婚し、妻を女帝エカチェリーナ一世の地位にまで引きあげた。偉大なるピョートルの娘、女帝エリザヴェータはウクライナ農民出の感じのよい合唱隊員アレクセイ・ラズモフスキーとともに長い歳月を過ごし、おそらくは結婚もしていた。

一七六一年夏、エカチェリーナとグリゴリー・オルロフは愛人となる。ことは秘密のうちに運ばれた。女帝、ピョートル、エカチェリーナの友人たちは気づかなかった。ふたりはネヴァ河に浮かぶワシリエフスキー島の小屋で密会した。一七六一年八月、エカチェリーナは身ごもる。

エカチェリーナにとって、オルロフは新しい種類の男だった。ポニャトフスキのような感傷的で洗練されたヨーロッパ人でもなく、セルゲイ・サルトゥイコフのような上流階級の女たらしでもない。オルロフがエカチェリーナを愛するのと同じように、エカチェリーナはオルロフを愛した。それは単純な肉体の愛だった。結婚の最初の七年間を処女として過ごしたにもかかわらず、いまやエカチェリーナは成熟した女になっていた。婚姻外でふたりの男を愛し、それぞれの子をもうけた。いま三人目の男が登場し、この男もまたエカチェリーナに子どもをあたえた。

オルロフの動機は直接的だった。エカチェリーナは大きな力をもつ魅力的な女であり、夫からはあからさまにないがしろにされて、名誉を傷つけられ、虐げられていた。夫の大公はプロイセンびいきで、ロシア軍の将兵から憎まれていた。エカチェリーナはふたりの情事が目立たないように、並々ならぬ注意を払った。だがグリゴリーは四人の兄弟にはなにひとつ隠さなかった。兄弟全員が一家に名誉がもたらされたと考える。ふたりの関係について近衛連隊の兵士のあいだに噂が広まる。兵士のほとんどが感心し、得意になった。

エカチェリーナはニキータ・パーニンの支持をとりつけ、オルロフ兄弟の助けによって、近衛連隊の共感も勝ちえつつあった。そのあと、三人目のまったく異なる人物を野心達成のため、新たに自分の陣営に引っ張りこむ。エカチェリーナ・ダーシコワ公夫人である。奇妙な話だが、ダーシコワ公夫人はピョートルの愛人、エリザヴェータ・ヴォロンツォワの妹で、ダーシコフ家に嫁いでいた。エカチェリーナ・ヴォロンツォワ——結婚前のダーシコワ公夫人——は一七四三年生まれ。ロマン・ヴォロンツォフ伯爵の三人の娘のうちの末っ子である。伯爵自身は副宰相ミハイル・ヴォロンツォフの弟だった。ダーシコワは女帝エリザヴェータの戴冠後に生まれ、ヴォロンツォフ家はロシア貴族最古の家柄のひとつだったので、新女帝ご自身によって洗礼盤の上に掲げられた。一方、女帝の甥で、ロシア帝位継承者となるべくホルシュタインから呼び寄せられたばかりのピョートルが、その代父となった。二歳のとき、母親が世を去る。父親のロマン伯爵はまだ若く、娘の言うところでは、すぐに「遊び人」(7)になり、「子どもたちのことはあまり気にかけなかった」。子どもは伯父のミハイルのもとに送られ、伯父はより高い教育を受けるよう手配した。「私たちはフランス語を流暢に話し、イタリア語をいくらか学び、ロシア語のレッスンはごくわずかだった」(8)。エカチェリーナ・ヴォロンツォワは早熟な知性を披露し、ときには徹夜でベール、モンテーニュ、モンテスキュー、ヴォルテールに読みふけった。エカチェリーナは一七五八年、この変わった娘が十五歳のときに初めて顔を合わせる。フランス語しか話さず、啓蒙哲学者をひいきにするロシア娘がいるのをよろこんで、大公女はことさらに優しく接した。年下の娘はエカチェリーナを偶像のように崇めた。

一七六〇年二月、十六歳のエカチェリーナ・ヴォロンツォワは、背が高く人気者で裕福なプレオブラジェンスキー近衛連隊の青年将校、ミハイル・ダーシコフ公に嫁ぐ。夫がモスクワに配属されたときには同行し、そこで一一か月のあいだに二人の子どもを生んだ。サンクトペテルブルクの大公女のことは決して忘れなかった。一七六一年夏、一家で首都にもどり、エカチェリーナとの交際を再開する。首都では、姉のエリザヴェータ・ヴォロンツォワとその愛人の大公ピョートルが、ダーシコワを自分たちの輪に引きこもうとする。だが、姉妹はほとんどすべての点で異なっていた。ピョートルがいまでは自分のアパルトマンに住まわせ、愛人というよりは未来の妻として扱っているエリザヴェータは、むさ苦しく、粗雑で下品だった。それでもピョートルと結婚したいと考えており、鋼の意志をもって目標を忍耐強く追っていた。ピョートルの気晴らしのお相手のなかでだれよりも長続きし、エカチェリーナとスタニスワフとの四角関係を巧みに操った。歳月が過ぎるあいだに、ピョートルはエリザヴェータが自分にはぴったりであり、とても別れられないと感じるようになる。

宮廷では、ダーシコワも一風、変わっていた。手の込んだ衣装にはほとんど関心がなく、紅をつけるのを拒否し、絶えずしゃべりまくり、頭がよく、ものごとをはっきりと言い、傲慢だと考えられていた。政治的理想主義をもつのに加えて、お堅いところがあり、姉の態度が恥ずかしく、辛い思いをする。皇妃の冠をかぶることになろうがなるまいが、姉は人前で卑しい内縁関係を続けているのだと考えた。さらに悪いことに、姉の目標はダーシコワの偶像となった女、大公女エカチェリーナに取って代わることだったのである。

ダーシコワ公夫人は一七六一年の夏を、フィンランド湾に面する父親のダーチャ〔郊外の別荘〕で過ごした。ダーチャは女帝が滞在中のペテルゴーフと、ピョートルとエカチェリーナが夏の宮廷を開いていたオラニエンバウムとの中間にある。パーヴェルはペテルゴーフのエリザヴェータの所帯にとどまっていたが、最近では女帝はエカチェリーナに毎日曜、オラニエンバウムからペテルゴーフまで馬車を走らせ、息子が宮殿の庭園で遊ぶのを見て過ごすことを許していた。帰路、エカチェリーナはしばしば馬車をヴォロンツォフのダーチャで止め、夫人を誘って、その日の残りをオラニエンバウムでいっしょに過ごした。オラニエンバウムのエカチェリーナの庭かアパルトマンで、ふたりの女は書物や政治理論について話した。ダーシコワは自分がめったにない知的な高みに達したと感じた。「あえて断言するが、大公女と私自身を除いて、帝国内にはまじめな読書に取り組んでいる女性はいなかった[9]」と回想録に書いている。長い会話のあいだに、夫人は「国家の救世主」となりうるのはエカチェリーナただひとりであり、ピョートルではなくエカチェリーナが帝位を継承するのが絶対に必要だとの確信にいたる。エカチェリーナはこの種の意見表明に希望をあたえようとはしなかった。ダーシコワを優秀で、魅力的な子どもだと考えた。称讃されれば自尊心をくすぐられたし、交際は刺激的だった。だが、現実的な見方をして、自分自身はピョートルの妻として――エリザヴェータ・ヴォロンツォワに対して自分の地位を守れれば、の話だが――権力に達するものと考えた。ダーシコワの側は、大公女になにか崇拝に近いものを感じていた。「大公女は私の心と精神をとりこにし、私のなかに熱い献身の気持ちをかき立てた。私は夫と子どもたちに抱く愛を除けば並ぶもののない、献身的な愛情を感じた[10]」

大公ピョートルとエリザヴェータ・ヴォロンツォワは、ダーシコワ公夫人をしつこく自分たちの輪に誘いこもうとした。ピョートルは夫人が自分の妻を称讃するのを見て、こう警告した。「ねえ、よく覚えておくがよい。ああいう頭のよくまわる連中よりも、おまえの姉さんやわたしのような正直なまぬけを相手にしているほうがずっと安全なのだよ。連中はオレンジから汁を搾りとったあと、皮を捨てるのだからね[11]」。ダーシコワはピョートルに敢然と立ち向かうことも恐れなかった。ピョートルとエカチェリーナの両方が出席した八〇名の晩餐会で、ブルゴーニュ・ワインを飲みすぎたピョートルはろれつのまわらぬ舌で言った。女帝の縁続きのひとりの愛人ではないかと疑われている若い士官は、その厚かましい振舞いゆえに首を切り落とされるべきだ。ダーシコワは大公に挑みかかり、そのような罰はあまりにも残虐に思われる、と言った。「たとえいま話題になっている犯罪が立証されたとしても、そのような恐ろしい罰は罪に対してはるかに厳しすぎるからです」

「おまえはまだ子どもだ[12]」とピョートルは応じた。「さもなければわかっているはずだ。死罪を出し惜しみすれば、不服従とあらゆる種類の暴動とを煽ることになる」

「でも、殿下。殿下のおん前にいる栄誉をあたえられている者のほとんどすべてが暮らしてまいりました治世下では、このような罰は一度として耳にしたことがございません〔エリザヴェータ帝は死刑を廃止していた〕」

「それを言うならば、それこそがまさにいま現在、規律と秩序が欠けている原因なのだ。だが、わたしの言葉を信じるがよい。おまえはほんの子どもで、この問題についてはなにも知らないのだ」

食卓にいたホルシュタインの人間は口をつぐんでいた。だが、ダーシコワはしつこかった。「殿下、わたくしには殿下の論法が理解できないことを認めるのにやぶさかではありません。けれどもひとつよくわかっているのは、殿下の気高い叔母ぎみがまだご存命で、いまだに帝位にあらせられることでございます」。すべての目がすぐに、まず若い女に、それから帝位の継承者に向けられた。だが、ピョートルは答えなかった。そして結局は、敵にあっかんべをして、論争を終わりにした。

このエピソードはダーシコワ公夫人に大いなる称讃をもたらした。大公女エカチェリーナはよろこんで、夫人にお祝いを言った。話は広まり、「私に大いなる名声をもたらした[13]」と本人は書いている。この種の出来事すべてが、帝位の継承者に対してダーシコワが感じている軽蔑を増大させた。「私は、わが国が大公にいかにわずかしか期待できないかを理解した。大公はこのうえもなく不名誉な無知に沈みこみ、プロイセン王の被造物であることに卑屈な誇りをもつというろくでもない原則に動かされていた。大公はプロイセン王を『わが主《あるじ》である国王』と呼んだのである[14]」

ピョートルは自分自身を「まぬけ」と定義したが、ダーシコワ公夫人はこの定義をよろこんで認めた。なぜならば、まばゆいばかりの大公女より、自分の姉といっしょにいることのほうを好むのは、まぬけだけだと信じていたからだ。若きダーシコワはピョートルがエカチェリーナを追い出して、姉と結婚すると約束していることに憤慨し、自分のヒロインを絶対に守ると心を決めていた。ひとつ、役に立てたのは、大公女に影響をあたえうるニュースやゴシップの断片をすべて報告できたことである。エカチェリーナは、この役目を果たすようにけしかけはしなかったが、大公とヴォロンツォワのおしゃべりのすぐ近くに、自分の支持者がひとりいるのは有益ではあった。他方で、エカチェリーナは若き称讃者に話す内容には注意を払った。ダーシコワは情報源となりうるのとまったく同じように、潜在的には情報の漏洩源となる可能性があった。同じ理由から、エカチェリーナは自分の支持者との関係を、ひとりひとりそれぞれ独立させるように気を配った。当初、主要な三人の登場人物はおたがいをほとんど知らなかった。そしてそれぞれが知るエカチェリーナは同じ人間ではなかった。パーニンが知るのは分別のある洗練された政治家。オルロフは熱い血の流れる女。ダーシコワは哲学者、そして啓蒙思想の称讃者。やがてダーシコワ公夫人はパーニンをヨーロッパ化されたロシア人と見なし、称讃するようになる。だが、エカチェリーナの人生におけるオルロフの重要性についてはまったく気づいていなかった。自分の崇拝する偶像が、粗野で無学な兵隊の愛撫に身を任せていると知ったら、ぞっと身震いしたにちがいない。

エリザヴェータの健康が衰え続けるにつれて、ピョートルの皇帝即位に対する世間一般の不安はますます増大していった。戦争が長引けば長引くほど、ピョートルはロシアへの憎悪と軽蔑、そしてプロイセンに対する共感をなおさらあからさまに示すようになった。叔母は衰弱しており、自分から継承権を剥奪するだけの力はかき集められないと確信し、皇帝になったらおこなう改革について堂々と話し始める。自分は対プロイセン戦争を終結させるだろう。和平を結んだあと、反対側に移ってフリードリヒに加わり、現在はロシアの同盟国であるオーストリアとフランスと対決する。やがてはロシアの力をホルシュタインのために使おうと思う。これは、一七二一年にデンマークが自分の公爵領から奪った領土を奪還するために、デンマークと戦争することを意味する。エカチェリーナと離婚し、エリザヴェータ・ヴォロンツォワと結婚するつもりだと公言し始める。

ピョートルはすでにフリートリヒ支援のために、できることはすべておこなっていた。女帝の秘密軍事会議について王に情報を把握させておくために、ロシア最高司令部の計画について知りえたことはすべて伝えた。この情報はサンクトペテルブルク駐在の新イギリス大使ロバート・キース卿に託された。ロバート卿は自分の外交報告をロンドンに送るさい、そのなかにピョートルからの情報も加えた。キースは定期便をベルリン経由で送り、ベルリンで同僚のプロイセン駐在イギリス大使が、外交行李を本国政府に送る前に、フリートリヒのための写しをとった。この方法で、しばしばプロイセン王は、ロシア最高司令部が計画した作戦を、それがロシアの野戦指揮官に告げられる前に知ることができた。

ピョートルは女帝、軍、国民、ロシアの同盟国に対する裏切りを秘密にしておくための努力をほとんどしなかった。フランス、オーストリア両国大使は宰相に不満を訴えたが、効果はなかった。なぜならば首都のすべての人間同様に、ミハイル・ヴォロンツォフは女帝の不安定な健康はまもなく衰えるはずであり、帝位に就いた大公ピョートルの最初の行動は、戦争を終わらせ、軍を呼びもどし、フリートリヒと和平を結ぶことだと知っていたからだ。エリザヴェータに甥の裏切りを知らせることによって、自分自身の将来を危うくするつもりはない。しかし、軍隊内では、帝位継承者に対する軽蔑と嫌悪は、ロバート・キース卿でさえ「このような振舞い方をするとは、大公は頭がおかしいにちがいない」[15]と言う点にまで達していた。

近衛連隊と陸軍一般が大公を軽蔑するなかで、とりわけオルロフ兄弟は敵に情報を流している男を憎んだ。グリゴリー・オルロフのなかでは、この強い憎しみはなおいっそう激しく燃えさかっていた。ピョートルが退位を余儀なくされたら、大公女はどうなる？　大公女はピョートル同様にドイツ人として生まれた。だが、一八年間、ロシアで暮らし、ロシア正教を信仰している。若いほうの帝位継承者の母親であり、その絶対的忠誠心はロシアに向けられている。オルロフはゆく先々でこのメッセージを広めてまわった。兄弟たちも同様にした。ピョートルに対するオルロフ兄弟の憎悪、軍におけるその人望、大公女のために行動しようという気概が、エカチェリーナを皇帝の位に導くことになる。

エリザヴェータは固く決意していた。プロイセンとフリートリヒを打ち負かしてやる。オーストリアとの条約を履行するために参戦し、それを最後まで見届けるつもりだ。戦争の終結は近づいていた。フリートリヒはもはやヨーロッパ一有能な軍を率いているのではなく、オーストリア軍とロシア軍のどちらもが百戦錬磨の強者となっていた。兵力が先細りになるにつれて、フリートリヒはますます不利になっていった。それが証明されたのはクナースドルフの戦いである。一七五九年八月十二日、ベルリンの東五〇マイルで、三〇〇門の大砲に支援されたプロイセン軍五万が、堅固な守備体制を敷いた七万九〇〇〇のロシア軍に攻撃をしかけた。フリートリヒの歩兵隊は、しっかりと守りを固めたロシア軍陣地に飛びかかった。夕暮れ、戦闘が終結したとき、クナースドルフは七年戦争におけるフリートリヒ最悪の敗北となっていた。戦闘後、プロイセン兵はただマスケット銃を放り投げて敗走した。フリートリヒ軍は一万六〇〇〇の死傷者を出したにもかかわらず、プロイセン軍に一万八〇〇〇の犠牲を負わせた。国王自身、乗っていた馬二頭が殺され、銃弾の一発はコートに入れていた黄金のかぎ煙草入れにあたったおかげでわきに逸れた。その晩、ベルリンの親しい友に宛てて書いている。「四万八〇〇〇の軍のうち、三〇〇〇しか残っていない。みんな逃走してしまい、わが兵はもはや私の思いどおりにはならない。ベルリンは自分自身の安全を考えなければならない。これは恐ろしい災難であり、私は生き延びられないだろう。もはや蓄えもない。本当のことを言えば、すべてが失われたと思っている[16]」。朝、一万八〇〇〇の兵が王のもとにたどりつこうと苦戦していた。だが、四十七歳の独裁主権者は相変わらず絶望し、そして痛みを感じていた。「私の悪いところは」と弟のハインリヒ王子に書いている。「両足、片方の膝、左手のリューマチです。また一週間ほとんどずっと、熱に苛まれていました[17]」

サンクトペテルブルクでは、エリザヴェータがよい知らせにはよろこび、悪い知らせにはじっと耐えていた。一七六〇年一月一日、クナースドルフの四か月後、オーストリア大使に語っている。「たとえわたくしのダイヤモンドとドレスの半分を売らなければならないとしても、わたくしは戦争を続け、同盟国に忠実でいるつもりです[18]」。ドイツにおけるエリザヴェータの軍の指揮官、ピョートル・サルトゥイコフ将軍は女帝の献身に報いた。一七六〇年夏、ロシア軍はオーデル河を渡る。コサック騎兵隊がベルリンに乗りこみ、フリードリヒの首都を三日間、占拠した。

お腹が大きくなるにつれて、エカチェリーナは引きこもるようになった。その口実——夫が、ほとんど王侯にもふさわしい栄誉を愛人にあたえるところを目にするのは屈辱的である——は、エカチェリーナの実際の状況を隠しておくのに好都合だった。妻を捨てると公言しているいま、大公がこの新しい子どもは自分の子だというふりをする可能性は皆無である。エカチェリーナは夫には、自分をわきに追いやるための正当な理由をあたえはしないと決意して、妊娠を隠し、大きな輪骨のはいったスカートをはいて、日々を自室の肘かけ椅子で過ごし、だれとも会わなかった。

エカチェリーナの秘密はエリザヴェータの秘密よりもよく守られていた。女帝は、自分の体調を大公と大公女には隠しておくように命じた。病が肉体にあたえた損傷をごまかそうとした。死人のように青白い顔、太りすぎた身体、膨れあがった脚。それは頬紅と銀色のドレスの下に隠された。エリザヴェータは、自分の死をピョートルが待ちきれぬ思いでいることに気づいていた。だが前言をひるがえして自分の真の望みを実現し、継承権をパーヴェルに移すにはあまりにも疲れていた。自分の身体を寝台からソファか肘かけ椅子まで引きずっていく体力と気力しかなかった。いちばん最近の寵臣イワン・シュヴァーロフにはもはやエリザヴェータを慰めることはできなかった。元の愛人で、おそらくは夫でもあったアレクセイ・ラズモフスキーが枕元にすわり、静かなウクライナの子守歌で落ち着かせようとしているときだけ、エリザヴェータは心安らかでいられた。日が経つにつれて、ロシアの将来に関心を失い、自分の周囲にもだんだんと関心をもたなくなっていった。エリザヴェータには、なにが近づいてきているのかがわかっていた。

エリザヴェータの臨終の苦しみがヨーロッパを麻痺させていた。すべての目が病室に注がれた。戦争の成り行きは、この病室で、命を賭けて闘っている女の苦闘にかかっていた。一七六一年の年末、同盟国側のもっとも切実なる期待は、女帝の侍医団がその生命をあと六か月——できれば十二か月——引き延ばすことだった。そのころまでにフリードリヒが回復不能に陥っていればよいのだが。フリードリヒ自身、私的な場では、自分は終わりに近づいていることを認めていた。ロシアがそのために五年をかけて戦ってきた賞品が、手の届くところにある。大公ピョートルを数か月、継承権から遠ざけておけさえすれば、プロイセン王に対する大公の熱狂とその計画のすべては無意味となる。だが、そうはならなかった。

一七六一年十二月半ばには、だれもが女帝の死が近いことを知っていた。ピョートルがダーシコワ公夫人に、おまえの姉さんのエリザヴェータ・ヴォロンツォワがすぐに自分の妻となるだろうと無遠慮に言い放ったとき、ダーシコワはそれを阻止するために、なにかがなされるべきだと考えた。十二月二十日の夜、熱で震えていたにもかかわらず、寝床を出て、毛皮に身を包み、宮殿まで馬車を走らせる。裏の小さな扉からなかにはいり、大公女の召使いのひとりに女主人のところまで案内させた。エカチェリーナはベッドに横になっていた。夫人が口を開く前に、大公女は言った。「わたくしになにか話す前に、わたくしのベッドにはいって暖まりなさい」。ダーシコワは回想録にふたりの会話を記録している。ダーシコワはエカチェリーナに言った。女帝の命があと数日、もしかしたらあと数時間のときに、大公女殿下の未来をも含めた状況が不確実なことには耐えられません。夫人は尋ねた。「なにか計画を立てられましたか、それともご自分の安全を確保するために、なにか予防策はおとりになりましたか?」エカチェリーナは心を打たれ――そして危機感を抱いた。ダーシコワの胸に手をあてて言う。「あなたに感謝します。けれども、申しあげておきましょう。なんの計画も立てていないし、なにも試みることはできません。なにが起ころうとも、ただ勇気をもって立ち向かうしかないのです」

ダーシコワには、この消極的な態度は受け容れがたかった。「もしも、マダム、あなたがなにもおできになれないのであれば、友人たちがあなたのために行動いたします! わたくしには友人たち全員を立ちあがらせるだけの勇気と熱意がございます。わたくしにご命令を! わたくしをお導きください!」

エカチェリーナにとって、この忠誠心はありがた迷惑だった。それは時期尚早であり、拙速だった。現段階で、オルロフは近衛連隊の数名は動かせるだろう。だが、準備なしでは、充分な数を集めるのは無理だ。この興奮しすぎた無責任な娘は、味方の準備ができる前に、味方全員を明るみに出し、危険に晒すかもしれない。エカチェリーナは落ち着いて言った。「神の名において、ご自身を危険に晒してはなりません。わたくしのために、あなたが不幸に苛《さいな》まれることになったら、それはわたくしにとって永遠の後悔の種となるでしょう」。エカチェリーナが衝動的な訪問者を落ち着かせようとしているとき、ダーシコワはそれをさえぎり、エカチェリーナの手に接吻して、言った。会見を長引かせて、これ以上危険を大きくしたくはありません。ふたりの女は抱擁し、ダーシコワは起きあがって、きたときと同じように唐突に出ていった。興奮のあまり、エカチェリーナが妊娠六か月であることに気づかなかった。(19)

二日後の十二月二十三日、エリザヴェータは大きな発作を起こした。ベッドのまわりに集まった医師たちは、今回は回復はないということで意見の一致を見た。ピョートルとエカチェリーナが呼ばれた。イワン・シュヴァーロフとラズモフスキー兄弟がベッドのわきに立ち、枕の上の青白い顔を見おろしていた。女帝は最後まで明晰な意識を保ち続けた。継承権を変更したいようすは見せなかった。ピョートルに幼いパーヴェルの面倒を見ると約束してくれと頼む。自分を後継者にした叔母が、ただのひとことで自分をその地位からはずせることを、痛いほど知っていたピョートルは約束した。エリザヴェータはまたピョートルにアレクセイ・ラズモフスキーとイワン・シュヴァーロフを守ってくれと頼んだ。ベッドのわきにとどまっていたエカチェリーナにはなんの言葉もかけなかった。寝室の外、控えの間は人でごったがえしていた。女帝の聴罪司祭フョードル・ドゥビャンスキー神父が到着。神父が臨終の儀式を準備するにつれて、お香の重いかおりが薬のにおいと混ざり合っていった。時間が経ち、女帝は宰相ミハイル・ヴォロンツォフを呼びにやる。ヴォロンツォフは、自分も重病でうかがえませんと回答してきた。ヴォロンツォフを遠ざけていたのは病気ではない。宰相は後継者の気分を害するのを恐れたのだ。

降誕祭の朝、エリザヴェータはフョードル・ドゥビャンスキー神父に死にゆく者のための正教の祈りを読んでくれと頼んだ。神父が読み終わると、もう一度と頼んだ。室内にいるすべての人を祝福し、正教の慣習に従って、ひとりひとりに許しを請う。一七六一年十二月二十五日、キリスト生誕の日の午後四時近く、女帝エリザヴェータ逝去。数分後、元老院検事総長ニキータ・トルベツコイ公〔陸軍参議会議長も兼職〕が寝室の扉を左右に開き、待ちかまえていた群衆に告げた。「女帝陛下、エリザヴェータ・ペトロヴナは神のみもとで眠りに就かれた。われらが慈悲深き君主、皇帝ピョートル三世に神のご加護を[20]」

第42章 ピョートル三世の短い治世

ノヴゴロドの大主教がピョートルを新しいゴスダーリ（専制君主）として祝福、元老院と国家参議会（政府省庁）の議長たちが忠誠の誓いを立てた。ペトロパヴロフスク要塞の大砲が新君主の即位を宣言して、号砲を轟かせる。ピョートルは馬で宮殿広場に出て、近衛歩兵連隊——プレオブラジェンスキー連隊、セミョーノフスキー連隊、イズマイロフスキー連隊——近衛騎兵連隊、常備軍連隊、士官学校生から忠誠の誓いを受けとった。プレオブラジェンスキー連隊の暗緑色の制服に身を包んだ新皇帝が、たいまつに照らされて姿を現したとき、各連隊は連隊旗をさっと下げて敬礼を捧げた。ピョートルはうれしくなり、宮殿にもどるとオーストリア大使のメルシー伯爵に言った。「こんなに愛されているとは思っていなかった」[1]。その晩、ピョートルは晩餐会を主催。一五〇名の出席者には通例の喪の黒ではなく、ピョートルの即位を祝って明るい色の服を着用するよう指示が出された。食卓で、エカチェリーナは皇帝の片側に着席。女帝の枕元で涙に暮れていた寵臣、イワン・シュヴァーロフがピョートルの椅子のうしろに立ち、冗談を言って笑っていた。次の晩、ピョートルはまた宴会を開いた。貴婦人たちには「華やかに装って」出席するよう命じられた。ダーシコワ公夫人は病気を口実に祝祭の席に出るのを拒否した。夜が更けたころ、姉から伝言を受けとる。新皇帝は夫人の欠席にご立腹である。陛下は夫人の言い訳を信じてはおられない。もし顔を出さなければ、夫君のダーシコフ公はひどい目に遭うだろう。ダーシコワは姉の言葉に従った。夫人が姿を現すと、ピョートルは近づいてきて、小声で言った。「かわいらしい友よ。わたしの忠告を聞きたまえ。わたしたちにもう少し気を遣うがよい。少しでも姉上をないがしろにするところを見せてごらん。それを後悔する立派な理由を手にする時がくるだろう。わたしを信じたまえ。あなたの利益のためだけに話しているのだ。姉上の後ろ盾を求めるほかに、あなたが高い地位に就く道はこの世には存在しない」[2]

葬儀の一〇日前、女帝エリザヴェータの遺骸はカザン大聖堂に移された。遺骸は銀糸で刺繍をしたドレスに包まれて、開いた柩に横たえられ、蠟燭で囲まれた。薄暗がりのなかで、柩の前を列になってぞろぞろと通りすぎる弔問者には、ヴェールをかぶって柩台のわきの石の床にひざまずく姿がいやでも目にはいった。冠も宝石もつけず、黒に身を包み、悲しみにわれを忘れたように見える。だれもがこれは新しい皇妃エカチェリーナであることを知っていた。エカチェリーナがそこにいたのは、ひとつには敬意からだった。だがまた、慎みとあからさまな敬虔を示すことが、民衆に直接、訴えかける最良の方法であることを理解していたからでもあった。なるほどこの役をみごとに演じきっていたので、フランス大使はパリに、「皇妃はロシアの人びとの心をますますとりこにしている」と報告したほどである。

エリザヴェータの遺骸を前にしてのピョートルの振舞いは、これとはまったく対照的だった。数週間にわたる公式の服喪期間中、新皇帝は二〇年近くにおよぶ政治的文化的監禁から解放された歓びを行動で示した。新しい自由に酔いしれ、死をめぐる正教会の慣習に従うのに抵抗する。敬虔に通夜に立ち会ったり、柩のわきにひざまずくのを拒否した。大聖堂に姿を現した数少ない機会には休みなく歩きまわり、大声で話し、冗談を言い、笑い、司祭たちを指さしたり、あげくの果てに司祭に向かって舌を突き出すことまでした。ほとんどの時間を自分のアパルトマンで過ごし、酒を飲み、自分では抑えきれないように見える興奮にかられて大声で叫んだ。

この人をばかにした振舞いが頂点に達したのは、エリザヴェータの遺骸がカザン大聖堂からネヴァ河の橋を越えて、島にあるペトロパヴロフスク要塞の霊廟に移された日のことである。ピョートルは他から離れてひとり目立ちながら、柩のすぐうしろを歩いた。長い裾のついた黒い喪服をまとい、老齢の貴族たちがその裾を捧げもっていた。新皇帝のおふざけとは、のろのろと歩いて柩から遅れ、そのあと完全に立ち止まってしまうことだった。柩が三〇フィートほど先までいったところで、大股で走って追いつこうとする。皇帝のペースについていけない老人たちは、やむをえず裾を放し、裾は風に大きくはためいた。ピョートルは老貴族たちが困惑するのを見て、大よろこび。これを何度も繰り返す。ほとんど三十四歳になろうという男が、自分を皇帝にした女の葬列を歩きながら興じたグロテスクな悪ふざけは、行列を歩く貴族、沿道に立つ将兵、そして見物する群衆のすべてに衝撃をあたえた。

この派手に目立つ不適切な態度にもかかわらず、ピョートルはその治世初めの数週間、政治的には穏健な道をたどった。ベストゥージェフ失脚後に宰相として政権に返り咲いていたミハイル・ヴォロンツォフは、エリザヴェータの晩年に反プロイセン・親フランスのシュヴァーロフ一族の側に立ったにもかかわらず、その地位を守った。ピョートルは長期にわたって追放されていた官僚たちをただちに呼びもどした。女帝アンナの腹心でドイツ人の愛人、そしてクールラント公女の父親であるエルンスト・ヨハン・ビロンは、ヤロスラヴリの蟄居からサンクトペテルブルクの快適な邸宅に移った。エリザヴェータのフランス人医師で顧問のレストックと、もうひとりのドイツ人、老陸軍元帥のミュンニヒは赦されて、流刑地から連れもどされた。しかしつねにオーストリアを支持し、プロイセンに対立した元宰相アレクセイ・ベストゥージェフの名誉を回復するためには、なにもなされなかった。ベストゥージェフが一連の大赦から除外されたことは、多くのロシア人に不愉快な印象をあたえた。外国の名前をもつ政治犯たちは復帰を許されたように見えた。だが、ヨーロッパにおける祖国の地位の安定のために、あれほど長いあいだ働いたこのロシア人政治家は恥辱のなかに残されていた。

恩赦のあとに受けのいい行政改革が次々と続いた。こういった取組が人気とりをねらって計画されたのか、あるいは単にピョートルの予測不能の態度の延長だったのかはだれにもわからなかった。一月十七日、ピョートルは政府の塩税を引き下げて国民全体をよろこばせた。二月十八日には、国家に対する貴族の奉仕義務を終了させる声明を発表して、貴族階級をよろこばせた。この義務はピョートル大帝治世からの遺産で、大帝はツァーリとしてみずからは「国家第一の従僕」であると宣言したあと、すべての土地所有者と貴族は同様の義務を負うと定めた。結果として、陸海軍には恒久的な将校団、ロシア官僚制には恒久的な行政スタッフが創出された。今回、これらの貴族の子孫は軍事と文民すべての義務から解放された。もはや何年にもわたって国家に無理やり奉仕させられることはなくなるだろう。貴族にはまた戦時を除いて、外国に旅行し、好きなだけ滞在する自由もあたえられた。二月二十一日、ピョートルはひじょうに恐れられていた機密局を廃止した。これは、反逆罪、あるいは騒乱罪で告発された者を扱う調査機関である。同時に、正教会による迫害を避けて逃亡していたロシアの宗教異端者、ラスコーリニキ〔「古儀式派信徒」「分離派信徒」とも呼ばれる。十七世紀の典礼改革に反対し、分派を形成。一六六七年、正教会に破門され、以後、迫害を受けた〕は、完全なる信仰の自由を手にして帰国することが許された。

三月、ピョートルは、エリザヴェータ帝に退位させられた元皇帝イワン六世が長年にわたって監禁されている、陰気なシュリュッセルブルク要塞を訪れた。玉座の上の自分の場所は安全だと確信したピョートルは、イワンにより安楽な暮らしをさせること、おそらくは釈放して、軍隊内の地位に就けることさえ考えていた。目の前にいる男の状態はこういった計画を実行不能とした。二十二歳になるイワンはひょろりと背が高く、髪は腰まで伸びていた。ほとんど読み書きができず、とぎれとぎれの文章をどもりながら口にし、自分がだれなのか、よくわかっていなかった。衣服は破れて汚れ、ベッドは幅の狭い台で、監房の空気は重くよどみ、光はただ一本、壁の高いところにある格子のはまった小さな窓から差しこむだけだった。ピョートルが助けを申し出ると、イワンはもっといい空気を吸わせてもらえるだろうかと尋ねた。ピョートルがあたえた絹の部屋着を、元皇帝は枕の下に隠した。要塞を離れる前に、ピョートルは囚人がもっとたっぷりと空気を吸えて、もっと広い空間を歩けるように、中庭に家を一軒建ててやれ、と命じた。

ピョートルは七時に起床、服装を整えているあいだに、副官たちがわきに立って報告書を読みあげ、命令を受けとった。八時から一一時まで、大臣たちの意見を聞き、役所をまわる。働いているのは下級官吏だけのことが多かった。一一時に練兵場に姿を見せ、軍服と武器を厳しく点検し、ホルシュタイン将校団の補佐を得て、部隊を教練した。午後一時、正餐をとり、階級にかかわらず自分が話したい相手を食卓に招いた。午後は昼寝をすることが多く、昼寝に続いてコンサートを開き、みずからヴァイオリンを弾いた。そのあと晩餐と夜会が、ときには夜更けまで続いた。夜会のほとんどには、喫煙と飲酒、どんちゃん騒ぎがつきものだった。ピョートルはいつもパイプを一本、手にし、ひとりの召使いがオランダ製の陶器のパイプとさまざまな種類の煙草を入れた大きなバスケットを下げてつき従った。室内にはすぐに煙が充満し、薄煙のなかを、皇帝は大声で話し、笑いながら、気どった足どりでいったりきたりした。会席者はボトルがところ狭しと並ぶ長いテーブルに向かい、ピョートルが儀礼を嫌い、仲間扱いされたがっているのをわきまえていて、好きなようにはめをはずした。やがて一同全員が立ちあがり、千鳥足で中庭に出て、子どものように石蹴り遊びに興じ、けんけんをしたり、仲間に頭突きを食らわせたり、うしろから蹴飛ばしたり。「胸一杯に勲章を飾った帝国の古参兵たちが、こんなふうに振舞っているのを見たときのわれわれの気持ちを察してほしい」と、一度、その場に居合わせた客は語っている。ホルシュタイン人のひとりが地面に倒れこむと、他の人びとは、召使いがきて運んでいくまで、笑いながら手をたたいた。だが、ピョートルは必ず七時に起床した。

この並はずれた異様なエネルギーには、秩序も目的もほとんど見られなかった。メルシー伯爵はウィーン宛に書いた。「皇帝の行動に見られる節度や寛容は、なにか決められたり、定められたりしたことを指し示してはおりません。知力はおもちですが、実務の訓練をほとんど受けておらず、深く考える習慣もなく、その心は絶えず偏見に占められています。生来のご気質は性急で暴力的、道理をわきまえません」(3)。数日後、メルシーは付け加えた。「君主の激しく頑固な気質に抵抗するのに充分なだけの熱意と勇気をもつ者は、ここにはひとりも見つかりません。だれもが自分自身の私的な目的のた

めに、皇帝の頑固さにへつらっているのです」(4)

ピョートルがロシア帝国に深く根ざした制度の一部に変更を課そうとしたとき、深刻な争いがもちあがった。ピョートルの善意は正教会にまでは広がらなかった。二〇年前にロシアにきて以来、ピョートルは改宗した正教会の信仰形式を憎んでいた。正教の教義はまったくの迷信で、儀式は滑稽、司祭は軽蔑すべきであり、富はうさんくさいと考えてきた。わが身とともにホルシュタインから携えてきた信仰はルター派だった。ピョートルは、いまや皇帝、そして正教会の正式な長として、この昔からのロシアの暮らしと文化の柱を、プロイセンで実践されているプロテスタントのモデルに従って作りなおすべきだと考えた。フリードリヒ二世は自由思想家であり、聖職者と宗教教義を冷笑している。自分、ピョートルが同じにしていけないわけがあるか？　二月十六日、ひとつの勅令が教会を新しい政府部局の管轄下におき、その全資産を国有化した。正教会の高位聖職者は国家から給与を支払われる公務員となる。地位の高い聖職者が憤慨と驚愕を表明したとき、ピョートルは無遠慮に告げた。イコンを拝むのは排除すべき原始的な慣習である。イエス・キリストのものを除いて、すべてのイコン――ロシア史の一部である聖人たちの絵画や彫刻のすべて――は教会から撤去しなければならない。そのあと、ピョートルはロシアの聖職者そのものに直接攻撃をしかけ、司祭たちに髭を剃り、床まで届く長いブロケードのローブを放棄するように要求した。将来はプロテスタントの牧師のように、黒いカソックを着なければならない。大主教たちは、もし聖職者がこういった命令に従えば、自分の教会員たちに殺されてしまうだろうと答えた。その年の復活祭では、例年、野外でおこなわれる宗教行列が禁止され、民衆のあいだの噂に拍車をかけた。皇帝は異端者――あるいは、より悪いことにプロテスタント――だ。実際に、ピョートルはノヴゴロドの大主教に、新しい冬宮にはプロテスタントの礼拝堂を建てるつもりだと言った。大主教が抗議すると、ピョートルは怒鳴った。おまえは老いぼれの阿呆だ。プロイセン王にふさわしい宗教はロシアにもふさわしいのだ。

正教の信仰と慣習を変えるには持続的な取組が必要だったはずだが、聖職者と何百万もの信徒とは有効な反対派を形成できなかったようだ。ロシア国家と専制君主制のもう一本の柱である陸軍は、また別の問題を提示した。ピョートルは自分を軍人と考え、忠実で効率のよい軍隊を所有する重要性を強く認識していた。それにもかかわらず、帝位に昇ったその日から、ピョートルは自分がその支持をもっとも必要としている機関の感情を傷つけた。ロシア陸軍をプロイセン・モデルに従って再編しようと決めていたのである。なにもかもが刷新されるか、入れ替えられることになる。軍服、規律、教練、戦場における戦術、その指揮官までも――すべてがプロイセン化される。ピョートルはすっきりとスマートなのが好みで、兵士にぴたりと身体につくドイツの軍服を着せようとした。北国の冬の寒さには有効な、ゆったりとしたロシア兵の長外套をとりあげ、より軽く、より薄く、ぴったりとしたドイツの軍服を着せた。まもなく、ロシアの帝国近衛兵は新しい衣装に髪粉を振り、それと見分けるのも難しくなった。ロシア将校には、肩章と金の紐を飾った新しい軍服の着用が望まれた。ピョートル自身、プロイセン大佐の青い軍服を着始める。治世の初めには、ロシアの聖アンドレイ勲章の幅広い青リボンを身につけることで満足していたが、その後、プロイセンの黒鷲勲章に替える。しばしばフリートリヒの小さな肖像画がはいった指輪を見せびらかし、自分のもっとも貴重な所有物だと自慢した。

戦場に近づいたことは一度もなかったが、ピョートルは優秀な教練教官だった。練兵場では小さな杖で指揮を執りながら、何時間にもわたって、ロシア兵たちにプロイセン式の演習をさせた。将校のだれひとりとして、こういった教練には欠席を許されず、太った中年の将軍たちは痛風で固まった脚を引きずりながら、連隊の先頭に立ち、教練をおこなわなければならなかった。
プロイセン式演習を遂行しようとする老将軍たちの滑稽な仕草はピョートルをおもしろがらせたが、兵士にドイツ人の軍服を着せ、プロイセン式教練を教えるのはほんの手始めにすぎなかった。ピョートルは、プレオブラジェンスキー連隊――ピョートル大帝が創設し、ピョートル三世は名誉隊長である部隊――から選ばれる伝統的なロシア君主の私的警護隊を、ホルシュタイン龍騎兵連隊でおきかえ、それに皇室警護隊の名称をあたえた。これは近衛連隊と陸軍全体を大いに憤慨させた。ピョートルはロシア近衛連隊全体を解体、廃止し、兵員をただの常備軍に振り分けるつもりだと発表した。侮辱の仕あげに、軍隊経験が皆無のホルシュタイン公子ゲオルク・ルートヴィヒ*をロシア陸軍司令官の地位に就けた。

一七六一年十二月、ピョートルが皇帝と宣言されたとき、プロイセンのフリートリヒは危うい立場にいた。領土の三分の一近くが敵の手中にある。ロシアは東プロイセンとポメラニアの一部を占領した。オーストリアはシュレージエンのほぼ全域をふたたび獲得した。首都のベルリンは略奪され、半ば廃墟と化した。軍はいまではほとんどが若い新兵で構成され、王その人も「気の狂ったカカシ」のように見えた。敵としてのロシアを厄介払いするために、フリートリヒは東プロイセンを恒久的に手放して、条約に署名する気になっていた。まさにそのとき、エリザヴェータ帝が死に、ピョートルが皇帝に即位したのである。新皇帝が戦闘停止を命じたと知ると、フリートリヒはロシア人捕虜全員の即時解放でこれに応じ、二十六歳になる将校ベルンハルト・フォン・ゴルツ男爵を和平交渉のためにサンクトペテルブルクに派遣した。それまでのあいだ、プロイセンの利益はイギリス大使ロバート・キース卿の手にゆだねられており、キースはチャールズ・ハンベリー＝ウィリアムズ卿のやり方を踏襲して、ベルリンのフリートリヒに軍事情報を送っていた。ピョートルが帝位に就いたいま、キースの影響力はその絶頂にある。オーストリア大使メルシー伯爵はキースを「プロイセン派の第一の手先」[5]と呼んだ。「皇帝がキース氏と会わなかったり、キース氏に果物を送らなかったり、その他の心遣いを見せずに一日が過ぎることはありません」。キース自身の外交文書も、皇帝との親しさを明らかにしている。即位のわずか三日後、キースはロンドンにこう報告した。「正餐の席で、私がつねにそのご厚情を受ける栄誉に浴している皇帝陛下が近づいてこられ、微笑みながら、私の耳元にささやかれた。あなたによろこんでいただけるとよいのだが。昨晩、軍のさまざまな部隊に伝令を送り、プロイセン領土ではこれ以上、前進せず、すべての戦闘を停止するよう命じたのですから、と[6]」。三週間後、キースがエリザヴェータ・ヴォロンツォワのアパルトマンで皇帝と一杯やっていたとき、ピョートルはプロイセン国王とできるだけ早く問題を解決して、「ウィーンの宮廷に対するすべての関与から離れることに決めた[7]」と語った。

二月二十五日、メルシー伯爵は宰相ヴォロンツォフが皇帝と全外国大使のために主催した宴会に出席した。大広間には三〇〇名がいた。メルシーはピョートルが落ち着かないようすなのに気づいた。九時、会席者はテーブルについた。食事は四時間続き、そのあいだピョートルはブルゴーニュ・ワインを飲んで興奮し、大声でプロイセン王のために乾杯した。午前二時、会席者は食卓を離れ、陶器のパイプと煙草のはいったバスケットが運びこまれて、男たちはパイプをくゆらせ始めた。ピョートルはパイプを手に、室内をいったりきたりし、新フランス大使ブルトゥイユ男爵の前に立ちはだかった。「われわれは和平を結ばなくてはならない。わたしはそう宣言した[8]」

「わたくしどもも、陛下、和平を手にいたさなければなりません」と大使は答え、続けて言った。「名誉ある形で、そして同盟者たちの同意のもとで」

ピョートルの顔が曇った。「好きにされるがよい。わたしは和平を宣言した。好きなようにしていただいて結構。わたしは軍人だ。冗談は言わない」

「陛下、ありがたくもわたくしにお聞かせくださいました陛下のお言葉を、わが国王に報告いたします」

ピョートルはきびすを返して歩み去った。翌日、ロシアの同盟国オーストリアとフランスの大使に公式文書が手渡された。それはこう告げていた。戦争は六年にわたって続き、すべての人に損害をあたえてきた。新ロシア皇帝はいま、これほど大きな害悪を終結させることを強く望み、自分自身の帝国とヨーロッパとに平和の恩恵を回復するために、ロシア軍がおこなったすべての征服を犠牲にする覚悟があるむねを、ロシアと同盟を結ぶ全宮廷に対し告げることを決定した。皇帝は、同盟国宮廷もまた全面的な平和の回復のほうをよしとし、自分に同意すると信じている。この宣言を読んだあと、メルシー伯爵は宰相ヴォロンツォフに、この宣言は曖昧で不作法だと思うと言った。ウィーンの本国宮廷に報告を送るさいには、これは有毒であり、きわめて厳粛な条約上の義務を回避する措置、プロイセン王を差し迫った破滅から救う口実である、と書いた。

メルシーとオーストリアにとっては、さらに悪いことが待っていた。ピョートルの平和宣言は、ロシアとプロイセン間の正式な同盟締結の先駆けだった。三月三日、プロイセンの新特使、若きゴルツ男爵がサンクトペテルブルクに到着。ピョートルから熱烈に迎えられる。ゴルツが新君主に即位のお祝いを言う間もなく、新皇帝はプロイセン王に対する称讃に嘘いつわりのないことを熱い言葉で述べ立てて、ゴルツを圧倒した。ピョートルは、ふたりきりで話すことがたくさんあります、とささやいた。謁見が終わるとすぐに、この新しい友の腕をとり、食事の席に案内しながら、絶えずプロイセン軍についてしゃべり続け、プロイセンのすべての連隊の上級将校ほとんど全員の名前も含めて、プロイセン軍内部について詳しい知識を披露してゴルツを驚かせた。ゴルツには邸宅が提供され、ピョートルは一日二度、訪問した。一週間もしないうちに、ゴルツはイギリス人の同業者キースの影を完全に薄くした。これ以降、ピョートルの治世が終わるまで、プロイセンの影響力がロシア宮廷を支配する。

ゴルツの使命は戦争終結と同盟からのロシアの離反を早めることだった。その達成のため、ゴルツはピョートルに、フリートリヒが東プロイセンの恒久的な割譲によろこんで同意することを告げた。ピョートルはそれを要求しない。反対に、フリートリヒを満足させるためなら、どんな犠牲でもよろこんで払うつもりである。ピョートルは条件の設定をフリートリヒに任せた。国王はプロイセン＝ロシア間の永世平和条約草案を、通常をはずれたルートでサンクトペテルブルクに送ってきた。草案は宰相ヴォロンツォフに提出されるどころか、見せられもしなかった。代わりにゴルツはふたりきりのところで証人もなく、ただ条文をピョートルに読みあげた。四月二十四日、ピョートルは意見をつけずにそれに署名し、ヴォロンツォフに送って承認させた。秘密条約に加えたこのペンの一筆で、新皇帝は五年間の戦争のあいだに、ロシアがプロイセンから勝ちとった領土すべてを返還しただけでなく、プロイセンとの「恒久」平和をも結んだのである。

署名の六日後、皇帝は平和条約を祝って宴会を開いた。すべての客は階級にしたがって席につけられた。ピョートル治世下で席次が尊重されたのは初めてである。ピョートルと宰相ヴォロンツォフのどちらもがプロイセンの黒鷲勲章を身につけていた。宴会は四時間続き、四回、杯があげられた。プロイセンとの平和回復に歓びを表明して一回。フリートリヒ二世に対する個人的な祝賀として一回。二大国間の恒久的平和に乾杯。そして「プロイセン軍の勇敢なる将兵の名誉」(9)に乾杯。乾杯の一回ごとに、ペトロパヴロフスク要塞の銃砲と宮殿外の広場に設置された大砲五〇門が三発連続で一斉に撃ち放たれた。ロシア軍の功績、勇気、あるいは損失についてはひとことも触れられなかった。メルシー伯爵は言った。「古き同盟国オーストリアに対する不作法と侮辱については、省かれたことはなにひとつなかった」[10]

このセンセーショナルな外交上・軍事上の方向転換はヨーロッパ各国の宰相府を仰天させた。ウィーンのマリア・テレジアの政府が、ロシア皇帝は「平和の利益のために」みずからの征服すべてを犠牲にするつもりだと知ったとき、オーストリア側の返答は慎重であり、平和をどう達成するつもりなのか詳細を尋ねた。四月に届いたロシア側の説明は尊大で思いあがったものだった。和平を実現するためには、交戦国のひとつが両陣営を包括する平和の提案者・仲介者として足を踏み出さなければならない。ロシアは「苦しみにある人類への同情とプロイセン国王に対する私的な友情から」[11]この役割を選んだ。「したがって、オーストリア宮廷には、われわれの例にならうことが求められる」。ウィーンにとって、このメッセージは脅しだった。ピョートルがフリードリヒと同盟条約を結んだとき、脅威は現実となった。ピョートルはこの行動を次のように説明した。自分の調停が役に立たないとわかったので、人類に平和の恩恵を回復するための最速の道として、遺憾ではあるが、自軍でプロイセン王の軍を支援するという極端な策に頼らざるをえなくなった。ピョートルは、シュレージエンのオーストリア軍に配属したロシア部隊の指揮官ザハール・チェルヌイショーフ（十数年前のエカチェリーナの熱烈な称讃者）に、オーストリア軍と戦うために、配下の歩兵一万六〇〇〇とコサック騎兵一〇〇〇を連れてプロイセン軍に合流せよと命じた。この裏切りと、長年にわたるロシアにおけるみずからの外交努力の崩壊に立ち会って、メルシー伯爵はウィーン召還を願い出た。伯爵は自分の代わりとして第三級の外交官を送るよう進言した。

ロシアが同盟から脱退し、敵側についたために、フランスとオーストリアにはプロイセンと交渉するよりほか道はなくなった。フランスは激怒。ルイ一五世の外相ショワズル公爵はロシア大使に言った。「閣下、厳粛なる誓約の維持は、他の考慮すべてに優先すべきです[12]」。ルイ自身が、自分は栄誉ある継続的平和の開始について傾聴するにやぶさかではないが、同盟国との十全なる同意のもとで行動しなければならない、と言った。秘密交渉に加担するようなことがあれば、自分自身を裏切者と考えるだろう。同盟から脱退すれば、フランスの栄誉を穢すことになるだろう。ピョートルによる同盟脱退の結果は、フランスとロシアの外交関係決裂であり、サンクトペテルブルクとパリ両方からの大使召還だった。

ピョートルは正教会を挑発し、侮辱した。陸軍を激怒させ、遠ざけた。そして同盟国を裏切った。それでも実効的な反対派はいまだに、なにかひとつの大義、そのまわりに結集するための具体的な大義を必要としていた。その大義をピョートル自身が、疲弊しきった自国に軽はずみな戦争――デンマークに対して――を押しつけようとすることによって提供した。

ピョートルはホルシュタイン公爵として、自分の公爵領がデンマークの君主政体に対して抱いていた不満を継承した。一七二一年、ニスタットで結ばれた大北方戦争講和条約により、ホルシュタイン公爵の世襲財産だった小さなシュレスヴィヒ州がデンマークの手に渡された。ピョートルはロシア帝位に昇るとすぐに、「自分の権利」を強く要求し始めた。プロイセンとの和平が結ばれる以前の三月一日には早くも、デンマークにシュレスヴィヒ返還に応じる気があるのかないのかを知らせるよう要求。応じないのであれば、最終的な手段をとらざるをえない。デンマーク側は会議を提案。イギリス大使は交渉を勧めた。強大なロシア皇帝が村の二つ、三つをめぐって、デンマークと刃を交えなければならない理由などありましょうか？　だがすぐに、だれもが気づいた。ホルシュタインの問題については、ピョートルは自分の思いどおりにするつもりであり、新たな同盟者であるプロイセンのフリートリヒの忠告さえ、ピョートルを押しとどめるのには無力だ、と。いままでピョートルは、プロイセンの手中で言いなりになってきた。今回は、あの頑固なドイツ人たちでさえ、ピョートルの石頭を思い知ることになった。最終的に、六月三日、ピョートルはベルリンでフリートリヒが会議を仲介することに同意する。だが、ロシアの提案はデンマークに対する最後通牒と見なされるべきであり、その拒否は戦争を意味するという条件をつけた。

自分の公爵領になされた悪と見なしていることを正すのは、戦争を起こすひとつの動機だった。しかしピョートルには第二の動機があった。プロイセンの戦士王フリートリヒを偶像化し、少年時代にキールで「ジプシーたち」を破ったと自慢し、宮殿の室内では粘土の兵隊たちにテーブルの上を行進させ、練兵場では本物の兵隊たちに命令を下してきたピョートルは、今度は本物の戦場で英雄になりたかった。ピョートルは同盟国とヨーロッパに対し、平和への熱き思いを宣言したばかりである。そのピョートルが今度はデンマーク攻撃の準備をしていた。プロイセンに対して苦労して挙げた勝利を奪われたロシア軍が、今度はみずからの血をロシアの利益とはなんの関係もない新たな戦役で流すことになると知らされたのだ。

即位後あまりにも早い時期に、この新たな戦争に乗り出すことをピョートルにやめさせられなかったので、フリートリヒ二世はみずからの称讃者に対し、ロシア出発前に予防策を講じておくよう促した。「率直に言って、わたしはあなたの臣下のロシア人たちを信用しておりません。もしお留守中に陛下を退位させるための陰謀団が結成されたら、どうなさるのです?」(13) フリートリヒはピョートルに忠告した。出発前にモスクワで戴冠し、成聖されておきなさい。信用できない人物をすべて監禁し、サンクトペテルブルクには忠実なホルシュタイン兵を駐屯させておきなさい。ピョートルは聞く耳をもたない。その必要を感じなかった。「ロシア人たちは、わたしが特別な用心はなにもせず、通りを徒歩で自由に歩きまわるのを見てきたのです。わたしに害をあたえたいのなら、ずっと前にやっていたでしょう。陛下に保証いたします。ロシア人は扱い方さえ知っていれば、けっこう信用できるものなのです(14)」

百戦錬磨のロシア古参兵四万の軍が、すでに占領下にあるプロイセンのポメラニアに集結していた。ピョートルは自分の到着を待たずに進撃するよう命じた。デンマーク側は迅速な動きで対応し、メクレンブルクでロシア軍と対峙。そのあとデンマークの指揮官たちはわが目を疑った。目の前のロシア軍が撤退を始めたのである。

謎は数日後に解けた。サンクトペテルブルクでクーデタが勃発。ピョートル三世は倒されて、退位し、虜となった。いまやエカチェリーナ二世の称号で呼ばれるピョートルの妻がロシアの女帝を宣言した。

＊ ゲオルク・ルートヴィヒはエカチェリーナの母親の弟で、ピョートルの父親の従兄弟にあたる。エカチェリーナ――当時十四歳の少女だったゾフィー――を恋していると思っていたあの青年である。

第43章 「ドゥラーク！」

エカチェリーナの頭のなかで、ピョートル三世を玉座から引きずりおろすという企てが正確にいつ形を取り始めたのかは、神のみぞ知る。エカチェリーナは、ピョートルの配偶者として、ロシア皇妃となった。しかし、これは政治的にはなにも意味はしなかった。夫の治世の最初から、エカチェリーナは孤立し、屈辱的な立場におかれていた。「皇妃の意見が求められることはあまりないようだ[1]」とキース大使はロンドンに報告した。大使本人もその外交官仲間も「皇妃陛下になにか直接に、あるいは特別にお願いをすることが成功への最適な道とは考えていない」。フランス大使ブルトゥイユは「皇妃は悲しみと暗い予感のなかに放っておかれている。皇妃を存じあげている者たちは、ほとんど見分けがつかないほどだと言っている[2]」と書いた。

エカチェリーナの立場は妊娠中だったためになおさら微妙だった。身体的な活動が厳しく制限されたので、夫の打倒を指揮する、あるいは扇動するだけであっても、できることはほとんどなかった。みずからの状況を検討すればするほど危険は大きく見え、最善の道は宮廷生活から完全に身を引き、なにもせずに、ピョートルが皇帝の役割をどう果たすか、高みの見物を決めこむことだと結論した。自分の野心をあきらめたわけではない。ただ忍耐に野心を導くことを許したのである。

予想していたとおり、ピョートルの失策と次から次へと妻にあたえた侮辱とが、エカチェリーナの人気をますます高めた。二月十日、ピョートルの誕生日に、エカチェリーナは聖エカチェリーナ勲章をエリザヴェータ・ヴォロンツォワのドレスにピンでとめさせられた。これは従来、皇妃と大公女だけに授与されてきた栄誉である。だれもが理解した。これは公衆の面前で皇妃に屈辱をあたえることを意図しているのだ。エカチェリーナに対する同情はますます大きくなった。フランス大使ブルトゥイユは、「皇妃は皇帝の振舞いとヴォロンツォワの高慢とに気高く耐えている」と書いた。一か月後には、「皇妃はご自分のお苦しみを雄々しく高潔なお顔に隠されている。皇帝が憎まれ、軽蔑されているのと同じほどに、愛され、尊敬されている」と報告した。エカチェリーナに有利な要因のひとつは、宮廷と外国大使の全員が、皇帝の愛人――いまや皇妃となると思われている女――の選択は笑止千万と考えていたことだった。ブルトゥイユはエリザヴェータ・ヴォロンツォワを「安酒場の女中の容貌と物腰をもつ[3]」と形容した。別の観察者は「顔は幅が広く膨れてあばたがあり、太った姿はずんぐりとして不格好[4]」と描いた。三人目は「醜くて、粗野で、ばかだ」と報告した。この女のどこが皇帝を魅了するのか理解しようとしても、だれにもできなかった。

エカチェリーナの第三子、グリゴリー・オルロフの息子は、四月十一日に世間から隔絶したアパルトマンで秘密のうちに生まれた。アレクセイ・グリゴロヴィチ（グリゴリーの子ども）と命名され、のちにボーブリンスキー伯爵の称号をあたえられる子どもは、柔らかなビーヴァーの毛皮にくるまれ、宮廷からこっそりと連れ出されて、エカチェリーナの忠実な従者ワシリー・シュクーリンの妻の手に託された。シュクーリン自身は、出産を悟られないための策略を仕組んだ張本人だった。皇帝の火事好きを知るシュクーリンは、ピョートルと宮廷の多くが火事場見物に殺到するのを見込んで、エカチェリーナの陣痛が激しくなるまで待ち、それから市内の自宅に火を放った。シュクーリンの予測はあたった。炎は他の家々に燃え移り、エカチェリーナは産婆とふたりきりで残されて、子どもを産んだ。回復は早かった。一〇日後、三三回目の誕生日に敬意を表すために訪れた高位高官を迎えたときは、健康で輝かんばかりだった。公の場で話し、行動する力を制限していた妊娠から解放され、エカチェリーナはオーストリア大使メルシー伯爵に、わが夫がわれわれ共通の敵プロイセンと新たに結んだ条約を心の底から厭わしく思うと告げた。

五月を通して、サンクトペテルブルクでは緊張が高まっていった。ピョートルの対デンマーク戦役準備が進められ、常備軍の一部は戦場に向かう道の第一歩、ナルヴァに移動した。この望まれない戦争に向かってひと足進むごとに、反撥はますます激しくなった。近衛連隊では士官も兵士も、自分たちの日常におよんでくるプロイセンの影響に苦しめられ、遠くの、無意味な対デンマーク戦役の可能性に怒りをかき立てられていた。ピョートルは近衛連隊の反対を無視した。

ピョートルとエカチェリーナの毒を含んだ関係は四月末、ピョートルがプロイセンとの新たな同盟を祝賀して公式宴会を主催したときに、誤解の余地なく白日のもとに晒された。大広間には四〇〇名の客がいた。青いプロイセンの軍服にプロイセンの黒鷲勲章をオレンジのリボンで首から下げたピョートルは、食卓の上座に着席。プロイセン大使がその右側にいた。エカチェリーナははるか遠くに離れていた。ピョートルは三回の乾杯から始めた。最初は皇族一家の健康のために。客たちは椅子を引いて立ちあがり、杯をほした。エカチェリーナはすわったままでいた。エカチェリーナがグラスをおくと、ピョートルは怒りで顔を赤く染め、副官を送って、なぜ立ちあがらなかったのかと尋ねさせた。エカチェリーナは返答した。皇族一家には夫と息子とわたくし自身しかいない。だから、わたくしが立ちあがるのを、わが夫が必要だとか適切だとか感じるとは思わない。副官はピョートルのもとからもどってきて、伝えた。皇帝は、皇妃はばかだとおっしゃっています。皇帝の近親者で、どちらも出席していたホルシュタインの公子ふたりも皇族の一員だと知るべきだ。それからピョートルは、副官が伝言の言葉遣いを控え目にしたのではないかと心配になって、立ちあがり、ひとこと怒鳴った。「ドゥラーク！」[5]（ばか！）。侮辱の言葉が室内に響き渡り、エカチェリーナは思わず泣き出した。落ち着きをとりもどすために、隣席のストロガノフ伯爵のほうを向き、おもしろいお話をしてくださいと頼む。

ピョートルは、妻に対する軽蔑だけでなく、もはやエカチェリーナをほとんど妻とは見なしていないことを万人の目に明らかにした。同じ夜、酔って足をふらふらさせながら、エカチェリーナを逮捕し、シュリュッセルブルク要塞に連行するよう命じる。この命令は、エカチェリーナの叔父、ロシア陸軍の新しい最高司令官であるホルシュタインのゲオルク公からの強い要請で撤回された。ピョートルは皇帝即位後、対デンマーク戦で指揮を執らせるため、父親の従兄弟にあたるこのホルシュタイン家の公子をロシアに呼んでいた。ゲオルクは司令官としての立場から、皇妃逮捕は陸軍内に激しい怒りを呼ぶだろうと指摘。ピョートルは引き下がり、命令を無効とした。しかし、これはエカチェリーナにとってひとつの警告となった。のちにポニャトフスキに書いている。「このときからわたくしはエリザヴェータ帝の死以来、人びとがわたくしにしてきた［ピョートルを退位させるという］提案に耳を傾け始めました」(6)。もちろん、実際にはずっと前から耳を傾けてきたのである。

「ドゥラーク！」のエピソードはすべての目をエカチェリーナに向けさせた。外から見たところでは、エカチェリーナはこの公の場で受けた屈辱に威厳と諦念をもって耐えていた。だが、これは表向きにすぎなかった。このような扱いに、決してよろこんで身を任せたわけではない。ピョートルの敵意が、結婚に終止符を打ち、エカチェリーナを公的な生活から取り除くという決意にまで発展したのは明白に思われた。しかし、エカチェリーナは強い立場を維持していた。世継ぎの母親だった。その知性、能力、勇気、祖国愛は広く知られていた。ピョートルがへまの上にへまを重ねている一方で、エカチェリーナの人気は膨れあがっていった。行動のときが近づいていた。

六月十二日、ピョートルは、麾下のホルシュタイン兵一四〇〇を戦争に送り出す前に教練をおこなうため、サンクトペテルブルクを発ってオラニエンバウムに向かった。首都における不穏な動きの噂は耳に届いていたが、それに応えてただひとつとった予防的措置は、エカチェリーナに市を離れるよう命じることだった。これまでエカチェリーナが一六回の夏を過ごしてきたオラニエンバウム(いまでは、やがて皇妃となるべきヴォロンツォワの領地となっていた)ではなく、六マイル離れたペテルゴーフに移るよう指示する。エカチェリーナは六月十七日、ペテルゴーフに移動。用心のために、パーヴェルをパーニンに預けて首都に残した。その間に、オルロフ兄弟は近衛連隊をまわり、大量の金とワインを宿営の男たちにどんどんと流しこんだ――こういったありがたい品のすべてが皇妃エカチェリーナの名で配られた。

パーニン、オルロフ兄弟、ダーシコワは危機が近いことを悟った。パーニンの支持は揺るがない。けたたましくしゃべりまくる頭の軽い皇帝陛下、軍人を装い、兵舎の言葉遣いをまねる君主と、高い教育を受けた政治家、髪粉を振ったかつらと手の込んだブロケードの衣装をまとって、人生の半分を宮廷で過ごした、優雅で好みにやかましく、生来、控え目な男のあいだに、どのような関係が成立しえただろうか? そこにはスタイルの違い以上のものがあった。ピョートルはパーニンをスウェーデンにふたたび送ると公言していた。フリートリヒとプロイセンの利益のために――パーニン本人の政治的意見とは真っ向から対立して――働くことが、駐スウェーデン大使としてのその任務となるだろう。この用心深い外交官には革命の第一の指揮官になるつもりなどまったくなかった。だが、いまやパーニンはエカチェリーナの息子の保護者というだけでなく、エカチェリーナの人生にとってのこの決定的な瞬間における、もっとも重要な助言者ともなった。パーニンにはその資格が充分にあった。

もう一人、強力な人物が皇妃に加わった。かつて、エカチェリーナを訪問するために、毎日四〇ヴェルスタの道のりを馬を飛ばしてきたキリル・ラズモフスキー伯爵である。立派な教育を受け、陽気で、だれからも称讃されるこの宮廷人は、ピョートル三世の治世下でいらだっていた。でっぷりと太ってしまったラズモフスキーは、ぴったりとしたプロイセンの軍服を着た自分がいかに滑稽に見えるかを自覚していた。練兵場における自分の無様な動きが皇帝を怒らせると同時におもしろがらせていることも知っていた。ピョートルが、フリートリヒ王からプロイセン軍の大佐に任命されたと自慢したとき、ラズモフスキーは辛辣に答えた。「陛下は仕返しにプロイセン王をロシア陸軍の元帥にしてやれます」[7]。ラズモフスキーはすでに自分の運命をエカチェリーナに賭けていた。そして、多くのやり方で手を貸すことができた。コサックのアタマン〔コサックの隊長・頭目。元はコサックの集会で選ばれたが、のちに政府の任命となる〕であるのに加えて、イズマイロフスキー近衛連隊の連隊長であり、科学アカデミーの会長だった。ここが剣が峰という瞬間に、ラズモフスキーは、パーニンが起草し、エカチェリーナが承認した声明を密かに印刷し始めるようアカデミー印刷所の所長に命じた。声明は、ピョートル三世の退位とエカチェリーナの皇帝即位を告げていた。所長は震えあがり、これは時期尚早だし、危険だと抗議した。ラズモフスキーは所長をじっと見つめて言った。「きみはすでにあまりにも多くを知りすぎた。いまやきみの首も、わたしの首と同じように賭けのテーブルにのっている。わたしの言うとおりにしたまえ」[8]

しかし、近衛連隊なしではなにごともなしえない。たまたまグリゴリー・オルロフは近衛連隊砲兵隊の主計官に任命されており、かなりの資金を自由にできた。オルロフはそれを兵士たちに配るワイン代の支払いに使った。六月末には、グリゴリーと兄弟たちは将校五〇名の支持を手にしており、下士官数千も味方につけたと確信した。もっとも熱意ある将校のひとりがプレオブラジェンスキー連隊のパセク大尉だった。

こうしてピョートルがオラニエンバウムで対デンマーク戦の準備をしている一方で、共謀者たちはピョートルに対するクーデタを画策していた。最初の案では、ちょうど二一年前に、女帝エリザヴェータがイワン六世とその母親を睡眠中にとらえたように、ピョートルの身柄を宮殿内の自室で確保し、統治不能と宣言することになっていた。ピョートルがオラニエンバウムに出発したために、この計画は頓挫した。オラニエンバウムでは、数百名の忠実なホルシュタイン兵がピョートルを囲んでいる。この計画の代わりに、ピョートルが近衛連隊のデンマーク戦出発を見送るために首都にもどってきたときに逮捕することをパーニンが提案し、同意を得る。いまだに首都に残っていて、オルロフ兄弟にたっぷり飲ませてもらった近衛兵たちは、ピョートルを退位させ、エカチェリーナに忠誠を誓うだろう。

六月七日、皇帝の随行員に対して、一〇日以内に出発準備を整えるよう告げられる。プレオブラジェンスキー連隊は七月七日にドイツに発つ準備をせよと命じられた。外国大使館には、皇帝は自軍の指揮に出発するさい、大使全員の同行を希望しているむねが伝えられた。だがオーストリアのメルシーはすでにウィーンに去っていた。フランスのブルトゥイユは急ぎパリに出発。首都の重要な外交使節のうちで、イギリスのキースだけが同行の準備をした。クロンシュタットのロシア海軍小艦隊には出航準備の命令が下された。提督は、間が悪いことに多数の水兵が病気であると回答。ピョートルはこれに応えて、水兵に「ただちに回復せよ」と命じた命令書を出す。

オラニエンバウムの雰囲気は驚くほど平穏のままだった。ピョートルはほとんど出発に気乗りがしないように見えた。六月十九日、オペラが上演され、ピョートルが宮廷楽団に加わってヴァイオリンを弾いた。招待されたエカチェリーナは、ペテルゴーフから足を運んだ。これが夫と妻が顔を合わせた最後となる。

六月二十七日夜、近衛連隊に所属するクーデタ派のパセク大尉がひとりの兵士に呼び止められた。兵士は尋ねた。皇妃が逮捕されて、陰謀が明るみに出たという噂は本当か？　パセクはその話を否定する。すると兵士は、クーデタ計画を知らない別の士官のところにいき、同じ質問をして、パセクの答えをそのまま繰り返した。士官はその場で兵士を逮捕し、一件を上官に報告。上官はパセク大尉を逮捕、オラニエンバウムにいる皇帝に報告書を送った。ピョートルは警告を無視した。主要な国務大臣が夫人同伴でオラニエンバウムにいることが、首都がよい子にしている保証になると考えたのである。皇帝は、ロシア人が統治者として自分ではなく、エカチェリーナを選ぶという考えをはねつけた。サンクトペテルブルクにおいて不穏な動きが増していることを知らせる第二の報告書を受けとったとき、ヴァイオリンを弾いていたピョートルは、中断されたのに腹を立て、あとで読むからと、報告書を近くの小テーブルにおいていくよう命じた。そのあと、報告書のことは忘れた。

首都では、パセク逮捕の知らせがクーデタの指導者たちを動揺させていた。グリゴリー・オルロフはパーニンの指示を仰ぎに急ぐ。パーニンのもとにはすでにダーシコワ公夫人がいた。パーニンは認めた。パセクが拷問にかけられる可能性がある。われわれが自由を確保していられるのは、ほんの数時間にすぎない。すばやく行動する必要がある。エカチェリーナを首都に連れもどし、ピョートル帝の逮捕と廃位を待たずして、エカチェリーナの皇帝即位を宣言しなければならない。パーニン、ダーシコワ、オルロフの意見は一致した。グリゴリーの弟アレクセイがペテルゴーフに急ぎ、エカチェリーナを首都に連れもどす。オルロフ兄弟の残りは近衛連隊の宿営をまわって、皇妃の生命が危険に晒されていると警告し、諸連隊に皇妃支持の準備をさせる。グリゴリー自身はキリル・ラズモフスキーが指揮するイズマイロフスキー近衛連隊の宿営にいく。宿営はペテルゴーフとオラニエンバウム方面に向かう西の街道上、市の境界線にあった。イズマイロフスキーはエカチェリーナがペテルゴーフから護衛されてもどってくるときに、最初に出会う近衛連隊になるはずだ。アレクセイ・オルロフが話し合いの場に到着。事態を告げられ、すぐに通りに出て、ありふれたサンクトペテルブルクの町馬車を雇ってくるように命じられる。アレクセイは銀色に輝く明るい夜のなか、このみすぼらしい馬車で二〇マイル離れたペテルゴーフに出発した。

翌六月二十八日金曜早朝、エカチェリーナはペテルゴーフの庭園の水辺にたたずむピョートル大帝のモン・プレジール荘で眠っていた。オランダ様式で建てられたこの小館は、フィンランド湾の波が静かに打ち寄せる岸辺から、わずか数フィートの高さの狭い段丘に建つ。五時、皇妃は小間使いに起こされた。次の瞬間、サンクトペテルブルクから到着したアレクセイ・オルロフがそっと部屋にはいり、ささやいた。「マートゥシュカ、おかあちゃま、起きなさい[9]！　時がきました！　起きて、いっしょにきてください！　声明発表の準備がすべて整いました！」

エカチェリーナは驚いて、ベッドに身を起こした。「どういうことです？」

「パセクが逮捕されました」とオルロフは説明した。皇妃は黙って立ちあがり、簡素な黒のドレスを身につけた。髪も整えず、顔に白粉《おしろい》をはたきもせずに、オルロフについて扉を出ると、貸し馬車の待つ道路まで庭園を抜けていく。エカチェリーナは小間使いと従者のシュクーリンを連れて馬車に乗りこみ、オルロフは御者のとなりに腰をおろした。二〇マイル先の首都に向けて出発。しかし、その晩すでに二〇マイルを走ってきた馬は疲れきっていた。運よく道の向こうに、荷車を二頭の農耕馬に牽かせた農民が姿を現す。農民は言葉と金とで説得されて、元気な農耕馬二頭と疲れた町馬二頭の交換に応じた。この田舎じみたいでたちで、皇帝となるべき女はみずからの運命に向かって進んでいった。市まで道半ばで、ペテルゴーフに向かうエカチェリーナの髪結い係と出会う。その日のために皇妃の髪を整えにいくところだ。皇妃は必要はないからと言って、まわれ右をさせる。そのあと、首都まであとわずかのところで、もう一台、迎えに出てきたグリゴリー・オルロフとバリャチンスキー公を乗せた馬車と行き合った。グリゴリーはエカチェリーナとアレクセイを自分の馬車に乗せ、まっすぐにイズマイロフスキー近衛連隊の宿営まで走らせた。

宿営の中庭には午前九時に到着。グリゴリー・オルロフが馬車から飛び降り、エカチェリーナ到着を告げに走る。鼓笛手の少年が太鼓をたたきながら扉を出てきた。あとに一ダースほどの兵士が、ある者は服を着かけたまま、またある者は剣帯を締めながら続く。兵士たちはエカチェリーナを取り囲み、その手や足、黒いドレスの裾に口づけした。さらに大勢が集まってくる。皇妃は呼びかけた。わたくしの命と息子の命は皇帝に脅かされています。けれども、わたくしが皆さまの庇護に身を預けるのはわたくし自身のためではありません。わが愛する祖国と神聖なるロシア正教のためなのです。熱狂的な答えが返ってくる。人望高い連隊長にしてエカチェリーナの支持者、キリル・ラズモフスキーが登場。皇妃の前にぬかずき、その手に口づけをした。すぐさま連隊付司祭が十字架を掲げ、「ロシアのエカチェリーナ二世」に対する忠誠礼を授ける。幕が切って落とされた。

抜き身の剣をかざしたラズモフスキーを先頭にして、イズマイロフスキー連隊はエカチェリーナを近くのセミョーノフスキー近衛連隊宿営まで送り届けた。セミョーノフスキー連隊はエカチェリーナを迎えに駆けつけ、忠誠を誓う。エカチェリーナはただちに市内にはいることに決めた。連隊付司祭その他の聖職者たちを露払いに、うしろには喝采を叫ぶ近衛兵の大群を従えて、ネフスキー・プロスペクトのカザンの聖母大聖堂に向かう。大聖堂でエカチェリーナはオルロフ兄弟とラズモフスキーを両脇に従えてイコノスタス（聖画壁）の前に立った。ノヴゴロド大主教がエカチェリーナを「ゴスダーリニャ（最高権力を有する専制君主）・エカチェリーナ二世」、その息子パーヴェル・ペトロヴィチを帝位継承者と宣言。

喝采を叫ぶ群衆に囲まれ、全市で教会の鐘が打ち鳴らされるなか、女帝はネフスキー・プロスペクトを冬宮に向かって歩き始めた。ここでひとつ、障害がもちあがる。プレオブラジェンスキー近衛連隊が心を決めかねていた。兵士の大多数はエカチェリーナの味方だったが、士官の一部は皇帝を守ると誓っていたので、どうすべきか迷っていたのである。兵士は自分たちだけで話し合ったあと、剣を腰に下げ、マスケット銃をつかみ、ぴったりとしたプロイセンの軍服を破り捨て、かつての暗緑色の上着を見つけられるだけ見つけてきて、それに袖を通した。それから、軍隊というよりは暴徒といったありさまで、冬宮に駆けつける。イズマイロフスキー連隊とセミョーノフスキー連隊が宮殿を取り囲み、警護にあたっていた。プレオブラジェンスキー連隊はエカチェリーナに向かって叫んだ。「マートゥシュカ、最後になってすみません。お許しください。士官たちに引き止められていました。われらが熱意の証明に士官を四人つかまえました。われわれは、われらが兄弟たちと同じことを望みます」[10]。女帝はうなずきと微笑みでこれに応え、ノヴゴロド大主教を遅れてきた者たちのところに送って、忠誠礼を授けさせた。

女帝が冬宮にはいるとすぐに、中年の男性と少年が到着。少年はまだ寝間着のままだ。それは腕にパーヴェルを抱いたパーニンだった。宮殿のバルコニーから、エカチェリーナはまもなく八歳になる息子を、帝位継承者として群衆に見せた。この瞬間、パーニンは、エカチェリーナは少年皇帝の摂政として行動すべきであるという考えを捨てた。エカチェリーナはいまや神権による皇帝、ゴスダーリニャ、最高権力を有する専制君主だった。その直後、もうひとり遅れてきた者が舞台に登場。その朝、エカチェリーナが勝利の首都帰還を果たしたと知ったとき、ダーシコワ公夫人は家にいた。すぐに憧れの人のもとに駆けつけるが、ネフスキー・プロスペクトでぎっしりと集まった群衆に立ち往生させられ、馬車を捨てなければならなかった。ダーシコワは肘で人ごみをかきわけ、身体を押しこみながら、宮殿広場の大群衆のあいだを進んだ。宮殿にはいると、夫の連隊所属の兵士が夫人を見分け、その小さな身体を頭上に持ちあげて、ラストレッリ設計の壮麗な白い大理石の階段を手から手へと手渡しで運びあげた。ダーシコワは「神を讃えよ！」[11]と叫びながら、エカチェリーナの足下に着地した。宮殿内では、元老院と宗務院の面々が新しい女帝に挨拶をし、女帝初の皇帝声明を拝聴するのを待っていた。声明はこう宣言する。エカチェリーナは、ロシアとロシア正教会を脅かしている危難に動かされ、ロシアを恥ずべき外国勢力への依存から救うことを切望し、神の摂理に支えられて、エカチェリーナが帝位に昇るべきであるという忠実なる臣下の明白な望みに従う。

　夕刻には首都を掌握していた。近衛連隊、元老院、宗務院、そして通りに出てきた群衆の忠誠を確信できた。市内は平静で、一滴の血も流れていない。だが、エカチェリーナにはわかっていた。自分がサンクトペテルブルクの女主人となり、その連隊と政治指導者、教会指導者から歓呼の声で迎えられていても、ピョートルはそれに気づいていない。まだ自分は皇帝だと思いこんでいる。いまだに在独のロシア軍とクロンシュタットの艦隊の忠誠は維持している可能性があった。オラニエンバウムにいるホルシュタイン軍の兵士が自分の主人を支持するのは間違いない。勝利を確実にするためには、ピョートルの身柄を確保し、退位を納得させなければならない。ホルシュタイン軍を武装解除し、艦隊と首都近郊の全ロシア兵をエカチェリーナに合流するよう説得する必要がある。成功の鍵はピョートル自身だった。ピョートルは自由の身のままで、退位もしていないし、廃位もされていない。ドイツにいるロシア軍のもとにたどり着き、プロイセン国王に支援を要請するようなことになれば、内戦は避けがたい。したがって、ピョートルを見つけて捕らえ、事態を受け容れさせなければならない。

　この動乱と勝利の一日のあと、エカチェリーナは疲れきっていた。だが、興奮と野心とに支えられ、始めたことは終わりまでやってしまおうと決める。エカチェリーナに忠誠を誓った近衛連隊の大部隊は、ピョートル三世逮捕のためオラニエンバウムに向かわなければならない。このとき、エカチェリーナはもうひとつ、劇的な決定をする。みずからこの行軍を率いることにしたのである。まず自分をプレオブラジェンスキー連隊の連隊長に任命。これはロシア君主に伝統的にあたえられる特権であり、位階だった。気さくに応じる若い士官たちからプレオブラジェンスキー連隊の暗緑色の制服を借り集めて服装を整え、てっぺんに樫の葉がついた黒い三角帽をかぶる。だが、装備のひとつがまだ欠けていた。二十二歳になる近衛騎兵連隊の下士官が列から進み出て、女帝の制服に欠けていた剣の下げ緒を手渡した。上官たちはこの出しゃばった振舞いに眉をひそめたが、若者の誇り高く自信に満ちた態度は女帝の気に入り、女帝は微笑みとともに贈物を受けとった。名前を尋ねる。グリゴリー・ポチョムキン。その顔、その名前、その行動を、エカチェリーナは忘れない。

夜の一〇時になっていた。エカチェリーナは白い牡馬にまたがり、隊列を組む近衛連隊三隊、近衛騎兵連隊、常備軍歩兵連隊二隊の先頭に立ち、一万四〇〇〇の兵士をサンクトペテルブルクからオラニエンバウムまで導いていった。それは劇的な光景だった。行軍する男たちの長い隊列の先頭に比類なき女騎手、エカチェリーナのほっそりとした姿。その横にはイズマイロフスキー連隊長のキリル・ラズモフスキーと、プレオブラジェンスキー連隊の制服を、やはり若い中尉から借りて身にまとったダーシコワ公夫人。それは夫人の栄光の瞬間だった。愛する女帝の横で馬にまたがり——本人が語っているとおり——「十五歳の少年のように見える」[12]。夫人はその夜、自分自身を大冒険の主人公と見なしていた。最終的には、この思いこみが、本人があれほど重んじていた友情を失わせる結果となる。

だが、その夜は、エカチェリーナとの関係に影を投げかけるものはなにもない。出発時の興奮にもかかわらず、女帝、夫人、士官、兵士、行軍中のだれもが疲れきっていた。ペテルゴーフに向かう途中、縦隊が一軒の木造の小屋まできたとき、エカチェリーナは停止を命じた。兵士は馬に水をあたえ、野営する。エカチェリーナとダーシコワは小屋にはいり、ふたりとも服を着たまま、狭いベッドに並んで横になった。だが、どちらの女も眠るには興奮しすぎていた。

サンクトペテルブルクを出発する前、エカチェリーナは書状を発送した。一通はクロンシュタット島の要塞とそこで待機中の艦隊宛。みずからの即位を知らせる。特使がポメラニア駐留軍に送られ、ニキータ・パーニンの弟ピョートル・パーニン将軍に指揮官として軍を引き継ぐ権限をあたえた。もうひとりの特使がシュレージエンのザハール・チェルヌイショーフ将軍に送られ、ただちに軍をロシアに連れ帰るよう命じる。プロイセン国王が阻止しようとするならば、「最短距離にいるオーストリア女帝陛下の軍に合流」すること。出発前、エカチェリーナは元老院にも書翰を送っていた。「わたくしはいま全幅の信頼とともに、わが最高の代理人である皆さまの手に祖国、人民、そしてわが息子をゆだね、軍とともに帝位を守り、帝位の安全を確保するために出発いたします(13)」

六月二十八日朝、エカチェリーナがサンクトペテルブルクのカザン大聖堂で全ロシア人民の専制君主と宣言されてもなお、ピョートル三世はプロイセンの青い軍服を着て、オラニエンバウムの練兵場でホルシュタイン兵の教練をおこなっていた。それが終わると、六台の大型馬車を用意させ、自分と側近とをペテルゴーフまで運ばせる。エカチェリーナには、自分の聖名祝日、聖ペテロと聖パウロの祝日をペテルゴーフで祝うと知らせてあった。皇帝一行にはエリザヴェータ・ヴォロンツォワ、その伯父である宰相ミハイル・ヴォロンツォフ、プロイセン大使フォン・ゴルツ男爵、アレクサンドル・シュヴァーロフ伯爵、陸軍の老元帥ミュンニヒ伯爵、元老院の長老トルベツコイ公がいた。以上の高位高官の多くが妻を伴い、またまもなく皇妃になると考えられていた女に仕える女官一六名も加わっていた。馬車行列は通常の軽騎兵による護衛なしで出発。ピョートルは護衛を命じるのを忘れていた。

一行は上機嫌で午後二時にペテルゴーフに到着。馬車はモン・プレジール荘の前に停止した。エカチェリーナが配偶者に聖名祝日のお祝いを言うために待機しているはずである。一行が着いたとき、扉と窓はしっかりと閉じられ、だれも迎えに出てこなかった。実のところ、怯えた召使いがひとりいるだけで、この召使いには、皇妃がその朝早くに出ていき、行き先はわからないとしか言えなかった。ピョートルはいま見たこと、言われたことを信じようとはせずに、空っぽの家に駆けこみ、部屋から部屋へと走って、ベッドの下をのぞき、マットレスをもちあげた。だが、エカチェリーナが前夜、ピョートルの聖名祝日に着るために広げておいた晴れ着しか見つからなかった。自分の大切な時間と大切な一日を妻に台無しにされたことに腹を立て、ピョートルはヴォロンツォワに怒鳴った。「言っただろう。あの女はなんでもやってのけるんだ！」[14] 大騒ぎと狼狽の一時間のあと、宰相ミハイル・ヴォロンツォフがみずから申し出て、エカチェリーナが向かったと思われるサンクトペテルブルクにもどり、情報を求め、「皇妃と真剣に話し合う」ことになった。アレクサンドル・シュヴァーロフとトルベツコイ公が同行を申し出る。六時、三人が到着したとき、エカチェリーナはまだサンクトペテルブルクにいた。ヴォロンツォフはエカチェリーナに、夫であり君主である人物に武器を向けるべきではないと説得しようとした。エカチェリーナはこれに応えて、ヴォロンツォフを宮殿のバルコニーに導き、眼下で歓声をあげる群衆を指さした。「閣下、あなたのお言葉をこの者たちにお伝えください。ここで命令を出すのはこの者たちなのです。わたくしはただ従うだけです」。ヴォロンツォフは自宅に連行され、その晩、エカチェリーナを「いとも慈悲深きわが君主、神の摂理の深遠なる命令が帝位に昇らせた方」と呼んで手紙を書き、すべての官職と義務から解放され、残りの人生を隠棲のうちに過ごす許しを求めた。夜になる前に、アレクサンドル・シュヴァーロフはエカチェリーナに忠誠を誓った。

午後三時、三名の使者がペテルゴーフを発ったあと、ピョートルはクーデタについて大ざっぱな報告を受けとった。市から湾を越えてきた平底船が、その夜、聖名祝日のお祝いで使うための花火を運んできた。担当の中尉、花火の専門家がピョートルに告げた。朝九時に首都を出発したとき、兵舎と通りは大騒ぎでした。エカチェリーナ皇妃が市に到着し、部隊の一部が皇妃を女帝と宣言したという噂のためです。中尉はそれ以上は知らなかった。ペテルゴーフに花火を届けるよう命令されたので、首都を出発したからだ。

その午後、ペテルゴーフは暖かく、陽光にあふれていた。ピョートル側近の下位の者たちは、テラスの噴水の冷たい水しぶきの近くにとどまったり、雲ひとつない夏空の下、庭園をそぞろに歩いたりしていた。ピョートルと主要な参謀は、中央運河近くに集まり、ピョートルはいったりきたりしながら、助言に耳を傾けた。ひとりの士官がオラニエンバウムに送られ、そこに駐屯しているホルシュタインの諸連隊にペテルゴーフまで進軍せよという命令を伝えた。ピョートルはペテルゴーフを死守すると宣言。ホルシュタイン兵が到着、首都に続く街道に配置されたが、戦闘を命じられるかもしれないことを理解しておらず、木製の教練用ライフルしかもってこなかった。別の士官が湾の向こう五マイルのクロンシュタット島要塞に派遣され、島に駐屯する兵士三〇〇〇名に船でペテルゴーフにくるよう命じた。プレオブラジェンスキー連隊の制服が一着見つかったので、ピョートルはプロイセンの軍服からそれに着替えることもできた。老兵ミュンニヒはピョートルに活を入れようとして、この制服を着て、まっすぐ首都に走り、民衆と近衛兵たちの前に姿を見せて、忠誠の誓いを思い出させてやるよう促した。ゴルツは別の提案をし、七〇マイル西のナルヴァにいくよう勧める。そこにはデンマーク戦のために軍隊の一部が集結していた。この軍の先頭に立ち、サンクトペテルブルクに行軍して、帝位を取りもどすことができる。主《あるじ》の性格をもっともよく知るホルシュタイン人は、ホルシュタインに逃げるよう無遠慮に忠告した。そこでなら安全だろう。ピョートルはなにもしなかった。

その間に、クロンシュタットに送られた士官が島の要塞に到着。駐屯地の司令官は首都あるいはペテルゴーフどちらの騒動も知らなかった。その直後、ピョートルの送り出した伝令がもうひとり到着し、三〇〇〇名をペテルゴーフに送れという命令を撤回し、島の司令官に、ただクロンシュタットを皇帝の名において確保せよと伝えた。そのあと、伝令はペテルゴーフにもどり、皇帝に要塞は皇帝支持を続けていると報告。その直後、エカチェリーナにその朝、忠誠を誓ったロシア海軍提督イワン・タルイジンがサンクトペテルブルクからクロンシュタットに到着し、新女帝の名において、みずから要塞司令官の任に就く。駐屯地の兵士と港の戦艦乗組員はエカチェリーナに忠誠を誓った。

その晩一〇時、ピョートルが二番目にクロンシュタットに送った伝令が、本人はよい知らせだと思っていたものを手にペテルゴーフにもどってきた。要塞は皇帝のために確保されている。だが、この時点で、この知らせは不正確になっていたのである。伝令が留守にしていた六時間のあいだに、ペテルゴーフの状況は悪化していた。ピョートルの随行員たちは目的もなく歩きまわるか、庭園のベンチに身体を伸ばして眠っていた。オラニエンバウムから元気に到着したものの、武器をもたないホルシュタイン兵は「攻撃を押し返す」ために展開されていた。クロンシュタットを確保したと聞いたピョートルは島にいくことに決める。沖に停泊していた大型ガレー船が桟橋に横づけされ、ピョートルは大勢の将校を連れて乗船した。エリザヴェータ・ヴォロンツォワを残していくのを拒否し、一六名の怯えた女官たちもいっしょに連れていくと言い張った。

銀色に輝く白夜のなか、湾に出ると、視界は昼間とほとんど変わらないくらいよかった。追い風のおかげで、満員のガレー船は午前一時ごろ、クロンシュタット港に接近。港の入口は防材で閉じられていた。船は壁の外に碇をおろす。ピョートルはボートに乗りこみ、防材をあげるよう命じるために、要塞に向かって漕ぎ出した。城壁の上で見張りについていた若い士官がボートに向かって怒鳴った。

近づくと撃つぞ。ピョートルは立ちあがり、マントの前をさっと開いて、自分の軍服と聖アンドレイ勲章の幅の広い青リボンを見せた。「わたしがわからないのか？　おまえの皇帝だぞ！」とピョートルは怒鳴った。

答えが返ってきた。「もう皇帝はいない！　女帝エカチェリーナ二世万歳！　エカチェリーナがいまではわれらが女帝であられる。この壁のなかにはだれひとり入れてはいけないと命じられている。それ以上近づいたら、撃つぞ！」[15] ピョートルは震えあがってガレー船にもどり、船に乗りこむと、艫《とも》の船室に駆けこんでエリザヴェータ・ヴォロンツォワの腕のなかに倒れこんだ。ミュンニヒがあとを引き受け、本土に向かうよう命令する、午前四時、ガレー船はオラニエンバウムに到着。ミュンニヒはこちらのほうがペテルゴーフよりも安全だと考えた。

下船したピョートルは、エカチェリーナが大軍を率いて、進んでくることを知る。これを聞いて、ピョートルはあきらめた。すべての人を去らせる。涙ながらにゴルツにサンクトペテルブルクに帰るよう言った。これ以上、お守りすることはできないのですから。ピョートルは、馬車が運べるかぎりの数の女たちを出発させた。だがエリザヴェータ・ヴォロンツォワはピョートルを見捨てるのを拒否した。ピョートルは長椅子に横たわり、話すことを拒否。しばらくして立ちあがると、ペンと紙をもってこさせ、エカチェリーナ宛にフランス語で手紙を書き、みずからの振舞いを謝罪し、もっとよい子にしていると約束し、帝位を共有しようと申し出る。手紙は副宰相アレクサンドル・ゴリツィンに渡し、妻のもとに届けさせた。

午前五時、モン・プレジール荘でアレクセイ・オルロフに起こされてから二四時間後、エカチェリーナとその軍は前進を再開。ペテルゴーフに向かう街道上でゴリツィン公はエカチェリーナと出会い、ピョートルの手紙を渡した。エカチェリーナは手紙に目を通し、それが自分がすでに所有しているものの半分しか提供していないのがわかると、国家の安寧はいまや他の措置を要求しています、と指摘した。回答はありません。ゴリツィンは、その場で女帝としてのエカチェリーナに忠誠を誓うことで、これに応じた。

最初の手紙の返事を空しく待ったあと、ピョートルは二通目の手紙を書き、今度はエリザヴェータ・ヴォロンツォワをホルシュタインに同行できるのなら退位すると申し出た。エカチェリーナはピョートルの新たな使者イズマイロフ将軍に告げた。「この提案を受け容れます。ただし退位の書面が必要です[16]」。イズマイロフはピョートルのもとにもどる。絶望した皇帝は両手で頭を抱えてすわっていた。将軍はピョートルに言った。「おわかりでしょう。女帝は陛下にご親切になさりたいのです。自発的に帝位を断念されれば、苦しめられることなくホルシュタインにおもどりになれるでしょう」。ピョートルは、きわめて卑屈な言葉遣いで書かれた帝位放棄書に署名した。自分の治世のあいだに帝国が衰退したことは完全に自分の責任であり、自分に統治能力は皆無であると宣言する。「わたしピョートルは、みずからの自由意志により、全ロシアのみならず全世界に対し、ロシア帝位を人生の最後の日にいたるまで永遠に放棄することを、ここに厳粛に宣言する。またいかなるときにも、あるいはいかなる人物の支援によっても、帝位をふたたび回復することは求めない。わたしはこれを神の前で誓う[17]」

六か月間のピョートル三世の治世は終了した。何年もあと、フリートリヒ大王は言った。「あの男は、子どもがベッドにやられるように、帝位を追われることをみずからに許したのである[18]」

第44章「わたしたち自身、自分たちがなにをしたのかわからないのです」

前進するエカチェリーナ軍に先駆けて、アレクセイ・オルロフ率いる騎馬の一隊がペテルゴーフの庭園に走りこみ、なすすべもないホルシュタイン兵の武装解除にとりかかった。そのあとピョートル本人はペテルゴーフを発って、まずクロンシュタット、次いでオラニエンバウムに向かったと聞き、アレクセイは前皇帝の身柄を確保するために六マイル離れた第二の離宮に急いだ。オラニエンバウムで、エリザヴェータ・ヴォロンツォワといるピョートルを発見。何年も使用されず、ほこりにまみれた小型馬車が運びこまれた。ピョートルとエリザヴェータを乗せた馬車は、周囲をアレクセイ・オルロフ指揮の騎兵護衛隊に囲まれて出発、ペテルゴーフにもどる。

同時刻、エカチェリーナの連隊もペテルゴーフに到着しようとしていた。一一時、プレオブラジェンスキー連隊の制服を着て、白馬にまたがった女帝はペテルゴーフに来着。喝采を叫ぶ男たちの群れのなか、馬を降りる。正午から一時のあいだに、ピョートルを乗せた馬車が宮殿の敷地内にはいってきた。あたりは深い沈黙に包まれた。ピョートルには、立ち並ぶ男たちのあいだを馬車が通過するときに、姿を見せたり、言葉をかけたりしてはいけないと警告されていた。ピョートルが馬車から降りて最初に要求したのはエカチェリーナに会う許しを得ることだった。要求は却下された。この次、いつヴォロンツォワと会えるのかはわからなかったが、別れは一時的だろうと考えて、ピョートルは振り返り、さよならを言った。これがピョートルとヴォロンツォワ、今生の別れとなる。前皇帝は階段をあがって宮殿内の小部屋に連行され、そこで剣と聖アンドレイ勲章の青綬を引き渡した。黒の長靴と緑のプレオブラジェンスキー連隊の制服を脱がされ、シャツと靴下だけで震えながら立たされていた姿は哀れを誘った。ようやく古い部屋着と室内履きがあたえられた。

その午後遅く、ニキータ・パーニンがサンクトペテルブルクから到着。エカチェリーナはパーニンを夫に会いにいかせる。パーニンは前皇帝のようすに深く心を動かされた。何年もあと、「あの日、あのような状況下で、ピョートル三世と会わざるをえなかったことを、わが人生最大の不幸と考える」と語っている。パーニンは、前皇帝はいまや国事犯であり、この先、シュリュッセルブルク要塞――三か月前、ピョートルがイワン六世を訪ねた場所――の「きちんとした適切な部屋」で過ごすこともあるかもしれないと伝えた。これは、シュリュッセルブルクから最終的には、自分のホルシュタイン公爵領に帰国を許される可能性があることをほのめかしていた。ピョートルには、要塞の部屋の準備が整うまで一時的に監禁される場所を選ぶことが許された。ピョートルは一四マイル離れたロプシャを選ぶ。寂しいが、快適な夏の家と領地がある。

エカチェリーナはこれ以上、夫に辱めを加えることを望まなかった。夫と顔を合わせる自信さえない。一八年前、ロシアにきたばかりのとき、友だちになった少年、それとも人が大勢いる部屋の向こう側から「ばか!」と怒鳴りつけ、投獄すると脅した酔っぱらいのいじめっ子、そのどちらと会うのか確信がもてなかった。エカチェリーナの心にあるのは、何年もの待機のあと、ついに勝ちとったものを手から放さずにいることだった。ピョートルは無害化しなければならない。ホルシュタイン公爵の地位にとどまってはいても、生まれ故郷のキールに送り返すのはできない相談だ。ホルシュタインにいれば、ピョートルを反エカチェリーナ勢力の拠点としようとするすべての人間が、そのまわりにひっきりなしに集まってくるだろう。近くにはプロイセン王がいる。フリートリヒがピョートルを、ふたたび「王将」にもどりうる「歩」として使わずにいるわけはない。エカチェリーナは結論した。イワン六世と同様に、ピョートルもロシアで監禁しておかねばならない。

ロプシャのような田舎にいても、ピョートルは潜在的な脅威にとどまり続けるだろう。監視が適切になされるように、エカチェリーナはアレクセイ・オルロフを看守長に任命した。オルロフはクーデタを確実に成功させるために、すでに多くをなしてきた厳格で粗野な軍人である。オルロフに加えて、士官三名と兵卒一〇〇名から成る分遣隊にピョートルの生活を「可能なかぎり快適にし、望みのものはすべて提供する」よう命令が出された。その夜六時、ピョートルは近衛騎兵連隊に護衛されて、ブラインドをおろした六頭立ての大型馬車でペテルゴーフを出発、ロプシャに向かった。前皇帝の馬車に同乗したのは、アレクセイ・オルロフ、中尉バリャチンスキー公、パセク大尉、あともうひとりの士官だった。

ニキータ・パーニン、アレクセイ・オルロフとグリゴリー・オルロフ、キリル・ラズモフスキーは全員、エカチェリーナを権力の座に就けたクーデタで重要な役割を果たした。一方、ダーシコワ公夫人は余計者だった。女帝と並んでペテルゴーフにいき、二、三時間の休息のあいだ、狭いベッドを分かち合いはした。だが、一か八かの決定や行動では、なんの役割も果たさなかった。オルロフ兄弟の存在に気づいてはいたが、グリゴリーの特別な役割と立場についてはなにも知らなかった。グリゴリーの立場は突然、変化した。ピョートルがロプシャに運ばれていったあと、ダーシコワはペテルゴーフ宮殿内の女帝の私的なアパルトマンにたまたま足を踏み入れ、オルロフ中尉がピョートルのホルシュタイン兵の一部と争ったときに怪我をした片脚を投げ出して、ソファに長々と横たわっているのを見て仰天した。目の前には封印公文書の山。オルロフはそれを開封して読んでいた。エカチェリーナ・ダーシコワは、女帝とグリゴリー――社会階級と知的レベルでは女帝と自分自身にはるかに劣ると考えていた――の関係にまったく気づいていなかったので、軍人があまりにも堂々とくつろいで、国事文書を読んでいるのを見て、腹を立てた。「なんの権利があって、ご自分とはなんの関係もない書類を読んでいるのですか？　女帝陛下と陛下から特別に指名された者以外、だれにもそれを読む権利はありません(2)」

「そのとおり」とオルロフは微笑みながら答えた。「陛下から開封するよう頼まれたのです」

「まさか。陛下がだれか読む資格をもつ者をご指名になるまで、書類はそのままにしておいてもよかったのに。その種の案件については、あなたもわたしも充分な経験を積んでいません」。こう言うと、夫人は部屋を出ていった。

ダーシコワがあとでもどってくると、オルロフは相変わらずソファでそっくり返り、今回はその横に、くつろいで幸せそうな女帝がすわっていた。三人分の食器を並べたテーブルがソファの横に引き寄せてあった。エカチェリーナはダーシコワを歓迎し、いっしょに食べましょうと誘った。食事のあいだに、夫人は、女帝が若い士官の言いなりなのに気づいた。若者の言うことなら、なんでもうなずき、笑い、自分の愛情を隠そうともしない。ダーシコワが「ふたりのあいだに関係があることに気づき、口にできない痛みと屈辱感を感じた(3)」のはこの瞬間だった。

長い一日は終わってはいなかった。エカチェリーナは疲れきっていたが、近衛連隊の将兵は祝杯をあげるためにサンクトペテルブルクにもどりたがっており、兵を満足させてやりたかった。そこで、女帝は同夜、ペテルゴーフを意気揚々と引きあげ、サンクトペテルブルクにもどった。短い休憩をとって二、三時間眠り、六月三十日日曜の朝、相変わらず軍服姿で、相変わらず白馬にまたがり、勝ち誇って首都にはいる。街路には興奮した民衆があふれ、教会の鐘が鳴り響き、太鼓が轟き渡った。エカチェリーナは奉神礼と荘厳なテ・デウムに参列し——そして、ベッドにはいると、真夜中、イズマイロフスキー近衛連隊のあいだで、プロイセン軍がくるという噂が立つまで眠った。連隊の兵の多くはたっぷりときこしめしたアルコールのせいでふらふらしていた。兵たちはエカチェリーナが誘拐されたり、暗殺されたりしたのではないかと心配し、兵舎を出て、宮殿まで行進、女帝との謁見を要求する。エカチェリーナは起きあがり、軍服を着て姿を見せ、兵士たちを安心させた。すべてうまくいっています。わたくしは安全です。あなたたちも安全です。帝国も安全です。それからベッドにもどり、さらに八時間、眠った。

その晩八時、ピョートルはロプシャに到着。ピョートル大帝の治世下に建設された石の家を、エリザヴェータ帝が好んで釣りをした湖のある庭園が取り囲む。エリザヴェータはこの離宮を甥のピョートルにあたえていた。囚人の身柄に責任を追うアレクセイ・オルロフは前皇帝を、かろうじてベッドがはいるだけの狭い一階の部屋に入れた。建物のまわりに配置された兵士たちがなかをのぞけないように、窓のブラインドはしっかりとおろされたままだった。真昼でも、部屋は薄暗がりのなかに沈んでいた。武装した歩哨がひとり、扉で見張りに立つ。ピョートルは室内に閉じこめられ、庭園を散歩することもテラスで外の空気を吸うことも許されなかった。しかし、エカチェリーナに手紙を書くのは許可され、続く数日間で三通の手紙を書く。まず一通目。

陛下にお願いいたします。私を信頼してください。そして、となりの部屋から護衛たちをどかせてください。私の使っている部屋はあまりにも狭いので、そのなかではほとんど動くこともできません。陛下もご存じのとおり、私はいつも部屋のなかを歩きまわります。それができないと足がむくんでしまうのです。また私と同じ部屋に士官たちがとどまらないようご命令くださるよ

う お願いいたします。私は用を足さなければならず、士官たちの前ではそれができないからです。最後に陛下に、私を犯罪者扱いはしないようお願いいたします。なぜならば、私は陛下を怒らせることは一度もしていないからです。わが身を陛下の寛大さにゆだね、名指しされた人物［エリザヴェータ・ヴォロンツォワ］とふたたびドイツでいっしょにしてくださるようにお願いいたします。神さまが陛下にごほうびをくださるでしょう。

陛下に一身を捧げた慎ましき僕《しもべ》
ピョートル

陛下はご安心くださって結構です。私は陛下ご自身、そして陛下の治世に反するようなことはなにも考えないし、することもありません。

二通目。

陛下
すでに充分に惨めなひとりの男を破滅させることをお望みにならないのであれば、私をお憐れみになり、わが唯一の慰めであるエリザヴェータ・ロマノヴナ［ヴォロンツォワ］を私のもとにお送りください。それは陛下の治世最大の慈悲深きおこないとなるでしょう。また、陛下とわずかの時間お目にかかる権利を私におあたえくださるのなら、私のもっとも高き望みがかなえられることになります。

陛下の慎ましき僕

ピョートル

三通目。

陛下

もう一度、お願いいたします。すべてのことにおいて陛下のお望みに従ってまいりましたので、すでに陛下にお許しをいただくよう私がお願いした人びととともに、私がドイツに去ることをお許しください。陛下の寛大なお心が、私のお願いが無駄になるのを許すことなきよう、希望いたしております。

陛下の慎ましき僕(4)
ピョートル

エカチェリーナは返事をしなかった。

六月三十日日曜、この日ピョートルは初めて一日中監禁されていた。翌朝、ひどい一夜を過ごした、と訴える。オラニエンバウムにある自分のベッドでなければ、絶対にちゃんと眠れない。エカチェリーナはただちに、白いサテンの上がけがかかった四本柱の大きなベッドを荷馬車で、オラニエンバウムから運ばせた。次にピョートルは、自分のヴァイオリン、プードル犬、ドイツ人の侍医、黒人の召使いを寄こすよう求めた。女帝はピョートルの要求をすべて満足させるように命じた。実際には医師しか到着しなかった。囚人が外の空気を吸う許しを求めるたびに、アレクセイはドアを開き、武器をもって行く手をふさいでいる歩哨を指さして、肩をすくめた。

エカチェリーナとその補佐役たちは前皇帝をどうすべきか、いまだに決めかねていた。ピョートルをシュリュッセルブルクに監禁するというもともとの計画は、いまでは不適切に思われた。シュリュッセルブルクは首都からわずか四〇マイルであり、ピョートルはこの要塞に監禁される廃帝としては二人目となる。ホルシュタインに送り返すのは問題外だ。だがシュリュッセルブルクでもホルシュタインでもないとしたら、いったいどこにいかせればよいのか？

自分自身が政治的に――そして、もしかしたら肉体的に――生き残るためには、ピョートルの死が必要であると、エカチェリーナが結論した証拠はない。ピョートルが「無害化」されるべきだという点については助言者たちと同意見だった。危険は冒さないと決めており、友人たちはその決意に気づいていた。一方で、エカチェリーナは自然ではない死が望ましいとほのめかすにはあまりにも用心深かった。しかし、オルロフ兄弟がすでにエカチェリーナの心中を察していた可能性はある。仲間に引きこまないかぎり、あるいは自分たちの計画をあらかじめ知らせておかないかぎり、女主人を危険の埒外に安全においておけると確信したのかもしれない。たしかにオルロフ兄弟にはピョートルの命を奪うだけの強い動機があった。グリゴリー・オルロフは女帝である愛人との結婚を期待しており、ピョートルはその行く手に立ちふさがっていた。たとえ帝位を追われ、投獄はされても、ピョートルは神の目から見れば相変わらずエカチェリーナの合法的な夫だった。正教会の祝福を受けた結婚の絆を断てるのは死のみである。一方、前皇帝が死ねば、エカチェリーナとグリゴリーの結婚に宗教的な障害はなくなる。女帝エリザヴェータはウクライナ出身の農民アレクセイ・ラズモフスキーと結婚した。近衛将校グリゴリーはより高い階級と身分に属していた。

ロプシャでは、精神的な混乱と恐怖とがピョートルの健康を蝕んでいた。ピョートルはベッドにうつぶせに横たわっていたかと思うと、立ちあがって狭い室内をいったりきたりした。虜囚三日目の火曜日、激しい下痢を起こす。水曜夜には、頭痛があまりにも激しかったので、ホルシュタイン人のルーダース医師がサンクトペテルブルクから連れてこられた。木曜日朝、回復のようすがいささかも見られなかったために、二人目の医者が呼ばれた。その日遅く、ふたりの医師はピョートルと虜囚の身を分かち合いたくなかったので、患者は回復中と告げて、首都に帰っていった。金曜は平穏のうちに過ぎる。そのあとロプシャ滞在七日目にあたる土曜の早朝、囚人がまだ眠っているあいだに、庭園の散歩を許されていたフランス人従者ブレッサンが突然、襲われ、猿轡をはめられて馬車に放りこまれ、連れ去られた。このことはピョートルには告げられなかった。二時、ピョートルはアレクセイ・オルロフ、バリャチンスキー中尉その他、見張りの士官たちから食事に誘われた。

このあとに続いた事件をただひとり記述した目撃証人は、女帝その人に告白をしている。土曜の夕方六時、ロプシャから早馬を走らせてきた騎手がサンクトペテルブルクに到着、アレクセイ・オルロフからのメモをエカチェリーナに手渡した。それは汚れた灰色の紙にロシア語で書かれていた。筆跡は乱れ、ほとんど読みとれなかった。内容は支離滅裂に近い。手紙は酒で手が震える男、あるいは不安で取り乱した男、あるいはその両方の男によって書かれたように見えた。

マートゥシュカ、おかあちゃま。このうえなく慈悲深いゴスダーリニャ、君主である貴婦人。起きたことをどう説明すれば、あるいは述べればよいのでしょうか？　あなたの忠実な僕《しもべ》をお信じにならないかもしれませんが、神の前で、わたしは真実を語っております。マートゥシュカ、死ぬ覚悟はできております。しかしわたし自身、どうしてそんなことが起きたのかわからないのです。あなたがわたしたちに慈悲をかけてくださらなければ、わたしたちは破滅です。マートゥシュカ、あの方はもういらっしゃいません。でもだれもそれを意図したのではありません。われらがゴスダーリ、至高の君主に対してあえて手をあげることが、わたしたちのだれにできるでしょう。けれどもゴスダーリニャ、それは起きてしまったのです。正餐のあいだに、あの方は食卓でバリャチンスキー公ととっくみあいの喧嘩を始めました。わたしたちが引き離す前に、あの方は死んでいました。わたしたち自身、自分たちがなにをしたのかわからないのです。けれどもわたしたちは等しく有罪であり、死に値します。せめてわが兄［グリゴリー］のためだけでも、わたしに慈悲をおかけください。わたしたちをお許しになるか、さもなければさっさと命を奪ってください。わたしはみずからの罪を告白し、これ以上、申しあげることはありません。わたしたちはあなたのお怒りを買い、もはやわたしに太陽は輝かず、人生には生きる価値がありません。わたしたちはあなたのお怒りを買い、自分たちの魂を永遠に失いました。(5)

なにが起きたのか？　死の状況と原因、関係者それぞれの意図と責任の度合は決して知りえない。だが、わかっていることと、想像しうることとを考え合わせてみてもよいだろう。

七月六日土曜日、アレクセイ・オルロフ、フョードル・バリャチンスキー公その他は囚人を昼の食事に招待した。アレクセイたちは、サンクトペテルブルクにいる幸運な仲間たちとどれくらいの期間、離れていなければならないのか考えながら、その週を過ごしたのかもしれない。仲間たちは祝杯をあげているというのに、自分たちは任務に就けられて、この軽蔑すべき哀れな男を見張っている。食事中、全員が大酒を飲んだ。そのあとそう計画していたからなのか、あるいは喧嘩が始まり、それが制御不能になったからなのか、看守たちはピョートルに飛びかかり、マットレスで押さえて窒息させようとした。ピョートルはもがき、逃れた。看守たちはピョートルを羽交い締めにし、首にスカーフを巻きつけて絞め殺した。

ピョートルの死が偶発的であり、食後、酔っての乱闘が制御不能となった結果なのか、あるいはあらかじめよく考えられ、計画された殺人だったのかは決してわからないだろう。アレクセイの殴り書きの手紙は逆上し、半ば混乱した調子で書かれているが、恐怖と後悔とともに、事件の影響を恐れているようでもあり、ここまでやる予定ではなかったことをほのめかしている。その夜、アレクセイが首都に到着したとき、服装は乱れて、ぐっしょりと汗に濡れ、ほこりまみれだった。たまたまその姿を目撃した者は「その顔は見るも恐ろしい表情を浮かべていた」(6)と語っている。エカチェリーナに慈悲を懇願していること──「わたしたち自身、自分たちがなにをしたのかわからないのです」と「わたしたちをお許しになるか、さもなければさっさと命を奪ってください」(7)──は、ピョートルの死に立ち会ってはいたが、それはこの男が計画したものではなかったことを示唆する。

死が意図されたものではなかったのか、あるいは前もって士官たちが計画していたのか、どちらにしてもエカチェリーナ自身は無関係に見える。しかし、非難されるところがないわけではない。アレクセイ・オルロフが暴力的な死にも心乱されない軍人であり、ピョートルを憎悪していると知りながら、夫をその手に預けた。だが、アレクセイの手紙はエカチェリーナに衝撃をあたえた。逆上した言葉遣いと必死の嘆願から、エカチェリーナが殺人の意図をあらかじめ知っていて、同意をあたえたと考えるのはほぼ不可能である。アレクセイ・オルロフは、これほど錯乱した卑しむべき物語をでっちあげることのできる、巧みで二枚舌の作家でもなかった。ダーシコワ公夫人の心のなかでは、アレクセイの手紙はエカチェリーナにかかるすべての共謀の疑いを晴らしていた。翌日、ダーシコワが訪れたとき、エカチェリーナは夫人を「この死をおぞましく思うわたくしの気持ちは言葉では表せません。

この一撃でわたくしは地面にたたきつけられました(8)！」という言葉で迎えた。相変わらず一連の出来事における自分の役割は女帝のそれと等しいと考えていた夫人は、こう言わずにはいられなかった。「マダム、これはあなたの栄光、そしてわたくしの栄光にとって、あまりにも突然の死です」

なにが起きたにせよ、エカチェリーナは事後処理にとりかからなくてはならなかった。前皇帝である夫がエカチェリーナの友人と支持者の拘束下で死亡した。アレクセイ・オルロフその他、ロプシャにいた士官を逮捕すべきか？　もし逮捕したら、生後三か月のわが子の父親であるグリゴリーは、どう反応するだろう？　近衛連隊はどう反応するだろう？　元老院、サンクトペテルブルク、そしてロシアの民衆はどう反応するだろう？　おそらくパーニンの勧めもあったのだろうが、エカチェリーナは、この死を医療上の悲劇とすることに決めた。看守役の士官たちが夫を憎悪していたことは広く知られていたので、それに対応するために、解剖を命じる。遺体を解剖させるにあたっては、信頼できる医師団を選び、オルロフの潔白を証明させようとした。医師団は遺体を解剖し、命じられたとおりに、毒の痕跡だけを探し、そのような痕跡はないと報告。ピョートルは自然死である。おそらくは急性の痔疾――「疝痛《せんつう》」――に見舞われ、それが脳に影響をあたえて卒中の発作を引き起こしたのだろう。そこでエカチェリーナはパーニンの助けを借りて作成した宣言を発表した。

余の治世七日目にして、神のご意志が前皇帝ピョートル三世の生涯を痔疾が原因の激しい疝痛によって終わらせられたとの報を受け、余は大いなる悲痛の思いに沈んでいる。余は、前皇帝のご遺体がアレクサンドル・ネフスキー大修道院に運ばれるよう命じた。余の忠実なる全臣下が、恨みをもつことなく前皇帝の遺骸に別れを告げ、その魂の救済のために祈ることを願う(9)。

パーニンはまた、遺骸ができるかぎり正常な形で公開されるように助言した。ピョートルがどこかに隠されてまだ生きており、ふたたび姿を現すかもしれないという考えが醸成される危険を冒すよりも、死んだピョートルの身体を見せるほうが得策だと考えたのである。サンクトペテルブルクのアレクサンドル・ネフスキー大修道院で公式に安置された前皇帝の遺骸は、ホルシュタイン騎馬将校の青い軍服を着せられていた。生きていたとき、ピョートルがよろこんで身につけた衣服ではあるが、このときはその異国生まれの出自と異国好みに注意を引くことが意図されていた。胸には勲章も綬章もつけていない。寸法の大きすぎる三角帽が額を隠すが、顔の目に見える部分は黒く膨れあがっていた。幅広の長いスカーフが首から顎にかけて——死者が窒息させられたのだとすれば——内出血で変色していたはずの喉に巻かれ、正教会の慣習では、むき出しで十字架をもっているはずの両の手には、厚い革の乗馬用手袋がはめられていた。

遺骸は柩に納められ、頭と足下に蠟燭が立てられた。兵隊にせかされながら進む弔問者の列は、女帝エリザヴェータのためにしたように、ひざまずいて夫のために祈るエカチェリーナの姿を目にすることはなかった。女帝の欠礼は、元老院から「女帝陛下が、祖国ロシアへの愛のために、その健康にご留意されるように」[10]参列を止められた結果だと説明された。ピョートルの埋葬地もまた異例だった。ピョートル大帝の孫だったにもかかわらず、亡きピョートル三世は戴冠されておらず、したがって成聖されたツァーリや女帝の遺骸とともに、要塞の大聖堂に横たわることはできなかった。七月二十三日、ピョートルの遺骸は、廃位されて牢に投げこまれたイワン六世の母である摂政アンナ・レオポルドヴナの遺骸と並んで、ネフスキー大修道院に安置された。三四年にわたる妻の治世のあいだ、ピョートルはずっとこの地に横たわっていた。

この一連の出来事についてのエカチェリーナの説明は、夫の死から二週間後にスタニスワフ・ポニャトフスキに宛てて書かれた手紙のなかにある。

ピョートル三世はもっていたわずかの分別を失っていました。改宗し、近衛連隊を解体し、エリザヴェータ・ヴォロンツォワと結婚して、わたくしを監禁したがっていました。プロイセンとの和平を祝う日に、正餐の席においてわたくしを人前で侮辱したあと、その同じ晩にわたくしの逮捕を命じました。命令は撤回されましたが、このときからわたくしはエリザヴェータ帝の死以来、人びとがわたくしにしてきた［ピョートルに代わって帝位に就くという］提案に耳を傾け始めました。わたくしたちは近衛連隊の大尉多数をあてにできました。秘密はオルロフ兄弟の手中にありました。オルロフ家はきわめて意志の強固な一家であり、一般の兵卒から大変に慕われています。わたくしはオルロフ兄弟に大きな恩義を負っております。

わたくしは、退位された皇帝を、ロプシャと呼ばれる遠くの、とても快適な土地に、アレクセイ・オルロフの指揮下、四名の士官と精選された善良な兵卒からなる分遣隊をつけて送り出しました。その間に、シュリュッセルブルクでは皇帝のために、きちんとした適切な部屋が準備されようとしていました。しかし、神には別のお考えがありました。皇帝は恐怖が原因で下痢を起こし、それは三日間続き、四日目に大量の酒を飲んだときに止まりました……痔疾が原因の疝痛が皇帝を襲い、その脳に悪影響をあたえました。二日間うわごとを言い、この錯乱に極端な衰弱が続きました。医師があたえることのできたすべての助けにもかかわらず、皇帝はルター派牧師を呼んでほしいと言いながら亡くなりました。わたくしは士官たちが毒を盛ったのではと恐れ、遺体を解剖させましたが、わずかの毒の痕跡も見つかりませんでした。胃はひじょうに健康でしたが、大腸はかなり炎症を起こし、卒中の発作がその命を奪いました。心臓は並はずれて小さく、ひどく衰えていました。

こうしてついに神はすべてがそのご意向に従って運ばれるようになされたのです。すべてのことはあらかじめ手配された計画というより、むしろ奇蹟でした。なぜならばそのすべてに神の手がかかっていないかぎり、これほどたくさんの幸運な状況が偶然に重なることはありえないからです。事件全体のなかで第一の要因は外国人に対する憎悪であり、ピョートル三世は外国人で通っていました。(11)

ヨーロッパのほとんどはエカチェリーナに責任を負わせた。大陸中の新聞雑誌がイワン雷帝時代の復活と書き立てた。多くが、皇帝は「疝痛」で死んだという公式に発表された説明を皮肉った。「だれもが疝痛の本質を知っている」とプロイセンのフリートリヒは辛辣な言葉を吐いた。「酒飲みが疝痛で死ぬとき、それはわれわれにしらふでいることを教える(12)」とヴォルテールはまじめくさって言った。それでもフリートリヒはエカチェリーナの潔白を信じていた。回想録に書いている。

女帝はこの犯罪についてはまったく知らず、それを知ったときの憤りと絶望とは見せかけではなかった。現在、全世界が女帝に対し下している判断を予見していた。無経験な若い女性は、離婚されて修道院に幽閉されようとしているとき、みずからの大義をオルロフ兄弟にゆだねた。たとえそうではあっても、皇帝殺害の意図についてはなにも知らなかった。自分ひとりに任されていたら、ピョートルを生かしておいただろう。ひとつには、ひとたび戴冠されてしまえば、すべてがうまくいき、夫のごとき臆病な敵は危険にはならないだろうと考えたからでもある。オルロフ兄弟はより大胆で洞察があり、前皇帝が抵抗勢力の拠点にされうることを予見して、より断固とした行動をとり、前皇帝を行く手から取り除いた。女帝は兄弟の犯罪の果実を収穫し、その支援を確保するために、皇帝殺しの下手人の命を助けるだけでなく、自分の手元においておかざるをえなかった(13)。

国外の論評や噂をどれほど無視するふりをしても、エカチェリーナは夫の死に対するヨーロッパの反応を気にせずにはいられなかった。何年もあと、サンクトペテルブルクに客として迎えたフランスの啓蒙哲学者・百科全書派のドゥニ・ディドロに尋ねている。「パリでは夫の死についてなんと言っていますか(14)?」ディドロは返事に窮した。ディドロの困惑を取り除くために、女帝は話題を変えた。

もうひとり、エカチェリーナ関与の可能性に関心をもつ人間がいた。その人物は、何年も経ったあと、アレクセイ・オルロフの手紙を読み、ピョートル三世の死については女帝を無罪とした。エカチェリーナはオルロフの手紙を受けとり、読んだあと、引出しに入れて鍵をかけた。残りの人生のあいだ、この手紙を隠し続けた。その死後、息子である皇帝パーヴェルは、手紙が見つかり、アレクセイ・オルロフの筆跡と鑑定されたとの報告を受ける。パーヴェルは手紙を読み、母親の潔白を得心した。

関係者のだれも罰せられなかった。士官たちを裁判にかけることによって、エカチェリーナは自分自身の潔白を確定できた――少なくとも強固にはできたかもしれない。だがそれにもかかわらず、士官たちを罰するのはほぼ不可能だった。エカチェリーナが帝位を得たのはアレクセイ・オルロフとその兄弟のおかげである。夜明けにモン・プレジール荘でエカチェリーナを起こし、サンクトペテルブルクまで連れていったのはアレクセイだった。アレクセイと兄弟たちはエカチェリーナのためにみずからの命を危険に晒した。そのお返しに、エカチェリーナは兄弟を保護せざるをえなかった。だからピョートルは自然死であると宣言した。ロシアでは、エカチェリーナを信じる者と信じない者がいた。その他大勢にとっては、そんなことはどうでもよかった。

これはエカチェリーナが計画した死ではなかったが、その目的にはぴたりと合っていた。エカチェリーナは夫から解放された。だが、別の重荷を背負いこんだ。その存命中ずっと、エカチェリーナの人物像とロシアの上には、夫の死の影がかかっていた。この種の幸運ではあるが多少の不都合をともなう出来事が一国の統治者の身にふりかかったのは、歴史上、これが初めてではないし――最後でもないだろう。イギリスのヘンリー二世は、元友人でお気に入りのトーマス・ベケットをカンタベリーの大司教に任命した。のちに、教会に関する多くの問題でベケットが王と対立し、抵抗したとき、ヘンリーは裏切られたと感じた。あるとき、いらだった王は怒鳴る。「わたしのためにあのお節介な神父を厄介払いしてくれる者はいないのか？」それを聞いて、家臣の騎士四名がカンタベリーに馬を走らせ、大聖堂の祭壇前で大司教を殺害した。自分がとくに意図したのではないこの罪を贖うために、ヘンリーはカンタベリーまで泥道を裸足で歩き、祭壇の前にひざまずいて許しを請うた。皇帝の玉座の上で、エカチェリーナはヘンリーほど安定した地位を確保していたわけではなく、同じように振舞う危険は冒せなかった。

シュテッティンで女王になりたがっていた子どもの夢、そして夫よりも自分のほうが統治に向いていることを知っていた大公女の野心は実現された。エカチェリーナ、三十三歳。人生の残り半分が目の前に広がっていた。

（下巻につづく）

訳者略歴
一九五三年生まれ。翻訳家。
主要訳書
ビル・ビュフォード『フーリガン戦記』『厨房の奇人たち』、ティム・パークス『狂熱のシーズン』『メディチ・マネー』、ウィリアム・ブラック『極上のイタリア食材を求めて』、マーティン・フレッチャー『戦場からスクープ！』、スチュアート・リヴァンス『ウイスキー・ドリーム』、ビーヴァー、クーパー『パリ解放1944-49』（以上、白水社）
ドミニク・メナール『小鳥はいつ歌をうたう』、エルサ・モランテ『アンダルシアの肩かけ』、ジャン・ルオー『名誉の戦場』（以上、河出書房新社）
ジャン＝ルイ・フランドラン、マッシモ・モンタナーリ監修『食の歴史』全3巻（監訳、藤原書店）他

エカチェリーナ大帝　ある女の肖像　上

二〇一四年七月一五日　印刷
二〇一四年八月一〇日　発行

著者　ロバート・K・マッシー
訳者　©北《きた》代《だい》美《み》和《わ》子《こ》
装丁者　日下充典
発行者　及川直志
印刷所　株式会社理想社
発行所　株式会社白水社

東京都千代田区神田小川町三の二四
電話　営業部〇三（三二九一）七八一一
　　　編集部〇三（三二九一）七八二一
振替　〇〇一九〇-五-三三二二八
郵便番号　一〇一-〇〇五二
http://www.hakusuisha.co.jp
乱丁・落丁本は、送料小社負担にてお取り替えいたします。

株式会社松岳社

ISBN978-4-560-08377-2
Printed in Japan

白水社の本

ジョナサン・スタインバーグ　小原 淳訳
ビスマルク（上・下）
最新研究を踏まえ、その生涯をドイツ・ヨーロッパ社会の歴史的状況に位置づける。私生活、反ユダヤ主義にも光を当て、「鉄血宰相」の全貌に迫る！「ナチズム」との関係を問う。

エリック・フォーナー　森本奈理訳
業火の試練
エイブラハム・リンカンとアメリカ奴隷制
伝記であると同時に、政治家としてどのような思想を背景に奴隷解放に向かったのかを、膨大な史料を駆使して解き明かす。ピュリツァー賞ほか主要歴史賞を独占した、近代史研究の精華。

ナイジェル・クリフ　山村宜子訳
ヴァスコ・ダ・ガマの「聖戦」
宗教対立の潮目を変えた大航海
ヴァスコ・ダ・ガマの「インド航路発見」の裏には、紅海周辺のイスラーム勢力を挟撃するという使命があった。航海の詳細な様子と、小国ポルトガルの盛衰を壮大なスケールで描く。